"侦查学"国家一流专业建设成果
江苏省十四五"国家安全学"重点学科建设成果
江苏高校"青蓝工程"资助研究成果

犯罪学前沿译丛

刘蔚文 主编

ECONOMICS OF CRIME AND ENFORCEMENT

犯罪与执法的经济学

[美]安东尼·M.耶泽（Anthony M. Yezer）◎著

焦海博 钱洁◎译

知识产权出版社
全国百佳图书出版单位
——北京——

Economics of Crime and Enforcement / by Anthony M. Yezer / ISBN: 978-0-7656-3710-9
Copyright © 2014 by Taylor & Francis.
All Rights Reserved. Authorised translation from the English Language edition published by Routledge, a member of the Taylor &Francis Group, LLC.

版权所有，侵权必究。本书原版由 Taylor & Francis 出版集团旗下 Routledge 出版公司出版，并经其授权翻译出版。

Intellectual Property Publishing House is authorized to publish and distribute exclusively the Chinese (Simplified Characters) language edition. This edition is authorized for sale throughout Mainland of China. No part of the publication may be reproduced or distributed by any means, or stored in a database or retrieval system, without the prior written permission of the publisher.

本书中文简体翻译版授权由知识产权出版社独家出版并仅限在中国大陆地区销售，未经出版者书面许可，不得以任何方式复制或发行本书的任何部分。

Copies of this book sold without a Taylor & Francis sticker on the cover are unauthorized and illegal.
本书贴有 Taylor & Francis 公司防伪标签，无标签者不得销售。

图书在版编目（CIP）数据

犯罪与执法的经济学/（美）安东尼·M. 耶泽（Anthony M. Yezer）著；焦海博，钱洁译. —北京：知识产权出版社，2023.12
书名原文：Economics of Crime and Enforcement
ISBN 978-7-5130-8887-9

Ⅰ.①犯… Ⅱ.①安…②焦…③钱… Ⅲ.①犯罪学—法律经济学—研究 Ⅳ.①D917-05

中国国家版本馆 CIP 数据核字（2023）第 231666 号

责任编辑：韩婷婷　王海霞　　　　责任校对：潘凤越
封面设计：北京乾达文化艺术有限公司　责任印制：刘译文

犯罪学前沿译丛

犯罪与执法的经济学

[美] 安东尼·M. 耶泽（Anthony M. Yezer）　◎著
焦海博　钱　洁　◎译

出版发行：	知识产权出版社有限责任公司	网　址：	http://www.ipph.cn
社　址：	北京市海淀区气象路 50 号院	邮　编：	100081
责编电话：	010-82000860 转 8790	责编邮箱：	93760636@qq.com
发行电话：	010-82000860 转 8101/8102	发行传真：	010-82000893/82005070/82000270
印　刷：	三河市国英印务有限公司	经　销：	新华书店、各大网上书店及相关专业书店
开　本：	720mm×1000mm　1/16	印　张：	27.5
版　次：	2023 年 12 月第 1 版	印　次：	2023 年 12 月第 1 次印刷
字　数：	422 千字	定　价：	128.00 元

ISBN 978-7-5130-8887-9
京权图字：01-2023-5461

出版权专有　侵权必究
如有印装质量问题，本社负责调换。

前　言

本书是乔治·华盛顿大学一门开设了 15 年的课程的本科生教学用书。班上的大多数学生都有一定的中等微观经济学理论背景，但许多学生只有一个学期的微观经济学原理基础。本书中的分析几乎都是在图表上完成的，这使得数学知识有限的学生可以读懂正文内容。

本书首先介绍了一些关于犯罪的经济分析方法的基本观点，包括为什么一项行为可能被视为犯罪、对犯罪应用成本收益分析，以及衡量犯罪的成本或负担。导论和前三章提供了基本的背景。第 1 章的附录回顾了微观经济学原理的基础知识。

第 4~第 9 章展示了经济模型的应用，从供需模型开始，到博弈论结束，以帮助读者理解和预测犯罪程度与执法效果。这一分析在很大程度上是实证的，重点是展示犯罪程度如何对社会和政策变化做出反应。第 7 章中的状态偏好模型对学生来说通常是最困难的，这就是要在逃税的背景下讲授这部分内容的原因。经验表明，考虑到这种简单而具体的应用，尽管使用了无差异曲线，学生也可以掌握这些知识，而且不会影响对其他知识的理解。学生掌握执法博弈的难度不大，因为只需要初级的数学知识即可，博弈论的应用非常直观。

第 10 章和第 11 章说明了统计分析在检验有关犯罪成本、决定因素及执法效果的假设中的应用。虽然学生可能会发现这些想法的初步呈现很困难，但随后的章节提供了许多机会来重新审视假设检验的问题。这些应用程序巩固了学生的理解。犯罪经济学的显著特征之一是需要在设计行为关系的统计测试中发挥创造力。学生们报告说，对假设检验的现代问题和方法的洞察是本课程最有价值的学习成果。

第 12～第 22 章供教师选择。标准的 14 周学期通常只能够涵盖导论、理论和统计章节，以及六七个相关应用。学生对青少年犯罪、毒品、帮派和经济发展章节的兴趣通常最大。所有的应用章节都允许学生使用第 4～第 9 章中涉及的理论，并练习应用第 10 章和第 11 章中讨论的统计技术。这种理论和统计的重复应用强化了学生对本书第二编和第三编所涵盖知识的理解。

每一章都包括简介和一组用来测试学生是否理解本章内容的问题。每章末尾处的问题和练习通常需要使用方法部分中的概念与技术。这能使学生不断回顾与重复使用本书第一编介绍的知识。本书还强化了这样一种观点，即单一的理论体系可以解释犯罪与执法的许多不同方面。对形式模型和单一理论的依赖是犯罪的经济学方法独有的特征之一。学生们能够体会到一次学习一种理论并以许多不同的方法来应用它的好处。

书中加框的内容是较新的研究结果和来自大众媒体的项目案例。这些内容不仅使学生对书中内容的讨论生动起来，还能展示该理论在现实生活中的应用。许多框中的内容可以变成问题集，让学生尝试挑战使用一般理论来说明一个特定的例子。

本书省略了犯罪经济学中的一些重要主题，同时简要涵盖了另一些主题。然而，一旦学生掌握了本书中的理论和方法，就可以理解教师可能希望包括的额外阅读和主题。从这个意义上来说，本书的前半部分有助于理解十个应用章节之外的一系列主题。

致　谢

许多人对《犯罪与执法的经济学》的出版做出了重大贡献。首先要感谢的是过去15年在乔治·华盛顿大学学习这门课程的学生们。本书中的材料是许多艰辛努力的一部分，这些努力汇集成了文献并创造了一个让学生学习有关犯罪和经济学的环境。在学生们之前，玛丽·托博格（Mary Toborg）和约翰·贝拉赛（John Bellassai）向我介绍了刑事司法系统研究的真实世界，而鲍勃·特罗斯特（Bob Trost）和我一起完成了我的第一个保释金市场的项目。当然，一开始，是我的父母本（Ben）和罗斯·耶泽（Rose Yezer）鼓励我从事各种有挑战性的智力项目，达特茅斯学院的李·鲍德温（Lee Baldwin）则是第一个认为我可能在经济学领域有所成就的人。

我的同事们在午餐聊天时和研讨会上提供了许多重要的见解，根据这些见解，我对本书的几个部分进行了大幅修改。特别是鲍勃·戈德法布（Bob Goldfarb）审阅和编辑了本书的大部分章节。现在达特茅斯学院任职的克里斯托弗·斯奈德（Christopher Snyder）为关于执法博弈的章节做出了重要贡献。印第安纳州立大学的理查德·洛斯皮奇（Richard Lotspeich）和一位匿名审稿人一起为第4章和第5章的早期草稿做出了重要贡献。我不断受到世界各地学者的杰出研究的启发，这些学者追随加里·贝克尔（Gary Becker）和史蒂文·莱维特（Steven Levitt）接受了挑战，并使犯罪经济学成为现代经济学的主流研究领域。本书是我试图向读者介绍这些人的诸多贡献的初步尝试。

导　论

本书供专用于或涵盖犯罪经济学重要内容的课程使用。它也可能对任何希望熟悉或研究刑事司法系统中犯罪与执法的现代经济学方法的人有用。本书是作者在乔治·华盛顿大学十多年来教授"犯罪经济学"本科生课程的成果。该课程假定学生已经系统地学习过微观经济学原理课程，并对初等统计学有一些基本的了解。但是，缺乏这种经济学背景的人也可以理解本书的大部分内容。第1章的附录能为没有接触过微观经济学的人提供帮助。

犯罪经济分析概论

本书涵盖了关于犯罪与执法的经济分析的大部分文献。[1] 经济学家使用理性选择模型来解释犯罪与执法，就像他们使用该模型来理解劳动供应、职业选择、消费、工作努力、居住地点和整个人类行为。个人福利最大化模型被用于分析医生实施医疗补助欺诈、毒贩出售毒品、学生考试作弊、商店被盗窃等情形，以及潜在的受害人采取措施以避免被欺骗、抢劫、袭击或遭遇其他受害方式。该理论的强大之处在于，一个模型能够对所有这些行为做出预测，然后可以使用实际行为数据进行验证。个人行为模型可以被汇总，以确定在给定区域中特定类型的犯罪、执法和侵害的总体后果。从个人到社会系统均衡的整体影响过程使用了与经济学家应用于其他类型人类行为相同的技术。

关于人类一般行为，特别是犯罪行为的经济学模型有几点尚未得到很好的理解。第一，理性选择模型并不排除对他人善意甚至福利的兴趣。个人对于花费自己的时间做什么以及个人消费的商品和服务有所偏好。但他们也可能更偏好家庭内外的其他人的福利和认可。利他主义和利己主义并非不相容。事实上，对非人类福利的偏好可能很重要，宠物主人和动物爱好者的行为就证明了这一点。[2] 第二，理性选择模型可以包括社会价值观，如遵守法律的信念或违反法律的满足感。与工作或其他活动的时间相比，花费在犯罪上的时间可以减少或增加个人的效用。犯罪行为可能使一些罪犯感到兴奋，也可能使另一些人感到可耻。第三，个人的决定来自基本偏好、包括期望在内的信息和机会的组合。信息可能不正确，制定期望的过程可能存在缺陷。在这种情况下，个人很有可能对自己选择的结果感到不满，这种不满与理性选择并不矛盾。理性选择模型只要求在做出选择时，个人考虑了他们对可用替代可能性产生的预期额外收益和成本的看法。第四，可供选择的时间会影响理性选择过程的结果。与需要考虑数周的信息集相比，必须在几秒钟内做出的决定是基于非常有限的信息集。第五，理性选择模型基于应用于理论重要预测的统计假设检验技术进行了细心的验证，本书包含了几十个此类测试的示例。

经济学家使用与他们用来解释从事合法工作、寻求教育或将时间分配给其他活动的决定相同的方法来模拟罪犯的理性选择。如果这看起来令人惊讶，那么请考虑大多数罪犯也在工作，受过一定程度的教育，并参与犯罪以外的各种活动。犯罪是罪犯个人所从事的几项活动之一。从这个意义上说，罪犯和其他人并没有什么不同。事实上，一个从未违反过任何法律的人比一个违反过一些法律的人更罕见。有些人一生中有一部分时间在大量参与犯罪活动，而其他时间则没有从事犯罪活动。经济学家认为，这些人在实施犯罪时和他们在从事完全合法的活动时一样理性。一个人在晚上9点到12点做毒贩，从早上8点到下午5点做文员，他和一个专门贩卖毒品或做文书工作的人一样理性。从事保险欺诈或逃税的医生与从来没有犯过这类罪的医生一样理性，也可能是一位很好的医生。[3] 在一些极端情况下，人们的选择并不理性，因为他们的精神状况使他们无法了解自己行为的后果。根据刑法，精神无能通常被认为是一种特殊情况，这些人会受到特殊待遇。

与大多数其他社会科学不同，经济学家并不倾向于关注偏好的形成或转变的过程。[4]这并不意味着犯罪经济学忽略了偏好上的差异或这些差异的来源。这些差异的现代技术术语是"未观察到的个体异质性"。这是犯罪经济学中一个非常值得关注的问题。然而，在确定偏好变化如何使个人以不同的方式对相同的激励措施做出反应时，经济学家通常依赖于其他研究领域，包括心理学、社会学、犯罪学、市场营销学、历史等。事实上，被称为"犯罪经济学之父"的加里·贝克尔（Gary Becker）是芝加哥大学的经济学和社会学教授，他对许多领域进行了广泛研究。许多犯罪经济学研究的不同之处在于，重点是各种经济激励的影响，包括与犯罪和犯罪的替代品相关的惩罚与奖励，以及犯罪决定和犯罪水平。显然，偏好上的差异导致个人对同一组收益和成本的反应非常不同。经济学家很清楚这一点，并试图构建相应的测试，以免偏好的差异与激励措施的差异相混淆。这可以通过识别具有相对同质偏好的群体或使用各种统计技术来调整偏好变化对激励反应的影响来实现。[5]

关于个人偏好差异的观点也扩展到可用信息的差异及信息处理形成期望的方式。这些差异都是个体之间未被观察到的异质性的基础。具有相同偏好和机会的两个人可能表现得非常不同，因为他们对机会的看法不同或者对未来的期望不同。对一些人来说，今天工资的意外增加产生了对未来工资可能增加的预期；而另一些人对今天工资的增加做出的反应可能是，降低了他们对近期工资进一步增长的预期。在其他条件相同的情况下，选择犯罪的人很可能认为，犯罪的收益比那些合法活动的收益要高。

个人在偏好和期望上的差异非常重要，因为刑事司法系统是根据个人价值观的差异对人群进行分类的。法官、假释官和检察官受过专业训练，将故意、预谋、残忍和危险性作为决定从执法到审前释放、制裁、假释的一切因素。这意味着，刑事司法系统给予特定待遇的个人是由专家挑选出来的。据推测，人们认为那些被判处较长刑期和被拒绝假释的人具有更高再犯可能性的特征。这种基于详细个人特征的处理方法被经济学家称为样本选择，人们非常小心地避免由于在统计分析中产生偏见而得出错误的结论。

经济学建模工作的另一个明显特征是，研究的目标是对不同文化和种族群体的人类行为做出一般性陈述。在本书中考虑的许多情况下，研究结果包括使用世界各地不同国家的数据对几乎相同的关于对激励措施的反应的假设进行的测试。经济学家认为，应该使用在不同地点和不同时间段进行的测试来验证模型。虽然在测试实施过程中，可能需要对文化和政治因素进行一些修改，但世界各地的经济学家通常使用相同的统计假设检验模式来验证理论。在许多案例中，人们重新审视了犯罪经济学的杰出研究结果已被重新审视并发现了其中的不足。这种重新审视、测试和反驳过程的最好例子是第 22 章中引用的关于死刑威慑效果的经济评估的文献。

与大多数其他的犯罪研究相比，经济学家对处置罪犯、管理监狱或审判案件没有兴趣。犯罪经济学表明，如果个人有机会在合法工作中获得高工资，并在非法活动中面临迅速和特定制裁，他们就不太可能选择犯罪。然而，经济学家在对罪犯实施制裁方面没有特别的技能或作用。[6] 同样，犯罪经济学表明，可以降低犯罪需求或提高定罪概率的私人行为对社会特别有价值。除了确定采取行动的机会，经济学家在实际实施这些政策方面也没有发挥进一步的作用。[7] 简单地说，经济学家并不认为罪犯或受害人需要或可以从有关经济学的指导或咨询中获益。经济学家发挥的作用仅限于纯粹的研究、政策设计和/或项目评估。

犯罪经济学对制定民法和刑法提出了自己的理由，包括决定是否及何时将一项行为定为刑事犯罪的方法，而不是税收或监管等其他策略。对于那些存在经济犯罪理由的案件，犯罪经济学解决了福利最大化的制裁和执法水平问题。在本书中，鲁莽驾驶的例子得到了特别关注。犯罪经济学为确定有效的限速及制裁和执法水平的最佳结合提供了一种方法。同样的推理为目前区分民事欺诈和刑事诈骗提供了理由。运用同样的推理，可以制定实施打击逃税的经济原则和策略。犯罪经济学为回答涉及有受害人和无受害人的犯罪问题提供了一个通用的框架。确定将什么行为定为犯罪、如何执法、花费多少执法努力及制裁的类型和数量的方法适用相同的福利经济学原则，这些原则也适用于其他问题，如污染、垄断和公共财产资源。因此，掌握犯罪经济学对理解应用福利经济学的其他领域非常有帮助，那些熟悉其他领域技术的人会注意到，同样的推理也可以应用于犯罪学领域。

本书的内容安排

本书前三章介绍了关于犯罪经济学性质的基本背景。第1章构建了刑法不同于民法的经济学原理。接下来的两章介绍了犯罪成本的经济衡量标准，并讨论了成本效益分析可以指导思考犯罪问题。第4～第9章涵盖了犯罪经济学中最常用的微观经济学模型。这些章节的重点是理解经济学理论中用来分析罪犯的行为和刑事司法系统的反应的方法。第10章和第11章讨论了在验证、校准和/或应用这些理论模型时所遇到的统计学问题。第12～第22章呈现了犯罪与执法的经济学中的特定课题，每一章都展示了第4～第11章的理论和实证方法如何被经济学家用来增进对罪犯、受害人、警察和矫正人员的行为结合起来产生整体结果的方式的认识。

在可能的情况下，基本理论被用来理解犯罪随着时间的推移而发生和演变的方式。同样的理论模型被一遍又一遍地用来解释不同的现象。这种重复既是为了建立理论的通用性，也是为了通过重复来增进理解。正如经济学中常见的情形，本书充分利用每一章末尾的问题来加强学习，并提供应用经济学模型的实践，目标是帮助学生首先使用该理论来建立关于经验关系的假设。理论是选择统计技术和识别虚假或不足的实证研究的指南。

经济分析既有实证的维度，又有规范的维度。本书大部分内容致力于对犯罪经济学的实证分析，即研究犯罪可能对社会条件变化做出反应的方式。然而，实证分析有时会提出技术效率或分配效率的原则，这些原则对刑事定罪的决定和司法系统的运作具有明显的规范意义。这些要点已在书中提出，并明确了其规范性。犯罪经济学与刑事司法系统运作之间的关系存在一些问题。当然，刑事司法系统的某些方面在逻辑上符合技术和/或分配效率的条件。在许多可能存在冲突的案例中，这些都被指了出来。

本书的主要目的是普及犯罪经济学知识，而不是提倡对刑事司法系统进行改革。为此，本书较少地强调提倡对当前实践做出具体改变的文献。本书并没有回避犯罪经济学中存在冲突的领域，偶尔可能会出现偏袒一方的情况，用特定的方法介绍分歧和讨论可能出现的问题，希望能让读者了解审慎应用相关研究方法的重要性。最后，掌握本书内容的人将能够阅读当前的许多文献，并将认识到理论和实证方法在犯罪与执法研究中的应用。

犯罪经济学面临的主要挑战

到目前为止，经济学家们已经开发、测试和验证了许多模型，这些模型能够预测特定犯罪率对激励措施或技术的特定变化的反应。本书的第 12～第 22 章列举了多个实例。相关理论一旦得到验证，就可以用于理解和预测影响特定类型犯罪的因素。虽然在扩展单个模型并使其适用于新用途方面还有很多工作要做，但已经有了一个良好的开端，可以避免在实施政策时出现意外的错误，并确定更有效的执法策略。事实上，利用经济标准来决定哪些行为应被定为犯罪的工具已经被开发出来，只是需要有人尝试使用它们。

经济学研究的一个主要挑战是解释和预测犯罪总体水平的一般变化。在总体水平上，国家犯罪率似乎呈现相对平稳的态势，这种态势与人口构成的影响和预期制裁水平的变化是一致的，其中预期制裁水平的变化取决于制裁的严厉程度，以及由警察的数量和效用导致的定罪概率。图 0.1 显示了 1960—2010 年美国的谋杀率、抢劫率和财产犯罪率。[8]

图 0.1 中曲线的总体形式相对简单。犯罪率在 20 世纪六七十年代迅速上升，在 80 年代上半叶出现了短暂的下降，随后迅速上升到 1992 年的峰

值。所谓的"犯罪率大幅度下降"始于1992年,尽管犯罪率在20世纪90年代下降得最为迅速,但一直持续下降到2010年。这种趋势在暴力犯罪和财产犯罪上不仅从图上看起来相似,在实际中也是相似的。谋杀率与抢劫率之间的相关系数为0.89,谋杀率与财产犯罪率之间的相关系数为0.84。不同犯罪类型的这种一致性表明,这种差异是由于对所有犯罪类型都有广泛影响的因素造成的,如警务工作的有效性、制裁水平和/或人口特征或人口偏好的变化。这些变化似乎与商业周期或经济机会指标并没有密切关系。

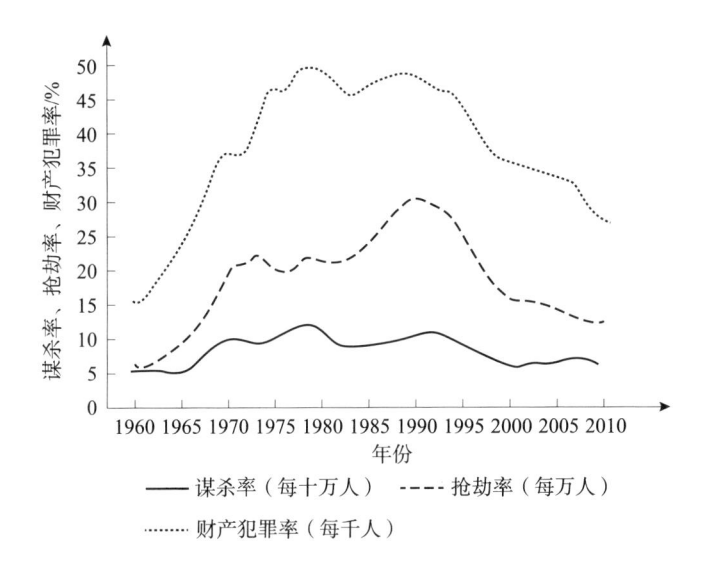

图0.1 美国的谋杀率、抢劫率和财产犯罪率(1960—2010年)

当欧洲的趋势与美国的趋势形成对比时,整体犯罪率变化就变得更加难以描述。[9]比较图0.2和图0.3,很明显,欧洲的暴力犯罪和财产犯罪并不高度相关。此外,随着时间的推移,欧洲和美国犯罪率之间的关系发生了巨大变化,特别是暴力犯罪率。这些变化似乎不是由人口因素造成的。因为欧洲人口中15~34岁男性的比例低于美国,在该时期结束时的比例与开始时大致相同。

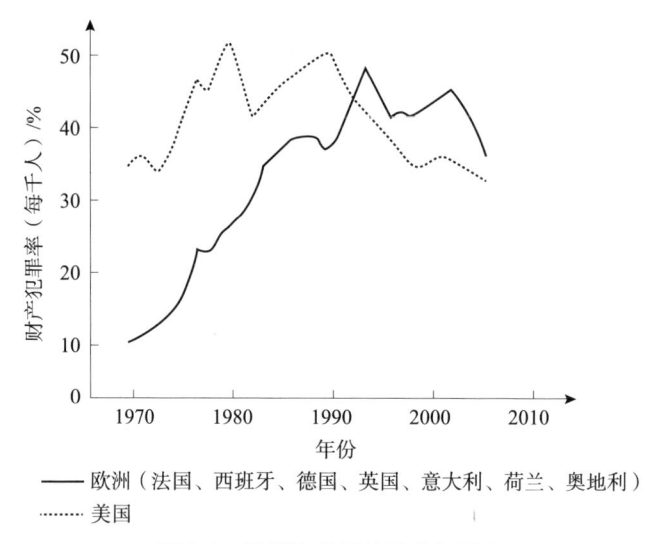

图 0.2　欧洲和美国的财产犯罪率

资料来源：Buonanno, Drago, Galbiati, and Zanella (2011).

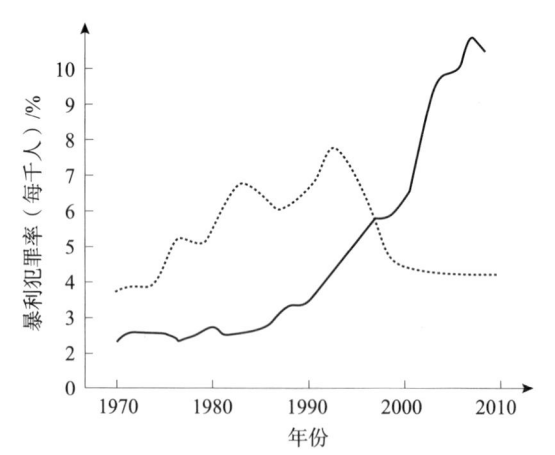

图 0.3　欧洲和美国的暴力犯罪率

资料来源：Buonanno, Drago, Galbiati, and Zanella (2011).

两者的一个区别是，1980—2008 年，美国监狱人口占总人口的比率从 0.20% 增加到近 0.80%（即增加了约 3 倍），而欧洲监狱人口占总人口的比率从 0.05% 增加到 0.11%。[10] 这表明，监禁在犯罪率的总体变动中发挥了作用，但这种作用和这些变动必须随着时间的推移进行分析。布奥纳诺等（2011）分析了欧洲和美国犯罪趋势的差异，并得出结论：有必要进行更多的研究来解释总犯罪率随时间变动的巨大差异。

一些研究人员已经大胆地对国家犯罪率的这些总体变化做出解释。人口的年龄分布和制裁水平通常被认为是非常重要的因素。15～25岁男性人口比例的变化很重要，因为他们造成了不成比例的犯罪。制裁的增加与警务力量和监狱人口的规模有关。增加警务支出可能会提高逮捕率和监禁率。这也增加了监狱人口，同时加重了刑期。增加制裁可能会通过威慑或仅仅因为被监禁者的犯罪机会有限而降低犯罪率。将大量监狱人口的影响分为威慑效应和监禁效应一直是犯罪经济学研究的一个主要课题。

除了人口统计影响和制裁，不同领域的研究人员还确定了可能导致犯罪率波动的各种其他因素。就业机会，特别是对于最有可能参与犯罪的年龄组，也被认为在决定犯罪率方面发挥了作用。一些研究人员推断，在15年的滞后期内，更高的堕胎率会减少犯罪，因为意外出生的婴儿减少了。这些结果极具争议性。另外一些人则认为，青少年人口的变化（同样滞后很长时间）同样会影响犯罪率。一些人已经提出了更好的警务策略，包括社区警务模式。DNA检测是在这一时期被引入执法领域的几个主要技术进步之一。使用毒品的模式，特别是20世纪80年代引入快克可卡因，与包括暴力犯罪在内的犯罪率的变化有关，因为贩毒团伙成为这些非法物质的主要来源。

表0.1列出了关于犯罪长期变化的三项主要研究结论。虽然人们普遍认为，监禁率的提高和青少年群体规模的减小对1992年以后犯罪的减少起到了一定作用，但是对于导致美国犯罪率显著下降，而且这种下降持续到今天的其他因素所达成的共识较少。

随着对犯罪模式进行更加详细的验证，理解犯罪率的挑战将会增加。例如，跨空间犯罪率的变化令人吃惊。以美国为例，一些州的暴力犯罪率不到200起/10万人，而其他州则超过600起/10万人。这些差异存在于非常相似的邻近州中。马里兰州的暴力犯罪率是弗吉尼亚州暴力犯罪率的2.5倍，尽管它们在地理位置上接近且经济发展水平相似。

表 0.1 20 世纪 90 年代美国犯罪率下降的三组原因

	重要因素	不重要因素
莱维特 (Levitt, 2004)	1. 监禁率的提高 2. 人均警察人数有所增加 3. 减少使用快克可卡因 4. 20 世纪 70 年代堕胎合法化	1. 经济条件改善 2. 警务方法和工作重点的变化 3. 青少年人口数量的减少
齐姆林 (Zimring, 2006)	1. 监禁率的提高 2. 经济条件改善 3. 青少年人口数量的减少 4. 区域周期性因素	1. 20 世纪 70 年代堕胎合法化 2. 可卡因使用量减少（青少年犯罪除外） 3. 人均警察人数有所增长（纽约市除外） 4. 警察工作重点的变化（纽约市除外）
鲍默 (Baumer, 2009)	1. 监禁率的提高 2. 经济条件改善 3. "滞后"的青少年出生率下降① 4. 较大的成年人群体 5. 人均警察人数增加	1. 快克可卡因使用量减少 2. 警务方法和工作重点的变化 3. 青少年人口数量的减少 4. 家庭生活的变化

注：除了监禁率上升和一些人口因素的影响，人们对 20 世纪 90 年代犯罪率急剧下降的原因缺乏共识，这种下降一直持续到 2011 年。本表摘自鲍默（Baumer, 2009）。

① 青少年母亲的出生会影响犯罪，影响滞后 10~15 年。

在更精细的地理分解水平上，特定城市的犯罪空间模型可能比不同国家或不同时间的犯罪率表现出更多的变化（见图 0.1~图 0.3）。世界各地的许多城市都在互联网上按社区或警区发布犯罪数据，这些地区之间的差异往往是显著的。[11] 费根（Fagan, 2008）特别关注纽约市随着时间推移的犯罪率模式，纽约市在 1992 年之前经历了犯罪率的高涨，此后的犯罪率下降比整体统计数据更明显。他发现，20%~40% 的社区暴力犯罪率在整个时期都保持较低的水平。在这些犯罪率较低的地区，没有出现犯罪激增或减少。对于犯罪率最高的 10%~20% 的社区来说，犯罪率周期是极长的。总的来说，犯罪率周期的大部分时间是由犯罪率最高地区暴力犯罪数量的波动导致的。犯罪的空间集中在国家内部，并且犯罪率随着城市规模和大城市特定社区的增加而增加，也就不足为奇了。费根（2008）的研究表明，一个国家所观察到的犯罪率的波动大多是由于大城市犯罪率较高的社区发生的波动所致。

这一讨论表明，理解整体犯罪率的变动可能需要对犯罪的决定因素进行非常微观的研究，并应在社区一级评估执法努力的有效性。这样，就很容易理解为什么人们对犯罪率随时间显著变化的任何简单的总体解释缺乏共识。因此，本书致力于从微观的层面理解犯罪，分析单位从州到社区。在这种详细程度上，经济学家们非常成功地确定了犯罪的决定因素及其与各种执法努力的关系。从地理分解这一层面上升到理解社会和经济发展趋势、一般刑事司法政策、国家总体犯罪率之间的关系或预测未来的犯罪水平，是研究中的一个主要项目。

> **犯罪率下降的分布效应**
>
> 1990—2005 年，美国暴力和财产犯罪率急剧下降，这显然产生了本章记录的实质收益。这些福利如何在人口中的不同种族和收入群体之间分配？
>
> 尽管很难将犯罪率变化的收益归因于个人和群体，但艾伦和奥里根（Ellen and O'Regan，2009）测量了下沉到社区层面的犯罪率下降的地理模式，将犯罪率的下降与该地区的人口统计特征联系起来。他们有许多强有力的发现：第一，城市的犯罪率下降幅度更大；第二，市中心的犯罪率比郊区的犯罪率下降幅度大；第三，低收入和少数族裔社区的犯罪率下降得更多。实质上，高犯罪率地区的犯罪率下降得最多，到 2005 年，美国犯罪率的空间分布比 1990 年要均匀得多。

| 注　释 |

1. 由于考虑篇幅和需要选择适合本科生的教材，一些重要的创新性研究对象被忽视了，建议使用本书的学生具有微观经济学原理基础。
2. 2011 年，美国在慈善事业上花费了 2910 亿美元，个人捐款总额为 2170 亿美元。这与理性选择模型完全一致。
3. 麦卡锡（McCarthy，2002）区分了动机似乎清晰的"工具性"犯罪与高度情绪化且可能不太容易与理性选择相关的"表达性"犯罪。当然，确实存在"谋杀市场"，可以付费雇用专业的"职业杀手"。最终，定罪率和制裁解释犯罪率的能力是一个经验问题。

4. 一些经济学家关注偏好的形成，但在这一点上，这项研究在犯罪经济学中的应用是有限的。

5. 例如，梁和布里坦（Leung and Brittain, 2009）发现，自我报告的青少年犯罪参与情况因青少年的早期生活经历和同龄人群体的不同而存在显著差异。通过对犯罪决定的分析应该认识到，对经济激励的反应因儿童时期环境的这些方面而不同。

6. 经济学家可能声称有能力设计出能够普遍提高劳动生产率的政策或计划，即便如此，经济学家在实施这些政策过程中的作用也很小。

7. 也许在预防或识别欺诈方面，一些经济技术可以成功地被应用。

8. 图0.1是基于理查德·罗森菲尔德（Richard Rosenfeld）维护的一个网站的数据，该网站依赖于统一犯罪报告的数据。财产犯罪包括入室盗窃、盗窃和机动车辆盗窃。

9. 图0.2和图0.3所依据的资料表明，该研究中的七个欧洲国家——奥地利、荷兰、德国、法国、西班牙、英国和意大利的相对犯罪率趋向于平行移动。

10. 这里，关于"欧洲"的陈述是指图0.2和图0.3研究中提到的七个国家。

11. 计算小面积内的犯罪率是复杂的，因为这需要较精确地指定犯罪地点，并且分母中潜在的受害人的测量应是适当的。对于一个城市的某些地区来说，居住人口并不足以衡量潜在受害人的良好指标。例如，许多市中心犯罪中的受害人并不住在市中心。

目 录

前 言 ··· 001
致 谢 ··· 003
导 论 ··· 005

第一编　犯罪与执法经济学的基础

1 刑法的经济学原理 ································ 003
简介 ··· 003
如果民法运行良好，为何还需要刑事司法系统 ············ 003
民法与刑法的相互作用 ··························· 009
刑事定罪的经济方法分析小结 ······················ 011
利用经济分析进行刑事定罪：三个案例 ················· 012
  案例1：裸体行为 ·························· 013
  案例2：财务虚假陈述 ······················ 014
  案例3：卖淫 ······························ 015
经济分析在刑事定罪决策中的作用 ··················· 016
本章回顾 ····································· 017
附录　微观经济学原理 ··························· 019
  市场需求曲线 ···························· 019
  市场供应曲线 ···························· 021
  市场供求曲线的相互作用：市场均衡 ············· 022
  利用供需图了解税收对市场的影响 ··············· 023

2 执法决策的收益/成本分析 ········· 027
简介 ········· 027
最优执法和鲁莽司机的问题 ········· 027
对技术与制裁的最优执法和限制 ········· 033
本章回顾 ········· 035

3 测量犯罪的数量和成本 ········· 037
简介 ········· 037
犯罪和犯罪行为数据来源与类型概述 ········· 037
事件报告 ········· 039
逮捕、定罪和惩教数据 ········· 040
受害者调查 ········· 041
罪犯的自我报告 ········· 042
现金流和宏观经济指标 ········· 042
衡量犯罪的经济负担或成本 ········· 043
按犯罪类型衡量受害者的总成本 ········· 045
本章回顾 ········· 048

第二编　经济理论在犯罪研究中的应用

4 "无受害人"犯罪市场 ········· 053
简介 ········· 053
将犯罪市场模型运用于"无受害人"犯罪 ········· 054
运用S&D模型对市场上的无受害人犯罪建模 ········· 059
本章回顾 ········· 063

5 有受害人犯罪市场 ········· 067
简介 ········· 067
"犯罪需求"曲线 ········· 067
有受害人犯罪的市场 ········· 071

将模型应用于更复杂的推论：多元市场 …………… 074
　　选择犯罪"类型"的罪犯 …………… 075
　　包含多种罪犯类型的犯罪 …………… 078
本章回顾 …………… 080

6　风险偏好与犯罪供应 …………… 084
简介 …………… 084
关于风险偏好与犯罪活动的直觉 …………… 084
风险偏好与犯罪活动的正式建模 …………… 086
风险偏好与犯罪理论结果的重要性 …………… 092
本章回顾 …………… 094

7　状态偏好模型和逃税经济学 …………… 098
简介 …………… 098
状态偏好模型在逃税分析中的应用 …………… 099
逃税状态偏好模型的理论意义 …………… 105
　　逃税状态偏好模型的检验意义 …………… 107
逃税状态偏好模型对税收政策的意义 …………… 110
本章回顾 …………… 112
逃税附录 …………… 114

8　社区犯罪与自我执行建模 …………… 118
简介 …………… 118
社区犯罪模型 …………… 119
自我执行模型 …………… 125
本章回顾 …………… 130

9　执法博弈 …………… 134
简介 …………… 134
博弈论：相关定义和关键概念 …………… 135
囚徒困境博弈 …………… 136
鲁莽驾驶博弈 …………… 141

本章回顾 ………………………………………………………………… 147

第三编　统计分析技术在犯罪研究中的应用

10　犯罪模型测试中的统计问题 ………………………………………… 153
简介 …………………………………………………………………… 153
关于犯罪与执法的统计推理问题的说明 …………………………… 154
犯罪率决定因素检验中的统计问题 ………………………………… 156
犯罪结构模型的统计检验结论 ……………………………………… 164
使用"自然"或"准"实验检验犯罪经济学 ……………………… 166
使用时间序列技术检验犯罪经济学 ………………………………… 169
本章回顾 ……………………………………………………………… 171

11　控制犯罪收益的隐性市场措施 ……………………………………… 176
简介 …………………………………………………………………… 176
隐性市场的性质 ……………………………………………………… 177
使用隐性房价特征来评估犯罪的外部性 …………………………… 179
使用劳动力市场的隐性市场模型来评估犯罪的外部性 …………… 182
使用劳动力市场的隐性市场模型来分析罪犯的选择 ……………… 183
陈述偏好和犯罪控制收益评估 ……………………………………… 184
本章回顾 ……………………………………………………………… 186

第四编　具体执法问题的经济学分析

12　监禁的经济学分析：威慑和能力剥夺 ……………………………… 193
简介 …………………………………………………………………… 193
监禁对犯罪的总体影响测试 ………………………………………… 194
警察对犯罪的威慑作用测试 ………………………………………… 195
犯罪的威慑效应的直接测试 ………………………………………… 197

区分威慑和能力剥夺效应对犯罪的影响 ················ 201
　　能力剥夺效应对犯罪的影响的直接测试 ················ 203
　　本章回顾 ································· 206

13 **三振出局法案的经济分析** ························ 210
　　简介 ··································· 210
　　三振出局法案的性质 ·························· 211
　　第二次击打的威慑作用 ························ 212
　　罪犯对第二次和第三次击打的调整 ················· 213
　　第一次击打的威慑作用 ························ 214
　　本章回顾 ································· 217

14 **青少年犯罪** ································· 219
　　简介 ··································· 219
　　威慑和青少年犯罪供应 ························ 220
　　邻里位置和青少年犯罪 ························ 224
　　经济激励和青少年犯罪 ························ 227
　　个人特征和青少年犯罪 ························ 229
　　本章回顾 ································· 231

15 **社区帮派** ··································· 235
　　简介 ··································· 235
　　没有帮派的社区犯罪 ·························· 236
　　贩毒帮派的社区犯罪模型 ······················· 237
　　作为地方政府的社区帮派 ······················· 240
　　本章回顾 ································· 242

16 **私人执法的经济效应** ··························· 245
　　简介 ··································· 245
　　私人执法工作的类别 ·························· 246
　　不同类型私人执法的效应 ······················· 247
　　私人执法对侦查工作的影响：洛杰克案例 ············· 250

	本章回顾 ··	254
17	**破窗假说** ······································	257
	简介 ··	257
	经济理论与执法政策的破窗模型 ················	258
	私人执法模型的实验测试 ·····················	260
	轻罪和重罪的因果关系测试 ···················	261
	破窗假说测试的实施地点 ·····················	263
	基于当地禁令的测试 ··························	264
	本章回顾 ··	265
18	**犯罪与经济发展** ·······························	268
	简介 ··	268
	发展中国家的犯罪负担 ·······················	269
	估计腐败的数量和分布 ·······················	270
	估计影子经济的规模 ··························	273
	减少腐败的策略 ·······························	276
	极端贫穷人口犯罪经济学 ····················	278
	本章回顾 ··	280
19	**枪支和犯罪** ···································	283
	简介 ··	283
	对研究问题的综述：枪支与犯罪 ·············	284
	关于枪支和犯罪的实证文献 ···················	287
	枪支管制对犯罪的影响 ·······················	290
	检验"应发放"隐蔽携带立法的效果 ·············	290
	对使用枪支犯罪提高制裁水平的效果的检验 ···	291
	本章回顾 ··	292
20	**毒品和犯罪** ···································	296
	简介 ··	296
	标准毒品政策的市场分析 ·····················	297

将与精神活性物质相关的行为定为犯罪的经济学分析 …… 298
外部性测量与刑事定罪标准 …… 299
通过毒品治疗效果来联系毒品与犯罪 …… 302
毒品与犯罪的联系的传统经济学测试 …… 304
入门毒品假说 …… 308
使用犯罪市场模型分析税收与刑事定罪 …… 310
    案例 1 …… 312
    案例 2 …… 312
    案例 3 …… 314
    案例 4 …… 316
毒品需求价格弹性的证据 …… 317
提高毒品价格的经济策略 …… 318
降低毒品需求的替代策略 …… 320
本章回顾 …… 321

21 侧写经济分析 …… 326
简介 …… 326
侧写与其他警务活动的区别 …… 327
基于搜索率差异的侧写检验 …… 328
基于命中率差异的侧写检验 …… 329
侧写的实证检验 …… 332
额外监督对警察绩效的影响 …… 335
本章回顾 …… 336

22 威慑与死刑 …… 338
简介 …… 338
死刑对预期制裁的影响的衡量 …… 339
死刑威慑作用的结构模型估计 …… 342
死刑对辩诉交易影响的测试 …… 343
谋杀儿童资格条款适用效果的自然实验 …… 345
本章回顾 …… 346

词汇表 ………………………………………………………… 349
参考文献 ………………………………………………………… 354
索　引 …………………………………………………………… 376
关于作者 ………………………………………………………… 409

第一编

犯罪与执法经济学的基础

1 刑法的经济学原理

■简介

本章讨论了经济学家已经确定的让政府通过刑事司法系统将某些活动定为犯罪并对其进行惩罚的原因。第一个逻辑点是区分民法和刑法的作用。鉴于受到伤害的一方能够根据民法采取行动，向过错方追偿，刑法可能被视为是多余的。[1]然而，经济学家已经确定了刑事司法系统的作用，即使是在一个民事诉讼系统能够有效运作且原告和被告可以以低成本获得正义的世界里也是如此。[2]

本章内容讨论了刑法作为民事诉讼的补充的作用，阐述了刑事定罪决定与民法功能之间的相互关系，提供了经济分析可用于将一项行为定为犯罪的示例，考虑了经济分析在理解和/或指导刑事司法系统运作中的作用。

■如果民法运行良好，为何还需要刑事司法系统

《经济文献杂志》所采用的分类系统将刑法（JEL 系统中的 k14）列为法律的六个基本领域之一。[3]从历史上看，从古巴比伦法律遵循《汉谟拉比法典》到古罗马的法律体系合并了民法和刑法，民法经常适用是因为那些

没有重要到需要由君主或君主的代理人裁决的纠纷是由民事法庭裁判的。这一过程，特别是普通法发展的领域，开始于中世纪。然而，直到19世纪，欧洲才实现了民法和刑法之间的明确区分。当然，当时经济学正在发展，在经济学中，犯罪经济学和法律的其他经济分析领域有明显的区别。事实上，民法的主题，包括财产、合同、侵权、监管、商业、劳动、破产等，已经在"法律与经济学"课程中被研究了一段时间，多本优秀的教科书都涵盖了这些主题。相比之下，刑法受到的关注要少得多。

两个问题出现了：民法与刑法（或相当于法和经济学与犯罪经济学）有什么区别？为什么社会中同时存在民法和刑法？

从经济理论的角度来看，法和经济学与犯罪经济学的区别在逻辑上是从福利经济学出发的。法和经济学主要处理对第三方不产生重大影响的代理人之间的纠纷。在本书中，有很多场合是基于经济理论来判断什么才是合理地与实际刑法（从执法到监狱）之间存在尖锐的区别。然而，民法和刑法的区分并非仅仅如此，二者的区分有坚实的理由。

下面的例子说明了民法和刑法之间的区别。假设阿尔法（α）的汽车在高速公路上或在十字路口行驶时与贝塔（β）的汽车相撞。碰撞可能会妨碍交通，并给其他人带来一定的影响，但伤害集中在贝塔身上。民法旨在允许贝塔就其所遭受的任何损害获取赔偿金。为了获得损害赔偿，贝塔必须确定阿尔法在此次碰撞中存在"过错"。具体地说，贝塔必须证明阿尔法是"疏忽"的或"鲁莽"的，其在碰撞发生前没有按照法律上的预防标准行驶。反过来，阿尔法会辩称自己的驾驶是"小心"的，自己没有过错。如果案件由陪审团审理，对过错的认定是基于优势证据，通常需要多数或绝对多数，即陪审员人数的2/3或3/4通过，而不是一致通过。

或者假设阿尔法是以高速鲁莽且不稳定地驾驶汽车，她的汽车没有与贝塔驾驶的汽车发生碰撞，因此没有理由对阿尔法提起民事诉讼。然而，警方可能会阻止阿尔法，并对其鲁莽驾驶发出传票。[4]因为这是一项刑事犯罪，阿尔法必须出庭，如果她提出要求，则她有权获得陪审团审判。发出传票的警官将出庭，可能会传唤包括贝塔在内的控方的其他证人。阿尔法将被判鲁莽驾驶罪"有罪"或"无罪"。在陪审团审判过程中，定罪需要基于排除合理怀疑的有罪的一致同意。贝塔通常无权获得赔偿，尽管已经实施了一些受害者赔偿计划。相关正式案例请参阅英国刑事伤害赔偿管理局的网站，该网站讨论了向英格兰、苏格兰和威尔士因暴力犯罪严重受伤的人提供从1000~50万英镑不等的赔偿的条款。

如前所述，民法和刑法在待遇上的这种显著差异与福利经济学是完全一致的。碰撞对贝塔造成了损害。根据民法，如果阿尔法确实存在疏忽，损害赔偿应该由阿尔法支付，因为她在决定如何驾驶时应该考虑自己行为的成本。福利经济学中有效决策的标准要求当事人考虑其决策的全部边际成本。对阿尔法作出民事判决将明确她承担疏忽驾驶车辆的全部成本，这一成本包括对她的汽车的预期损坏和对贝塔的伤害。这在成本或收益图（见图1.1）中得到了正式的说明。

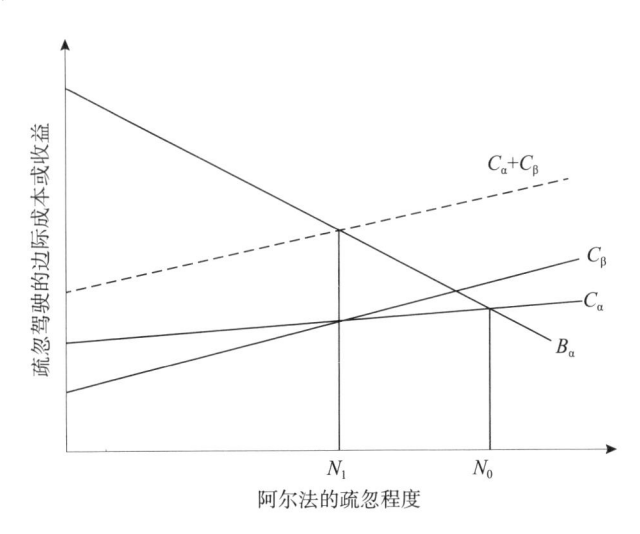

图1.1 疏忽驾驶的成本或收益分析

B_α反映了阿尔法疏忽驾驶的预期边际收益，C_α和C_β分别反映了与这种疏忽驾驶相关的阿尔法和贝塔的预期边际成本。边际收益曲线斜率为负，因为疏忽程度提高将导致收益下降。换句话说，以80英里/小时（1英里≈1.6千米）而不是70英里/小时的速度驾驶的收益大于从90英里/小时到100英里/小时的收益。疏忽驾驶的预期边际成本曲线呈上升趋势，因为随着疏忽程度的提高，发生碰撞的可能性和严重程度将有所增加。[5]

如果阿尔法只根据自己的利益和成本选择疏忽程度，她将以一种相当粗心的方式驾驶，此时其预期边际收益 B_α 与预期边际成本 C_α 相交于 N_0 点，即疏忽点。因此，在贝塔没有对阿尔法进行追索的情况下，阿尔法会相当粗心地开车（选择 N_0），她可能会发短信或做其他分散注意力的事情。但民法要求阿尔法考虑对贝塔的损害赔偿。

这意味着阿尔法疏忽驾驶时的总边际成本为 $C_\alpha + C_\beta$，如图 1.1 中的虚线所示。此时，阿尔法选择 N_1 作为她的疏忽程度，与没有民事诉讼约束的情况相比，阿尔法会采取更多的预防措施。用福利经济学的术语来说，民法使阿尔法将其疏忽驾驶的外部性"内化"。

如果阿尔法购买了车辆保险会怎样？在购买车险的情况下，阿尔法必须考虑自己的粗心大意对未来保费的影响。如果没有民法，保险公司在事故发生后重新计算阿尔法的保费时只会考虑 C_α，但由于需要承担民事责任，阿尔法和贝塔的全部成本都会影响阿尔法的保费。因此，民法提高了当事人在驾驶时所采取的预防措施的水平，并进一步提高了所有可能给其他当事人造成成本的决定的效率。

在上述驾驶示例中，使用了"预期成本"这一术语。显然，并非每次疏忽驾驶都会发生碰撞，驾驶人可能多次在驾驶过程中发短信而未产生任何后果。然而，疏忽驾驶增加了发生事故的可能性。由于碰撞概率的增加而产生的额外成本是随着疏忽程度提高而导致碰撞预期成本增加的基础。

假设刑事法规禁止鲁莽地驾驶汽车。阿尔法必须考虑贝塔在被碰撞后提起的民事诉讼，因为鲁莽驾驶在民法中肯定意味着疏忽。然而，如果阿尔法的汽车与贝塔的汽车相撞，则被呼叫到车祸现场的警察应该向阿尔法发出刑事违规传票。现在阿尔法在民事法庭上面临贝塔的诉讼，并且她必须出席刑事法庭，在那里她会被判处罚款甚至监禁。

民法和刑法对阿尔法的这种处理与福利经济学对效率的要求是一致的。值得注意的是，分析变化如此之小，以至于只需对图 1.1 稍作修改，就可以对违反刑法的鲁莽驾驶行为进行经济效率的论证。图 1.2 显示了阿尔法鲁莽驾驶的成本或收益分析。B_α 反映了阿尔法的预期边际收益，C_α

反映了阿尔法造成损害的预期边际成本，$C_β$ 反映了贝塔的预期边际成本，具体形式与图 1.1 相似。由于横轴代表的是鲁莽驾驶程度而不是疏忽驾驶程度，图 1.2 的整个比例可能会发生变化，但在这里并不重要。与图 1.1 所示的情况一样，$B_α$ 和 $C_α$ 的交点表示此时阿尔法的预期边际收益等于预期边际成本。R_0 表示在没有民法或刑法约束的情况下，阿尔法会选择的鲁莽驾驶的程度。如果依据民法考虑对贝塔的预期损害，阿尔法将根据贝塔和她自己的预期边际成本之和选择 R_1 的鲁莽程度。这些结果与图 1.1 中的结果类似。

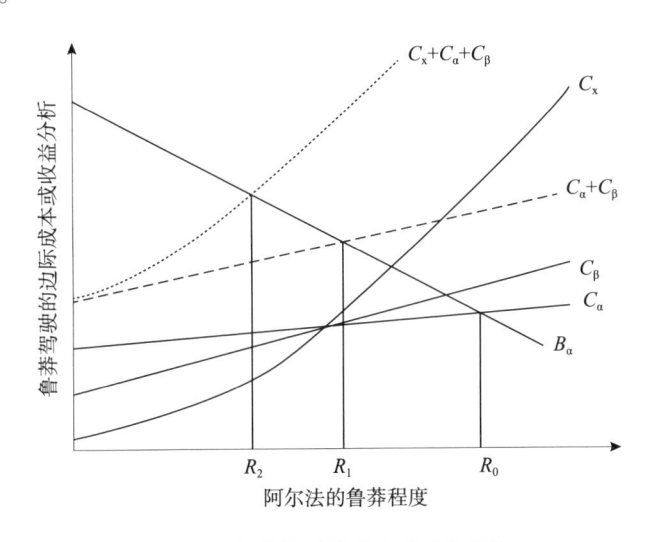

图 1.2　鲁莽驾驶的成本或收益分析

图 1.2 说明了对鲁莽驾驶的刑事处罚的经济分析。与阿尔法在同一条道路上的所有其他驾驶人都可能经历她的高速不稳定驾驶，可能有数百个这样的人，他们都承受着与阿尔法在同一条道路上行驶会有危险的代价。他们可能不得不减速、靠边停车或转向，以避免与阿尔法驾驶的汽车相撞。虽然任何一个驾驶人的预期边际成本可能很小，但当道路上累计超过数百辆车时，与鲁莽驾驶相关的边际成本可能会很大。与阿尔法的鲁莽驾驶相关的外部边际成本为 C_x，或由外部边际成本表给出。这是图 1.1 和图 1.2 的一个区别。需要注意的是，C_x 是非线性的。这种非线性反映了这样一种可能性，即随着鲁莽程度的上升，对其他驾驶人的影响呈指数级增长。[6]

福利经济学基于边际收益与总预期边际成本（通常称为边际社会成本）的相等性来确定阿尔法的最佳鲁莽水平。这个总成本是三条边际成本曲线的垂直总和，用点线 $C_x + C_\alpha + C_\beta$ 表示。总预期边际成本曲线与 β_α 的交点 R_2 为最佳鲁莽水平。但是，如果民法将阿尔法引向 R_1，有什么社会过程可以将她推向 R_2 呢？显然，刑法在这里发挥了作用。如果刑法对鲁莽驾驶的预期制裁，即警察的执法和对鲁莽驾驶的制裁相结合接近 C_x 水平，那么阿尔法就会选择 R_2，从而实现鲁莽驾驶的有效水平。

当然，有些人可能会希望阿尔法永远不要鲁莽驾驶，贝塔和高速公路上的其他人当然都更喜欢这个结果，但福利经济学要求计算出阿尔法的偏好。边际收益曲线意味着阿尔法从鲁莽驾驶中获得了巨大的个人利益。

在这个例子中，疏忽驾驶和鲁莽驾驶的区别非常显著，并导致了将刑法和刑事司法系统引入民事法庭的理由。疏忽驾驶可能会导致碰撞，但它不会对其他驾驶人产生外部性，因此，根据有关疏忽驾驶的民法，其在提供适当的激励的同时提供了适当的控制。鲁莽驾驶会造成碰撞，但它也有外部影响，许多驾驶人会因为感到害怕而被迫采取逃避行动，以适应不稳定的驾驶人。[7] 大量的成本可能与这些外部影响有关，因为鲁莽驾驶的驾驶人每一次碰撞都可能使其他数百名驾驶人受到惊吓。在民事诉讼中，只有涉及可衡量损害赔偿的驾驶人才有资格向阿尔法提出指控和获得赔偿。这意味着，如果没有刑法和刑事司法系统的强制执行，阿尔法会认为疏忽驾驶和鲁莽驾驶的成本是相同的。但对社会来说，二者的成本可能相差很大，而刑法弥补了民法的局限性。

上述讨论忽略了根据民法，原告获得的赔偿超过其实际损失的可能性。通常来说，原告有权获得补偿性损害赔偿，这种赔偿应该是基于损失，包括痛苦、苦难和屈辱，而这些可能难以量化。在一些国家，被告也可能被迫支付惩罚性损害赔偿。[8] 惩罚性损害赔偿是识别与不受刑法约束的行为有关的外部性的一种方式。在上例中，如果阿尔法的疏忽驾驶行为特别严重，而且有证据表明原告以外的个人受到了不利影响，则一些法院可能会判决惩罚性或补偿性损害赔偿。虽然民法规定的惩罚性损害赔偿旨在反映一些外部性，但这并不是民法的核心功能，甚至不是民法的重要功能。因此，福利经济学基本原理的应用意味着，刑法需要处理外部性的行为范围，而这些行为不是民法的处理对象。

虽然这里的讨论使用的是交通法规的简单例子，但所提出的观点已延伸到刑法的一般理由。简而言之，刑法需要处理个人的选择对那些根据民法寻求补偿性救济没有合理理由的人造成重大损害的案件。本章的其余部分将详细阐述这一原则。

民法与刑法的相互作用

民法和刑法之间有很多的互动点。然而，对于犯罪经济学教材来说，只有少数几点是非常重要的，这里简要地介绍以下五个方面。

第一，根据刑法提起的诉讼并不排除甚至可能加强民事诉讼。根据刑法，有罪的标准是陪审团一致认定被告有罪，排除了合理怀疑。因此，如果被告在刑事审判中被判有罪，则进行民事诉讼往往相对简单。原告必须仅根据多数或绝大多数陪审员认为的优势证据来确定过错。因此，原告在民事诉讼中所面临的标准远低于政府在刑事诉讼中所面临的标准。例如，在谋杀或过失杀人案件中认定有罪使得在过失致人死亡诉讼中认定过失的可能性很大。当然，反之并非如此：过失致人死亡行为中的过错并不意味着政府将在刑事谋杀案件中获胜。

第二，与第一点相反，将一项活动定为刑事犯罪可能会阻碍民法适用于合同的执行。这个论点很简单。例如，甲基苯丙胺等物质的生产和销售行为已被认定为犯罪。刑事化意味着这种物质的买卖双方签订的合同不受民事诉讼的约束。因此，如果卖方提供了被稀释或有缺陷的产品，买方就不能采取法律行动要求损害赔偿。同样，卖方也不能通过法院向买方收取应付的款项。一旦一种物质的销售被认定为犯罪，通常可能成为合同和诉讼标的的毒品交易的所有方面在民法下都没有资格。

第三，因交易犯罪而使民法无法运作，可能导致犯罪分子使用暴力手段强制执行合同和财产权利。这在毒品零售交易中最为明显。许多商品是通过特许经营模式销售的，即生产者将在一个地区销售的独家权利授权给特许经营权持有人。这种形式的市场组织在从快餐到汽车经销的一切领域都很常见。特许经营者之间偶尔会出现关于市场区域或产品供应的争议，这些问题通常通过以民事诉讼可能性为后盾的合同程序来解决。因此，很难看到一家丰田经销商的员工攻击另一家丰田经销商的员工以保护自身市场份额或抗议竞争对手公司的商业行为。这种情况与贩毒团伙通过暴力解决领地或商业行为分歧的问题形成了鲜明对比。因此，通过民事诉讼使合同执行失效且将毒品交易定为刑事犯罪会导致解决进一步争端的犯罪活动。这些问题将在第 20 章中进行讨论。

第四，合法化可能会导致民事诉讼。例如，即使一些药物（如迷幻药）在某些国家已经被合法化，但其永远不会被出售，因为与这些药物的影响相关的民事诉讼导致其合法生产的成本过高。[9]

第五，在某些情况下，刑事化可能会导致民事诉讼。在前述汽车驾驶的例子中，假定所有当事人都能够依据民法行使他们的权利，当阿尔法做出驾驶决定时，这些当事人可能会向她强加费用。但是，因他人的决定而受到严重伤害的人可能无法提起民事诉讼，对于未成年人和患有精神疾病的人等（以下简称"弱势群体"），一般由其父母或其他监护人代其行使权利。然而，这种机制可能会失效，特别是当父母虐待子女时。在这种情况下，有必要建立一些机制，以便使那些将成本强加给弱势群体的人必须考虑（即内化）这些成本。其中一种机制是将对待弱势群体的某些行为定为犯罪。当然，一旦因对待弱势个体而对个人采取刑事行动，民事诉讼可能会随之而来。例如，在疗养院虐待老年患者的刑事指控合乎逻辑地会导致民事赔偿。

> **民事与刑事艺术欺诈**
>
> 除了本书中提到的区别，民事诉讼和刑事诉讼还有许多其他区别。一个重要的区别是对虚假艺术品的处理。在民事诉讼中，虚假艺术品被退还给卖方，以换取支付给买方的现金结算。如果拍卖行出售的艺

> 术品被发现是伪造的，该艺术品将被退还给卖方，以换取购买价格和交易的其他费用。因此，虚假艺术品仍在公众手中，最终可能被当作真品转售。当然，一件高质量的赝品可能会具有较大的审美价值，而带有某些标记的赝品可能具有重大的市场价值，因此，销毁在民事诉讼中确定的赝品可能意味着贵重财产的损失。最后，可能出现鉴定错误，在这种情况下，一件罕见的艺术品会被毁坏。因此，有一种识别和标记的方法，即在艺术品背面不明显地标记：在民事诉讼中被识别为赝品。
>
> 在法国、澳大利亚和瑞士的刑事欺诈案件中，法院可以下令销毁这些赝品；在美国和英国，法律规定是对虚假艺术品进行无限期储存。在任何一种情况下，刑事案件中对虚假艺术品的处理都可以保证其不会像在民事欺诈案件中那样被再次出售。

民法和刑法之间这五种类型的相互作用表明二者的关系可能相当复杂。刑事定罪可能会使民事诉讼失效，并产生实施进一步犯罪活动的意外后果。或者，刑事定罪可以通过使刑事司法系统的全部力量对特定个人和/或行动产生影响来促进民事诉讼。

■刑事定罪的经济方法分析小结

如前所述，刑事定罪的经济方法是基于福利经济学的。配置效率要求代理人根据其选择对整个社会的全部边际收益和成本做出决策。对于大多数决策来说，收益和成本完全是私人的，包括代理人将其获得商品或服务的成本与其获得的收益进行比较。在对他人没有影响的情况下，个体代理人做出的决定通常是有效的。在一些情况下，代理人做出的决策会对他人产生影响，但这些影响可以成为合同的标的，根据民法可以采取补救措施。如果买方拒绝兑现支付承诺，则对卖方施加了外部成本，可以通过民事诉讼转移回买方。在决定购买水平时，买家必须考虑不付款将导致代价高昂的诉讼的可能性。换句话说，民法使一个代理人必须承担潜在原告的诉讼费用。只要没有进一步的枝节，就没有将代理人行为定为刑事犯罪的经济理由。

在经济学的其他领域，"市场失灵"（即使在完全竞争的情况下）为政府采取行动提供了正当理由。同样，民法未能迫使代理人承担其行为的所有成本，这为政府将某项行为定为犯罪并以公共费用维持刑事司法系统提供了理由。前文中的疏忽驾驶和鲁莽驾驶的例子说明了这一动机。在一般公众没有外部性的情况下，民法提供了足够的激励措施，使驾驶人以最佳的预防水平来操控车辆。然而，当驾驶变得鲁莽，并对其他未涉及碰撞的驾驶人造成外部性时，民法规定的责任不足以产生有效的预防措施。增加刑事犯罪行为是必要的，以便使那些可能从鲁莽驾驶中获得私人利益的人承担其行为给社会带来的全部成本。当然，执行刑罚也有其自身的成本。本书稍后将清楚地指出，如果外部性很小且执行成本很高，则刑事定罪就不太可能有效。实现福利最大化的刑事定罪条件比简单的驾驶模型所允许的要复杂得多。然而，关键的问题是，如果外部性很大，执行刑事处罚就有可能提高福利。

■利用经济分析进行刑事定罪：三个案例

将一项行为定为刑事犯罪的决定以及制裁和执法工作的最佳结合占据了本书大部分的内容。大量的形式化建模支持这种分析。首先，非正式地考虑如何根据福利经济学标准而不是其他标准对非法获益定罪是有益的。当然，刑法在经济学之外还有很多正当理由。明显的案例是由宗教信仰或文化规范推动的法律。这些案例提供了一种有用的方法，可以将经济思维与其他可能将某项行为定为犯罪的动机区分开来。

在这些案例中，经济思维有时与现行刑法结构相一致。在其他情况下，经济思维与标准实践不一致。显然，政府在税收和监管等领域的政策通常并不遵循福利经济学的规定。没有理由怀疑经济标准与刑法或刑事司法系统执行之间的一致性。

案例1：裸体行为

首先考虑刑法对裸体的普遍处理方法。[10] 在浴室、更衣室等足够私人的地方裸体是合法的。然而，在公共场所如城市的主要街道裸体，通常被定为犯罪。当性别混合或有儿童在场时，裸体行为更有可能被定罪。根据社会环境的不同，在公共场所裸体可能仅限于特定的地点，如海滩、戏剧表演等。

现在考虑将裸体行为定为犯罪的经济方法。显然，私人裸体没有显著的外部性。随着裸体行为的公开化，不受民法约束的外部成本的可能性在增加。从淋浴时裸体到微笑着一丝不挂地走在繁忙的街道上，强加给公众的外部成本的可能性不断增加。经济理论表明，在世界的某个地方，这些外部成本可能会变得足够高，因此将裸体行为定为犯罪是有效的。将裸体行为定为犯罪会促使那些希望在公共场所裸体的人考虑那些希望避免看到裸体的人所承担的成本。

刑法对裸体行为的实际处理与经济效率基本一致。有人可能会说，刑法对裸体行为的处理受到宗教信仰和文化规范的强烈影响。然而，这种影响可能与经济分析并不矛盾。与裸体行为相关的经济成本是基于个人偏好的，这些偏好会受到宗教和文化的影响。在一个人们因裸体行为而受到冒犯的社会中，在公共场所裸体的成本很高，刑事定罪更有可能有效。在一个对人体持欣赏态度的社会中，在公共场所裸体的成本很低，如果人们可以从裸体行为中获得显著的收益，那么定罪就没有效率。对裸体以外的行为类型也可以进行类似的分析。

佛蒙特州的布拉特伯勒发生了一起关于在公共场所裸体外部性争论的有趣案例。这个小镇没有禁止在公共场所裸体的法令，年轻人裸体游泳、骑自行车和日光浴的情况并不少见。一位或多位年长的绅士决定利用这种情况，不穿衣服在布拉特伯勒市中心散步。这促使当地政府通过了一项紧急禁令——禁止在市中心地区公开裸体,违者将被处以 100 美元罚款。对这种情况的经济分析是清楚的。市中心以外地区年轻人的裸体行为与显著的负面公共外部性无关,但市中心的老年绅士的裸体行为明显更具冒犯性,因此很快就被定为犯罪。[11]在这种情况下,布拉特伯勒政府的做法与经济效率的论点之间似乎非常接近。

案例2:财务虚假陈述

财务虚假陈述是指个人故意虚假陈述合同价值或者无根据地对资产提出索赔,从而提供债务合同或者其他付款承诺。[12]财务虚假陈述包括在贷款申请中夸大收入或资产,以及基于虚假财务报表向公众出售债券。

财务虚假陈述,通常是夸大所出售证券的价值,可根据民法对这种行为提起诉讼。民事欺诈涉及被告在没有证据的情况下故意说谎或陈述,以至于原告据此做出导致对其造成损害的决定。[13]原告可以获得由财务虚假陈述造成的损害赔偿。显然,刑事欺诈涉及不同的证据标准,与民事欺诈中的优势证据相比,称之为排除合理怀疑。对于刑事欺诈,虚假陈述必须是故意的。最重要的是,根据刑法提出的财务虚假陈述案件比任何一般的虚假陈述案件都更可能涉及违反特定禁令的法定行为。[14]民事欺诈旨在纠正私人错误,刑事欺诈旨在解决公共错误。邮寄、广播或以其他方式传播给公众的财务虚假陈述很可能会受到特定刑事法规的处理,并会根据刑法受到起诉。涉及个人对单一原告的单一申请提出虚假索赔的财务虚假陈述不太可能导致刑事诉讼。

刑事欺诈通常与各行业用来披露财务和/或产品信息的行为有关。安然(Enron)、泰科国际(Tyco International)和世通(World Com)等公司的会计丑闻,以及主要会计师事务所安达信(Arthur Andersen)的倒闭,给轻信的投资者造成了巨大的损失。这些丑闻促成了 2002 年《上市公司会计改革和投资者保护法案》(通常被称为《萨班斯-奥克斯利法案》)的通过。该法案规定了确保审计独立性的具体标准和程序,并对违反披露规定的行为规定了刑事惩罚。

与裸体行为案例一样，民法和刑法对财务虚假陈述及其他类型欺诈的处理，与福利经济学非常一致。单一合同的情况可能会给个体原告带来巨大的成本，但根据民法，这些成本可以作为损害赔偿被追回。相比之下，公开传播的财务虚假陈述，特别是会计欺诈，可能会对许多代理人造成重大损害，即使它只对个人投资者造成了微小的损失。

谁会承受伴随着不完整的、误导性的、虚假的披露或会计报表的公开发行证券的外部性？被欺骗的个人投资者可以向民事法院寻求赔偿其损失的救济。然而，其他团体不能提起民事诉讼。潜在投资者之所以会亏损，是因为他们必须在评估债务合同时采取更多的预防措施。潜在的借款人之所以有损失，是因为他们必须为其所做的陈述提供额外的证据。随着金融中介机构越来越难以让投资者和借款人聚集在一起共同完成金融交易，金融中介机构需要承担额外的成本。即使个人的损失很小，因此民事诉讼的作用也很小，但与对公众的财务虚假陈述相关的外部性（如会计丑闻）可能很大。经济效率表明，这些案件应依据刑法采取行动。换句话说，无论是经济标准还是民事和刑事法律实践的结构都表明，所有的欺诈都是民事欺诈，但只有公共欺诈才属于刑事欺诈。

案例3：卖淫

刑法中对卖淫的处理在不同国家甚至在同一国家的不同地区都有很大的不同。在一些地方，卖淫是合法的，通常会被征税。当然，根据民法，它与其他任何服务一样会受到诉讼。或者，它可能是合法的，但需要获得许可和接受监管，并严格限制在规定的地点实施，否则将被定罪。最后，它可能被完全定为刑事犯罪。[15] 显然，人们就卖淫的处理并没有达成共识。

起初，将经济标准应用于卖淫似乎与任何其他的个人服务一样。生产者和消费者之间存在一种交换。如果民法能正常运作，效率一般会提高，由此合同纠纷能够被强制执行，欺诈行为得以被惩罚。然而，有些人可能会争辩：存在与卖淫有关的外部性，其中包括由于疾病的传播或对配偶和家庭成员的影响而造成的公共卫生问题。最后，和裸体行为一样，有些人可能希望完全避免接触这个行业。公共卫生问题可以通过监管来解决，暴露问题可以通过将卖淫的空间隔离到指定的区域来解决。在许多卖淫合法的地区都采取了这些政策。当卖淫被刑事定罪而使民法提供的保护失效时，就会产生成本。相比之下，在欺诈案件中，刑事定罪与民事诉讼相辅相成，而卖淫犯罪化则增加了订立和执行合同的成本。

简而言之，将卖淫定为刑事犯罪只与在某些条件下增加经济福利相一致。那些不参与生产或消费服务的人所承受的外部性必然很大，即使是在执行了通过监管和与其他活动隔离来解决这些问题的规定之后也是如此。

这三个案例说明了刑事定罪决定的复杂性，以及民法和刑法之间的相互作用。然而，福利经济学的原则为将一项行为定为刑事犯罪是否会提升社会福利提供了重要的指导。到目前为止，这种分析是非正式的，但后续章节将展示如何将犯罪经济学更准确地应用于此类基本政策问题。

■经济分析在刑事定罪决策中的作用

在关于犯罪经济学的开创性论文中，贝克尔（1968）展示了福利经济学如何指导关于刑事司法系统的结构和运作的决策。当时，贝克尔教授很清楚，正式的经济分析很难被接受作为政策指南。

复仇、威慑、安全、康复和赔偿可能是历史上提出的众多需求中最重要的方面。除此之外，将收入的社会损失最小化可能显得狭隘、乏味甚至有些古怪。毫无疑问，收入标准可以从几个方向进行有益的推广，本文已经提出了一些建议。然而，人们不应该忽视这样一个事实，即它比表面上看起来的更普遍和强大，实际上包括更具戏剧性的需求作为特殊情况。例如，如果惩罚是最优罚款，那么使收入损失最小化就相当于充分地补偿了"受害者"，并消除了让边沁（Bentham）担心的"警报"；或者，如果逮捕、定罪和惩罚这些罪犯的成本相对较低，就相当于威慑了所有造成巨大损害的犯罪。由于同样的情况也可以在复仇和康复方面得到证明，因此道德应该是明确的：最大限度地减少收入损失实际上是非常普遍的，因此比这些费解的、戏剧性的但缺乏灵活性的需求更有用。

本书几乎完全集中于确定打击非法行为的最佳政策，而很少关注实际政策。笔者所研究过的关于实际政策的少量证据表明，它与最优政策存在积极的对应关系（贝尔克，第208页）。

那些试图设计和运作刑事司法系统的人所面临的问题过于多样化与复杂，无法简单地通过诉诸报复、康复、安全、赔偿等来解决。福利最大化的标准（在贝克尔的术语中，是最大限度地减少社会收入损失）具有普遍的优势，它可以应用于刑事司法系统需要解决的一系列问题。这里提到的三个案例表明，刑法的处理往往符合福利经济学的标准。

本书的一个主要目标是证明同样的分析也可以用于有受害者和无受害者的犯罪。侵犯财产罪以及涉及人身伤害和谋杀的犯罪可以使用相同的分析工具来处理。可以指定最佳策略的特征，并与刑事司法系统的实际运行进行比较。有时，福利经济学与实际决策的兼容性是显而易见的。一些社会力量倾向于拒绝那些以大代价换取小收益的政策，但这些力量可能行动缓慢，而且糟糕政策的错误可能在几十年后才会变得明显。经济分析的目的是预测后果，并用先前的后果建模代替艰难的经验（hard experience），以便在实施之前识别无效和有效的政策。[16]

规范性分析旨在为最佳政策的设计提供信息。此外，大量的实证经济分析文献表明了如何制定、校准和应用预测刑事司法系统内行动后果的模型，并预测司法系统必须适应的社会变化的影响。

■本章回顾

经济学家将这些文献组织成法律和经济学，其中涉及民法和涵盖刑法的犯罪经济学。将什么以及何时定罪的问题取决于民法能否实现提高福利的解决方案。本章的分析得出了这些问题的一般性答案。

（1）民法和刑法都考虑到的问题涉及一个代理人的行为给他人带来成本，而实施行为的人没有考虑到这种情况。这是福利经济学中典型的外部性问题。

（2）民事诉讼可以有效地使代理人认识到他们强加给他人的成本，即"内化外部性"，当伤害很容易被识别、集中和观察到时，受到伤害的个人必须有合理的途径进入民事诉讼程序。普通的疏忽驾驶是导致碰撞的一个例子，其成本可能会通过民法规定的责任强加给驾驶人。

（3）在许多情况下，代理人所造成的伤害，即使受到民事诉讼，也会给公众带来在民事诉讼中未被考虑的一般成本。鲁莽驾驶会给其他驾驶人带来成本，即使没有发生碰撞。刑法提供了一种机制，迫使鲁莽的驾驶人在考虑是否超速以及花费多少时间时考虑这些外部成本。

（4）将一项行为定为刑事犯罪会对民法的实施产生影响。刑事定罪可能会通过降低民事诉讼的费用来加强民事诉讼，也可能使民法失效，从而导致意想不到的后果。如果决定将一项行为定为刑事犯罪或非刑事犯罪是为了增加福利和避免意外的后果，则需要进行仔细的经济分析来支持该决定。关于经济学家将如何继续做出关于定罪的决定，我们提供了几个非正式的案例。本书的其余部分将提供其他的技术，为选择刑法的适用以及加强福利所需的执法力度和类型提供信息。

问题和练习

1. 在农村地区，个人可以在不违反刑法规定的情况下，在自家后院设置目标，并用步枪或手枪射击。但是，他们对他人财产造成的任何损害负有民事责任。在城市和郊区，在自家后院开枪通常是违反刑法的，即使枪口指向地面并且不会造成伤害。农村地区和城市地区之间对枪支管控的差异是否有经济理由？

2. 在一些地区，玩骰子、21点和轮盘赌等桌上游戏是合法的；而在另一些地区，依据刑法，这些桌上游戏是非法的。经济学家会提出什么经济论据来支持其合法化？需要评估哪些关键经济问题以支持或拒绝将赌博定为刑事犯罪？

3. 俱乐部和兄弟会有时会举行"欺辱"仪式，在仪式中，每个人都要参加划水和其他可能导致受伤的粗暴身体治疗的启蒙仪式。有什么经济论据支持这种欺辱行为合法化？为了支持或拒绝将欺辱定罪，需要评估哪些关键的经济问题？

4. 想象一下，在一个叫坎尼维尔的小镇上，遛狗时允许不拴狗绳。然而，狗的主人要对他们的宠物所造成的损害负责。现在考虑一下，如果法律要求所有狗都拴绳，并且违反规定的人将受到刑事处罚，会发生什么？这种变化将如何影响关于宠物责任的民法？

5. 在一些国家，如德国，既有不限速的高速公路，也有严格限制车速的其他道路。这些明显矛盾的规则与本章中讨论的高速驾驶的外部性有何关联？

附录　微观经济学原理

本附录旨在回顾微观经济学原理课程中的概念，这些概念对学习犯罪经济学是有用的。

市场需求曲线

市场需求曲线给出了价格与消费者所需要商品或服务数量之间的关系。其斜率为负值，因为随着价格下降，消费者能够消费得起更多的商品（称为收入效应），而与替代商品相比，商品变得相对便宜（称为替代效应）。收入效应和替代效应的相对大小可能会有所不同，但总体而言，它们会产生一条向下倾斜的需求曲线，如图1.3所示。

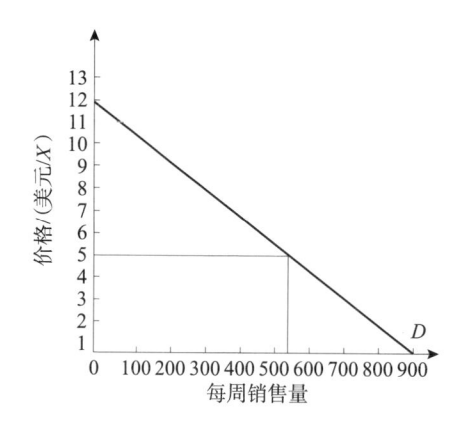

图 1.3　市场需求曲线

市场需求曲线标记为"D",该曲线表示价格(自变量)与每周销售量(因变量)之间的关系。对于那些习惯用横坐标表示自变量的人来说,这似乎很奇怪,这个惯例是由阿尔弗雷德·马歇尔(Alfred Marshall)在其《经济学原理》(1896)中建立的,它被证明是一种非常有用的表示供需模型的方式。市场需求曲线表明,当价格大于或等于 12 时,需求量降为零,这被称为"窒息价格"(choke price),因为该价格如此之高,以至于所有的需求都被扼杀了。如果价格为 5 美元/X,则需求量约为 500,总支出为 5 美元 × 500 = 2500 美元。注意:总支出由需求曲线下的价格和销售量形成的矩形面积表示。

随着时间的推移,市场需求曲线通常是不稳定的。它们会随着各种因素的变化而发生变化,理解这些变化很重要。所有这些因素都倾向于使需求曲线向右移动和/或沿逆时针方向旋转:消费者数量增加、消费者收入上升、替代商品价格上涨、互补商品价格下降以及对该商品的偏好程度上升。市场需求是个人消费者需求的总和,消费者数量增加意味着在给定的价格下会有更多的销售量。对于大多数普通商品,消费者收入的增长会促使其购买更多的商品。替代商品是指某商品的另一种选择,例如,面包卷是百吉饼的替代品,面包卷价格的上涨会导致消费者对百吉饼的需求增加。互补商品与某商品一起使用,例如,奶油芝士和百吉饼是互补的,奶油芝士价格的下降可能会提高百吉饼的销售量。

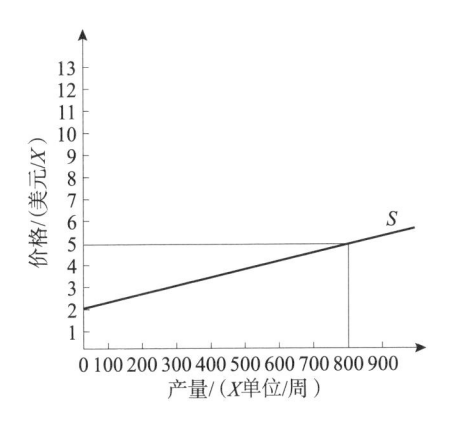

市场供应曲线

市场供应曲线是通过将市场上所有活跃生产商的产量 X 相加得到的。市场供应曲线可以有各种形状，但其斜率均为正值。犯罪经济学中普遍存在的供应曲线呈正斜率的原因是犯罪生产过程相对简单，以及为了吸引更多的罪犯，犯罪的收益必须上升。[17]图1.4所示的市场供应曲线表明，当价格低于2美元/X 时，产量为零；如果价格为5美元/X，则每周的总产量将达到900X。随着价格的上涨，产量会迅速增加，其原因有二：第一，随着价格的上涨，活跃的企业倾向于扩大经营并生产更多的 X；第二，新企业进入市场后，其产量必须与现有生产商的产量相加，以确定总产量。市场供应量是所有个体生产者产量的总和，这些生产者将价格作为一个给定的自变量来决定其生产水平。

图 1.4　市场供应曲线

供应曲线呈向右移动的趋势，因为在给定的价格下，随着更多企业的进入、投入成本的下降（特别是劳动力成本的下降），以及允许从给定投入中获得更大产出的新技术的出现，产量将增加。

市场供求曲线的相互作用：市场均衡

供应曲线与需求曲线显示了市场价格和产量之间的关系，被用来确定 X 在市场上的预期价格和产量。图 1.5 在一张图上显示了供求关系，称为马歇尔十字图（the Marshallian cross diagram）。

图 1.5 说明了不同市场价格对需求量和供应量的影响。例如，如果价格为 5 美元/X，需求量等于 500 单位 X，但生产商每周供应 850 单位 X。显然，这种情况不能持续太久。每周 850 单位 X − 500 单位 X = 350 单位 X 的供应量过剩将导致生产商的 X 库存迅速增加，并将反应为价格降低。假设价格降至 3 美元/X，此时需求量增加到约 700 单位 X，而供应量减少到 300 单位 X。这意味着 X 的库存将很快耗尽，而且随着每周 700 单位 X − 300 单位 X = 400 单位 X 的过剩需求，生产商将提高价格。一般来说，当价格低于 4 美元/X 时，会出现需求过剩，生产者将提高价格；相反，当价格高于 4 美元/X 时，则会有过剩的供应，这将对 X 的价格产生下行压力。经济学家认为，市场将在价格为 4 美元/X 时达到平衡，因为在这一点上，需求量等于供应量。X 的生产商库存应该是稳定的，不应该为市场价格的变化提供激励。

任何改变马歇尔十字图中需求曲线或供应曲线的变化都会使两条曲线的交点远离价格为 4 美元/X、数量为 600 单位 X 的点。在这种情况下，价格为 4 美元/X 时将出现供应过剩或需求过剩，市场均衡点将发生变化。图 1.5 为找到新的均衡价格和数量提供了一种非常方便的方法。图 1.6 说明了需求曲线从 D（实线）移至 D^*（虚线）的影响。如上文所述，通过增加进入市场的消费者、提高消费者收入（如果 X 是普通商品）、提高替代商品价格、降低互补商品价格或增加消费者对 X 的偏好，可以增加 X 市场需求。

图 1.5　X 的市场供应和需求

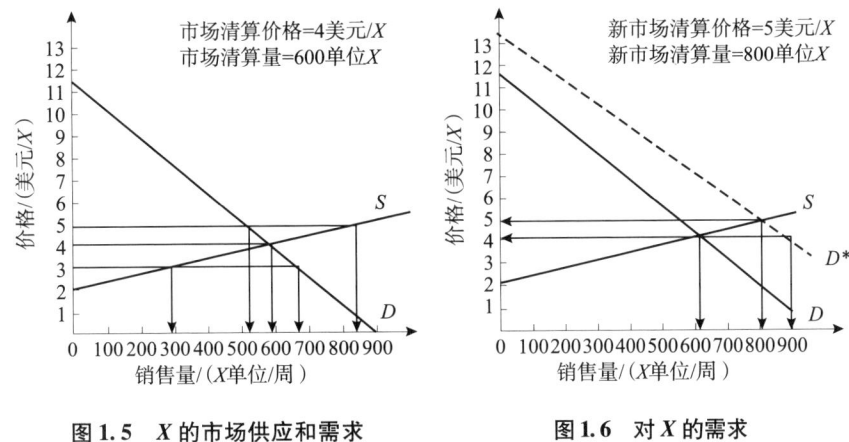

图 1.6　对 X 的需求增加后的市场反应

在图 1.6 所示的需求发生变化后，如果价格保持在 4 美元/X，则会呈现明显的需求过剩，因为 X 的产量仍为 600 单位，而需求将增加到 900 单位/周左右。为了应对需求过剩和库存的减少，生产商会提高价格，直到供应量与较高的需求曲线在交点处达到新的均衡，此时价格为 5 美元/X，每周销售量为 800 单位。如果消费者数量、收入等减少，市场需求将呈下降趋势，在较低的需求曲线与供应曲线的交点处达到新的市场清算均衡状态。随着需求的减少，价格和产量都会下降。无论是供应曲线还是需求曲线发生变化，马歇尔十字图均能为市场均衡的预期变化提供方便的、可验证的预测方法。

利用供需图了解税收对市场的影响

另一种说明供需（S&D）图的标准练习是征税。在这种情况下，假设对单位 X 征收 2 美元的特定税。对消费者的供应量取决于包含税收在内的供应曲线。可以在税收供应总曲线上找到供应产出意愿，它被标记为 S_{gross}，如图 1.7 中的虚线所示。

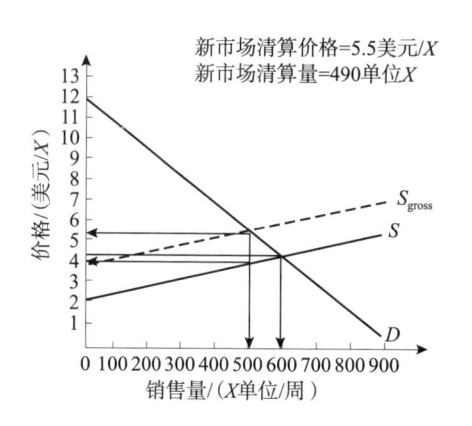

图 1.7　对 X 征收特定税的市场影响

如果价格保持在 4 美元/X，则会出现需求过剩，因为按照 S_{gross} 供应计划的产量将降至零（税收使企业的有效生产成本提高了 2 美元/X）。市场清算平衡价格和数量分别为 5.5 美元/X 和 490 单位 X。当然，5.5 美元/X 是消费者为 X 支付的价格，企业必须支付 2 美元/X 的特定税款，正如原始供给曲线所示，企业缴税后只能获得 3.5 美元/X。供需图表明，特定税收提高了消费者支付的价格，并降低了生产者获得的价格。这些影响的确切大小取决于供求曲线的形状。

税收对市场均衡的影响对犯罪经济学来说非常重要，其原因有两个：第一，合法化并征税通常是将一项行为定为犯罪的替代选择。也就是说，赌博有时会被合法化并征税，而在其他情况下则会受到刑事惩罚。当然，在一些地区，赌博是合法的，但需要得到许可和接受严格的监管，而无证赌博则被定为犯罪。第二，刑事惩罚的实施可以用一种类似于税收的供需图来分析。刑事惩罚是个人在决定支付犯罪总成本时必须考虑的另一项成本。

| 注　释 |

1. "民法"一词有两个含义。在这里，它是指处理个人、公司或政府之间纠纷的法律体系。它也可以指法律制度的性质。大陆法系依赖成文法，由法院独立适用，而不

是普通法或判例法体系。在普通法或判例法体系中，法律表现为一系列司法判决，构成后续判决的基础。堆积如山是指被告可以因同一诉讼被审判两次，一次在民事法庭，另一次在刑事法庭。

2. 在一些国家，民事诉讼在法院系统中的进展非常缓慢，刑事案件需要数年而不是几个月的时间。如果民事诉讼速度慢、成本高且效率低，那么应该直接解决这些问题，而不是依赖刑法作为次优选择。

3. 这六个领域是一般的、财产、合同、侵权责任和产品责任、刑事责任和其他。经济学的其他领域可能与犯罪经济学也有关系。特别是劳动经济学家已经就该主题进行了研究，并在《劳动经济学手册》中列有专门的篇幅。

4. 违反交通规则的行为可以是民法上的犯罪行为或者刑法上的犯罪行为。在这个鲁莽驾驶的例子中，假设阿尔法根据刑法受到指控，传票要求她出庭。

5. C_α 是阿尔法疏忽驾驶的预期边际成本，其斜率可能为正也可能为负。然而，它不能有比预期边际收益曲线更陡峭的负斜率。

6. 一些比较年轻或喜欢冒险的读者可能会发现，以 60 英里/小时的速度行驶时被一辆速度为 90 英里/小时的汽车超过会很刺激。假定你的正向收益被对其他更负责任的驾驶人的负面影响所淹没。

7. 一些敏感的人可能会改变他们的旅行习惯，以避免遇到鲁莽的驾驶人。

8. 损害赔偿的数额可以是限定的或按常规方式计算，由成文法或判例决定。惩罚性或惩戒性损害赔偿通常只适用于有限范围的民事诉讼。在一些国家，如日本，禁止惩罚性损害赔偿。

9. 人们只能想象为迷幻药（LSD）写一个警示性标签，以保护合法生产商免受有关该物质的民事诉讼。参见第 20 章中的讨论。

10. 对醉酒的处理类似于这里描述的裸体行为。

11. 有些人可能会认为，年轻人的裸体造成了正外部性和负外部性的混合。

12. 这里使用的是"财务虚假陈述"一词，而不是"财务欺诈"，因为使用"欺诈"一词意味着应该根据民法加以处理。

13. 民事欺诈也可能涉及导致取消合同条款的无意的虚假陈述。这种类型的欺诈行为与此处提出的观点无关。

14. 在美国，联邦刑法中并没有普遍禁止"欺诈"本身。相反，有针对特定类型的财务虚假陈述的具体禁令。

15. 这种分类是简单化的，只是为了说明教学观点。在某些情况下，卖淫与其他犯罪行为有关，如绑架或非自愿监禁等。出于多种原因，将非自愿卖淫定为犯罪是合理的：第一，对于那些违背自己意愿的人来说，诉诸民法是不可能的；第二，涉及人口贩运的计划存在巨大的外部性。本节讨论的是自愿卖淫。

16. 在刑事定罪和强制执行决定中有许多愚蠢实验的例子。美国的禁酒令可能就是一个典型的例子。

17. 与其他市场相比，犯罪往往是由规模较小的企业"生产"的，其投入组合以劳动力为主，固定资本存量或中间投入相对较少，生产技术一般并不复杂。因此，当增加产出时，需要吸引更多的劳动力，这样就会产生正供应曲线的假设。

2 执法决策的收益/成本分析

■简介

基于前一章中提出的将一项行为定罪的理由，本章考虑了执法决策。这里提出的论点在后面的章节中应用于具体情况时得到了扩展，但执法决策的理论支柱是在这里建立起来的。

本章首先对上一章所考虑的鲁莽驾驶问题进行了最优执法的理论分析。对该问题的表述含蓄地假定执法成本为零，并忽略错误定罪的可能性。那些不切实际的假设在这里得到了缓解，而最佳执法的问题也变得更加复杂和现实。将一项行为定为刑事犯罪和分配执法资源的净社会效益标准得到了发展与应用。

由于执法成本对执法决策来说至关重要，因此人们容易考虑使用密集监视和严厉惩罚来减少执法支出。在本章的最后，我们将讨论这两种策略的局限性。

■最优执法和鲁莽司机的问题

第1章中对阿尔法鲁莽驾驶的讨论说明，对此类行为实施刑事惩罚是对民事责任的补充。然而，该分析含蓄地假定执法成本为零，而且其忽略了错误定罪的可能性。此外，这个例子涉及单个驾驶人，而执法问题则会影响许多驾驶人。下面的分析包括这些复杂的情况。

想象一下，阿尔法是许多喜欢鲁莽驾驶的驾驶人的代表，并且分析范围从一个驾驶人扩展到一个充满驾驶人的高速公路系统。根据图2.1，这些驾驶人从鲁莽驾驶中获得了正的净收益，但他们的边际收益随着鲁莽驾驶程度的提高而降低。这意味着鲁莽驾驶的总收益曲线是下凹的，如图2.1中的曲线 $B(R)$ 所示。像阿尔法这样的驾驶人的总收益会随着其鲁莽驾驶时间的增加而递减。

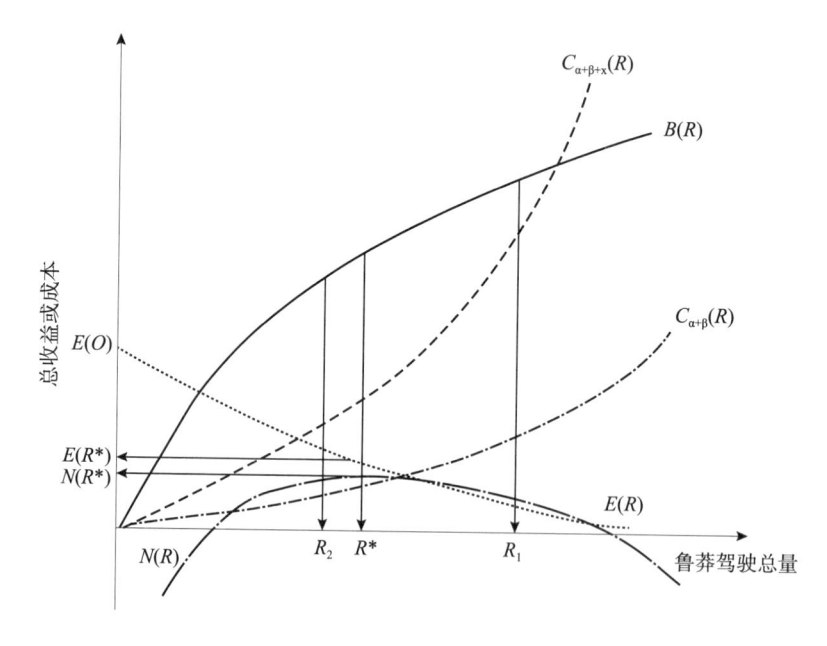

图2.1　最优鲁莽驾驶执法的成本/收益分析

图2.1还表明，鲁莽驾驶的边际社会成本是三个单独成本的总和：第一，鲁莽驾驶人在发生碰撞时付出的成本；第二，像贝塔这样的驾驶人需要承担碰撞成本，他们有资格根据民法要求损害赔偿；第三，其他必须与鲁莽驾驶人共用道路的驾驶人也有外部成本。这个总和随着鲁莽驾驶程度的提高而增加。在图2.1中，像阿尔法和贝塔这样的驾驶人的总成本，包括民法所涵盖的成本，由 $C_{\alpha+\beta}(R)$ 给出，用点画线表示。鲁莽驾驶的总

社会成本，包括对其他驾驶人的外部影响，由 $C_{\alpha+\beta+x}(R)$ 给出，用虚线表示。由于鲁莽驾驶的边际成本往往会随着这种驾驶次数的增加而增加，因此 $C_{\alpha+\beta+x}(R)$ 在图 2.1 中显示为凸函数。

最后，图 2.1 中的点线 $E(R)$ 显示了作为鲁莽驾驶水平的函数的总执法成本。$E(R)$ 的形状比较直观。对于高水平鲁莽驾驶，$E(R)$ 接近零，因为没有努力执行禁止鲁莽驾驶的法律。随着执法力度的增强，政府禁止鲁莽驾驶，有些驾驶人可能会决定时刻保持谨慎，而另一些驾驶人则会减少鲁莽驾驶的时间。$E(O)$ 的值很大，因为需要大量的执法工作将鲁莽驾驶次数降至零。

图 2.1 可用于求解社会福利最大化的执法水平和鲁莽驾驶水平。这种"最优"的鲁莽驾驶水平通常不是零。如果执法没有成本，最优的鲁莽驾驶水平可以与仅根据民法或刑法的鲁莽驾驶水平进行比较。

最优执法水平的成本收益标准要求净收益或总收益减去成本的最大化。该净收益由图 2.1 中的 $N(R)$ 表示，其计算公式为

$$N(R) = B(R) - C_{\alpha+\beta+x}(R) - E(R) \qquad (2.1)$$

因此，$N(R)$ 曲线是通过从收益曲线 $B(R)$ 中减去虚线和点线之和而形成的。当 R 接近 0 时，$N(R)$ 等于执法成本的负值，因为 $B(0)$ 和 $C_{\alpha+\beta+X}(0)$ 都近似为 0。因此，$N(O)$ 处的负净收益仅仅是消除鲁莽驾驶所需的巨大执法成本。当鲁莽驾驶总量等于 R^* 时，净收益最大。注意：即使在这个最优的执法水平上，净效益也很小。事实上，如果 $C_{\alpha+\beta+x}(R)$ 足够大，则最佳净收益可能为负。这种情况如图 2.2 所示。

图 2.2 中，在 R^* 处具有正执法成本的鲁莽驾驶的最佳水平可以与图 2.1 中的替代点进行比较。这要观点也是第 1 章中关于鲁莽驾驶讨论的一部分（见图 1.2）。假设鲁莽驾驶不受刑事制裁，而民事责任是限制鲁莽驾驶人的唯一外部成本。

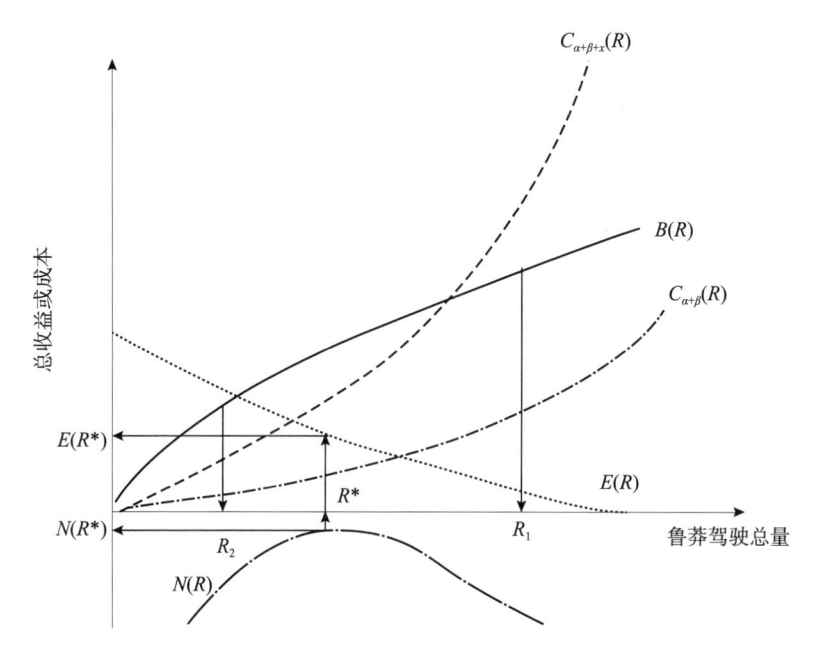

图 2.2　最优执法成本/收益分析

> **降低制裁的成本**
>
> 　　成本收益分析也可用于制裁类型的选择。具体来说，最好是实施低成本的制裁。对罪犯进行监禁的成本非常高。一些地区的法官发现了有效的、具有创造性的、低成本的制裁。2012年11月，俄亥俄州的一名驾驶人受到了一项不同寻常但成本非常低的制裁。一辆校车停下后，当学生们下车时，这名驾驶人除了因在校车周围行驶而被判吊销驾驶执照30天和250美元罚款，还被要求站在人行道上，胸前挂着一块大牌子，上面写着："只有白痴才会在人行道上开车来避开校车。"
>
> 　　这项制裁很可能足以防止该类犯罪的再次发生。它也给看到这名受到罚款的驾驶人的其他驾驶人发出了一个有声有色的警告。

　　然后，在图2.1中，在扣除$C_{\alpha+\beta}(R)$后收益最大化的点上，鲁莽驾驶水平等于边际成本和收益，这代表了鲁莽驾驶人承担民事责任所面临的成本。$B(R)$ 与 $C_{\alpha+\beta}(R)$ 之间的净差在R_1处最大，对应于图1.2中的R_1。[1] 显然，定罪导致鲁莽驾驶数量大幅减少，即R_1减少到R^*。

另一个重要的点是 R_2，如果执法成本为零，则是最优鲁莽水平。具有正的执法成本会导致最优鲁莽水平从 R_2 增加到 R^*。

这些结果有一个直观的解释。存在一个社会最优的执法水平，可以减少犯罪行为（这里为鲁莽驾驶），使其低于仅依靠民法时的水平 R_1。当犯罪行为减少到零时，刑法下的最优鲁莽水平 R^* 就不会发生，因为将鲁莽行为减少到零所需的执法成本将会带来巨大的负净收益。相反，最优鲁莽行为发生在使净收益最大化的鲁莽水平上，并且当驾驶人的私人收益增加和执法成本更大时，这种情况往往会增加。最后，当与鲁莽驾驶相关的私人或外部成本增加时，最优鲁莽行为往往会减少。

可以通过降低像阿尔法这样的驾驶人的收益来说明另一点。如图 2.2 所示，当总收益曲线 $B(R)$ 下移，或更精确地说是沿顺时针方向旋转时，净收益曲线 $N(R)$ 下移，因此净收益始终为负。仅依民法规定的鲁莽驾驶水平为 R_1，鲁莽驾驶被定为刑事犯罪但执法成本为零的鲁莽驾驶水平为 R_2，由于鲁莽驾驶人的收益减少，这两种情况都有所减少。如果强制减少的鲁莽驾驶成本仍由 $E(R)$ 给出，那么当鲁莽驾驶水平为 R^* 而执法成本为 $E(R^*)$ 时，净收益在 $N(R^*)$ 处最大。这里的主要教训是，当鲁莽驾驶被定为犯罪时，社会福利会提高，因为 R^* 处的福利大于 R_1 处的福利。但要获得最大的净收益，需要付出高昂的执法成本。因此，刑事定罪可获得的最大净收益 $N(R^*)$ 是小于零的。也就是说，通过适用民法和刑法并在执法上花费 $E(R^*)$，为社会提供的最佳解决方案是鲁莽驾驶的社会净收益为负。此外，在这个最大净收益下，像阿尔法这样的驾驶人将继续在 R^* 的水平下鲁莽驾驶，因为他们的个人收益 $\{B(R^*) - C_\alpha(R^*)\}$ 仍然是正的。

> **未执行的法律**
>
> 执法官员有时会决定不执行特定的法律。在某些情况下，这些法律存在了很长时间，以至于它们已经过时了，只是没有被废除。然而，偶尔也有法律获得通过但从未被执行的情况。2011 年 11 月，阿拉斯加州安克雷奇市议会通过了一项禁止坐在人行道上的法律。2012 年 8 月

> 24 日，KTVA 广播电台报道称，最初提议废除该法律的议会成员正在考虑废除该法律，因为它从未被警方执行过。
>
> 本章中的分析可能有助于解释这种情况。当外部性较小时，与罪犯的收益以及执行和制裁的成本相比，执法的成本收益分析可以很容易地得出一个最优执法水平为零的角落解决方案（corner solution）。外部性的存在是通过将一项行为定为犯罪的法律的必要条件而非充分条件。在网上搜索"奇怪的法律"可以找到许多网站，其中列出了永远无法符合成本收益标准的法律。

乍一看，这个结果可能令人沮丧，但刑事司法就像污染控制一样，可归类为"令人遗憾的"（regrettable）的支出。这是一种由社会组织方式和个人偏好所造成的成本。显然，如果没有人乱扔垃圾，而不是让一些人乱扔垃圾、另一些人花钱清理垃圾，社会会更好。

如果社会这样改变了，对鲁莽驾驶的执法几乎是没有成本的，那么 R_2 这样的点就可以实现，如果执法成本为零，则净收益为正。或者，在一个不同的世界里，或许可以对汽车进行改装，从而大大降低鲁莽驾驶的成本。[2] 然而，考虑到目前的制度（驾驶人控制自己的车辆）、偏好和执法技术，从最大化社会净收益的意义上讲，鲁莽驾驶的最佳解决方案是允许民事责任和刑事惩罚一并适用。因此，这种最佳结果可能是社会净收益的最大值为负值（见图 2.2）而不是正值（见图 2.1）的点。

本章中的犯罪成本收益分析是鲁莽驾驶问题的延伸。然而，它很容易被概括为一个决定以下两个问题的框架：①是否将一项行为定为刑事犯罪（通过将单独的民事责任与民事责任和刑事定罪下的最佳解决方案进行比较）？②执法努力和预期违规程度应如何结合，以最大限度地提高社会净收益？当下文考虑其他刑事定罪机会时，将使用同样的成本收益框架。[3]

■对技术与制裁的最优执法和限制

执法成本函数 $E(R)$ 在决定是否将一项行为定为刑事犯罪以及执法和违规的最优水平方面发挥了重要作用。随着执法成本的提高,刑事定罪变得不那么有吸引力,即使是在最优执法水平下,获得的净收益也会减少。如前文所述,当将成本收益分析应用于犯罪经济学时,这一点就很明显了。

执法成本函数的这一主要作用表明,对该函数的详细测试是必要的。一般来说,执法对违反刑法行为的影响取决于罪犯对预期制裁的感知或反应。罪犯会对预期的制裁进行经济分析。首先,罪犯必须将逮捕和定罪的可能性估计为犯罪的成本,从而作为一种威慑。预期制裁的许多方面因每个人的偏好和情况而不同。对于一些潜在的罪犯来说,由于与逮捕相关的社会地位或未来收入能力的丧失,他们会付出巨大的代价。而对于其他人来说,这些可能是次要因素。虽然在随后的章节中对威慑问题给予了大量的关注,但出于这里的讨论目的,威慑的增加就足以增加罪犯的犯罪成本,即使增加的程度因人而异。威慑可分为两部分:定罪概率和定罪后的预期制裁。在形式上,威慑是基于预期的制裁,写为 $p_c s$,其中 p_c 表示定罪概率,s 表示预期的制裁,以定罪为条件。

> **犯罪与执法的成本收益分析**
>
> 经济学家认为,在决定刑事定罪、执法和制裁时,成本收益分析应该是一个重要的指导。在刑事司法系统中,应用成本收益分析的案例很多。一个简单的网络搜索就足以找到许多研究,甚至获得过去发现的知识库。在对犯罪或执法的决定进行专业成本收益分析之前,必须掌握许多技能。研究至少必须考虑图 2.2 所示的所有曲线的形状和位置。这并不是一项容易的任务,即使是对于那些受过大量经济学培训的人来说。

> 因此，本文并不试图提供成本收益分析技术或其在犯罪和执法经济学中的具体应用方面的指导。然而，这里介绍的理论、讨论的统计问题和技术，以及回顾的实证研究文献，是对刑事司法系统应用成本收益分析的必不可少的先决条件。

如果可以在不增加执法成本的情况下，增加 p_c 和 s 中的任何一个或者两个，则可以增强执法的威慑效果。对于鲁莽驾驶的例子，有许多方法可以以低成本显著增加 p_c 和 s 中的任何一个。

大多数关于提高定罪概率 p_c 的建议都是技术性的。对鲁莽驾驶的执法几乎是肯定的，也就是说，如果汽车配备了速度记录设备，p_c 就可以接近统一。提供车载 GPS 地图的技术也可以记录甚至调节车辆速度，使检测或限制鲁莽驾驶的成本相对较低，这项技术甚至可以使被鲁莽驾驶的车辆的发动机停止工作。此外，新的系统还可以在车辆起动前识别驾驶人，从而有可能检测到特定的驾驶人而不是车主。这只是利用技术以极低的成本执法，从而打击鲁莽驾驶的一些想法。目前的执法方法通常需要一名穿制服的警官实施观察和逮捕，有时甚至是在高速追逐之后。[4]

增加预期的制裁需要更少的想象力，也不需要任何新技术。目前，对鲁莽驾驶的制裁包括罚款和对驾驶权利的限制，如吊销驾驶证。罚款可以增加 10 倍甚至 100 倍，驾驶证可以被长期吊销。

根据对鲁莽驾驶和许多其他犯罪的成本收益分析，很容易得出以下结论：采取措施大幅度提高发现和识别罪犯的能力和/或提高对他们的制裁将提高社会福利。

这个结论的实施有两个难点。大多数提高 p_c 的方法都涉及侵犯罪犯和非罪犯的隐私。交通摄像头和 GPS 可以检测违规行为并识别车辆，拥有有关车辆和位置信息的政府工作人员可以将这些信息用于各种目的。许多国家都有保护个人隐私的措施，这些条款可能会侵犯个人隐私。此外，对此类信息保密可能存在困难。由于隐私问题，许多小心谨慎的驾驶人可能不希望被人收集关于其驾驶行为的信息。

提高制裁力度也有隐性成本。罚款由政府收取，有些人可能担心罚款会成为一种有吸引力的收入来源。然后，鲁莽驾驶的定义可能会被改变，以增加罚款收入来资助公共服务而不是提高税收。[5]也许更重要的是，对那些害怕被定罪的人实施严厉制裁的影响。驾驶人可能会变得非常谨慎，以消除任何被指控鲁莽驾驶的可能。这种对定罪的恐惧可能会改变驾驶习惯，形成交通流量受到阻碍的外部性。

从经济角度来说，通过监控车辆来提高预期的制裁以提高 p_c，或增加罚款和处罚以增加制裁，并不是没有成本，并且可能给社会带来意想不到的负面后果。

■本章回顾

虽然第 1 章讨论了民法和刑法的相互作用及其对将某些行为定罪的决定的影响，但本章在刑事司法系统所面临的选择中增加了执法成本的重要问题。高昂的执法成本使刑事定罪的决定更加复杂。将某项行为定为非法行为需要有关执法工作和技术的决定。本章的重点是将成本收益分析应用于最优执法水平问题上，主要结论如下。

（1）成本收益分析有助于改进刑事定罪的选择以及要实施的执法类型和水平。关注刑事司法系统的社会净收益，可以提高执法资源配置的决策能力。

（2）正如第 1 章所指出的，考虑到民法未考虑的外部影响，对于决定刑事定罪和确定执法力度很重要。

（3）当违规行为减少到零时，不太可能出现最大的净收益。因此，最优犯罪行为通常明显大于零。此外，随着执法成本的上升，使社会净收益最大化的犯罪水平很有可能也会提升。

（4）由于最优犯罪行为会随着执法成本的增加而增加，因此倾向于关注要么通过增加监视来提高逮捕和定罪概率，要么大幅提升制裁力度。然而，这些努力会带来显著的成本和意想不到的负面后果。

问题和练习

1. 应对本章中的模型做哪些更改，才能将其应用于醉酒驾驶的问题？

2. 如果 $C_{\alpha+\beta+x}(R)$ 与 $C_{\alpha+\beta}(R)$ 曲线几乎相同，那么刑事定罪的决定会怎样？请简要说明为什么这两条曲线的差异对犯罪经济学如此重要。

3. 考虑两起银行抢劫案。一起发生在一个大城市的中心地带，那里有许多银行和行人。另一起发生在一个非常偏远的小镇，那里只有一家银行，几乎没有其他企业，居民人口很少。假设两家银行有相同的现金，以便使犯罪收益（对罪犯）相似。这两起犯罪案件的成本曲线的可能形状是什么？在这种情况下，基于成本收益分析，是否可能需要付出更多的执法努力？请说明理由。

4. 在计价器处超时停车，即在超时后仍然留在停车位，会给那些想要停车的人增加成本，这些人也许是去购物或工作。然而，计费停车的执法成本很高，因为与计价器的收入相比，写票的计价器的成本很高。这意味着要将超时停车的罚款从 20 美元提高到 200 美元，甚至是 2000 美元。更高的罚款可能会导致什么意外后果？

注 释

1. 在没有刑事惩罚的情况下，鲁莽的驾驶人会选择效用最大化的鲁莽水平的正式标准是边际私人收益等于边际私人成本，即 $B(R)$ 和 $C_{\alpha+\beta}(R)$ 的斜率与它们在 R_1 时的斜率相同。
2. 汽车可以受到速度和功率的限制，以及当检测到鲁莽驾驶时关闭点火开关的电气控制。必须强制所有车辆都使用这些设备。
3. 这种方法在逻辑上遵循了贝克尔（1968）的观点。
4. 对鲁莽驾驶人的高速追捕是导致将更高外部性的行为定为犯罪的另一个案例，因为高速追捕可能比最初的鲁莽驾驶成本更高。许多司法管辖区限制了可能导致高速追捕的犯罪范围。此外，这些情节可以为动作电影的观众提供刺激。
5. 这个问题与红灯和测速摄像头的放置与使用，以及靠近陡坡底部的所谓"速度陷阱"的位置有关。最近的一项创新是"停车标志"摄像头，它可以检查车辆是否完全停止。然而，目前尚不清楚未能完全停止是否是造成大量外部性因素的原因，从而证明这种执法努力是合理的。

3 测量犯罪的数量和成本

■简介

本章涉及对犯罪数量及其经济成本的测量。两者都存在困难，限制了研究人员测试有关犯罪决定因素假设的准确性，以及旨在降低社会成本解决方法的有效性。在后面的章节中，将回顾关于罪犯行为的实证文献，这些文献依赖于关于犯罪数量和类型的许多不同数据来源。本章的目标是对不同的犯罪数据来源进行概述和简要评论，并说明如何使用这些数据来制定犯罪成本的经济衡量标准。

本章的另一个目标是说明经济学家衡量犯罪负担或成本的方式。因为它是如此困难，所以很少有人对这项艰巨的任务进行全面的尝试。然而，当这项任务完成时，会发现犯罪的总成本非常高，其构成更是令人惊讶。

■犯罪和犯罪行为数据来源与类型概述

收集犯罪数据的首要任务是对犯罪的具体构成和犯罪类型进行严格的定义。这是下面讨论的所有文献所面临的一项非常繁重的任务。

一般来说，犯罪数据根据信息来源进行区分。这些来源很可能都无法准确地衡量任何类型的犯罪金额。然而，对于成功的经验分析和假设检验来说，准确性可能不是必需的。对于研究目的来说，有偏差但其偏差是一致的或随机的，即使不是理想的，也可能是足够的。[1]

关于犯罪的最明显的信息来源，当然也是向公众报告最广泛的数据来源，是"事件报告"（incident report）。最常见的事件报告是犯罪报告。当警察接受公众的刑事诉状或调查他们直接观察到的事件时，就会产生报告。这些报告被汇编成关于犯罪数量和类型的统计数据。其他组织也可以编制事件报告，包括学院和大学，它们从学生那里获取事件报告，并将其汇编成犯罪统计数据。犯罪报告的一个优点是将对同一事件的多种描述浓缩为单一犯罪。此外，犯罪类型的划分是由刑事司法系统的专业人员进行的。

逮捕和定罪记录是犯罪信息的另一个来源。警方关于逮捕人数的记录被仔细保存，这些案件在法院系统中被驳回或定罪。在审判过程中收集的犯罪记录为研究提供了信息，按管辖权汇编的逮捕和定罪汇总统计数据也是如此。某些类型的犯罪，如未出庭接受审判，只能通过法庭记录进行研究。

惩戒系统，包括拘留所、监狱和假释，收集被定罪和被判刑个人的信息。囚犯和假释犯的信息可用于特定年份被监禁或假释犯跨部门人员，以及随着时间的推移通过惩教系统的个人小组。

对一般人群或某些人群的受害者情况调查可能包括关于犯罪的问题。个人被要求回忆他们作为受害者或证人在特定时间段内经历的事件。受害者调查往往是更大规模人口调查的一部分。此类调查在衡量无受害人犯罪水平方面尤为重要。关于吸毒和赌博的问题得到了合理的回答，但其他问题，如卖淫，可能会产生误导性的结果。

罪犯的自我报告是基于一项调查，该调查询问个人之前参与犯罪的情况。就像受害问题一样，自我报告的犯罪行为通常与更大规模的人口调查相关。显然，被调查者必须相信他们不会因回答问题而受到制裁。罪犯的自我报告是有关犯罪所得的唯一信息来源。一些研究是利用被监禁者的自我报告进行的。在某些情况下，可以根据逮捕记录检查自己报告的违规反应。自我报告和受害者调查在青少年犯罪的研究中尤为重要，因为青少年犯罪往往不会产生警方报告。

关于非法物质市场状况的一个重要信息来源是可以从政府正式的毒品购买计划中获得的毒品的街头价格。除了毒品价格信息，代理商还会分析在街上出售的物质，以确定其纯度。较高的纯度通常与较高的价格有关。毒品销售的价格和纯度在毒品市场的经济模型中发挥着重要作用，毒品购买数据提供了宝贵的市场状况信息。

银行系统的现金流可以用来监测地下经济的规模和状况。涉及无受害人犯罪、逃税、贿赂和监管逃避的个人或组织通常以现金进行交易，而不是通过银行系统进行可以被跟踪的付款。当这些地下经济活动的水平提高时，流通中的货币与银行系统中存款的比率就会增加。

许多关于违反刑法的数据来源为测试和验证本书中的经济模型提供了基础。因此，以下部分将更详细地讨论一些重要的资料来源，包括将它们应用于测量不同类型犯罪时的优缺点。在可能的情况下，最好使用多个犯罪数据来源进行假设检验，以确保研究结果不是测量技术的产物。[2]

事件报告

由于事件报告来自执法机构，可以事先对其进行专业筛查。犯罪报告的一个难点是将普通人报告的事件转化为一种犯罪。盗窃、重大盗窃和抢劫之间的差异可能在于事件的细节上。被盗物品的价值是多少？是否涉及武器且该武器是否被用来威胁受害者？事件报告更有可能解决一些分类问题。此外，许多旁观者的报告往往被合并成一项投诉。许多人可能看到过一场争吵，并分别向当局报告，但这可能是一起单一的事件，即使它涉及不同的人。

显然，对于无受害人犯罪，特别是涉及毒品和卖淫的交易，事件报告是完全不充分的信息来源，因为参与者没有报告这些事件。此外，涉及不太可能追回的小额损失的犯罪也不太可能被报告，因为向警方提交报告的过程比较麻烦，而且追回损失的可能性很小。一个例外是已投保的财产。在这种情况下，为了提出保险索赔而提交虚假报告可能会夸大某些类型的财产犯罪。另一个困难可能是，警察回应投诉和提交报告的时间因犯罪活动数量的不同而不同。犯罪率的突然上升不太可能引起警务人员配备的增加，更有可能减少用于获取和处理事件报告的时间。另外，即使对于有受害人犯罪，事件报告也倾向于提供关于成功的犯罪或至少观察到的犯罪未遂数量的信息，而不是所有犯罪未遂的信息。欺诈等犯罪可能涉及每个实际事件的许多失败的尝试。[3] 最后，对于单个罪犯可能导致多起事件的犯罪或单一犯罪涉及多个罪犯的犯罪，从事件转移到不同罪犯的数量可能是很困难的。

逮捕、定罪和惩教数据

来自刑事司法系统的数据是关于罪犯的最准确和最完整的信息之一，包括他们的个人特征。然而，辩诉交易的检察官的战略决定导致了一些问题，这改变了逮捕指控与最终定罪的指控比例。[4] 出于这个原因，大多数研究并没有考虑变化之间的细微差别，而是涉及更广泛的类别，如财产犯罪和暴力犯罪。美国的《统一犯罪报告》将财产犯罪按照严重程度从高到低细分为入室盗窃、盗窃和机动车盗窃，而暴力犯罪被分为杀人、强奸、抢劫和严重攻击。如果一个事件涉及多种犯罪类型应怎么办？例如，一次抢劫可能会导致一起凶杀案。在这种情况下，该事件具有最严重的犯罪特征，该犯罪事件将被列为杀人罪而不是抢劫罪。

个人在刑事司法系统中流动时产生的数据有两个主要的局限性：第一，他们是从所有个体中重点选择的样本；第二，他们在系统中的待遇是基于对他们可能参与犯罪的认识。第一点是显而易见的。被逮捕和定罪的个人因其明显参与犯罪而不同，但也可能是因为其缺乏避免被逮捕和定罪的技能。[5] 第二点对于实证研究来说极为重要。刑事司法系统旨在根据个人在过去和未来可能参与犯罪的情况而区别对待他们。这种差别处理在审前释放和假释决定中被正式化。例如，可以向法官提出各种个人特征，以证明逃跑的可能性很小。这些信息不会出现在犯罪记录中，但其有助于确定被告被释放或拘留的条件。由于这种差别化处理在一定程度上是基于那些不容易转化为数据集并被记录为观察结果的因素，那么很难推断司法系统的处理与个人行为之间的关系。被逮捕、定罪和判刑的个人的后续行为的差异是由于系统对待他们的方式不同，还是由于他们对未来行为的预期差异导致其受到系统的不同对待？从统计学上讲，这个问题被称为选择偏差。司法系统的处理是基于对未来行为的预期。选择偏差使得使用受到司法系统差异对待的个人的未来行为数据来推断司法系统对未来犯罪行为的影响具有误导性。本书在第 10 章、第 21 章和第 22 章中详细讨论了这个问题。

受害者调查

受害者调查往往比事件报告对犯罪率的估计高得多。这种差异的出现通常有三个原因：第一，受害者更有可能在调查中报告轻微违规行为，因为当他们认为警方不会对事件采取任何措施时，就不愿意向警方报告；[6] 第二，多名受害者可能会报告同样的事件，而在报告中很难发现或删除重复数据；第三，个人可能不了解法律，或误解刑事司法系统处理他们认为是犯罪的事件的方式。财产所有权的冲突可能是民事问题，而不是刑事犯罪。

这并不意味着受害者调查过度报告了实际犯罪。我们有理由怀疑某些类型的犯罪被漏报。那些使个人感到尴尬或敏感的犯罪，如强奸，可能不会被报告。当然，涉及欺骗，特别是欺诈和轻微盗窃的犯罪也可能不被报告，因为受害者可能没有注意到这些事件。在回顾这些问题时，图朗戈和麦克尼利（Tourangeau and McNeeley, 2003）指出，自我管理调查，特别是使用计算机实现的技术，往往会产生更高的令人尴尬罪行的犯罪率，如强奸未遂或实际强奸的发生率。总的来说，特定类型的犯罪似乎可以通过受害者调查得到更好的评估。

矛盾的是，受害者调查可能是有关无受害人犯罪的宝贵信息来源。一旦给予充分的豁免保证，对吸毒者的调查就可以对违反毒品法规以及未成年人饮酒的规模和性质提供有价值的见解。

罪犯的自我报告

有关过去犯罪的问题可以附在调查工具中，并可以提供关于自我报告参与犯罪的低成本信息。对于没有受害人或涉及欺骗的犯罪尤其如此。此类问卷调查提供了关于犯罪频率和特征的有吸引力的信息来源，而其他技术无法很好地衡量犯罪频率和特征。

收集自我报告信息的方法和提出问题的背景会对报告的频率产生重要影响。大量的实证文献表明，计算机化问卷的回答与调查员记录受访者的回答有所不同。

自我报告的犯罪数据可以根据关于犯罪的其他信息来源，包括事件报告、逮捕或受害者调查，或对被告的实际逮捕记录进行评估。基于自我报告的特定群体犯罪的相对频率可以与其他来源中的相对频率进行比较。在对文献的整体综述中，索恩伯里和克罗恩（Thornberry and Krohn, 2003）认为，事件报告和受害者调查的不同犯罪率与自我报告中的犯罪率相似。此外，实际记录显示，自我报告的可靠性因被调查者的年龄、种族和性别而不同。被告或被监禁的个人总是有可能低估其参与犯罪的情况，除非他们认为这些信息不可能影响未来的判决，包括假释决定。

现金流和宏观经济指标

地下经济的总体活动水平以及该水平的变化，可以通过在银行系统中观察到的交易变化来检测。使用信用卡或涉及借记卡或支票的交易通常被认为反映了合法的或地上经济中的活动。在地下经济中，人们选择的支付方式是货币。因此，一个地区的货币持有量占活期存款的比率增加，表明地下经济的增长速度快于合法经济。其他诸如活期存款与消费的比率也可以表明地下经济的状况。随着这个比率的上升，有迹象表明地下经济的相对重要性正在下降。

这些银行交易比率在衡量逃税、毒品销售和欺诈活动方面很重要。对这些技术的详细讨论超出了本书的范围。费格（Feige，1996）曾做过出色的非技术性介绍，有关该文献中不断发展的替代方法的最新综述，参见施耐德（Schneider，2005）和本书第18章中的讨论。

衡量犯罪的经济负担或成本

本节并非旨在说明衡量犯罪经济成本的方法。即使对于一个拥有良好犯罪数据资源的国家来说，这样的评估也将是一项重大的研究工作。相反，本节的目的是讨论经济学家构建这种评估的方式。经济学家采用一种独特的方法来衡量犯罪的总成本和经济负担。造成最大经济负担的犯罪类型可能不是执法工作重点关注的犯罪类型。

安德森（Anderson，1999）对美国的犯罪成本进行了全面的评估。据他估计，1997年美国的犯罪成本约为1.2万亿美元，占国内生产总值（GDP）的14%以上。这个庞大的数字超过了1997年全国医疗保健的总支出。

这样的数字是如何计算出来的？衡量犯罪成本的一种方法是将与产生、打击和惩罚犯罪相关的所有成本相加。在进行这种计算时，经济学需要衡量这些活动的机会成本，即资源在其下一次得到最佳利用时的价值。犯罪的经济成本包括刑事司法系统的成本（从执法到监狱），潜在受害者为避免犯罪而支出的费用，受害者承担的费用（从身体伤害和相关医疗支出到心理影响），以及罪犯在犯罪过程、逃避逮捕、对抗定罪中使用的所有资源和在监狱服刑期间的机会成本。

其中一些资源成本是直接的。警察、法院和惩教措施的支出有直接的资源成本,但这些只占犯罪成本总额的 8.5% 左右。用于生产和分销非法物质的贩毒支出总额实际上更大——占总支出的 13.3%！这是对提供非法药物所需的劳动力、资本和材料的机会成本的估计。

锁、警卫、安全系统、网络安全等方面的私人支出占犯罪总成本的 16.7%。这些被称为"令人遗憾的支出"（regrettable expenditures）,因为它们主要是为了减少犯罪而造成的损失。另一个主要的成本组成部分是生命损失、医疗支出,以及对罪犯、受害者和目击者的伤害,占总成本的 44.5%。经济学家衡量犯罪成本的一个独特因素是,成本包括犯罪计划和执行犯罪所花费的时间成本,以及罪犯被监禁期间的收入损失。要估计罪犯的时间成本,首先有必要为罪犯找到一个隐性市场工资,然后将这个时间价值应用于他们的犯罪活动。综上所述,罪犯的时间成本占犯罪总成本的 3.0%。此外,潜在受害者用于保护其资产所花费的时间和因受伤而损失的工作时间占犯罪总成本的 7.6%。这种成本计算中最令人惊讶的问题是,警察和刑事司法系统耗费的成本在犯罪成本中所占比例较小,而私营部门避免受害和伤亡的努力则非常重要。[7]

这种对经济成本的评估,忽略了从受害者那里盗取和骗取的资金数额。这种忽略并非偶然。这些款项是从受害者到肇事者的金钱转移,不涉及实际的资源成本。当有人计划以 1 亿美元的价格向公众出售毫无价值的证券时,真正的资源成本是设计和实施骗局的时间与费用,以及调查、起诉和监禁罪犯的时间与资源,在监狱里度过的时间的机会成本也被计算在内。最后,为了回应公众对欺诈的认识,担心进一步被欺诈的投资者将花费资源进行额外的研究。这些都是真实的资源成本。1 亿美元是从受害者处转移到罪犯处,而不是犯罪的经济成本。[8] 因此,犯罪的经济成本并不取决于这些资金是否被追回并归还给受害者。

安德森（1999）估计,从受害者转移到罪犯的资金相当于美国全国 GDP 的 7.3%。这些转移资金的组成本身就很有启发性。被转移的资金中,未缴税款占 20%,职业欺诈占 33%,健康保险欺诈占 18%,其他欺诈包括邮件、电话营销、财产保险和优惠券欺诈占 12%。由抢劫、入室行窃和机动车盗窃造成的资金转移仅占 2% 以上。显然，资金转移的规模与公众对不同类型犯罪的关注程度之间存在较大差异。

关于犯罪成本的其他研究往往集中在发展中国家。最近，阿尔达和奎斯塔（Alda and Cuesta, 2011）统计，南非的犯罪成本占其 GDP 的 7.8%。同样重要的是，有文献表明，犯罪是阻碍发展中国家经济增长的一个重大因素。[9] 产权保障与经济增长之间的关系将在第 18 章中讨论。

按犯罪类型衡量受害者的总成本

另一种衡量犯罪成本的方法是确定不同类型犯罪中受害者的成本，并将每次犯罪的成本乘以犯罪数量，以衡量犯罪的总成本。这种方法往往忽略了与犯罪有关的一些外部成本，但其确实包括刑事司法系统在侦查、起诉和制裁罪犯方面的成本。第 11 章简要讨论了确定不同类型犯罪成本的方法，但全面介绍关于评估犯罪市场和非市场影响的文献需要几章的篇幅，并且会涉及相当复杂的主题。

表 3.1 给出了英国按犯罪类型计算成本的一项主要研究结果，表 3.2 给出了美国大约同时期的可比较评估。美国对犯罪成本的评估更高，因为其包括基于陪审团裁决的赔偿金的痛苦与煎熬补助。一旦考虑到这一差异，表 3.1 和表 3.2 之间的总体一致性是显著的，因为它们是为两个不同的国家使用不同的方法而独立开发的。

表 3.1　英国犯罪成本评估　　　　　　　　　　单位：英镑

犯罪类型	预期成本	身体与情感成本	司法系统成本	总成本*
杀人	374	860380	144329	1458975
伤害	2	4554	1775	8852
严重伤害	2	4554	14345	21422
性侵	8	22754	3298	31438
普通攻击	0	788	255	1440

续表

犯罪类型	预期成本	身体与情感成本	司法系统成本	总成本*
抢劫	21	3048	2601	7282
入室盗窃	398	646	1137	3268
非机动车盗窃	33	118	301	634
机动车盗窃	916	800	199	4138
刑事毁坏	49	472	126	866

* 总成本包括产出损失和健康服务成本,不包括情感成本。

注:杜堡、哈米德和索恩(Dubourg, Hamed, and Thorns, 2005)制定了适用于成本收益分析的英国特定犯罪成本。这项研究包括预期犯罪的成本,即受害者为了避免犯罪的私人支出及保险支出。这些是以2004年英镑(£)衡量的每次犯罪成本。

表 3.2 美国犯罪成本评估   单位:美元

犯罪类型	有形成本	无形成本*	总成本
谋杀	1285146	8442000	9727000
强奸/性侵	41252	199642	240776
严重攻击	19472	95023	107020
抢劫	21323	22575	42310
纵火	16429	5133	21103
机动车盗窃	10534	262	10722
财产盗窃	7797	NA	7797
入室盗窃	6169	321	6462
欺诈	5032	NA	5032
破坏	4860	NA	4860
偷窃	3523	NA	3532

* 无形成本包括受害者的痛苦和煎熬;有形成本涉及刑事司法系统的运作成本,包括逮捕、起诉和监禁。

注:通过使用特定犯罪成本的评估,有助于对降低犯罪率的具体政策和项目进行成本收益分析。继麦科利斯特、弗兰奇和方(McCollister, French, and Fang, 2010)之后,文献考虑了基于受害者的损失、刑事司法系统支出的有形成本,以及刑事案件的民事诉讼中受害者赔偿金的无形成本。无形成本对暴力犯罪非常重要,如表3.3所示,以2008年美元计算。

考虑到按犯罪类型划分的每次犯罪成本乘以犯罪数量来构建给定年份的犯罪总成本测量是一件简单的事情,建议按固定美元成本进行比较。这些措施包括警察保护费用。虽然几乎不可能在犯罪类型之间分配这些成本，但当所有成本加总时，犯罪总成本准确地反映了警察工作的总成本。导论部分讨论了1991—2010年美国犯罪率急剧下降的情况。鉴于此讨论，表3.3的结果应该不足为奇。犯罪总成本从约5135亿美元急剧下降至约3328亿美元。犯罪的固定美元成本的持续下降发生在美国经济和人口不断增长的时期。按人口计算犯罪的固定美元成本的下降幅度，人均犯罪成本从2038美元下降到1081美元，下降了近50%。换句话说，在美国GDP增长了62%的时期内，犯罪总成本下降了35%。

表3.3中的结果表明，美国的刑事司法系统在降低犯罪成本方面取得了显著的成功。这似乎很奇怪，因为在此期间，警察和惩教方面的总支出显著增加。但犯罪成本的很大一部分是受害者受到损害的结果，犯罪率的下降超过了刑事司法系统支出的增加，从而降低了犯罪成本。然而，这些结果并不意味着其存在因果关系。犯罪率的变化有很多影响因素，而警察和惩教的有效性只是其中一种可能。

表3.3　1991年和2010年美国的犯罪成本

犯罪类型	1991年 总数*	1991年 成本（美元×10^6）	2010年 总数	2010年 成本（美元×10^6）
谋杀	24703	240286	14748	143454
强奸/性侵	106598	25669	84767	20411
严重攻击	1092768	116929	778901	83342
抢劫	687732	29090	367832	15563
机动车盗窃	1616732	17337	737142	7903
财产盗窃	8142228	63845	6185867	48187
盗窃	3157150	20401	2159878	13957
2008年固定总成本	—	513554	—	332821
人均犯罪成本	—	2038	—	1081

*1991年和2010年的犯罪行为来自《统一犯罪报告》。

注：此处显示的美国1991年和2010年的结果是基于麦科利斯特、弗兰奇和方（2010）以2008年美元为单位的每次犯罪的评估成本。犯罪的数量急剧减少，因此，在此期间，这些犯罪的固定美元成本也随之下降。1991—2010年，美国人口增长了22%，实际产出增加了62%，而犯罪成本（以2008年固定美元计算）下降了35%。

▌本章回顾

有许多替代方法可以衡量犯罪数量和确定罪犯的数量与特征,每种替代方法都有其优缺点,具体取决于所研究的犯罪类型。出于某些研究目的,有偏差的犯罪衡量可能是足够的。只要偏差随着时间的推移保持一致,衡量的差异就能反映出犯罪方面的差异。因此,最好使用替代测量方法构建的多个数据集来验证有关犯罪的假设。本章的主要结论如下。

(1) 事件报告对受害者有重要理由向警方投诉的犯罪最有价值。一些严重的犯罪,如强奸,可能出于个人原因被漏报;而另一些犯罪,如盗窃,则可能因为预期的回报微不足道而被漏报。

(2) 受害者调查显示的犯罪率比事件报告要高,其为出于隐私原因而向警方少报的犯罪提供了更好的措施。调查结果对调查方式很敏感。必须解决犯罪分类和同一犯罪被多次报告的问题。

(3) 罪犯的自我报告越来越受欢迎,尤其是对于无受害人的犯罪和青少年犯罪。需要仔细考虑与其他措施的一致性和在自我报告中可能存在的系统偏差问题。

(4) 犯罪经济成本的衡量是基于实际资源成本,不考虑转移支付。主要调查结果包括避免犯罪的私人支出在总成本中占较大份额,以及警察和惩教的总支出所占份额较小。在转移支付中,欺诈是最重要的组成部分。与医疗保险相关的欺诈是最重要的欺诈类型。抢劫和盗窃对犯罪经济成本的贡献甚微。

(5) 一些国家已经针对不同类型的犯罪制定了每次犯罪成本的衡量标准。这些成本包括对受害者的损害赔偿和刑事司法系统的支出。英国和美国对每起犯罪成本的评估显示出很大程度的一致性,特别是考虑到英国的数字忽略了受害者的痛苦和煎熬。将每起犯罪成本应用于美国 1991—2010 年按类型划分的犯罪成本计算表明,这一时期犯罪的总成本急剧下降。

问题和练习

1. 对罪犯职业所做的研究表明，在监狱服刑时间越长的人，越有可能再次犯罪。从这样的发现中可以得出哪些关于监狱系统有效性的结论？

2. 很多被捕者（通常超过一半）是因药物和/或酒精检测呈阳性而被捕。如何解释这一点？这对使用毒品和酒精意味着什么？

3. 在利用受害者调查衡量强奸犯罪时可能会遇到哪些问题？

4. 为什么受害者调查可能会产生比事件报告更高的与受害人有关的犯罪评估值？请给出两个原因。

5. 列出事件报告中能够非常准确地报告的三种犯罪类型。为什么这些犯罪更有可能被准确报告？

6. 为什么保险欺诈支付不被视为犯罪成本？为什么其被视为转移支付？

注 释

1. 考虑遗漏观察的简单情况。如果这些数据是随机缺失的，那么该数据集如果不是有效的，可能仍然足以用于统计假设检验。如果一些犯罪没有被报告，以致被测量的犯罪率始终比实际犯罪率低10%，犯罪的增长率仍然会被正确地测量，假设检验可以基于犯罪增长率变化模型。
2. 后续章节包括许多使用多个数据源进行确认的研究实例。有关政策研究中进行此类确认的必要性的讨论，参见曼宁（Manning, 2011）。
3. 任何拥有有效电子邮件地址一段时间的人都会收到大量可能具有欺诈性的商业提案邀请。
4. 辩诉是一个过程，在这一过程中，检察官向被告人提供制裁较轻的指控认罪的，或同意要求比案件进入审判时检察官将起诉的指控更轻的制裁。这可能是一个有争议的程序；在美国，博登基诉海耶斯（Bodenkircher v. Hayes）一案以5∶4的投票结果得到确认。产生这一争议的原因是行使宪法赋予的审判权利的被告人会受到比放弃这一权利更严厉的惩罚。在这种情况下，人们可以辩称，宪法规定的审判权利的价值和保障受到了损害。

5. 在后面的章节中，犯罪率和犯罪类型因年龄、种族、性别和教育程度的不同而有很大的差异。最后，有重大犯罪前科的罪犯的再犯率非常高，这表明那些被捕和被定罪的人并不是一般人群中的随机样本。

6. 填写警方报告需要时间，而且对于轻微犯罪，受害者获得收益的可能性很小，除非有保险，这需要向警察报案。

7. 安德森（Anderson, 1999）使用了在各种其他研究中公认的生命和伤害值，在这些研究中可以观察到安全的隐性市场。本书将在后面的章节讨论并应用这些方法。

8. 这并不意味着经济学家认为这种转移可以提高社会福利，他们接受罗宾汉的犯罪概念。经济成本是实际的资源成本，而转移是纯粹的财政问题。

9. 参见布莱克（Blake, 2010）估计的模型以及关于经济增长和产权的大量文献，第18章将对此进行讨论。

第二编

经济理论在犯罪研究中的应用

4 "无受害人"犯罪市场

■简介

  本章展示了马歇尔供求曲线如何被运用于犯罪行为的研究。[1] 具体而言，重点是将供需（S&D）模型应用于"无受害人犯罪"。在这种犯罪中，交易是自愿的，信息由直接参与交易的各方共享。为了便于阐述，本章涉及一个无受害人犯罪的程式化模型。例如，非法毒品交易被视为买卖双方在没有受到胁迫的情况下进行交易，且都享有关于交易的全面信息。在一些地方被视为犯罪的物质，在其他地方可能是合法的。事实上，在同一国家，一种物质的合法状态也会存在差别。在其他情况下，随着时间的推移，一种物质会从合法向非法转变，反之亦然。其他可能被归为无受害人犯罪的例子包括赌博、洗钱、买卖赃物和卖淫等。[2] 将一种犯罪界定为无受害人犯罪，并不意味着没有人在其中受到伤害，而这样的伤害或外部性正是对该行为进行刑事定罪的基础。所谓无受害人犯罪，是基于直接参与者之间的交互行为涉及市场中的自愿交易。

  前面的章节已经探讨了对某种行为进行刑事定罪的经济基础。运用基于福利经济学的成本收益分析的规范分析，提出了刑事定罪可能促进福利的标准。与规范分析相反，本章进行了实证分析。假设政府已经决定将持有用于待售和/或生产特定物质的行为定为犯罪，该政策的后果是可以预见的。[3] 这一分析涉及实证经济学而非规范经济学，体现在关于行为结果的

"如果……那么"的表述中。供需分析表明，允许分析者对刑事定罪的结果进行分析，研究影响犯罪行为数量的因素及其对非法物质买卖双方的影响。

本章聚焦于将经济理论应用于犯罪模型市场。随后的章节则介绍了大量的实证文献，这些文献测试了该模型的含义并验证了其应用性能。

下一章关注有受害人犯罪，也就是说，犯罪中应有明确的犯罪分子，而罪犯与受害人之间的互动是非自愿的。本章的分析容易被误认为犯罪分子与受害人之间互动的基础是强迫或欺骗的情况。[4]

将犯罪市场模型运用于"无受害人"犯罪

从经济学原理出发，可运用公司理论将供给毒品的个人或组织的行为模型化。公司通过一定的生产流程来制造、运输、销售毒品。只要存在一条容易进行毒品交易的通道，这些公司就可以向市场供应毒品，就像一家完全有竞争力的公司向市场供应仿制药品一样。[5]在本章的分析中，毒品供应者的销售量是毒品市场价格的递增函数。这种具有正斜率的毒品供应曲线的基本原理与为完全竞争、持续增加成本的行业绘制的供给曲线相同。将分析改为恒定甚至降低成本的行业，只需要改变供给曲线的斜率，但基本分析保持不变。使用完全竞争模型的原因在于，毒品本身是一种相对同质的物品，有很多买家和卖家，且涉及生产和销售毒品的业务并不复杂。

个人对毒品的需求可能相当复杂，尤其是考虑到许多非法物质的成瘾性。[6]但是，在任何特定时间、特定区域内，市场上所有用户对毒品的需求曲线都是向下倾斜的。当价格下跌时，目前的用户就需要更多的毒品，新用户也会被该物质吸引。第20章将提及多篇涉及非法毒品需求的实证研究文献。

> **"可卡因教母"之死**
>
> 《新闻周刊》于 2012 年 9 月 10 日报道的葛丽赛达·布兰科（Griselda Blanco）被暗杀的事件提醒人们，本章所谓的"无受害人"犯罪可能会有很多受害人，因为那些提供商品或服务的人与警察之间或彼此之间会发生冲突。关于葛丽赛达的报道描述了她从家乡哥伦比亚的小罪犯成长为居住在迈阿密的"可卡因教母"的经历。在 20 世纪 80 年代初，她每年向美国市场进口多达 3 吨可卡因。她通过暴力暗杀敌对毒枭来保护自己的市场地位。美国联邦调查局将她的行动与 40 起谋杀事件联系在一起，但这可能还被严重低估了。她的三个丈夫都因参与毒品交易而死亡。
>
> 1985—2004 年，她被监禁在美国的监狱里。她因同意回到麦德林的家中并远离毒品交易才得以被释放。然而，显然至少有一个敌对者从她的暴力过去中幸存了下来。
>
> 本章对无受害人犯罪的讨论涉及最终客户和零售分销商之间的交易，由此说明他们的相互作用决定了市场价格和数量。显然，这个市场与反映大规模受害者的活动有关，葛丽赛达·布兰科的死亡就是证明。

毒品的市场供求曲线如图 4.1 所示。图 4.1 的功能与任何经济学原理著作中的标准 S&D 图相同。如果将毒品交易合法化，那么图 4.1 所示的市场关系也就不足为奇。按时段销售的价格是 P_L^*，数量是 D_L^*。下标"L"表示"合法"，下标"I"表示"非法"。

继续讨论这个例子。如果这是一种合法的商品，当价格高于 P_L^* 时会出现供应过剩，产量超过销量，而且由于未售出库存毒品的增加，价格将面临下行压力。相反，当价格低于 P_L^* 时，需求量将超过供应量，库存将减少到零，供应商将提高价格。这是标准的 P_L^* 和 D_L^* 的市场均衡论证。值得一提的是，移向市场均衡点（D_L^*，P_L^*），并不要求市场参与者懂得任何关于经济学或马歇尔十字图的知识。唯一的要求是毒品卖家在库存下降时提高价格，而当未售出的毒品库存增加时降低价格。这种市场机制既适用于合法的商品，也适用于非法的商品。

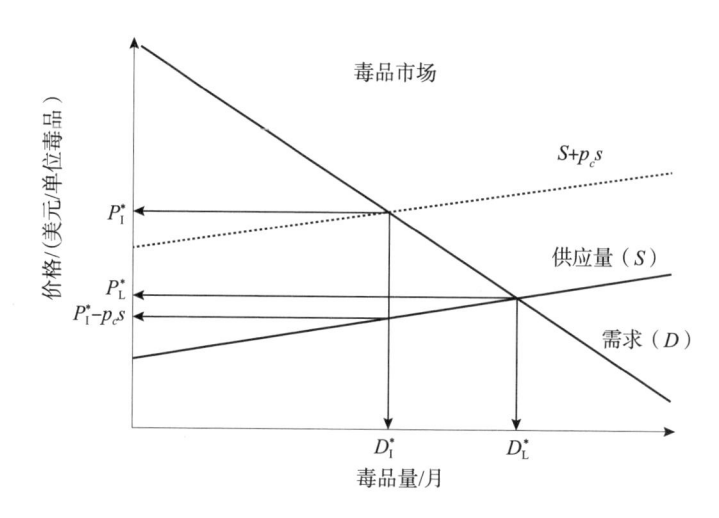

图 4.1 对毒贩实施制裁的毒品市场

现在假设这种毒品是非法生产的，并且对该毒品的生产商和分销商实施刑事处罚，但不对消费者实施刑事处罚。为了便于探讨，假设可以将制裁表示为单位毒品销售成本的增加，制裁率为 s。[7] 这意味着对个体贩毒者刑事处罚力度的加大与毒品交易量成正比。

当然，刑事处罚还远未确定。实际上，他们极有可能会不受刑事处罚。设 p_c 是特定毒品交易导致的定罪概率，即实际定罪和制裁的概率，而不是被捕的可能性。为方便起见，假设制裁随着市场上销售的毒品数量而变化的可能性不大，即 p_c 是恒定的。然而，事实可能并非如此，因为随着毒品交易水平的提高，警察的数量可能不会同步增加，并且随着交易的增加，制裁的可能性会降低。在这种情况下，$p_c s$ 会随着销售额的增加而减少，而 $S+p_c s$ 曲线甚至可能出现负斜率。

如果"s"是对被定罪毒贩销售的单位毒品施加的预期制裁，那么对毒品生产者和分销者的单位毒品销售的预期制裁是 $p_c s$。例如，如果因销售毒品而被定罪的可能性为 1%，对于因出售此数量的毒品而被定罪的人的预期制裁费用为 1000 美元，预期制裁 $p_c s = 1\% \times 1000$ 美元 = 10 美元/单位毒品销售。毒贩将此视为其开展业务的另一项成本。[8] 该成本将制裁的市场总供应曲线转移到图 4.1 中虚线所示的 $S+p_c s$。消费者支付的市场价格从

P_L^* 上升至 P_I^*，销售量从 D_L^* 下降至 D_I^*，毒贩预期扣除制裁的回报从 P_L^* 下降到 $P_\mathrm{I}^* - p_c s$。

预期制裁在功能上类似于普通市场供需曲线中的税收。但是，对毒品交易的刑事定罪与征税方法之间存在巨大差异。制裁可能包括监禁，这给政府带来了除强制执行成本之外的更多成本。而合法化并征税的成本低得多。此外，如果需求缺乏弹性，毒品供应者的总收入会因制裁而增加，而这些额外的收入可用于帮助其逃避被执法。这些将在第19章中详细讨论。

图4.1清楚地显示了合法与非法毒品的收入、口味和价格发生变化后的结果，这些毒品是所研究的任何特定药物的互补品或替代品。[9] 这些变化都会使需求曲线沿着稳定的毒品供应曲线移动。很容易跟踪这些变化对毒品销售价格和数量的影响，以及对毒品供应者收入的影响。例如，替代毒品价格的上涨将使需求曲线向上移动，使 P_I^*、$P_\mathrm{I}^* - p_c s$ 和 D_I^* 从当前水平有所增加。同样，增加生产或分销毒品的成本会使供应曲线和包括制裁在内的供应曲线上移。最后，随着警力的加强（或减弱），执法力度和处罚的变化相应上升（或下降）。市场图显示了价格和数量的变化所产生的影响。

犯罪市场图非常灵活。如果除了对生产者和分销者进行处罚，还对持有和使用毒品的消费者实施刑事制裁，那么会发生什么情况？这种情况可以很容易地通过对市场图进行小幅度的修改来建模。对消费者施加的预期罚款或其他制裁，单位毒品消耗的成本用 $p_f f$ 表示，其中 p_f 为消费者被定罪的可能性，f 是预期的罚款或惩罚成本，例如雇主对其施加的非刑事处罚或被视为吸毒者所带来的社会耻辱。

将持有和使用少量非法物质定为刑事犯罪似乎是一个重大的变化。但是，分析这种政策的效果只需要对图4.1进行简单的修改，即从需求曲线中简单地减去对使用者的刑事处罚的预期成本。现在因为吸毒者知道购买和持有毒品会使其受到制裁，所以他们愿意为一定数量的毒品支付给经销商的费用就更少。因此，新制裁将以预期的制裁量为工具使需求降低。现在用户对毒品的需求和经销商面临的市场需求之间存在差异。在图4.2中，从原始需求曲线中减去预期制裁量，以形成图中虚线所示的 $D - p_f f$ 曲线。

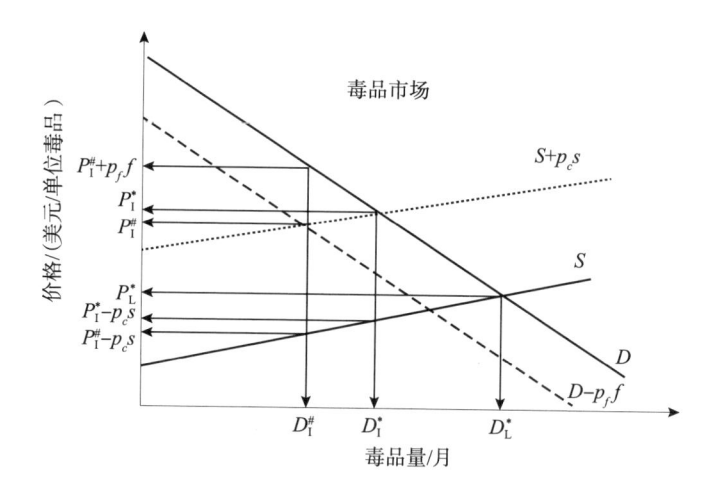

图 4.2 对毒贩和使用者都实施制裁的毒品市场

市场均衡是以不受制裁的毒品需求以及包括制裁在内的毒品供应为基础的。与毒品合法化的情况相比，对毒贩的制裁使供应量增加到包括其预期的制裁成本 $p_c s$。对使用者的制裁已从其支付意愿中扣除，有效地通过预期罚款金额将需求下调。市场均衡数量和价格位于减去预期罚款的需求与制裁总额的供应曲线的交点处，也就是说，新的市场均衡点为 $(D_I^\#, P_I^\#)$。

图 4.2 允许将仅对卖方实施制裁和对买卖双方都实施制裁的市场均衡点进行比较。增加对持有和使用毒品行为的制裁会导致毒品销售量下降，并在制裁后返还给毒贩，同时降低毒品的街头售价。图 4.2 显示了 $D_I^\# < D_I^*, P_I^\# < P_I^*, (P_I^\# - p_c s) < (P_I^* - p_c s)$。

注意：将生产毒品和分销毒品定为犯罪与将占有和使用毒品也定为犯罪，贩毒集团的收入存在巨大差异。前者提高了市场价格，如果需求如许多人预期的那样缺乏弹性，则会提高毒品的总开支，从而提高贩毒集团的收入。相比之下，对使用和持有毒品者的惩罚降低了毒品的市场价格并减少了销售量，这大大减少了贩毒集团的收入。在随后关于贩毒集团经济分析的章节中，这些结果证明了对刑事定罪的政策非常重要。在这一点上，本书给出的结果说明了犯罪市场的运行情况。

■运用 S&D 模型对市场上的无受害人犯罪建模

到目前为止，S&D 模型已被应用于单一物质的单一市场。然而，该模型可以扩展到多个市场或多种物质。本节介绍其中的一些应用。

以两个可以销售非法物质的市场为例。它们可能是两个地理区域，分别称为阿尔法（α）和贝塔（β）。一个地区的消费者不在其他地区交叉购买，但毒贩在这两个地区都销售毒品，这足以使这两个地区的价格均等。假设没有针对持有毒品行为的制裁，并且在两个区域中对贩运同一物质的制裁和执法力度是相同的。如图 4.3 所示，分别对阿尔法和贝塔标明了需求曲线 D_α 和 D_β。

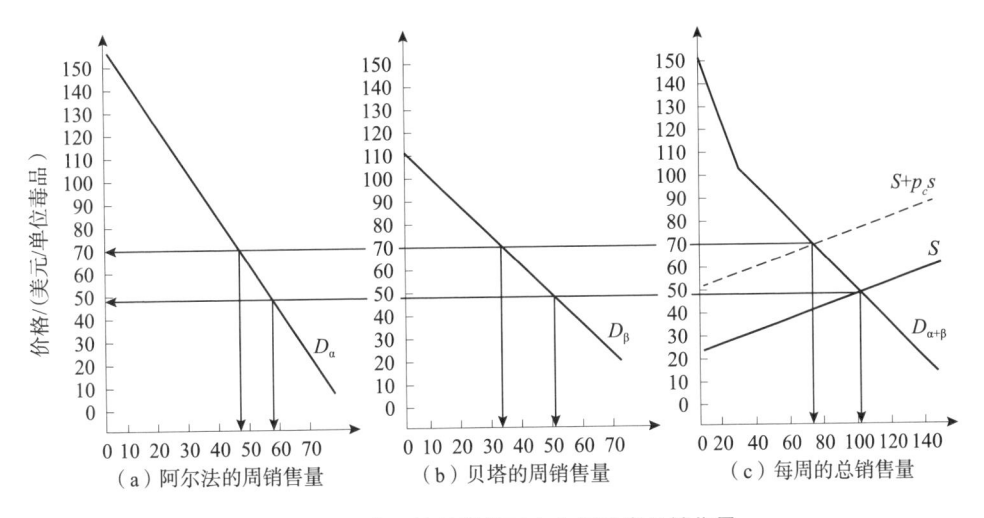

图 4.3　实施同等制裁的两个市场的毒品销售量

两个市场中的市场均衡是基于无套利条件，有时称为单一价格定律，这要求在每个市场中卖方收到的扣除制裁后的价格相同。如果该条件不成立，卖方会将产品从扣除制裁后预期价格低的市场向扣除制裁后预期价格高的市场转移。这种情况将持续下去，直到扣除制裁后两个市场的价格持平，或者直到低价市场中没有销售为止。

要解决此问题，需要将阿尔法和贝塔的市场需求相加，在 S&D 图的最右侧形成一条总市场需求曲线，标记为 $D_{\alpha+\beta}$。汇总来自不同区域或个人的需求形成市场总需求的技术被称为"水平相加"。它涉及选择各种市场价格，并将每个消费者或消费群体以各自的价格消费的数量相加，形成总市场需求。例如，当价格为 110 美元/单位时，阿尔法每周消费 25 个单位，贝塔消费 0 个单位，因此市场价格等于 110 美元/单位时的需求为 25 个单位；当价格为 20 美元/单位时，阿尔法和贝塔每周都消费 70 个单位，则市场需求为 140 个单位。

无套利市场均衡出现在 S&D 图上供应曲线与需求曲线的交点处。假设毒品买卖是合法的，则平衡点将位于 $D_{\alpha+\beta}$ 和 S 的交点处。产量等于 110 单位/周的销量，每个地区的市场价格是 50 美元/单位。市场图上的销量可以投影到两个市场中，即阿尔法和贝塔的销量分别为 58 个单位和 52 个单位。注意：因为市场需求曲线是将各区域的需求曲线水平相加而形成的，市场图上的总销售额总是可以精确地分配给每个单独的市场。

当然，因为图 4.3 中涉及的物质是非法的，所以要对其生产和销售予以制裁。因此，生产商将不会依供应曲线 S 来供应产品；相反，他们会将预期罚款纳入供应条件。由此，他们将依照 $S+p_c s$ 曲线进行供应，其中包括预期制裁 $p_c s$。市场均衡点位于 $D_{\alpha+\beta}$ 和 $S+p_c s$ 的交点处，其中产出等于 80 单位/周，价格等于 70 美元/单位。再次，"水平相加"生成的 $D_{\alpha+\beta}$ 确保在价格等于 70 美元/单位时，以阿尔法的销量（45 个单位）加上贝塔的销量（35 个单位）将耗尽 80 个单位的市场产量。显然，将此销售行为定为刑事犯罪使销量从 110 个单位大幅减少到 80 个单位，价格从 50 美元/单位上升至 70 美元/单位。由于需求函数不同，在这两个市场定罪的效果也不尽相同。

图 4.3 中对多个市场的分析可以扩展到许多其他情况。每种情况都需要一些类似于"水平相加"的特殊技术来修改图表以应对变化的情况。

假设在图 4.3 所示情况的基础上增加一些复杂的因素，会发生什么？具体来说，假设对阿尔法和贝塔的生产与销售的预期制裁不同，设对阿尔

法的预期制裁为 $p_\alpha s_\alpha$，对贝塔的预期制裁为 $p_\beta s_\beta$。假设对阿尔法的预期制裁要高得多，当存在单独的子市场和不同的制裁时，首先必须从每个市场的需求曲线中减去预期制裁，以达到扣除预期制裁后的毒品购买意愿，所得的净制裁需求曲线必须水平相加，如图 4.4 所示。

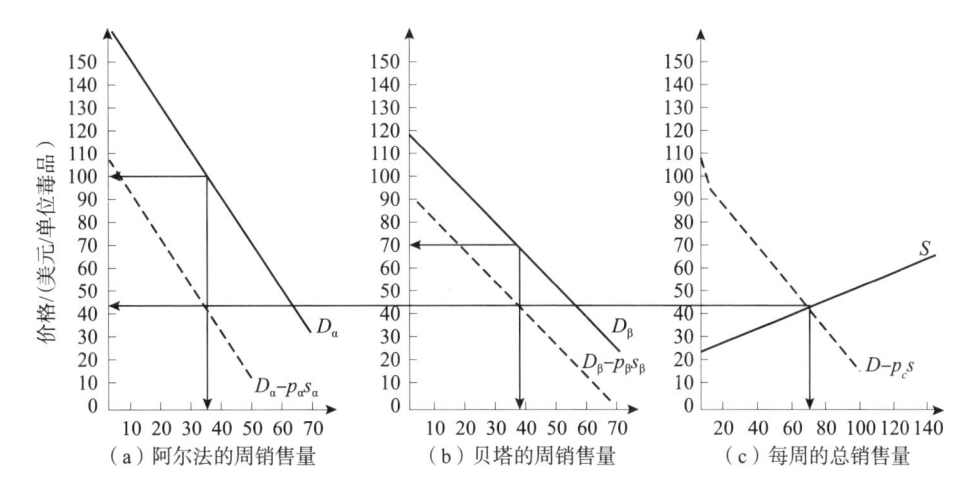

图 4.4 实施不同制裁的两个市场的毒品销售量

卖方在两个市场中都愿意操作的无套利均衡条件是，要求两个制裁市场扣除预期制裁后的价格净额相等。而在制裁不平等的情况下，就意味着观察到的包括制裁在内的零售市场价格会因市场而异。

如前所述，解决对制裁不同的两个市场的销售问题的第一步是绘制各需求曲线 D_α 和 D_β，并分别减去每个市场的预期制裁以形成净制裁需求曲线，即 $D_\alpha - p_\alpha s_\alpha$ 和 $D_\beta - p_\beta s_\beta$，如图 4.4a 和图 4.4b 中的虚线所示。现在，将这两条净制裁需求曲线如其他"水平相加"一样形成制裁总净需求曲线，如市场图（图 4.4c）中的虚线 $D - p_c s$ 所示。市场均衡发生在制裁总净需求与供应曲线的交点处。当销量约为 73 个单位时，总产量等于销量，而每个市场扣除制裁后的价格等于 45 美元/单位。阿尔法的销量为 35 个单位，贝塔的销量为 38 个单位，可见，包括制裁在内的市场价格随地点不同而变化。在阿尔法地区，毒品价格为 100 美元/单位；在贝塔地区，毒品价格为 70 美元/单位。30 美元/单位的价格差反映了产生无套利条件所需的两地预期制裁的差异。

类似于图 4.2 所示，如果在阿尔法地区和贝塔地区对持有与使用毒品的行为也实施制裁，那么将如何修改分析图？图中的变化非常小。在从阿尔法地区和贝塔地区需求曲线中减去对生产者和销售者的制裁之前，有必要从需求曲线中扣除对使用者的预期罚款或制裁，如图 4.2 给出的预期制裁需求净额，接着扣除每个市场中对生产者的制裁，就形成了扣除所有预期制裁的净需求曲线。然后在市场图上水平相加扣除所有制裁后的需求曲线。由此产生的市场需求曲线（扣除所有制裁）和市场图上供应曲线的交点给出了清除市场的数量和价格。在需求曲线上可以找到阿尔法地区和贝塔地区扣除各自市场中使用者制裁的零售价格，但不扣除生产者制裁。这是运用 S&D 模型对无受害人犯罪的复杂执法模式的影响进行分析的又一例证。[10]

> **实施无受害人犯罪的隐性成本**
>
> 南美洲的许多城市都遭受着严重的空气污染，这促使人们提出了各种清洁空气倡议。厄瓜多尔的基多市实施了在中心城区基于车牌号尾号的限行政策。在偶数日，在规定的高峰时段，只有车牌尾号为偶数的车辆才被允许在特定区域行驶。
>
> Carrillo、Malik 和 Lopez（2013）的自然实验分析表明，由于该政策的实施，高峰时段的污染物大幅度减少。该政策是由当地警察执行的，这可能会分散其承担其他职责的注意力。在研究中，Carillo 等（2013）验证了这一假设：在实施驾驶限制的时段，警察对于限制区域内的犯罪，尤其是抢劫犯罪方面的注意力被分散。事实上，相比于没有驾驶限制的时期和周末的其他时间，当警察执行驾驶限制政策时，基多市中心的犯罪特别是暴力犯罪数量大幅度上升。除了将警察的注意力转移到交通职责上，笔者还观察到，驾驶限制的处罚足够高，以致给警察提供了从被查处的违反限行规定者那里收受贿赂的机会。该无受害人犯罪的另一个特点是，其在为警察提供向犯罪者收受贿赂的机会的同时，又无须去处理受害者的投诉。

在本章中，我们采用了一些来自现实的重要假设来简化图表并学习如何使用它们。第一，假设刑事定罪对需求没有影响。然而，第 1 章的论点认为，刑事定罪往往会削弱民法对消费者的保护，这将大大降低需求。个人更愿意从正规药店购买药品，而不愿意从作为犯罪团伙成员的街头小贩那里购买。第二，对合法商品的税收被忽略了。犯罪企业一般不纳税，这样供应商可以节省大量成本。实际上，只有当预期制裁超过其避免的税额时才会使供应产生变化。这些污名化和税收效应也可能影响对定罪决定的成本收益分析。

▪本章回顾

对于书中被描述为自愿交易的"无受害人"犯罪，允许直接应用马歇尔市场供求模型。因为在市场上交换的商品或服务是非法的，因此有必要在分析中纳入对供应商或购买者或两者的预期制裁。这很容易被考虑到，因为预期制裁改变了供应量和需求量，正如微观经济学标准原理中通常所讲授的纯粹的公共财政理论中税收改变了供求关系一样。以下是将 S&D 模型应用于无受害人犯罪得出的一些结论。

（1）随着收入的增加（假设毒品是普通商品）、对毒品偏好的增加、替代品价格的上涨和互补品价格的下跌，需求曲线上移。用户数量的增加会使需求曲线围绕价格轴上的截距（即窒息价格）沿逆时针方向旋转。

（2）与完全竞争的行业模型一样，供应曲线随改变生产成本的因素向上或向下移动。因此，随着其他合法和非法活动工资的下降、生产毒品的投入成本的下降和新技术对生产成本的降低，供应曲线向下移动。

（3）预期制裁行为如同一种税收，导致在合法化或没有执行力和供应的情况下的供给和包括给生产者的制裁的费用的供给之间的"楔形"。本书中对供应商的制裁通常用制裁供应总曲线 $S+p_c s$ 表示，高于供应曲线 S。然而，特殊情况下可能需要采取不同的处理方式。如果犯罪行为发生在几个领域，每个领域都有不同的预期制裁，那么对犯罪者的预期制裁必须从需求曲线中扣除，以形成支付意愿的制裁净曲线 $D - p_c s$。

（4）对实施不同制裁的不同地区的市场，可以用"水平相加"需求法形成市场需求曲线，从而对犯罪行为发生的条件进行分析。例如，当犯罪行为在不同地区发生变化时，一个区域对另一区域产生影响就成为可能。当我们对政策执法效果进行建模时，这是非常重要的。而"水平相加"则是需要掌握的一项基本技能。

（5）无套利条件要求扣除预期制裁的非法商品的价格在整个市场上相等，这为确定均衡条件提供了有力的工具。

问题和练习

1. 假设存在卖方受制裁的非法物质的单一市场，确定初始价格、数量和回报（扣除制裁），如果发生以下变化，以上变量将会如何变化（独立考虑每个变化）？

    a. 制造这种毒品所需的材料供应减少，导致毒品生产成本上升。

    b. 针对另一种替代非法药物的执法行动使该替代品的价格上升。

    c. 取消了对生产者和销售者的制裁，但对持有者和使用者进行制裁。

    d. 加大对生产者和销售者的制裁力度。

2. 考虑对卖淫市场的分析。

    a. 假设卖淫发生在两个不同的地方——市区（d）和市郊（u）。设对市区卖淫的需求为 $\pi_d = 1000 - 10x_d$，其中 x_d 是市区每周的卖淫量，π_d 是市区卖淫所支付的价格。同样，市郊对卖淫的需求是 $\pi_u = 2000 - 5x_u$。绘制这两条曲线，然后对它们进行"水平相加"以获取市场对卖淫的需求。用代数方法求解犯罪的市场需求（提示：求解每个市场中犯罪水平的两条需求曲线，将 x_d 和 x_u 的表达式相加，以获得 $x_d + x_u$ 的表达式。最后，注意套利要求 $\pi_d = \pi_F = \pi$。求在 π 的均衡水平上犯罪的市场需求）。通过"水平相加"得到的市场需求和通过代数方法导出的市场需求表达式检查代数结果。

    b. 现在，设卖淫的市场供应量 $x_s = -100 + 2.7\pi$，在市场图上绘制该曲线。然后将预期制裁 50 加入供给曲线，即垂直移动 50。找到市场图中卖淫的市场均衡点和扣除制裁的净预期总收益。利用无套利均衡条件,得出市区和市郊每周的卖淫市场水平。

c. 最后,用代数方法求解预期制裁的市场需求和供应总量的市场均衡,求出市区和市郊卖淫的比例,并将答案与使用图形得到的答案进行比较。(提示:要获得预期制裁的供应总量,只需从市场价格 π 中减去预期制裁,因此预期制裁的供应总量为 $x_{\text{gross}} = -100 + 2.7(\pi - 50)$,并设 $x_{\text{gross}} = x_{\text{demand}}$)

3. 假设可在两个地区销售毒品:市中心和郊区。在这些地区,生产和销售毒品的罚款是相同的。明确每个市场上毒品生产者的初始价格、数量和扣除制裁的净收益。如果以下条件发生变化,这些市场将会如何变化(独立考虑每个变化)?

a. 由于郊区收入增加,郊区对该毒品的需求增加。

b. 生产毒品的成本增加。

c. 对生产者和销售者的制裁增加。

d. 郊区对生产者和销售者的制裁有所增加,但对市中心对生产者和销售者的制裁保持不变。

e. 市中心对持有毒品者进行处罚,而郊区不对持有毒品者进行处罚。

| 注 释 |

本章的撰写得益于 Richard Lotspeich 和一位未透露姓名的编辑的建议。

1. 阿尔弗雷德·马歇尔的教材《经济学原理》(1890)建立和确定了今天在经济学原理课堂上所讲授的供应需求模型。
2. 尽管欺诈是自愿的,但产生欺诈的基础是信息不对称。因此,其在严格意义上不属于"无受害人"犯罪。无受害人犯罪可能会产生外部性,这是使其行为被定为犯罪的基础。
3. 因为实证经济分析提示了与刑事定罪或执行刑法相联系的意想不到的后果,所以其对于犯罪界定的规范判断十分重要。
4. 本章所用的犯罪市场的一般形式模型由埃利希(Ehrlich, 1996)提出。

5. 毒品市场中可能存在垄断，合法的与非合法的毒品都可能由垄断者提供。关于毒品的垄断供应的分析将在第 8 章中进行讨论。

6. 实际上，成瘾性可能是个别药物被归为非法物质的主要原因。

7. 假设对因销售大量毒品而被定罪的毒贩预期制裁会增加。此外，刑事定罪对需求没有影响。刑事定罪很可能会降低需求，因为它迫使用户从犯罪分子手中购买毒品并取消了对买家的法律保护。为了避免使图表复杂化，此处忽略了刑事定罪的这种需求转变，但在本章后面会加以考虑。

8. 当然，毒贩很可能不缴税。刑事定罪用预期制裁取代增值税或销售税。这里的分析隐含地假设毒品没有税收是合法的。如果有税收，那么制裁的效果将取决于预期制裁和避税之间的差值。

9. 收入的增长通常会增加需求，但某些非法物质（如海洛因）需求的增加可能不明显。替代毒品价格的上涨将使需求增加，而互补毒品价格的上涨会使需求减少。第 20 章讨论了有关毒品需求的经济学研究，包括不同毒品之间的关系。

10. 在第 4 章中，考虑了两种不同犯罪类型的 S&D 模型。在这种情况下，需要将每种犯罪类型的供应曲线"水平相加"，以获得犯罪的市场供应曲线，然后在市场图中找到市场均衡点。

5 有受害人犯罪市场

■简介

本章说明了根据经济学原理，在第 4 章中用于分析无受害人犯罪的 S&D 模型，也可以成功地用于预测罪犯与被胁迫或受骗的受害者互动时的结果。由于 S&D 模型的开发旨在研究知情的买家与卖家之间的自愿交易，这种扩展到非自愿交易的情况似乎令人惊讶。当然，胁迫和欺骗是有区别的，但本章将演示可将相同的分析模型应用于犯罪，从而预测出在众多经验研究中已经得到验证的、在后续章节中将被回顾的结果。与第 4 章一样，这里的分析是实证经济学中的一项练习，即预测结果或回答"假设"问题，而不是产生规范性的政策建议。

本章首先说明如何使用单一市场的 S&D 模型，即具有一种类型的犯罪和一种类型罪犯的模型；接着介绍多市场 S&D 模型，其可以在多种类型的犯罪和/或罪犯的情况下得到均衡条件。

■"犯罪需求"曲线

无受害人犯罪的 S&D 模型中使用的市场需求曲线直接源自消费者需求

理论，其中个人试图在预算有限的情况下实现效用最大化。其结果是马歇尔需求曲线，即当价格下降时，由于合法的与非法的商品和服务的收入及替代效应，所需的数量随着价格的下降而增加。

用于有受害人犯罪的犯罪市场需求曲线必须具有不同的概念基础，因为它涉及因胁迫和/或欺诈而成为受害者的"消费者"。而犯罪需求市场曲线反映的是犯罪水平与罪犯预期收益之间的关系。但是，犯罪预期收益的主要决定因素是受害者的类型以及潜在受害者的选择。确定犯罪需求曲线的位置和形状，是由潜在受害者而不是由罪犯做出的。从这个意义上讲，犯罪时序的需求函数是类似于普通 S&D 模型中马歇尔需求曲线的函数，反映了非生产者或供应者做出的选择，而他们的选择体现在供给曲线之中。

从形式上讲，犯罪需求曲线明确了犯罪水平与犯罪预期收益之间的关系。[1]盗窃案即是一个有用的例子。它涉及罪犯占有受害人的个人财产。盗窃需求是盗窃金额与每次盗窃的预期回报之间的关系。如果盗窃涉及金融资产，那么罪犯的财产价值几乎等于受害者所遭受的损失。就被盗的个人财产而言，被盗物品的出售可能会使市场价值或受害者的重置成本大幅降低。此外，可能需要进行不止一次尝试才能实现财产的盗窃，这使每次尝试的预期回报因部分尝试的失败而大打折扣。由此，在犯罪需求曲线上，每次尝试的预期回报可能远低于实际盗窃行为对受害者的预期损失。[2]因此，不应将犯罪时序的需求用于衡量因犯罪水平下降而带来的受害者收益，除非缩小收益的范围。此外，需求曲线上的点与促使人们决定将特定行为定为犯罪的外部性成本无关。例如，在欺诈的情况下，欺诈的需求是基于财富和潜在受害者采取的预防措施的水平，而确定刑事定罪的外部性是对金融市场上所有其他参与者的影响。

> **产品脆弱性周期**
>
> Guerette 和 Clarke（2003）指出，存在一个非常符合犯罪需求曲线的产品脆弱性周期。推出新产品时，其相对稀缺且不会引起罪犯的注意。在其流行之后，罪犯将评估该产品带来的犯罪潜在收益。如果收益有吸引力，则犯罪开始滋长，而受害者将采取安全措施使犯罪的收

益受限，然后犯罪率将再次下降。

他们以1981年首次推出的自动取款机（ATM）为例说明了这一周期。20世纪80年代，随着ATM数量的增加，小偷们发现可以对ATM实施抢劫，于是ATM抢劫案数量增加。这带动了ATM制造行业、银行和政府完善相关安全措施。一些措施使抢劫变得困难，同时也实施了一些其他措施（如安装监控摄像头）。1991—1999年，纽约市每台ATM的抢劫案数量下降了92%（抢劫案总量减少了63%）。1992—2000年，洛杉矶每台ATM的抢劫案数量下降了98%（抢劫案总量下降了64%）。尽管这是犯罪率大幅下降的时期，在大城市尤其明显，但ATM抢劫率的下降幅度明显更大，因为人们为了防止ATM抢劫率上升而加强了预防措施。

这样的通常模式已经被人们视为一种规律：当预防水平相对较低时，盗窃这种新产品带来收益的可能性被发现，而后犯罪行为的增加又使安全措施得到加强。这表明，当受害人采用新技术时，与高犯罪率相对应，犯罪需求向下移动，犯罪需求就成为重要的动力性要素。

潜在受害者所做的决定，决定了犯罪的可能成功率和以犯罪成功为前提的预期收益。在盗窃案中，受害人可以采取许多措施来保护自己的个人财产，以便罪犯无法实施盗窃。[3]受害者可以以更难盗窃的方式持有个人财产。[4]最后，受害者可以修改个人财产，以便即使被盗，其对于小偷的价值也减少了。[5]

对潜在受害者动机的简单分析表明，一些因素会影响犯罪需求曲线的下移。正如人们对商品的偏好各不相同，潜在受害者对为了避免成为受害者而采取的代价高昂的行动的偏好也有所不同。将这些行动称为预防措施。一些潜在受害者有避免受害的偏好或面临避免受害的成本，这使他们几乎不采取预防措施来防止盗窃。其他人则可能采取一切预防措施。这意味着有些受害者相对脆弱，而另一些则很难成为受害者。在抢劫和盗窃案中，一些潜在受害者采取明显的预防措施来避免遭受损失，而其他人则很少采取预防措施，致使罪犯可以识别潜在受害者之间的差异，他们会将精力集中在那些每次实施犯罪的预期收益很高且容易得手的案件上，其次才会考虑那些采取更多预防措施的人。因为随着犯罪行为的增加，最有吸引力的受害者已经受害，这导致了犯罪需求曲线的向下倾斜。导致犯罪需求下降的另一个原因是，犯罪增加后，由于采取预防措施的回报率增加，受害者将采取更有力的预防措施。在很少发生盗窃的地区，安全规定很可能会比较宽松。但如果盗窃增加，则预防措施也会增加。盗窃案频发的居民区即展现了这种预防措施的增加：贵重物品被锁起来，而不是留在开放的私人或公共场所；将门锁牢，甚至将窗户封住。所有这些都是潜在受害者对可能出现的更高犯罪率所做出的反应。它们降低了盗窃的预期收益，从而产生了向下倾斜的盗窃需求曲线。

改变犯罪时序的需求

改变犯罪时序需求的一个明显因素是被盗物品价格的变化。盗窃所得价值的增加使犯罪需求增加，并增加了犯罪数量。当然，受害者可以通过加强预防措施，使犯罪需求再次下降。

有一个犯罪需求发生变化的例子发生在2012年秋季的美国中西部地区。那里的干旱气候大大增加了用于养牛的干草的成本。干草被切割、打包后留在田里晾干，之后被放入谷仓或作为牛、绵羊、山羊等的饲料出售。干草价格上涨至250美元/吨。这引发了犯罪市场的反应。干草贼们的活动变得频繁起来。他们晚上带着沉重的设备进入田地，偷走晾干的成捆干草。干草种植者因为无法立即取走刚从田间割下来的干草，所以很少有机会对这些干草被盗采取预防措施。

铜价上涨对铜、黄铜和青铜的盗窃有类似的影响。犯罪市场的S&D模型很好地说明了这些对价格上涨的反应。

福利金与犯罪

经济激励与犯罪之间的关系可以通过很多方式加以证明。最近，Foley（2011）证明了福利转移支付时间和财产犯罪之间的关系。一些城市每月转账付款的日子是随机的，其他城市则在每个月的月初向所有收款人付款。由于穷人通常缺乏积蓄，因此在月末时用完福利金的

> 情况成为促使财产犯罪增加的诱因。
> 　　这就创建了一个自然的实验。在随机付款的城市中，在每月付款周期即将结束时收到款项的低收入福利接受者的人数不会因月份的不同而变化。但是，在每月第一天付款的城市，所有收款人都在月底结束周期。假设是这样的：如果经济需求引发财产犯罪，那么在此组中，影响会在一个月的不同日子有所不同，但在随机付款组中则不变。研究者利用经济犯罪和其他犯罪的每日犯罪数据验证了该假设。他发现其他犯罪的月度模式是没有区别的；在随机付款的城市，出于经济原因的犯罪在整个月内保持稳定；但在月初付款的城市，财产犯罪率在收款后的上半月较低，而在下半月则有所上升。显然，经济上的需求助长了犯罪。由此得到一个政策启示：应是每周付款而不是每月付款。

这里的讨论忽略了有关罪犯如何分配犯罪行为的一些技术性考虑，即他们如何定量其在潜在受害者中的努力程度，以及个体是否可以不止一次受害。这些细节将因犯罪类型而异。最终，在给定时间段内，罪犯将面临在市场中的犯罪水平与每次尝试的预期回报之间的向下倾斜的关系。

有受害人犯罪的市场

我们应特别注意和讨论对涉及胁迫或欺骗的犯罪的需求，而犯罪的供应则没有什么特别之处。犯罪是否涉及个人行为或强大的帮派组织，可用标准的公司理论进行分析。供应量取决于企业数量、投入价格以及罪犯可应用的技术。这里有一个常常被忽略的问题：犯罪所需的技术可能会随着受害人或执法部门采取的行动而发生变化。例如，货币当局改变了货币的物理特性，使其更难以被伪造。互联网安全技术迫使身份窃取技术发生了变化。本章忽略了这种交互情况。导致犯罪供应量减少的因素包括人口中潜在罪犯数量的增加、这些罪犯机会成本的降低（通常以其法定工资或其他类型犯罪所得来衡量）、犯罪的其他投入成本的降低，以及犯罪技术的进步。所有这些因素都是公司理论中的标准。

与无受害人犯罪一样，定罪和执法行为就像对生产者征税，通过预期制裁的数量，即定罪概率与预期制裁的乘积 $p_c s$，提高所需的预期收益。图 5.1 显示了具有和没有执法努力的市场均衡特征。

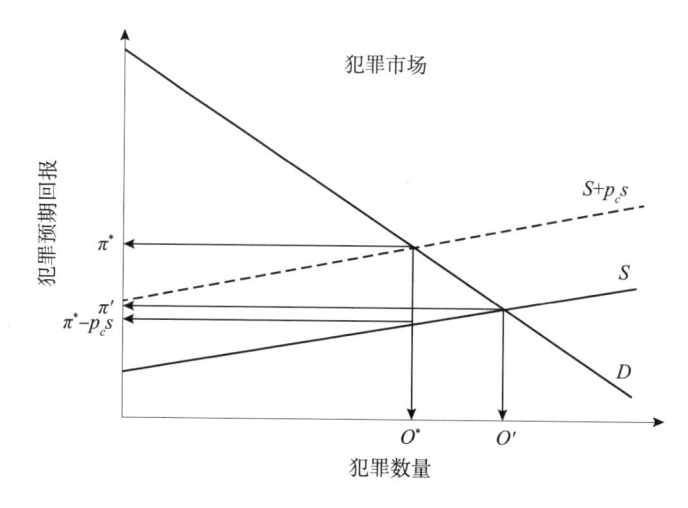

图 5.1 有被害人犯罪的市场均衡

在图 5.1 中，S 是犯罪供应，D 是犯罪需求。在缺少执法努力的情况下，犯罪水平的均衡点位于这两条曲线的交点处，从而得出犯罪数量 O' 和每次犯罪的预期收益 π'。[6]

如图 5.1 中的虚线所示，足以推动预期制裁至 $p_c s$ 的刑事定罪和执法努力产生了总制裁犯罪供应曲线 $S + p_c s$。而新曲线和需求曲线的交点是犯罪水平均衡点。新的犯罪水平为 O^*，每次犯罪的预期收益为 π^*，扣除制裁后的预期净收益为 $\pi^* - p_c s$。毫不奇怪，执法努力降低了犯罪率和扣除制裁后的收益。较少的犯罪将集中于最有希望得手的受害者身上，而较低的犯罪水平将导致较少的预防措施，因此每次犯罪的预期损失会增加。因为公共执法已取代了私人预防，所以有时预防措施的减少被视为刑事司法执法的成本。但是，与公共执法的成本相比，私人预防措施的成本可能很高，用这种公共执法替代私人的支出或努力可以节省资源。此问题将在后续章节，特别是第 8 章中加以讨论。

图 5.2 说明了使用 S&D 模型来分析市场可能发生的许多变化之一——犯罪市场工资增加的影响。首先，考虑用图 5.1 所示的 O^* 处的均衡来表征市场。合法工资的增加使犯罪的机会成本增加，使犯罪供应曲线从 S 上升到 S'。供应曲线的自动上升导致预期制裁总的犯罪供应（用 $S' + p_c s$ 表示）上升，并且新的犯罪市场均衡点在 O' 处，也就是需求曲线与新制裁总供应曲线相交处。犯罪率下降，而每次犯罪的预期收益、净制裁收益分别从 π^* 增加到 π'，从 $\pi^* - p_c s$ 增加到 $\pi' - p_c s$。从执法力度的增加可以看出，因为罪犯专注于最有希望的受害者和受害者的预防措施较少，通过减少犯罪行为来增加合法工资，会导致每次犯罪的预期收益增加。

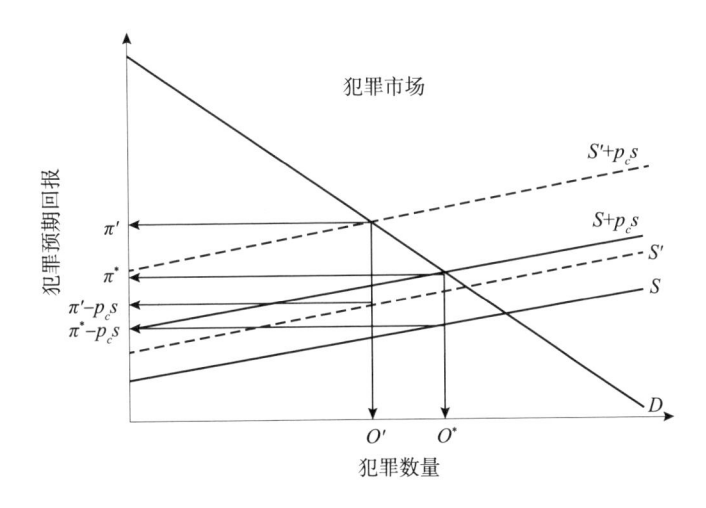

图 5.2 犯罪市场工资增加的效果

现在考虑犯罪需求变化的影响。潜在受害者可能会采取更有力的预防措施来减少犯罪需求，其原因有许多。例如，手头有大量货币的银行和其他公司可能会采取多种措施，使罪犯进入设施或带着被盗财产离开变得更加困难，或使收益价值降低。这种威慑力的一个极端例子是，将爆炸性染料容器放置在成堆的货币之间。图 5.3 展示了如何分析这种犯罪需求的下降。

在图 5.3 中，如虚线所示，当犯罪需求从 D 减少到 D' 时，市场在犯罪数量为 O^* 和犯罪收益为 π^* 的点上处于均衡状态。新的均衡发生在更

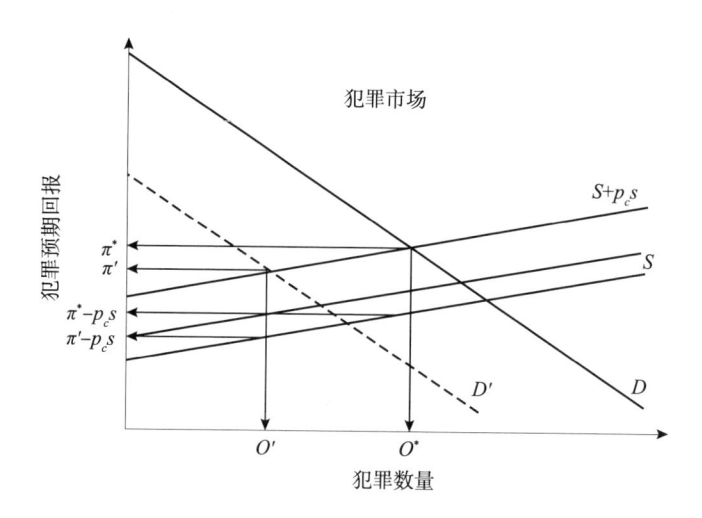

图5.3 犯罪需求下降的市场分析

低的犯罪水平处（$O' < O^*$），每次犯罪的预期收益更低（$\pi' < \pi^*$），且扣除制裁的犯罪净收益更低（$\pi' - p_c s < \pi^* - p_c s$）。总体而言，犯罪需求的下降产生了非常有利的结果。在犯罪水平较低的情况下，用于执法的公共支出，尤其是用于惩教的支出有可能会减少。但是，预防措施增加所导致的需求下降可能会耗费大量资源。为了对此变化的可取性做出规范性论证，有必要对第2章中所讨论的类型进行全面的成本收益分析。

将模型应用于更复杂的推论：多元市场

罪犯可以选择在哪里实施犯罪、对谁实施犯罪，以及犯下何种类型的罪行。此外，罪犯的类型也可能有所不同。幸运的是，犯罪市场模型可以分析这些选择，并确定对一个地区内一种犯罪的处理方式的变化对该地区其他类型犯罪的影响，或是对其他地区的溢出效应。当刑事司法判决是根据犯罪类型独立做出的或跨司法管辖区单独做出时，在这些更复杂的情况下，可能需要运用多元市场模型进行推断。以下各节举例说明了许多情况，这些示例中将犯罪市场模型用于预测罪犯处理方式变化的结果、犯罪成本以及跨地区的犯罪需求。

选择犯罪"类型"的罪犯

对多市场 S&D 模型的第一个说明所涉及的情况是罪犯选择实施犯罪的地点或要实施的具体犯罪类型。要同时处理这两个问题，该示例涉及罪犯所选择的犯罪"类型"，即类型可以是地点和/或犯罪种类。最初假设预期的制裁不会因犯罪类型而异，对这种情况的分析如图 5.4 所示。图 5.4 说明了或者因为定罪的可能性不同，或者因为对犯罪的制裁的不同，由此造成预期制裁因犯罪类型而异的问题。

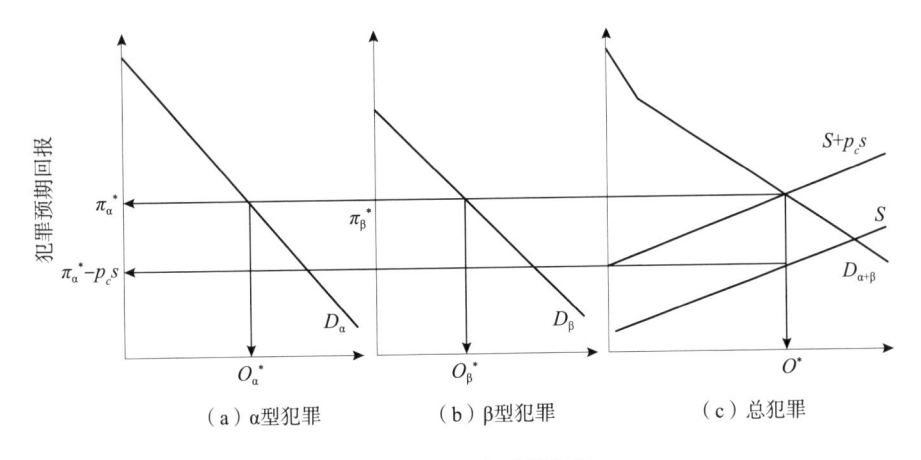

图 5.4　犯罪类型的选择

图 5.4 包含三张图。图 5.4a 所示为 α 型犯罪的需求 D_α，图 5.4b 所示为 β 型犯罪的需求 D_β，图 5.4c 包含需求曲线 $D_{\alpha+\beta}$，它是用第 4 章介绍的方法形成的"水平加总"的 α 和 β 需求曲线。只是在这种情况下，横轴上没有数字刻度。图 5.4c 还显示了犯罪时序供应和总制裁犯罪供应，即 S 和 $S+p_c s$。

在犯罪市场找到均衡点、无套利条件的关键，是罪犯实施的所有类型的犯罪,其扣除制裁的预期收益必须相等。[7] 这里涉及两种犯罪类型,即 α 型和 β 型。那么,无套利条件可以写成 $\pi\alpha - p_c s = \pi\beta - p_c s$。犯罪类型之间的平衡要求扣除制裁的每次犯罪的预期收益都相等。但对 α 型和 β 型犯罪的预期制裁相同是一种特殊情况,因此,无套利条件要求预期收益相等,或者说 $\pi\alpha = \pi\beta$。如果这些条件成立,罪犯们也就失去了努力将其犯罪行为转变为其他类型犯罪的动力。当市场需求曲线 $D_{\alpha+\beta}$ 从上而下交于制裁供应总量曲线 $S + p_c s$ 时,将出现市场均衡状态。犯罪均衡点为 O^*,O^* 被分为类型 O_α^* 和类型 O_β^*。因为市场需求曲线是由"水平相加"形成的,因此 $O^* = O_\alpha^* + O_\beta^*$。而 $\pi_\alpha^* - p_c s = \pi_\beta^* - p_c s$ 和 $\pi_\alpha^* = \pi_\beta^*$ 是在罪犯可以实施的两种不同类型的犯罪之间的无套利条件。

一旦实现市场均衡,如图 5.4 所示,就有可能进行许多静态比较。我们可以评估总犯罪的影响和任何条件下各种类型的犯罪行为变化。在图 5.5 中,我们分析了预期制裁(如果定罪)从 s 减至 $s^\#$ 的影响。较低的制裁使制裁总供应曲线 $S + p_c s^\#$ 向下移动,这会导致在 $O^\# > O^*$ 的情况下,市场图中的犯罪水平更高。因此,无套利条件要求制裁的总预期犯罪收益较低,因此 $\pi_\alpha^\# = \pi_\beta^\# < \pi_\alpha^* = \pi^*$。但是,制裁净收益预期犯罪率也高,即 $\pi_\alpha^\# - p_c s^\# = \pi_\beta^\# - p_c s^\# > \pi_\alpha^* - p_c s = \pi_\beta^* - p_c s$。

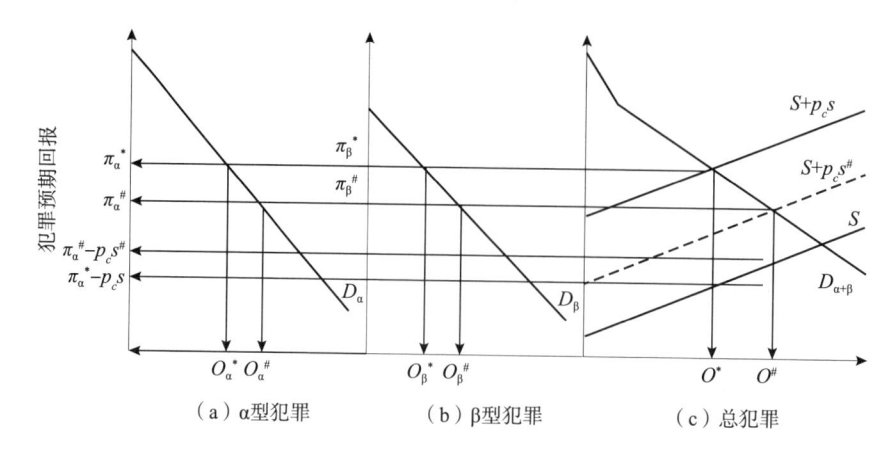

图 5.5 制裁下降时犯罪"类型"的选择

总犯罪量的增加是基于 α 型和 β 型犯罪的增加。"水平相加"需求曲

线可确保 $O^\# = O_\alpha^\# + O_\beta^\#$。这些从多元市场 S&D 图中获得的结果十分直观。

在一种情况下，具有多元市场 S&D 图的解决方案需要略微不同的方法。[8] 如果每种犯罪类型的预期制裁不同，则罪犯的无套利均衡仅意味着扣除制裁的预期犯罪收益相等。但是，不同制裁的预期收益总额必然是不相等的。在上面的示例中，假设基于定罪条件的预期制裁在 α 型犯罪中为 s，而在 β 型犯罪中降为 $s^\#$。该模型便可被用于预测变化结果。在这种情况下，有必要首先从需求曲线中减去预期制裁，再"水平加上"预期制裁的净需求曲线。现在，新的市场图包含与供应量相等的扣除预期制裁的净需求曲线。

图 5.6 所示为两种犯罪类型的示例，在这一示例中，"制裁最初相同"，之后因为降低了对 β 型犯罪的制裁而变得不相同。[9] 市场的最初条件与图 5.4 中的情况相同，但以下情况除外：在需求曲线被添加之前，从需求曲线中减去制裁，而不是将需求"水平相加"并得到总制裁供应曲线。其结果是，右侧的市场图包含扣除制裁的市场需求曲线 $D - p_c s$，这相当于在 O^* 和 π^* 处形成了市场均衡供应。

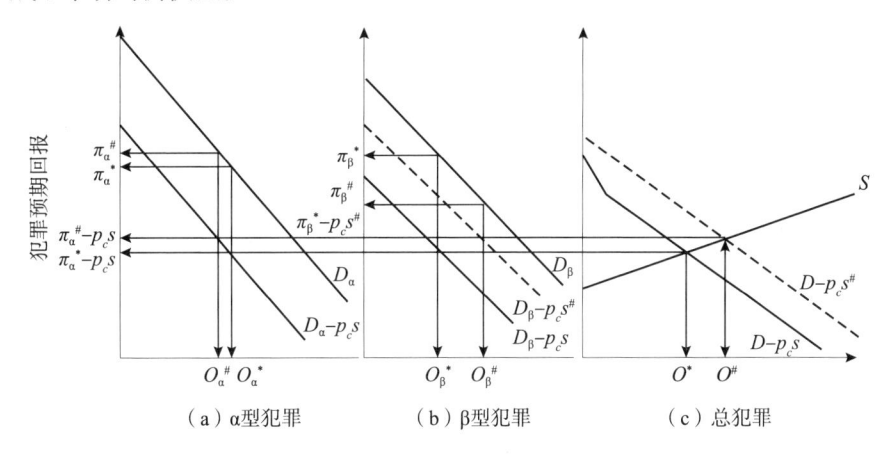

图 5.6 当 β 型犯罪制裁下降时犯罪类型的选择

为了分析仅针对 β 型犯罪减少制裁的影响，有必要绘制扣除 β 型犯罪制裁的新需求曲线 $D_\beta - p_c s^\#$，即图 5.6b 中的虚线。将这条扣除制裁的新需求曲线与扣除制裁的 α 型犯罪需求曲线（保持不变）"水平相加"，得到扣除制裁的新需求曲线，如图 5.6c 中的虚线所示，标记为 $D - p_c s^\#$，来反映

对 α 型和 β 型犯罪预期制裁的混合情况。当扣除制裁的新净需求曲线从上而下交于供应曲线时,市场均衡状态产生,总犯罪率为 $O^\#$。套利条件是扣除制裁的预期收益在所有地方必须相同,β 型犯罪增加,即 $O_\beta^\# > O_\beta^*$,而 α 型犯罪减少,即 $O_\alpha^\# < O_\alpha^*$。α 型犯罪的相对吸引力有所下降,却没有伴随 α 型犯罪需求或扣除制裁的 α 型犯罪需求曲线的变化,α 型犯罪行为会有所减少。这说明特定地区的特定类型犯罪的决定因素相当复杂。一个地区或一类犯罪的变化会导致其他类型的犯罪状况发生变化。

包含多种罪犯类型的犯罪

罪犯可以依据犯罪记录,按地点、年龄、种族、性别、着装等加以区分。多元市场模型可用于分析选择特定类型犯罪的罪犯群体。在这种情况下,一个方便的无套利条件决定了对于犯罪的罪犯类型的均衡分配。其条件是,对于每种类型的罪犯,扣除制裁的预期净收益必须相同。在这一条件下有两个注意事项:第一,这一条件适用于实际上选择犯罪的所有罪犯类型;[10]第二,犯罪供应曲线反映了不同类型罪犯的产出差异。[11]这种无套利条件背后的逻辑是扣除制裁的净收益反映了犯罪成本。如果一种类型的罪犯犯罪成本较低,那么这种类型的罪犯将扩大其犯罪范围,并驱逐高成本罪犯。远离一种犯罪类型的罪犯可能仍会参与另一种犯罪类型,或者转向从事合法活动或其他消耗他们时间与精力的事情。

图 5.7 显示了对 α 型和 β 型罪犯实施相同制裁,处于初始均衡状态的犯罪市场。每种类型罪犯的犯罪时序供应也相同,分别为 S_α 和 S_β。这使犯罪的制裁供给总曲线 $S_\alpha + p_c s$ 和 $S_\beta + p_c s$ 相同。将这两条制裁供应总曲线"水平相加"(图 5.7c),得到制裁市场总供应曲线,即 $S_{\alpha+\beta} + p_c s$。制裁市场总供应曲线从下而上交于市场需求曲线,得到市场均衡点。这决定了两类罪犯相同的、扣除制裁的犯罪预期总收益点处的犯罪程度,即 $\pi_\alpha = \pi_\beta$。因为制裁是相同的,所以扣除制裁的预期净收益是相等的。因为最初设置的问题是要平等地对待两种类型的罪犯,所以总的犯罪在 α 型和 β 型罪犯

之间等量划分：$O_\alpha^* = O_\beta^*$ 和 $O^* = O_\alpha^* + O_\beta^*$。

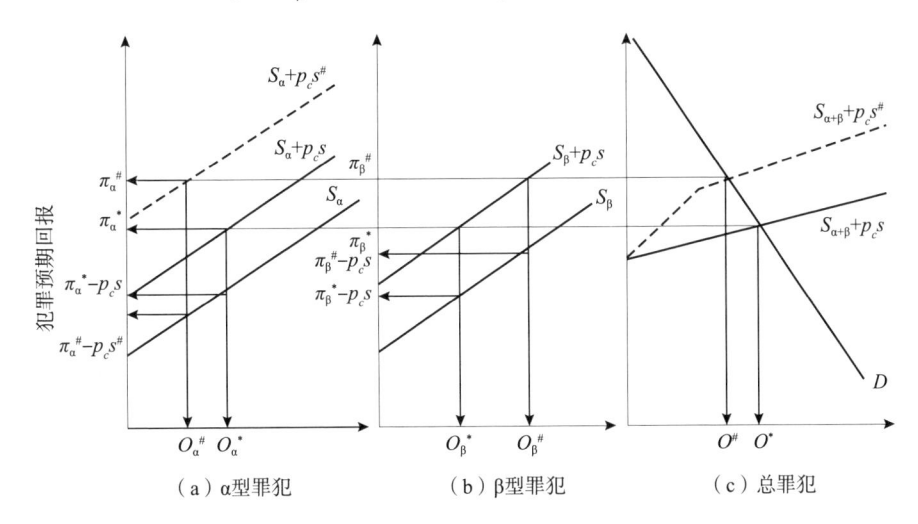

图5.7 单一类型犯罪市场的罪犯类型 α 和 β

假设 α 型罪犯被定罪，而对 β 型罪犯的处置保持不变。用这种涉及两种预期制裁的活动来说明有两种类型罪犯的市场模型的运行情况（图5.7）。即使对 α 型罪犯不存在某种偏见，年龄、性别或既往犯罪记录的差异也很容易导致这种差别对待。不管是基于什么样的更改理由，当预期制裁（如果定罪）从 s 上升到 $s^\#$ 时，α 型罪犯的制裁时序供应总量将从 $S_\alpha + p_c s$ 变为图 5.7a 中的虚线 $S_\alpha + p_c s^\#$。将此新的供应曲线与没有变化的 β 型罪犯的预期制裁总供应曲线"水平相加"，得到市场制裁供应总曲线，记为 $S_{\alpha+\beta} + p_c s^\#$，如市场图（图5.7c）中的虚线所示。新的犯罪市场均衡点就位于新的供应时序曲线从下向上交于需求曲线处，犯罪数量从 O^* 稍稍下降到 $O^\#$。总犯罪率的下降是 α 型罪犯所实施犯罪从 O_α^* 到 $O_\alpha^\#$ 的下降和 β 型罪犯所实施的犯罪从 O_β^* 到 $O_\beta^\#$ 的小幅增加的加总。制裁犯罪总收益，在无套利的情况下，在两种类型的罪犯间实现犯罪平衡，从 $\pi_\alpha = \pi_\beta$ 上升至 $\pi_\alpha^\# = \pi_\beta^\#$。因为对 α 型罪犯的预期制裁是对 β 型罪犯预期制裁的两倍，这种预期总收益的相等意味着，α 型罪犯扣除制裁的净收益比 β 型罪犯要高得多：$\pi_\beta^\# - p_c s > \pi_\alpha^\# - p_c s^\#$。显然，当罪犯类型不同时，犯罪市场的调整受到不同制裁的影响并不小，需要仔细建模。

■本章回顾

放弃自愿交易的假设,并在犯罪市场中引入胁迫和欺骗时,需要对犯罪时序需求的理解加以修正。但是,仍然可以使用马歇尔 S&D 框架来理解和预测犯罪模式。本章的主要结论如下。

(1)胁迫和欺骗下的犯罪市场涉及受害人与罪犯的互动。受害人的选择决定了与犯罪水平的预期收益相关的犯罪时序需求的地点和形态。罪犯的选择决定了供应时序。最后,刑事司法体系的运作决定了对罪犯的预期制裁。

(2)犯罪需求是基于潜在受害者采取的预防措施的水平以及受害人类型在社会上的分布情况。一般而言,当犯罪率上升时,受害人会采取更有力的防范措施,而犯罪的预期收益会降低。

(3)犯罪时序的供应以完全竞争企业理论为基础。假定犯罪企业,即罪犯,在扣除制裁的预期净收益大于罪犯投入可选择的最佳效用时进入市场。而最重要的是犯罪行为的收益与劳动力市场中的合法选择之间的比较。

(4)市场均衡点是犯罪需求和扣除预期制裁的犯罪供应总量的交点。这决定了扣除制裁的犯罪预期总收益和犯罪水平。

(5)可以使用多元市场 S&D 模型来研究跨地域和/或类型的犯罪的分布问题。这就要求将每个地区的犯罪需求进行"水平相加"以形成犯罪时序市场需求。不同类型犯罪的关键无套利条件是扣除制裁的预期净收益必须相等。

(6)多元市场 S&D 模型也可用于分析倾向于特定犯罪市场的罪犯类型。如果存在具有自己的供给时序的多类罪犯,制裁供应总曲线就可以"水平相加",从而形成市场图中的制裁总供应时序市场。市场上的整体犯罪水平由该犯罪时序市场需求从上而下与供应时序曲线的交点来确定。犯罪制裁的预期总收益的均衡结果再映射到个体罪犯类型,以确定基于每种类型罪犯的犯罪总量的比例。

(7) 可以使用犯罪市场模型的预测来理解下文中所呈现的对受害者、罪犯的行为,以及刑事司法系统本身的许多实证检验。因此,犯罪的S&D模型不仅可以通过对其预测的许多测试来验证,而且是一种用于识别刑事司法系统内经验关系的工具。

问题和练习

1. 在下面列出的每种情况下,绘制均衡状态下的犯罪供求关系市场图,然后说明每个变化如何影响平衡,包括犯罪量、罪犯收益总额和净利润的变化。

   a. 政府计划对可能遭受盗窃的零售店安装监控摄像头提供补贴。这对零售商店遭受盗窃的程度会有什么影响?

   b. 经济衰退使失业率提高,这对入室盗窃市场有什么影响?

   c. 监狱变得人满为患,迫使法官减少对抢劫罪的量刑。

2. a. 因为入室盗窃罪和盗窃罪涉及相似的技能与能力,假设潜在罪犯可以在两项犯罪之间进行选择。假设对盗窃罪的制裁力度大大增加,你认为这会对入室盗窃和盗窃产生什么影响?建立最初处于平衡状态的犯罪供需模型,然后说明这种变化带来的所有影响。

   b. 假设安全系统变得更加昂贵,选择安装和使用安全系统的家庭有所减少。这一变化对入室盗窃会产生什么影响?(再次从经济学家的视角使用供求关系图进行分析)

3. 使用犯罪市场图(供求关系图)分析伪造货币数量的变化。鉴于新的印刷技术使复制货币的成本降低,你认为会发生什么?曲线会发生怎样的变化?假币数量会如何变化?每个受害者的平均损失和伪造货币的扣除预期制裁的净利润会如何变化?

4. a. 假设两个司法管辖区——"加利福尼亚州"和"西部其他地区"的犯罪时序需求相同,预期制裁水平相同(p_c 和 s 均相同)或 $p_{cal} = p_{ROTW}$ 和 $s_{cal} = s_{ROTW}$。假设罪犯供应时序是线性的,罪犯可能在加利福尼亚州或西部其他地区犯罪。建立西方（包括"加利福尼亚州"和"西部其他地区"）犯罪市场均衡图。

b. 现在，假设加利福尼亚州采用了所谓的"三振出局法案"，加大了对定罪罪犯的制裁力度，即 s_{cal} 比 s_{ROTW} 高得多。使用你的模型，你预期西方犯罪市场会发生什么事情？在"加利福尼亚州"和"西部其他地区"会有什么变化？

5. a. 首先考虑一种罪犯类型和一种犯罪类型的标准市场均衡。假设这种类型的犯罪变得非常流行，也许实施网络犯罪的罪犯会在互联网上出名。假设潜在的罪犯被这种恶名所吸引，分析这会如何改变犯罪供应曲线并追踪犯罪市场的新均衡。

b. 然后尝试做与 5a 相同的练习，假设有两种类型的犯罪，其中只有一种犯罪变得更加流行。在这种情况下，犯罪市场上会发生什么？

| 注　释 |

本章特别得益于 Richard Lotspeich 和一位未透露姓名的编辑的建议。

1. 关于犯罪需求曲线和受害人—罪犯互动的早期严格推导，参见 Balkin 和 McDonald（1981）。
2. 预期收益低于预期损失的极端情况可能包括雇凶杀人，就雇凶杀人而言，与罪犯预期的回报相比，受害者的损失可能是巨大的。
3. 例如，个人可以采取许多行动来避免身份被盗用或限制在其身份遭到盗用时的损失。
4. 不动产比珠宝或金融资产更难偷窃。
5. 当可以确定合法所有者，并且必须在出售时披露所有权时，证券的黑市价值与票面价值之比极易下降。证券可能是已登记或未登记的。
6. 犯罪供应在纵轴上具有正向截距，表明罪犯总是需要扣除制裁的正向预期净收益。但实际情况并非总是如此。如果罪犯是出于非经济动机，例如是因为不喜欢受害人，供应曲线也可能是负截距曲线。一些如破坏公物和攻击等犯罪的市场似乎也具有负截距供应曲线。
7. 可能是由于预期收益太少，许多类型的犯罪行为根本没有被实施。在一些国家，皇冠上的珠宝对小偷而言价值是高的目标，但考虑到人们为了保护皇冠上的珠宝所采取的预防措施，在大多数情况下，对它们的侵犯程度为零。
8. 请参阅第3章中有关图3.4的讨论。
9. 回想一下，β型犯罪可以指代不同地点或不同类型的犯罪，或两者都不同。
10. 可能出现扣除制裁的预期犯罪收益很低的情况，以至于有些罪犯甚至所有类型的罪犯都不愿实施该犯罪。
11. 犯罪供应是以产生同质犯罪的机会成本为基础的。对于产出效率低的罪犯，在保持工资不变的情况下，犯罪供应会增加。例如，虽然年轻的罪犯可能具有较低的机会成本，但他们的产出效率也较低，所以可能是犯罪的高成本产出者。因此，与新手相比，惯犯的成本可能低得多，因为惯犯的产出要比新手高得多。由于产出效率上的这种差异，青年罪犯倾向于选择与成年罪犯不同的犯罪类型。例如，年轻的罪犯会选择毒品销售和在欺诈基础上的盗窃，未成年罪犯会选择贩毒和盗窃，而把欺诈犯罪留给成年罪犯。

6 风险偏好与犯罪供应

■简介

前几章将威慑与预期惩罚联系起来，而预期惩罚是定罪概率和预期制裁的乘积。尽管威慑的这种特征足以满足某些目的，但 Becker（1968）证明了要对犯罪供应有更深入的了解和促进刑事司法系统的有效运作，可以通过分别考虑预期制裁量和惩罚实际发生的风险来实现。

本章首先讨论风险偏好对于在合法和非法工作间做出选择的作用。接着是对选择模型进行分析，这一模型也可用于比较增加定罪概率与提高制裁二者在威慑罪犯上的效果。最后，提出了经济理论对刑事司法体系实际运作的一些启示。

■关于风险偏好与犯罪活动的直觉

一些店员在工作时会从商店偷东西，但大多数人不会。无论是否偷窃，都需要类似的技能才能担任店员。诚实的和不诚实的店员之间的区别在于两者收入的可变性，分别称其为"合法"职员与"非法"职员。店员按时工作，其收入是可预测的。他们的工作不受刑事司法系统影响。相反，通过欺诈、盗窃或抢劫从商店偷东西是非法的，如果罪名成立，违法者将受到严厉的惩罚。

相对于有高风险的相同预期收益，很少有人会对确定的收入漠不关心。那些少数漠不关心的人是"风险中性者"，其行为可以通过模型被定性为只考虑预期收益。大多数的人是"风险厌恶者"，相对于那些具有可变预期收益的工作，他们会选择收入相对稳定的工作。实际上，风险厌恶者需要更高预期收益形式的"风险溢价"，这样他们才会在收益与其他工作的收益相比不确定的情况下工作。最后，有些人是"风险寻求者"，为了追求收益高度可变的职业，他们可以接受较低的预期收入。

关于风险偏好及其对人们行为的影响的研究文献很多。大量证据表明，风险偏好随着年龄和其他人口因素的变化而变化，也随着风险权衡的背景而变化。Block 和 Gerety（1995）对因犯进行测试的实验结果表明，被监禁的人比对照组的非犯罪分子对风险的厌恶程度要低。本章重点讨论在不考虑对风险态度的差异起因的情况下，风险偏好差异的结果。

显然，如果零售店的店员有机会从商店偷窃，那么那些规避风险的人就不太可能触犯法律。对于规避风险的店员，即使非法盗窃的预期收益更高，只要差额不超过其风险溢价，他们就会选择合法工作。相比之下，寻求风险的店员则更可能去偷窃，除非预期的犯罪收益远低于合法工作的收入，以抵消其负风险溢价。

风险偏好对合法活动与非法活动的选择对执法策略有重大影响。如果违法者通常是风险寻求者，他们就更有可能因定罪概率增加而不是因对被定罪者制裁的提高而受到威慑。这一将风险偏好与犯罪联系起来的结果将在下一节中加以证明，但直觉并不困难。定罪可能性的提高不仅会提高预期的制裁水平，还会增加制裁的确定性，从而降低了与非法活动相关的风险。相反，增加定罪的预期制裁可能会提高预期制裁，但也会增加预期制裁的变化。由此导致的与非法活动相关的风险增加对风险寻求者具有吸引力。假设有足够的资源，可通过增加定罪的可能性或通过提高对被定罪者的制裁来提高预期的制裁水平。那么之前的论点就意味着，因为罪犯更有可能是寻求风险的人，所以使用资金提高定罪概率的威慑作用更大。

风险偏好与犯罪活动的正式建模

个人选择的基本经济模型始于个人从商品和服务的消费中获得效用。通过创建所消费的商品和服务的效用函数将其形式化。具体来说，效用函数可以写成 $u = U(x_1, x_2, \cdots, x_n)$，其中 x_i 是所消费的商品或服务 i 的数量，共有 n 种可能的商品，u 是总效用或个体满意度，$U(\cdot)$ 是一个反映个人偏好的函数。[1] 该理论（正式表述为消费者需求理论）假设消费者是理性的，即他们知道自己喜欢什么。如果给出关于 x 的两个包让其选择，他们可以说出他们更喜欢哪个包。此外，个人知道他们需要收入来获得 x 以及用于商品和服务的票面价格 $p_1, p_2, \cdots, p_n$。他们意识到，他们消费 x 的能力受到收入 I 的限制，由预算约束，即 $I = p_1 x_1 + p_2 x_2 + \cdots + p_n x_n$。假设人们知道他们的收入限制了他们的消费能力。[2] 这意味着个人效用受到收入和价格的限制，或者在保持价格不变的情况下，每个人都有一个形式为 $u = V(I; p_1, p_2, \cdots, p_n)$ 的间接效用函数，表示该效用取决于收入以及 n 种商品和服务的价格。[3]

消费者需求理论对人类行为有很多影响，这些影响已经过实证测试，并被证明是成立的。这些测试包括市场中的实际消费者行为、测试对象的实验行为，甚至包括对动物所做的实验。[4] 因此，经济学家得出的结论是，个人的行为是理性的，因为他们的行为与消费者需求理论的预测保持一致。鉴于甚至动物的选择都与此理论相一致的这种压倒性证据，令人好奇的是，有些人仍然认为罪犯是非理性的。[5] 区分不寻常的个人偏好和不符合消费者需求理论的非理性行为是很重要的。就目前而言，根据理论和证据，假设个人，即使是罪犯，也具有收益不递减的间接效用函数，可以省略价格，将其写为 $u = V(I)$。[6]

$V(I)$ 的形状有三种可能性，这些可能性对个人应对风险的方式有很大的影响。最常见的情况是效用随着收入的增加而降低，因此收入的边际效用递减（或通过增加等额收入产生的效用增加）。图6.1显示了一个会引起规避风险行为的效用函数。由标记为 $V(I)$ 的实线表示效用，其随着收入的增加以递减的速率增加。个人有机会获得 I_2 的合法收入。可以确定获得的合法收入的效用函数为 $V(I_L)$。假设此人也有机会参与非法活动并赚取 I_i，从而产生效用 $V(I_i)$。但非法活动有时会受到制裁，如果被定罪和受到制裁，收入将为 $I_i - s$，由于制裁力度较大，因此收入远低于 I_L。在此特定示例中，制裁在建模中作为从 I_i 中扣除的部分，意味着获得非法收入后，其中的一部分被制裁抵消。

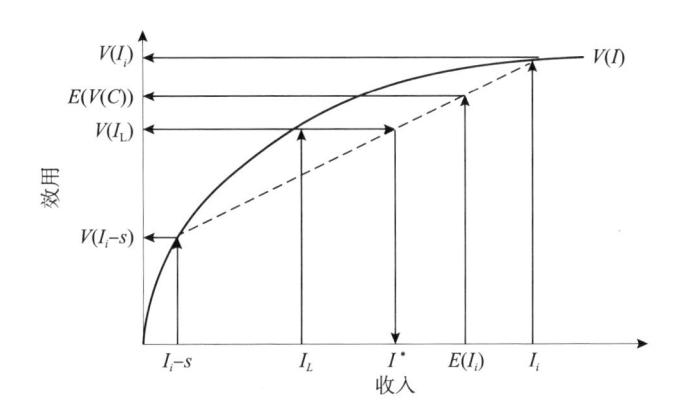

图6.1　风险规避和犯罪决策

因此，$V(I_i - s) < V(I_L) < V(I_i)$。直观上，如果定罪的可能性很小，非法活动似乎会产生更大的效用，但如果定罪几乎是肯定的，那么 $V(I_i - s)$ 也几乎是肯定的，犯罪将失去吸引力。因此，定罪概率 p_c 对选择至关重要。幸运的是，很容易计算犯罪的预期效用并在图上说明这种选择。犯罪的预期效用是定罪效用和未定罪效用的加权和，权重基于定罪的概率：

$$E(V(C)) = p_c V(I_i - s) + (1 - p_c) V(I_i) \qquad (6.1)$$

如果 $E(V(C)) > V(I_L)$，则选择犯罪；否则，除了当 $E(V(C)) = V(I_L)$ 且个人觉得无差异时，都选择合法工作。如果给出了 $V(I)$ 的特定函数形式，则可以求解 $E(V(C))$ 和 $V(I_L)$，然后选择较大值。本章最后的习题提供了这一练习。

使用图6.1，在给特定 p_c 值的情况下，也可以解决选择合法或不合法职业的问题。只需计算犯罪的预期收入 $E(I_i)$，计算公式如下：

$$E(I_i) = p_c(I_i - s) + (1 - p_c)I_i \tag{6.2}$$

然后，找到非法活动的效用，不是在效用函数上，而是在形成弦交点 $(I_i - s, V(I_i - s))$ 和 $(I_i, V(I_i))$ 的虚线上。这个过程用图形方式求解式（6.1）并确定 $E(V(C))$。重申一下，求解方法为首先求解式（6.2）以获得预期收入，然后在虚线弦上找到非法收入的预期效用。对于图 6.1 所示的特定情况，很明显 $E(V(C)) > V(I_L)$，并且个人将通过选择犯罪使预期效用最大化。

图 6.1 中更重要的一点是个人对犯罪和合法工作的选择漠不关心时的犯罪的预期收入水平。这是 $E(V(C)) = V(I_L)$ 的点或虚线弦上的效用等于合法工作的效用。与该点相关的犯罪预期收入水平标记为 I^*，称为确定性等价收入。此外，差额 $(I^* - I_L)$ 被称为"风险溢价"或额外预期收入，风险厌恶者需要该收入来补偿其放弃的某些合法收入。风险溢价是指风险厌恶者承担风险所需要的按预期增加收入计算的价格。

风险厌恶者对合法或非法工作的选择对于定罪概率或定罪后的预期制裁的变化有何回应？其结果如图 6.2 所示。首先，假设定罪概率增加到 $p_c^\# > p_c$。这将使式（6.2）中的 $E(I_i)$ 降低为 $E(I_i^\#)$，并使犯罪预期效用沿着虚线弦从 $(I_i - s, V(I_i - s))$ 向 $(I_i, V(I_i))$ 降低。犯罪预期效用的减少使合法工作更具吸引力。其次，如果定罪后的制裁增加，导致新的 $s^\# > s$，使预期制裁与第一种情况相同，或 $p_c^\# s = p_c s^\#$。

如果被定罪，收入将从 $(I_i - s)$ 降至 $(I_i - s^\#)$，结果为 $V(I_i - s^\#) < V(I_i - s)$，并且在 $(I_i - s^\#, V(I_i - s^\#))$ 和 $(I_i, V(I_i))$ 之间的新弦线上。这条新弦线位于图 6.2 中虚线下方的点线上（I_i 点除外），即将弦沿逆时针方向旋转并降低预期非法收入水平的预期效用。若被定罪的预期收入降至 $(I_i - s^\#) < (I_i - s)$，导致非法活动的预期收入减少，从 $E(I_i)$ 降至 $E(I_i^\#)$。如图 6.2 所示，这两种影响使犯罪的预期效用从 $E(V(C))$ 降低到 $E(V(C^\#))$，对犯罪的吸引力产生了明显的负面影响。弦线的旋转提高了使个人对犯罪和合法工作的漠视所需的风险溢价从 $I^* - I_L$ 提高到 $(I^\# - I_L)$。

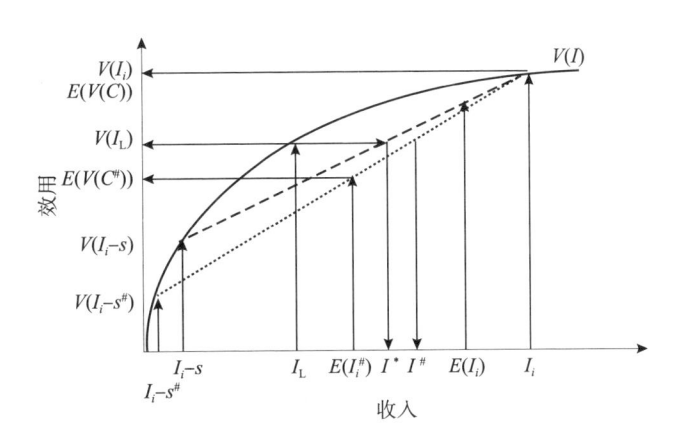

图 6.2 风险厌恶者对变化的预期制裁的回应

因此，如果被定罪，面临更多制裁的风险厌恶者会被两个方面所威慑：一是犯罪预期收入减少，二是更大力度的制裁导致风险增加（使弦线沿逆时针方向旋转）。由此预测，如果厌恶风险的罪犯实施犯罪，则对由于 s 的增加而导致的既定增加的预期制裁将大于对 p_c 增加的反应。当然，改变 p_c 的成本可能比 s 少，但这里的重点是，使预期制裁的最终增加保持恒定，即使 $p_c^\# s = p_c s^\#$，在制裁增加的情况下，风险厌恶者犯罪率的下降幅度将大于定罪概率增加的幅度。

现在，对风险寻求者做相同的分析。唯一的区别是，对于风险寻求者而言，收入的边际效用在增加。所以，图 6.3 中的效用函数是凸函数而不是凹函数（风险规避者的效用函数是凹函数）。所有其他基于式（6.1）和式（6.2）的论证都相同。风险寻求者的初始选择过程可以用图 6.3 进行分析。合法收入 I_L 可以产生确定的效用 $V(I_L)$。非法活动导致收入 I_i 和概率为 $(1-p_c)$ 的效用 $V(I_i)$，或收入 (I_i-s) 和概率为 p_c 的个人被定罪并受到制裁的间接效用 $V(I_i-s)$。因为效用函数是凸函数，所以连接两个点 $(I_i, V(I_i))$ 和 $(I_i-s, V(I_i-s))$ 的弦（图 6.3 中的虚线）位于效用函数的上方。这意味着合法和非法活动的效用相等时的犯罪预期收入 $I^* < I_L$。因此，即使预期犯罪收益低于合法收益，风险寻求者也将选择非法活动。寻求风险的人会为了选择犯罪而舍弃合法工作，犯罪甚至不必具有收益，因为犯罪有更大的风险。换句话说，风险寻求者的负风险溢价 $(I_L - I^*) < 0$。这

些人牺牲了预期收益来承担额外的风险。

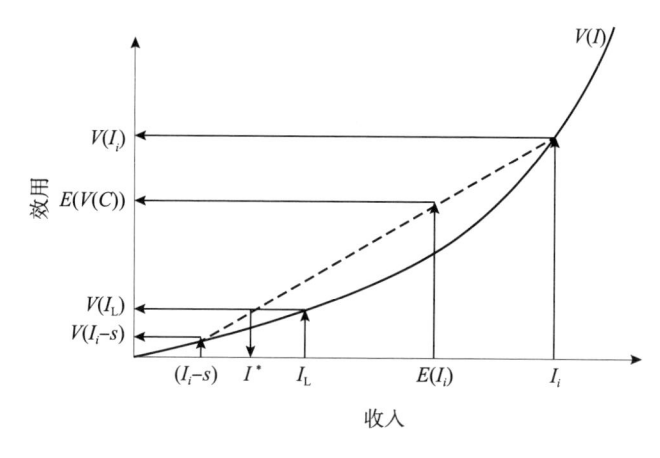

图 6.3 风险寻求者和犯罪决策

显然，很难阻止图 6.3 中的个人选择非法活动。例如，有必要将定罪概率提高到一定程度，从而使非法活动的预期收入从 $E(I_i)$ 降至 I^* 以下。在这点上，p_c 将趋于一致（注意：当 $E(I_i) = (I_i - s)$ 时，$p_c = 1$）。或者，合法工作的收入必须达到原先的两倍以上才能使 I_L 转移到 $E(I_i)$ 的右侧来阻止犯罪。出于所有这些原因，贝克尔（1968）将风险偏好界定为区分犯罪可能性大小的人的特征。面对具有相同收益的合法和非法活动并受到刑事司法系统的相同对待，犯罪对风险寻求者来说是一个更有吸引力的选择。

关于预期制裁增加的威慑作用，p_c 的增长对于风险寻求者与风险厌恶者产生的影响相同。当犯罪的预期收益下降时，直接降低了犯罪的预期效用。但如图 6.2 所示，制裁对于风险寻求者与风险厌恶者的影响截然不同。将以定罪为条件的预期制裁从 s 提高到 $s^\#$，导致犯罪预期收益［式（6.1）］从 $E(I_i)$ 降至 $E(I_i^\#)$，如图 6.4 所示，这大大降低了犯罪的吸引力。此外，预期制裁的增加影响了扣除制裁后的净收益：$(I_i - s^\#) < (I_i - s)$，因此 $V(I_i - s^\#) < V(I_i - s)$。但这将导致连接点 $(I_i, V(I_i))$ 和点 $(I_i - s^\#, V(I_i - s^\#))$ 的弦线沿顺时针方向旋转。此时，犯罪预期效用位于图 6.4 中虚线上方的点弦线上。风险溢价为负，其等于 $I^* - I_L$，已经进一步

下降到 $I^\# - I_L$。选择非法行为所需的预期收益下降了，从这个意义上说，制裁的增加使犯罪对于风险寻求者来说更具吸引力。当然，这与图6.2所示的情况恰恰相反。在图6.2中，对于风险寻求者来说，制裁的增加使点弦线沿逆时针方向而不是顺时针方向旋转。

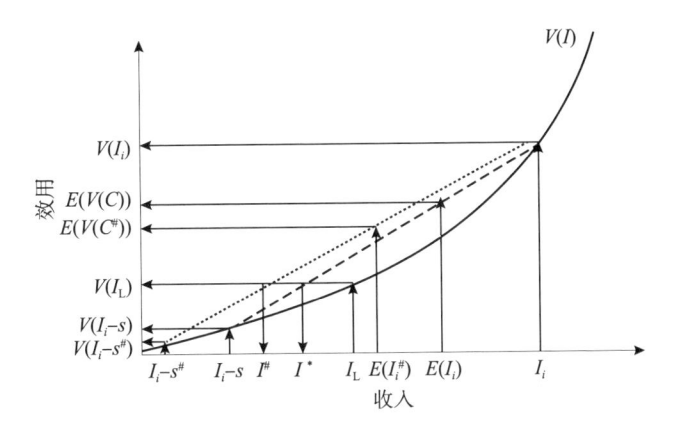

图6.4　风险寻求者对制裁变化的回应

图6.5显示了界于风险厌恶者和风险寻求者之间的风险中立者的情况。风险中立者具有恒定收入的边际效用，这产生了线性间接效用函数 $V(I)$。在这种情况下，效用函数上 $p_c = 0$ 和 $p_c = 1$ 的点之间的弦与效用函数相同。顾名思义，风险中立者的风险溢价等于零。重要的是犯罪预期收入 $E(I_i)$ 和 I_L 之间的关系。在图6.5所示的情况下，$E(I_i) > I_L$，即优先选择犯罪而

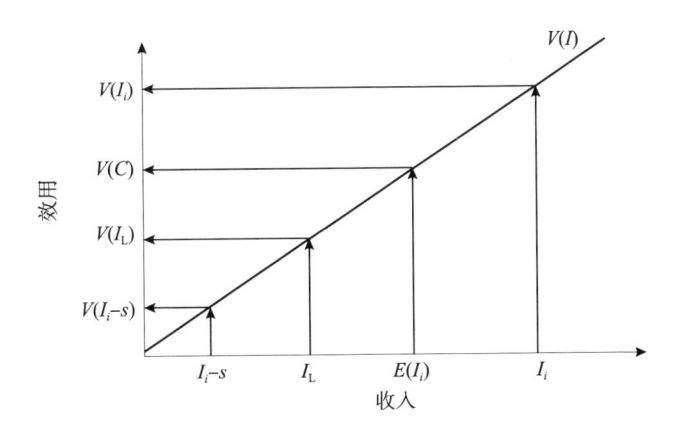

图6.5　风险中立者的犯罪决策

不是合法工作。风险中立以仅考虑第 3～第 5 章所涵盖的模型中基于定罪条件的预期制裁为依据。这是一个便捷的假设，用于简化对基本结果的阐述。

■风险偏好与犯罪理论结果的重要性

贝克尔（1968）运用经济理论深入分析风险如何决定犯罪供应，这对刑事司法系统的运作具有重要意义。首先，与许多合法职业相比，从事犯罪职业的回报率变化很大。刑事司法系统因为定罪概率和对被定罪的罪犯实际施加的制裁的变化而增加了这种可变性。这意味着，在合法和非法活动的预期收益保持不变的情况下，风险厌恶者更有可能选择合法活动。

其次，如果罪犯更可能是风险寻求者，则先前的分析对刑事司法系统的管理具有重要意义。定罪概率 p_c 增加一定百分比所导致的犯罪减少，应当大于被定罪者的预期制裁 s 增加一定百分比所导致的犯罪减少。这一结论表明，应增加资金来提高逮捕率与定罪率，而不是增加制裁。当然，大多数人，也就是大多数选民是厌恶风险的。如果选民或民选官员通过反思来判断 p_c 的增加相对于 s 的增加的威慑作用，他们会倾向于增加制裁，因为对风险厌恶者而言，提高制裁比增加定罪概率的威慑作用更明显。

这种关于风险规避与威慑差异的推理的一个有趣的应用，是未停车而闯红灯的情况。即使没有刑事司法系统的强制执行，车辆也应遵守红灯停绿灯行的规则。与闯红灯相关的潜在损失，无论是直接损失还是民事诉讼损失都很大，而收益似乎很小。除非情况紧急，即使碰撞概率不高，红灯停的预期收益也比闯红灯的预期收益要大。因此，为了规避风险，人们可能会自觉遵守"红灯停"的规则而无需大量执法工作。[7]

执法一度需要警察进行高成本的监视，而处罚通常定得很高，但定罪概率很低。高 s 和低 p_c 的组合可能对谨慎的风险厌恶者形成有效的威慑。贝克尔的理论证明，高 s 和低 p_c 对风险寻求者并不能形成有效的威慑。因此，高成本、不频繁的警察监视和高额罚款似乎并不是防止闯红灯的有效方法。

使用闯红灯监控的技术变革为刑事司法系统提供了一种阻止闯红灯行为的方法。监控设备的应用大大降低了监控成本。执法越来越依赖监控，这以低成本提高了 p_c 而使其接近一致，并降低了罚款。实际证据表明，安装监控后闯红灯的行为已大大减少。[8]确实，红灯监控数据已经成为重要的信息来源，本书稍后将讨论犯罪者对特定激励措施的回应方式。[9]

关于风险规避对行为差异的影响，有许多非犯罪的例子。一个经典的例子是投资市场与赌博之间的差异。在金融市场上，较高的预期收益与带来更高可变收益的资产相关。股票相对于政府债券的收益率差溢价与股票收益率的较大差异有关。相比之下，赛马投注热门的预期回报大于冷投的预期回报，尽管投注热门的风险明显偏低。[10]因此，在以风险厌恶者为主导的金融市场中，风险溢价为正。但在赛马博彩中，风险寻求者在设定赔率方面可能更重视风险溢价为负。

罪犯有不同的偏好吗？

关于风险偏好和制裁的确定性与严重性产生的威慑作用间关系的结果，并不意味着罪犯有不同的风险偏好。准确地说，该理论表明，风险厌恶者对制裁的增加比风险寻求者更为敏感。风险寻求者对制裁可能性的增加比风险厌恶者更为敏感。但是，以相同的比例提高制裁概率 p_c 比提高制裁 s 更能降低犯罪率，并不意味着罪犯有不同的风险偏好。问题是，出于各种原因，p_c 的百分比变化和 s 的百分比变化之间的比较可能会产生误导，因为 s 的百分比变化被夸大了。

一些研究人员指出，因为与定罪相关的声誉和污名效应，明确的制裁 s 低估了总体制裁。Mungan 和 Klick（2012）指出，本章对制裁的形式化分析忽略了犯罪带来的损失，而是将 s 建模为与合法收入的差值。另一种观点认为，全面制裁为 $S = s + (I_i - I_L)$，其中 $I_i - I_L$ 包括非法收入损失。关于 p_c 和 s 的给定百分比变化对犯罪行为影响的实证研究，往往会忽略污名和声誉成本以及非法收益的损失。从这个意义上来说，因为损失的非法收入被忽略，定罪的耻辱也没有被观察到，所以

> s 的百分比变化低估了 S 的全部百分比变化。罪犯对给定 p_c 百分比变化的反应大于对可比较的 s 的百分比变化,这并不奇怪,因为 s 只是完全制裁中的一小部分。这样的经验结果并不能表明罪犯是风险寻求者,或他们具有与非罪犯根本不同的风险偏好。
>
> 但是,该理论确实对风险偏好和犯罪提出了两个重要观点。第一,假设将一项活动定为犯罪会大大增加与之相关的风险,与风险寻求者相比,这种变化往往更能威慑风险厌恶者。第二,在一定程度上,执法政策可以选择 p_c 相对于 s 的给定百分比增长,即定罪概率百分比的增加将是更有效的威慑手段,但前提是罪犯是风险寻求者。

合法工作与非法工作不是风险偏好唯一的选择结果。大多数职业的未来收入回报率都是可预测的,即未来收益的差异很小。但是,对于某些职业,尤其是在体育、娱乐和政治职业中,少数人能赚取很多钱,而大多数市场参与者的收入则少得多。从对假想赌博的回应的调查中,可以推断出相对风险厌恶。Sahm(2007)的分析结果表明,在收入和就业风险较高的领域,个人具有较低的风险厌恶程度。在初次调查时没有经历过裁员的人中,在未来 10 年中经历过非自愿性失业的人比那些就业稳定者的风险承受能力高 19%。此外,尽管风险厌恶程度倾向于随着年龄的增长和经济的衰退而增加,但随着时间推移,个人之间的风险厌恶差异会持续存在。[11] 总体而言,风险偏好的差异对于理解超出犯罪经济学范围的各种行为也至关重要。

■本章回顾

个体之间的一个重要区别是他们对待风险的态度。依据边际效用随着收入的增加而变化,个体会表现出具有不同风险规避程度的各种行为。这个标准的经济学问题对于犯罪经济学具有重大意义。

（1）将某项活动定为犯罪往往会增加该活动实际收益的可变性。因此，就结果而言，罪犯往往面临比大多数合法活动参与者更多的风险。

（2）由于风险偏好差异，风险厌恶者可能较少犯罪。相关测试表明，被监禁的人与非刑事控制者相比，风险厌恶程度较低。

（3）本章阐述的经济理论证明，鉴于罪犯更有可能是风险寻求者，在所增加百分比相同的情况下，定罪概率比预期制裁对罪犯具有更大的威慑力。

问题和练习

1. 请对比针对青少年入店行窃，使用监控摄像头与加重罚款机制的效果。

2. 设克莱尔的收入效用 $u = 10I - 0.001I^2$。其当前的合法工作具有 $I_L = 2000$ 美元的固定收入。因为克莱尔负责处理大量现金，所以她拥有侵吞大量款项的机会。具体来说，假设她可以侵吞 2000 美元，使她的非法收入 $I_I = 4000$ 美元（合法收入 2000 美元，挪用公款 2000 美元）。然而，如果她从事非法活动，那么她很有可能被逮捕并受到制裁。假设制裁涉及的损失包括侵吞的金额加合法收入的一半，则她的收入（如果她被逮捕并受到制裁）变为 $I_{I-S} = 1000$ 美元。

a. 当制裁概率 p_c 为多少时，会使克莱尔觉得从事合法和非法活动无差异？

b. 假设增加了制裁，如果 $I_{I-S} = 0$，在这种情况下，当被制裁的概率 p_c 达到多少时，才能使克莱尔觉得从事合法活动和非法活动无差异？

c. 现在，假设无论是否从事非法活动，都有 10% 的概率受到制裁。如果克莱尔从事合法活动，则制裁的概率为 0.1；如果从事非法活动，则概率提高到 $p_c + 0.1$（提示：假设合法活动和非法活动都会带来一些风险）。请比较你对问题 2a 和 2c 的回答，并阐述对无辜者定罪对犯罪供应的影响。

3. 假设帕姆的效用函数是 $u = 40I - 0.001I^2$，其中 I 为收入。帕姆可以选择每年得到 $I_L = 10000$ 美元的合法工作或每年得到 $I_I = 20000$ 美元的非法工作。如果帕姆选择非法工作，她将有 30% 的概率被捕，其收入将减少至每年0美元。求帕姆从非法活动中获得的预期收益的表达式。帕姆会选择犯罪吗?

4. a. 图6.6展示了莫里亚蒂(Moriarty)教授的效用函数与财富效用。假设他可以在大学讲授犯罪经济学,收入为400000英磅。或者,他可以抢劫停车收费设备,赚到1000000英磅。如果他被夏洛克·福尔摩斯抓住并受到惩罚(概率为0.4),他将不得不支付罚款,致使他的财富减少到200000英磅。莫里亚蒂会选择教书还是抢劫停车收费设备?

b. 莫里亚蒂在什么定罪概率下会觉得教书和抢劫停车收费设备之间无差异?(提示:首先确定莫里亚蒂教书可以赚取的费用,然后求定罪概率)

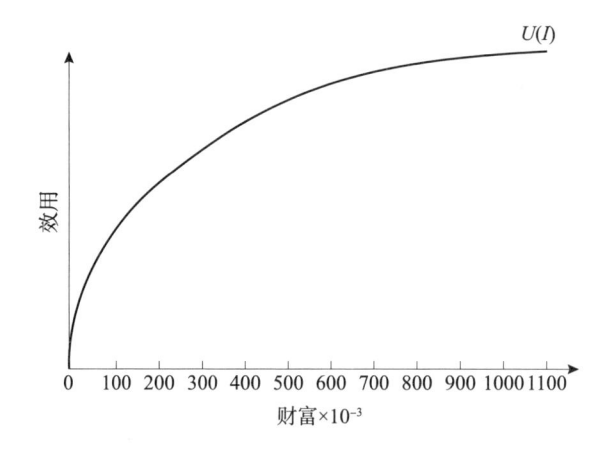

图6.6 莫里亚蒂教授的效用函数

| 注 释 |

1. $U(\cdot)$ 反映特定时期的偏好。个人可能认为某件物品会使自己快乐,但在获得该物品后,他们发现自己的快乐程度没有改变。偏好的这种转变对这一理论来说没有影响。

2. 从短期来看,个人可以借贷,这会使消费与收入偏离,但从长远来看,收入会限制消费。

3. $V(I; p_1, p_2, \cdots, p_n)$ 在 I 之后写有 ";",因为在本书中,商品和服务的价格保持不变,分析涉及收入变化的影响。更通用的模型也将休闲作为一种收益,但这里通常忽略工作与休闲的选择。

4. 因此，即使动物也会表现出足够的理性，这使消费者需求理论再次得到验证，参见 Kagel 等（1981，1995）。这并不意味着动物了解经济学，只是它们的行为与理论的预测一致。因此，该理论可以预测动物对改变的激励措施的反应。

5. 刑法中通常有关于不知道其行为后果的精神失常者的例外。

6. 如果可以放弃额外的收入，效用就不会减少。该讨论或者忽略税收，或者是指税后收入。大多数非法收入无须征税，而大多数合法收入则需要征税。

7. 在第 8 章中将讨论自我执行的问题。

8. 参见 Persaud 等（2008）的讨论。

9. 参见 Bar–Ilan 和 Sacerdote（2004）。

10. 当然，在赛马博彩投注中，由于股票成了赛道和税收，预期收益为负。对于将本章中的分析应用于赛马投注的精彩讨论，参见 Asch 和 Quandt（1986）。有关风险厌恶和赛马投注的初步发现参见 Ali（1977）。

11. 参见 Sahm（2007）中的讨论。

7 状态偏好模型和逃税经济学

▍简介

上一章论述了风险偏好的个体差异对人们做出从事犯罪活动的决定有重要影响。该模型的一个明显局限性在于，其对犯罪行为的选择是二元的：要么是完全非法的活动，要么是完全合法的活动。实际上，大多数罪犯同时从事着合法活动和非法活动。Reute 等（1990）认为，毒贩在白天可能正常工作，入店行窃者有时会为商品付款。在许多例子中，犯罪的程度或范围是选择的对象。Ehrlich（1973）发现，有关犯罪程度的决定可以使用直接表示选择过程的状态偏好模型来建模。Allingham 和 Sandmo（1972）的其他开创性著作解决了需要选择特定数量的逃税问题，其方法与此处介绍的状态偏好方法一致。[1]

本章的第二部分利用犯罪的状态偏好模型分析所得税逃税行为。因为大多数逃税者不会声称零收入或不提交申请，所以这是一个合理的应用领域。相反，他们只报告自己应税收入的一小部分，或者要求虚假扣除。由于可以对退税进行审计且欺诈行为可能被发现，因此可以对逃税行为进行实证研究。我们也可以通过实验测试逃税行为。因此，可以通过逃税问题验证状态偏好模型的价值，并将其作为制定征税政策的指南。

状态偏好模型在逃税分析中的应用

状态偏好模型是消费者需求理论的一部分。这种模型通常适用于财务问题，如使用保险或财务杠杆的情况。但是，Ehrlich（1973）证明，状态偏好方法也可以解释犯罪决定问题。[2]

如第6章所述，个人可以在合法活动和非法活动之间进行选择。如本书所述，参与非法活动有被逮捕、定罪和受到制裁的可能性。在本章中，具体的犯罪金额是一个选择变量。零犯罪意味着个人仅参与合法活动。存在一个犯罪概率的最大值，此时合法行为趋于零。个人可能具有恒定、上升或下降的收益边际效用的偏好函数，因此有不同的风险偏好。[3]

> **避税或逃税？**
>
> 区分合法的避税与不合法的逃税很重要。各国所得税税率的巨大差异使纳税人有动力采取行动将其收入从高税收国家转向低税收国家。公司收入在日本和美国须缴纳高税率，而在其他一些国家则实行低得多的税率。企业会计师们被指控为了逃避高税收而使跨国公司在低税收国家获得收入。
>
> 虽然这是一个有争议的问题，但Gravelle（2010）报告称，美国控制的公司的利润似乎异常集中在低税率地区。例如，美国公司的利润占GDP的百分比平均占七大工业国（包括美国、加拿大、法国、德国、意大利、日本和英国）GDP的0.6%。对于一些较小的国家，包括塞浦路斯（9.8%）、爱尔兰（7.6%）、卢森堡（18.2%）和荷兰（4.6%），这一百分比则更高。据报道，对于一些非常小的经济体，美国公司的利润占GDP的比率非常惊人，如巴哈马（43.3%）、巴巴多斯（13.2%）、百慕大（645.7%）、开曼群岛（546.7%）、根西岛（11.2%）、泽西岛（35.3%）、利比里亚（61.1%）和马绍尔群岛（340%）。公司利润集

> 中在低税收的小国，这可能表明其利润流向避税天堂，存在一定程度的逃税行为。

逃税提供了一个极好的证明犯罪的状态偏好模型的机会。当报告的收入少于实际收入时，即为逃税。在该理论的实证应用中，存在两种逃避所得税的机会：第一，没有报告收入或夸大调整［这样所报告的调整后总收入（AGI）小于实际AGI］；第二，夸大AGI的扣除额，使申报的应税收入（TI）低于实际应税收入。注意：这一理论模型中出于税收目的申报收入是一个有明确范围的连续变量：零收入和实际收入。

遵循先前使用的符号，p_c 是定罪概率，s 是定罪后适用的制裁或罚款税率，I 是实际应税收入，R 是出于税收目的申报的收入，τ 为所得税税率。由于税收与收入成正比，因此，所欠的全部税款为 τI，而实际支付的税款为 τR。如果申报了所有收入，即 $R = I$，已缴纳全部税款，纳税人的税后收入等于 $(1-\tau)I$，且没有被制裁的危险。如果漏报收入 $R < I$，则纳税人按报告收入纳税 τR，如果被定罪，则会欠下一笔额外的金额 $s(I-R)$。注意：$s > \tau$ 是必需的，或者因为未报告收入应支付税款低于申报收入的纳税额而没有被制裁。在此例中，税收和制裁与收入成正比。这样做是为了最大限度地减少表达式的复杂性，便于分析实际税收和罚款制度。

个人面临两种可能的结果或状态：被定罪和不被定罪。设被定罪的收入是 I_C，不被定罪的收入是 I_N。这两种收入水平的具体表达式如下：

$$I_C = (I - \tau R) - s(I - R) \tag{7.1}$$

$$I_N = I - \tau R \tag{7.2}$$

注意：式（7.1）和式（7.2）之间的差异是制裁或惩罚 $s(I-R)$，由制裁率 s 乘以被少报的收入 $(I-R)$。结合 $I \geq R \geq 0$ 以及式（7.1）和式（7.2）的约束条件，充分说明了纳税人的收入可能性。这些可能性在图7.1中呈现为收入可能性边界IPF。IPF的恒定斜率表示定罪收入 I_C 和未定罪收入 I_N 之间的稳定权衡。该斜率为 $\Delta I_N / \Delta I_C$，即当 R 沿着 IPF 从 0 上升到 I 时，I_N 的变化除以 I_C 的变化，其中

$$\Delta I_N / \Delta I_C = \tau I / (s - \tau)I = -\tau / (s - \tau) \tag{7.3}$$

注意：随着 τ 的增加，IPF 变得更陡；而随着 s 的增加，IPF 趋于变平。收入的增加使 IPF 变得与最初的 IPF 平行。

最终，纳税人必须在 IPF 上选择一个点。在图 7.1 上，45°虚线被标记为"确定线"，因为它是 $I_C = I_N$ 的点的轨迹。沿着这条虚线，因为 $I = R$ 且没有未报告收入，制裁 $= 0 = s(I - R)$。通常来说，确定线将没有非法活动的点连接起来。这就是如果被定罪，则预期制裁为零的原因。[4]

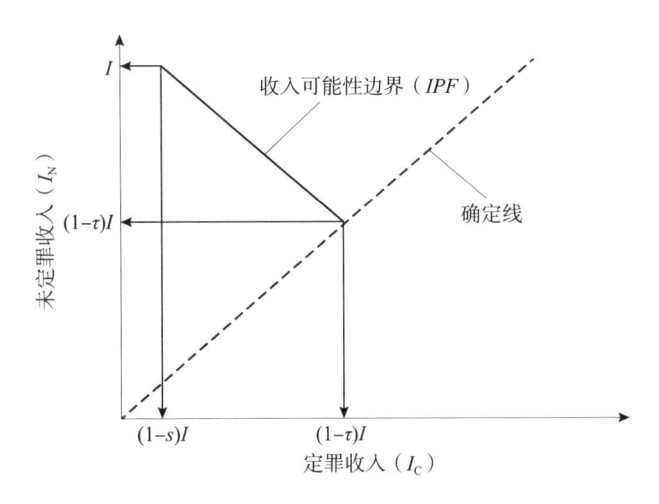

图7.1 逃税的状态偏好模型：获取收入可能性边界

如图 7.2 所示，建立状态偏好模型的下一步是显示偏好。纳税人的最大化期望效用 u，是定罪收入 $V(I_C)$ 乘以定罪概率 p_c 加上未定罪收入 $V(I_N)$ 乘以未定罪概率 $(1 - p_c)$ 所得的效用，即

$$u = p_c V(I_C) + (1 - p_c) V(I_N) \tag{7.4}$$

为了以图形方式显示纳税人的偏好，有必要确定 I_N 和保持期望效用恒定的 I_C 之间的权衡。式（7.4）中的恒定预期效用意味着 $\Delta u = 0$，因此得出

$$0 = \Delta u = p_c (MU_C) \Delta I_C + (1 - p_c)(MU_N) \Delta I_N \tag{7.5}$$

式中，MU_C 是定罪的附加收入的边际效用，因此，$(MU_C) \Delta I_C$ 是 I_C 增加时，定罪收入效用的增量；MU_N 是未定罪时增加收入的边际效用；$(MU_N) \Delta I_N$ 是未定罪的收入变化时效用的增量。求解式（7.5）的斜率 $\Delta I_N / \Delta I_C$，得

$$\Delta I_\text{N}/\Delta I_\text{C} = -p_c(MU_\text{C})/(1-p_c)(MU_\text{N}) \qquad (7.6)$$

式（7.6）提供了未定罪收入与定罪收入之间的权衡表达式 $\Delta I_\text{N}/\Delta I_\text{C}$，使效用保持不变。它表明权衡是基于被定罪收入的边际效用与定罪概率的乘积除以未定罪收入的边际效用与未定罪概率的乘积。[5] 如果定罪概率很高，那么未定罪收入的大幅减少应等于定罪收入的小幅增加。如果定罪概率很高或者当定罪收入的边际效用更大时，定罪收入对纳税人而言就更为重要。

式（7.6）是在与 IPF 同一图上显示不同水平的预期效用的关键。要做到这一点，首先考虑风险中性纳税人的情况，其收入的边际效用是常数，因为 $V(I)$ 是以原点为端点的射线，其斜率是收入的恒定边际效用（见图6.5）。在这种情况下，$MU_\text{C} = MU_\text{N} = M_\text{U}$，式（7.6）变为：

$$\Delta I_\text{N}/\Delta I_\text{C} = -p_c(MU)/(1-p_c)(MU) = -p_c/(1-p_c) \qquad (7.7)$$

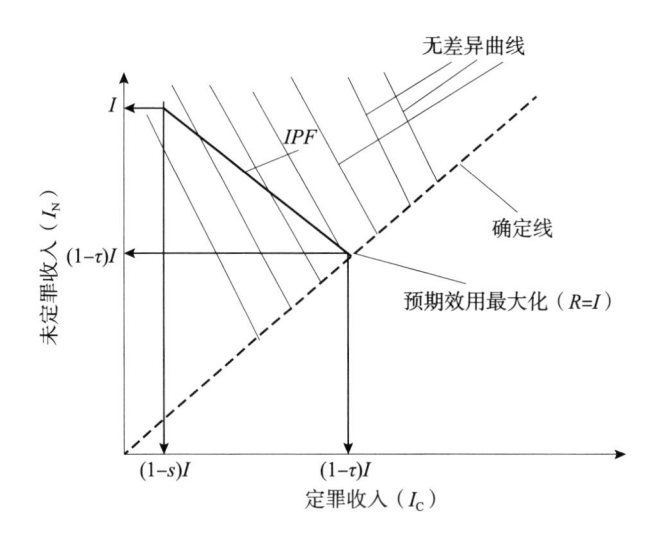

图7.2 逃税的状态偏好模型：收入可能性边界和风险中性无差异曲线

这意味着纳税人在图上的各点是无差异的（见图7.1），其斜率是常数且等于 $-p_c/(1-p_c)$。这些同等效用或无差异曲线如图7.2所示，其中还包含 IPF 和确定线。根据式（7.7），无差异曲线是具有共同斜率 $-p_c/(1-p_c)$ 的平行直线。从原点移到右上角，纳税人的预期收入增加。这提高了纳税人的效用，因此无差异曲线与确定线的交点越高，表示期望效用越大。图

7.2 上的最大化预期效用包括找到在给定 IPF 情况下可行的最高无差异曲线，这出现在确定线、IPF 和无差异曲线的交点处，此时 $I = R$，纳税人通过报告所有收入来最大化其效用。

图 7.2 表明，风险中性纳税人的所得税逃税问题非常简单。如果 IPF 的斜率不像无差异曲线那么陡（即图 7.2 所示的情况），则纳税人将报告所有收入。如果 IPF 的斜率比无差异曲线陡，则最高无差异曲线将在 $R = 0$ 时触及 IPF，纳税人将不提交申请或报告零收入。鉴于 IPF 斜率的绝对值为 $\tau/(s-\tau)$，无差异曲线斜率的绝对值为 $p_c/(1-p_c)$，纳税人遵循一个简单的规则：

如果 $\tau/(s-\tau) > p_c/(1-p_c)$，则 $R = 0$

如果 $\tau/(s-\tau) < p_c/(1-p_c)$，则 $R = I$

在 $\tau/(s-\tau) = p_c/(1-p_c)$ 的情况下，纳税人将不关心逃税的程度。最后，τ 的增加或 s 的减少使 IPF 更陡，因此更容易逃税；而 p_c 的增加使无差异曲线更陡，因此逃税的可能性较小。这些结果是显而易见的。税率较高时更有可能逃税，尤其是在制裁程度较低的情况下，除非被定罪和制裁的可能性很大。

当然，大多数纳税人都厌恶风险，收入的边际效用随着收入的增加而下降。这意味着在确定线上，当 $I_C = I_N$ 时，$V(I_C) = V(I_N)$，更重要的是，$MU_C = MU_N$。因此，根据式 (7.6)，反映了 I_C 和 I_N 之间权衡的无差异曲线的斜率与风险中性情况下的斜率一样，为 $-p_c/(1-p_c)$。但是，当 I_C 从确定线向左移动时会下降，MU_C 会上升。此外，当 I_N 从确定线向上移动增加时，MU_N 会下降。假设式 (7.5) 表明 $\Delta I_N/\Delta I_C = -p_c(MU_C)/(1-p_c)(MU_N)$，则随着纳税人沿负斜率的无差异曲线上移，分子增加，分母减少。因此，无差异曲线斜率的绝对值增加，并且曲线随着远离确定线而变陡。因此，厌恶风险的纳税人的无差异曲线是凸函数且遵循图 7.3 所示的一般形式。

当 IPF 达到最高的无差异曲线时，即为使预期效用最大化的逃税量。尽管在 IPF 的任一端都可能有一个解，其中 $R = 0$ 或 $R = I$，如图 7.3 所示，通常这是一个切点而不是交点。在切点处，无差异曲线的斜率和 IPF 的斜率相等，因此式 (7.7) =式 (7.3) 或 $-p_c(MU_C)/(1-p_c)(MU_N) = -\tau/(s-\tau)$。

纳税人通过在效用最大化的切点上找到未定罪收入 I_N^*，来最大化其预期效用，以解出 R 的水平。纳税人由式（7.2）知道 $I_N^* = I - \tau R^*$。假设她也知道 I，则可求解 $R^* = (I - I_N^*)/\tau$。现在纳税人知道应该报告多少收入及逃税多少是最佳选择。

图 7.3 显示了一个很好的逃税问题的内部解决方案。然而，如果 p_c 足够小，则在 $R = 0$ 处可能具有拐角解；或者如果 p_c 足够大，则在 $R = I$ 处具有拐角解。对于大的 p_c，无差异曲线可以具有从确定线开始的大于 IPF 斜率的斜率，如图 7.2 所示，纳税人将选择 $R = I$；相反，对于足够小的 p_c，整条无差异曲线可能比 IPF 更平直，且纳税人报告的应纳税收入 $R = 0$。

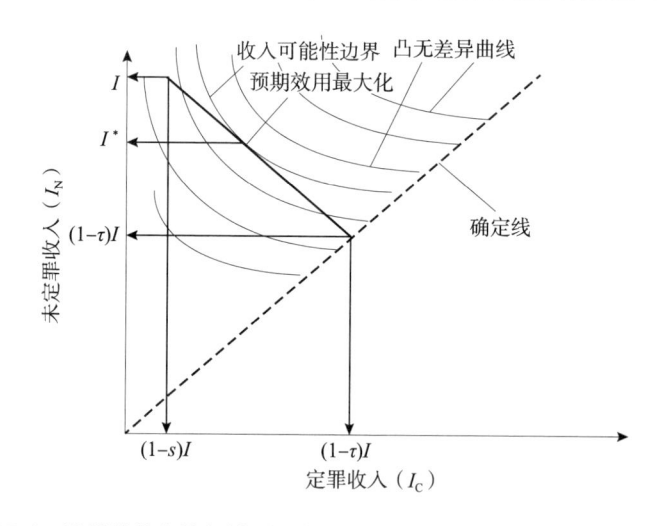

图 7.3　逃税的状态偏好模型：收入可能性边界和风险厌恶无差异曲线

还有寻求风险的纳税人的例子，在这种情况下，收入的边际效用增加。可以预期，风险寻求者具有相同的 IPF，但与其他纳税人的无差异曲线形状不同。风险寻求者和风险中立纳税人之间的区别正好与风险厌恶者和风险中立纳税人之间的区别相反。风险寻求者的无差异曲线与确定线相交时的斜率和任何其他个体的曲线斜率相同，即等于 $-p_c/(1-p_c)$，因为 I_c 在确定线上等于 I_N。然而，风险寻求者的曲线呈凹形，无差异曲线的斜率由式（7.5）给出。但是，当 I_c 下降到确定线的左侧时，MU_c 下降，并且当 I_N 上升到确定线的左侧时，MU_N 上升。这与之前描述的风险厌恶纳税人的情况相反，其结果是图 7.4 所示的凹无差异曲线模式。

在这种情况下，最高无差异曲线在上端与 IPF 相交，其 $R=0$ 且 $I^*=I$。假设无差异曲线是凹形的，并且在这种情况下 IPF 是线性的，效用总是在 $R=0$ 或 $R=I$ 的拐角解处达到最大化。显然，很难阻止风险寻求者逃税。例如，假设 $\tau/(s-\tau) < p_c/(1-p_c)$，使得 IPF 在确定线上比无差异曲线更平直。在这种情况下，风险中性和风险厌恶纳税人将报告所有收入，即 $R=I$。如图 7.4 所示，此时当然有可能为风险寻求者设置 $R=0$，但前提是无差异曲线足够凹。因此，与先前关于其他形式犯罪的章节的论点一致，对于逃税行为，风险者寻求是最难以阻止的群体。此结果与第 6 章中关于阻止风险寻求者难度的论证相一致。

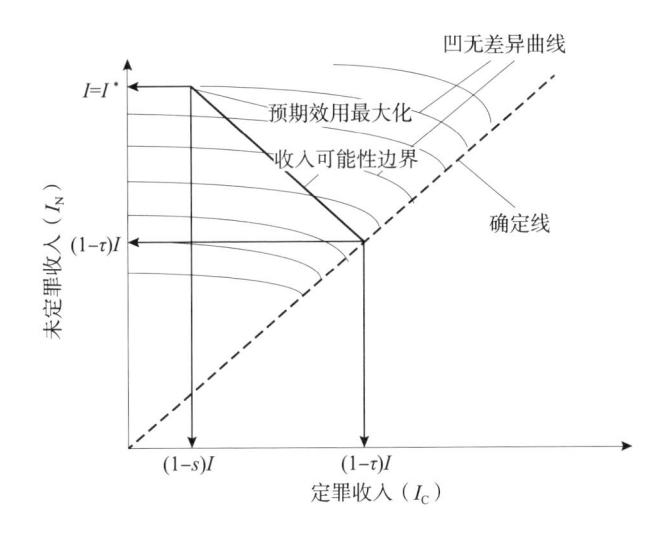

图 7.4　逃税的状态偏好模型：收入可能性边界和风险寻求无差异曲线

▰逃税状态偏好模型的理论意义

利用状态偏好模型对逃税行为进行分析具有许多理论意义。[6] 下面将使用图 7.1～图 7.4 讨论这些意义。

第一，假设当 τ 与 s 几乎一样大，或者 p_c 很小时，$\tau/(s-\tau) > p_c/(1-p_c)$，在这种情况下，无论风险偏好如何，所有类型的纳税人都会逃税。从本质上讲，这保证了逃税的边际收益大于未报告的第一个收入单位的边际罚款。

第二，假设他们逃税，那么风险厌恶型纳税人将比风险中性纳税人逃税额更少，而风险中性纳税人的逃税额将小于或等于风险寻求型纳税人。

第三，p_c 的增加使所有风险类型的无差异曲线的初始斜率比确定线更陡，并且所有风险偏好类型的人均倾向于减少逃税。[7]

第四，预期制裁 s 的增加使 IPF 围绕确定线上的点沿逆时针方向旋转。对于所有风险类型，这种较平坦的 IPF 削弱了少报告收入的动机。[8] 对于 $I > R > 0$ 的情况，增加 s 往往会增加 R。边际税率 τ 的增加使 IPF 围绕 $R=0$ 的点沿顺时针方向旋转，从而使其更陡。这对逃税行为的影响与逃税率上升时刚好相反。

第五，一个重要的问题是，如何衡量随纳税人的收入而变化的相对规避程度 $(I-R)/I$。这取决于无差异曲线的形状，因为收入的增加不会改变 IPF 的斜率，但会使其均匀地向上移动。随着收入的增加，IPF 的斜率保持恒定，等于 $-\tau/(s-\tau)$。这意味着，如果无差异曲线都是对称的或同构的，那么 IPF 和无差异曲线之间的所有切点将出现在比率 $(I-R)/I$ 保持恒定的地方。也就是说，IPF 和无差异曲线之间的切点位于以原点为端点的射线上。事实证明，随着收入或财富的增长，这些无差异曲线的确切形状在金融经济学领域至关重要。大量研究表明，普通人群的个人偏好要么表现为绝对风险厌恶，要么表现为比例风险厌恶。[9] 在这两种情况下，逃税的影响都是显而易见的。该理论预测，逃税行为随着收入的减少而增加，因此相对逃税程度 $(I-R)/I$ 随着收入的增加而降低。

在这种情况下，经济理论，特别是消费者需求理论的应用，对违法行为的存在及其程度有许多可检验的意义。幸运的是，可以获得有关已缴税款的数据，并且审计部门能够发现逃税行为。这些数据有利于检验该理论的意义，也可用于验证或驳斥犯罪状态偏好模型的适用性。

逃税状态偏好模型的检验意义

逃税行为为验证（或反驳）犯罪经济学模型提供了理想的数据来源。因此，已经有人实施了高质量的实证检验。逃税以几种方式为实证研究提供了一个极好的"实验室"。第一，如上所述，该理论有许多可验证的关于税收制度特征对逃税影响的结论。第二，可以通过仔细审核纳税申报表来衡量逃税行为。第三，个人纳税人对国家政府设计的相同税制做出不同的反应。个人纳税人对税制体系没有影响。这意味着许多与犯罪相关的统计模型不适用于逃税行为，因为罪犯可以选择在哪里、何时以及对谁实施犯罪。[10]第四，收益和制裁是经济上的，可以被精确测量与比较。第五，政府致力于减少逃税行为，并愿意花费资源收集数据和支持该主题的研究。[11]

缺点之一是政府经常利用逃税研究来指导其审计和执法计划。如果对研究结果保密，这将是发现税收犯罪最有效的方法。因此，已发表的关于逃税决定因素的研究仅占全球税务部门进行的经济分析的一小部分。

Clotfelter（1983）撰写了有关逃税的第一篇也是最具影响力的论文之一。其使用的数据是通过对个人纳税申报表进行大规模审核而生成的，允许将纳税人的特征与税法的规定和本应征税与报告的收入之间的差额相联系。[12]之所以会出现逃税行为，既可能是因为未报告某些收入，也可能是因为用于计算应纳税收入的总收入扣除额被夸大了。最终，税收取决于报告的应纳税收入（总收入减去扣除额和豁免额）。美国的逃税率非常低。该研究发现，平均而言，逃税仅占调整后总收入的2.5%。[13]本研究中使用的税收数据来自1969年，当时美国的边际税率很高，最高税率为70%。如此高且可变的利率提供了测试边际税率对逃税影响的绝好机会。最后，不同来源的收入数据被政府检测到的概率差别很大。某些收入，包括工资、利息和股息，均需支付直接提交给税务部门的"第三方报告"，可以轻松地与报告的收入进行比较。但是其他收入，如农场和商业收入，并没有由第三方报告。这些收入是基于纳税人的会计报表。由此，定罪概率 p_c

根据收入类型的不同而有很大差别。Clotfelter 的发现及其逃税状态偏好模型（即犯罪经济学模型）预测的结果如下：

（1）边际税率越高，逃税率就越高。具体来说，所有税率降低 10% 可以使漏报减少 9%～25%。[14]这一发现与理论预测一致，即更高的边际利率通过围绕 IPF 的上限 $R=0$ 沿顺时针方向旋转 IPF 来增加逃税，也就是说，提高 τ 会使 IPF 变陡。

（2）直接报告给税务机关的收入类型（如工资、利息和股息）的逃税率很低，而且个人所得税很高。这与基于状态偏好模型所预测的结果一致，随着 p_c 的增加，确定线附近的无差异曲线的初始斜率会变陡。

（3）随着收入的增加，漏报的增长率降低。Clotfelter（1983）报告称，应纳税收入少报的弹性范围为 0.29～0.65。[15]假设按照金融经济学文献中检测的常识，纳税人的绝对风险厌恶情绪不断增加，这正是来自犯罪经济学模型的预测。

（4）Clotfelter 在他的分析中加入了一些人口统计学变量，其中一些个人特征通常与风险偏好相关。例如，风险厌恶程度通常会随着年龄的增长而提升。此外，婚姻与较高的风险厌恶程度相关。这些人口统计学变量对逃税行为的影响是比较复杂的。例如，在老年人和已婚家庭中，漏报现象有所增加。该理论预测，规避风险和减少逃税之间具有很强的相关性。在这种情况下，实证结果不一定能有力地证实这一理论，这可能是由于使用了人口统计学代理变量来衡量风险厌恶引起的差异。

世界各国的许多后续研究都使用审计结果来检验关于逃税状态偏好模型的预测。Saez、Slemrod 和 Giertz（2012）回顾了有关税率对应纳税收入报告影响的文献。Kleven 等（2011）报告了一项实验设计的结果，该实验对 2006 年和 2007 年丹麦的所得税申报表进行了审查。2006 年申报表中的一半是随机选择的，并发现了逃税行为，之后向所有纳税人发送了提示审计的信件。这使得研究人员能够研究在 2006 年接受审计或在 2007 年受到审核威胁对漏报的影响。在丹麦，约 95% 的收入需要向税务部门提交第三方报告，大概是因为感知到的 p_c 极高，这些收入的漏报情况非常少。但是，2006 年的审计发现，自我收入报告的少报现象十分严重，而且随着边际税率的提高而增加。此外，2007 年自我收入报告大幅增加，这是对先前审计或审计提示信件的回应。[16]

间接测试表明，在 p_c 较低的情况下，自我收入报告的逃税率较高。Pissarides 和 Weber（1989）采用了一种新方法，该方法是基于接受第三方报告的家庭和个体经营者在食品上的花费占其收入的比例之间的差异。他们估计，英国的自我收入报告的漏报率约为 33%。Johansson（2005）在芬兰使用了相同的方法，估计漏报率为 30%。Feldman 和 Slemrod（2007）通过考虑慈善捐款率的差异修改了这种方法，并估计在美国，漏报率为从个体经营者的 35% 到农场收入的 74%。总而言之，这些结果证实了逃税状态偏好模型所预测的 p_c 的重要性。[17]

也可以利用实验经济学来检验关于逃税的决定因素的假设。这是在实验室环境中完成的，在实验中参与者获得收入，并被告知必须纳税，但可以少报收入。经过几轮实验，参与者根据状态偏好模型的简化公式接受审计和处罚。Alm（1996）分析了这些实验的结果，尽管实验表明与较高水平的审计相比，参与者对较低水平的审计反应过度，但总体上与理论基本一致。

实验文献还允许研究人员评估其他"非经济"因素对逃税行为的影响。实验经济学证明，当纳税人认为这笔资金被用于有价值的目的，特别是当他们被允许就目的投票时，税收合规性就会提高。因此，社会机构似乎能够影响税收合规性。只要运用 Gordon（1989）提出的方法：引入与任何违反税法的行为相关的固定成本，逃税状态偏好模型也可以适用于对社会制度的影响。这可能是基于声誉效应：涉嫌逃税的个人可能不被信任，并会因此失去赚钱的机会。还可能存在必须隐瞒收入的交易成本，这样就不会向审计者报告。最后，由于无法抗议税务机关的任何行动或决定，以免被其发现少报，可能会产生一定的费用。[18]这些情况中的任何一种或全部都会产生与逃税的第一单位相关的固定成本。根据状态偏好模型，这在图 7.5 中显示为 IPF 的水平偏移。固定成本为"f"，只要 $R<I$，就从 I_N 和 I_C 中减去"f"。IPF 现在是不连续的，在确定线上存在 $R=I$ 的点，然后跳到同时包含罚款的影响 $(s-\tau)(I-R)$ 以及逃税的固定成本 f 的线段，不论违

规程度如何。

这种不连续的 IPF 表明,风险厌恶纳税人的"质点"或组位于 $R = I$ 处。在实践中可以观察到这种聚集状态。图 7.5 说明了一种特殊情况,其中有两个可能的点可使预期效用最大化。提及此特殊情况是为了重点说明将固定成本 f 添加到分析中的影响。对于有高昂成本 f 的风险厌恶型纳税人,模型预测他们将报告所有收入或者其漏报远大于零。[19] 注意:预期效用在图 7.5 中的两点处已最大化。这意味着他们不会选择少报少量收入,他们要么报告全部收入,要么少报其收入的一大部分。

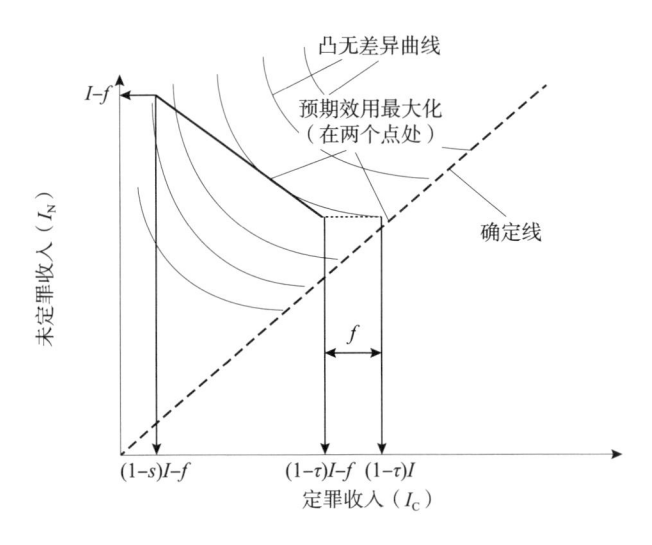

图 7.5 逃税状态偏好模型:风险厌恶型纳税人的固定成本

逃税状态偏好模型对税收政策的意义

虽然此处仅详细讨论了逃税的示例,但针对其他各种欺诈行为也可以得到类似的结果。事实上,此模型将在后续章节中使用,以解释罪犯的努力在所有类型犯罪中的分配情况。在政策应用方面,该模型对于计划和管理税收系统有非常明显的启示。

该模型预测，在 p_c 较低时，逃税的可能性更大，这导致了旨在提高定罪概率的各种行动。首先，减少自我报告收入的比例。第三方报告数量已大大增加。通过实施以漏报率最高为对象的针对性审计，考虑到执行资源有限，在最有利的方面提高了 p_c。其次，税务机关意识到，提高纳税基准和降低边际税率可以提高合规性。尽管出于政治原因，这并非总是可能实现的，但有关税制改革的争论通常认为降低税率有利于减少逃税。再次，制裁的效果众所周知。最后，认识到了风险寻求和逃税之间的关系。一些国家或地区发现，将彩票与营业税收据挂钩可以大大提高合规性。当个人购买零售商品时，销售收据中包含一个彩票号码。如果这个彩票号码中了奖，则需要交出销售收据来兑奖。这导致风险寻求者（甚至少量风险厌恶者）要求商家提供销售收据，这样，相关部门即可检查遵守税收规定的情况。

> **税收合规奖励的作用**
>
> 逃税状态偏好模型表明，审计和制裁更可能确保风险厌恶型纳税人遵守法规。一些经济学家提出了一种积极的奖励制度，可以提高风险寻求者的纳税合规性。一种方案是在报税系统中附加彩票。每一份纳税申报单都可使纳税人获得一个彩票名额，然后对彩票中奖者进行审核。如果审核发现完全合规，纳税人将获得奖励；如果审核表明有逃税行为，则纳税人将被制裁且没有奖励。
>
> Bazart 和 Pickhardt（2011）检验了这种将彩票附加到税制中的效果，他们在德国开姆尼茨和法国蒙彼利埃进行了实验室实验。结果表明，对于通过审核的人，尤其是对男性提供彩票可以提高纳税合规性。当然，彩票支出减少了净税收。实验结果表明，在税收合规性较低的地区，如果彩票与可以通过审核测试的报税表相关，则净税收会增加。男性的性别效应与先前的预期一致，即激励效果对于风险寻求者而言最大。

经验和研究，特别是实验室实验都表明，有效的税收管理比状态偏好模型中直接考虑的因素更重要。例如，Alm（2012）指出，除了犯罪经济学的"执法范式",还有重要的控制逃税的"服务"和"信任"范式。服务范式强调帮助纳税人完全遵守法律并消除公民与税收征管机构之间的对抗性关系。信任范式确定了使纳税人感到税收是用于实现他们认可的目标的策略。将税收收入与特定的公共物品挂钩是一种有效机制。另一种策略是允许纳税人直接对税收用途进行投票。实验室实验表明,这两种策略均可以提高税收的合规性。一般来说,营造一种以合规为准则的社会氛围,有助于防止漏报。如图7.5所示,这些努力增强了服务的效果,而且可以通过添加"f"项,将信任合并到逃税状态偏好模型中。因此,这三种范式是互补的,而不是控制逃税努力的矛盾要素。在其他应用犯罪经济学的领域也是如此。犯罪经济学的政策规定应作为理解和控制犯罪的一种范式,但其他可能改变偏好和减少犯罪的努力也不应被忽视,并且与犯罪经济学模型相一致。

■本章回顾

在第6章中,将犯罪决定作为二元决策建模,个人必须在完全非法与完全合法之间进行选择。本章中的状态偏好模型允许个人在合法活动和非法活动之间灵活地分配努力。对于许多类型的犯罪行为来说,这更为现实。许多罪犯从事"日常工作",将时间用于合法工作和非法工作之间。

将状态偏好模型应用于逃税具有很多教学上的优势。首先,它涉及普通民众面临的一个普遍现象。其次,成本和收益可以货币化,且遵循易于呈现的公式。再次,研究者已使用实际数据和实验室实验,对该模型进行了广泛的实证检验。最后,该理论的许多预测经过实证验证,已经获得非常确定的结果。逃税是经过严格检验的社会科学建模的一个很好的例子。

可以使用具有以下属性的相对直观的图形来说明状态偏好模型:

(1) 收入可能性边界。*IPF* 由两种收入组合而成:定罪收入和未定罪收入。当制裁或税率发生变化时,曲线旋转;当收入发生变化时,曲线平移。

（2）在给定 IPF 极限的情况下，通过找到最高的可行无差异曲线使预期效用最大化。完全合法和完全非法行为的拐角解很普遍。最初，无差异曲线的斜率是基于定罪概率的。具体地说，其斜率等于 $p_c/(1-p_c)$，而对于风险中性型纳税人，从始至终都是如此。风险寻求型纳税人为凹无差异曲线，而风险厌恶型纳税人为凸无差异曲线。

（3）通过观察 IPF 或无差异曲线如何随着变化而移动，可以得到条件变化对违法行为的影响。

政府审计程序对于逃税的实证研究有极大的帮助。这些程序使研究人员能够精确地测量漏报与纳税人特征之间的关系，也可以将逃税行为作为实验室实验进行设置，并研究其对各种执法计划的反应。实证证据通常证实了这些逃税状态偏好模型的基本预测。

（1）定罪概率增加时，合规性提高。由第三方向税务机关报告收入的逃税情况通常可以忽略不计。实验证据表明，与 $p_c=0$ 以上的小幅增加相关的逃税行为下降幅度很大。

（2）较低的边际税率在审计研究和实验中都可以减少逃税行为。

（3）更高的制裁会对实验中的合规性产生预期的影响，但是变化很小。

（4）逃税增加率随着收入的增加而递减，这与金融文献中的证据一致，表明绝对或至少相对风险厌恶者的数量日益增长。

逃税状态偏好模型中未考虑的因素非常重要，并已被税务部门成功使用，其中包括努力通过政府政策影响纳税人的态度和偏好。状态偏好模型可以将其作为逃税的额外成本来考虑这些因素。

问题和练习

1. a. 假设阿尔法的年收入为 60000 美元，并且按 20% 的比例缴纳所得税。对未申报收入的制裁是 60%。请在以未定罪收入 I_N 为纵轴、定罪收入 I_C 为横轴的标准状态偏好图上绘制阿尔法的收入概率边界 IPF。

b. 如果阿尔法的年收入增加到 80000 美元，IPF 将会如何变化？

c. 如果税率降至10%，阿尔法的 *IPF* 将会如何变化？

d. 如果制裁率降至40%，阿尔法的 *IPF* 将会如何变化？

e. 在图中添加一组风险厌恶的无差异曲线，产生一个报告收入水平，使在1.a中的情况下，$I > R > 0$。然后在上述其他三种情况下分别找到阿尔法的最大化效用均衡点。最后，计算每种情况下的未定罪收入，解出其申报的收入金额。讨论你的结果与你基于本章内容的预测之间的关系。

2. 在互联网上随机搜索，可以发现很多彩票中奖者因逃税而被起诉的故事。其中一个明确的原因是彩票机构可以向税务机关报告奖金（第三方报告会提高定罪概率），但中奖者应该知道这一点。逃税状态偏好模型表明，认为彩票中奖者可能是逃税者还有另一个原因，这个原因是什么？

■逃税附录[20]

通过直接建立平均收入或预期收入及其方差的决定因素的公式化简单模型，可以得到逃税经济学的基本结果。对于那些熟悉统计学的人来说，这种方式可能会加强对状态偏好模型的理解。

定罪收入和未定罪收入的计算公式为

$$I_C = (I - \tau R) - s(I - R)$$

$$I_N = (I - \tau R)$$

如果 p 是制裁概率，则纳税人的预期收入为

$$\begin{aligned} E(I) &= pI_C + (1-p)I_N = p[(I - \tau R) - s(I - R)] + (1-p)(I - \tau R) \\ &= [(p + (1-p) - p_s]I - [p + (1-p)]\tau R + p_s R \\ &= (1 - p_s)I - \tau R + p_s R \end{aligned} \quad (7.\text{A}.1)$$

预期收入的方差为

$$Var(E(I)) = p[I_c - E(I)]^2 + (1-p)[I_N - E(I)]^2 \quad (7.\text{A}.2)$$

给定 I_C、I_N 和 $E(I)$ 的表达式，纳税人的预期收入可以写成

$$Var(E(I)) = (1-p)^2 s^2 (I - R)^2 \quad (7.\text{A}.3)$$

$E(I)$ 和 $Var(E(I))$ 的表达式可用于查找税收制度的各个方面与纳税人的预期收入和风险之间的关系。首先，注意式（7.A.1）表示如果 $(p_s - \tau) > 0$，则预期收入随着 R 的增加而降低。式（7.A.1）还表明，如果 $R < I$，即如果存在任何漏报，则提高 p 或 s 会降低预期收入；如果有任何报告收入，即 $R > 0$，则提高 τ 会降低预期收入。式（7.A.2）表明，收入方差随着 s 的增加而增加，随着 R 的增加和减少。当 $p > 0.5$ 时，p 的增加会使收入方差增加。

由于增加 s 会降低预期收入并增加其方差，就像第 6 章关于威慑的讨论中增加制裁的情况那样，只有极端风险寻求者才不会被这种组合所威慑。如果 $p > 0.5$，则 p 的增加与 s 的增加具有相同的效果：预期收入下降且方差增加。当 $p < 0.5$ 时，预期收入仍然下降，但方差减小。如果 $(p_s - t) > 0$，R 的增加会增加预期收入，但也会减少式（7.A.3）中的收入方差。在这种情况下，风险厌恶型和风险中性型纳税人都将报告所有收入。如果 $(p_s - t) < 0$，则会出现在预期收入减少以及与 R 的增长相关的预期收入方差的减少之间的权衡。在这种情况下，风险中立型和风险寻求型纳税人肯定会设置 $R = 0$。最后，注意税率 τ 未被纳入预期收入方差。因此，如果 $R > 0$，提高 τ 只会降低预期收入，或者相当于提高收入报告的成本，从而导致更多的逃税行为。

| 注 释 |

1. Allingham 和 Sandmo（1972）模型的某些细节与这里提出的逃税问题略有不同。这些差异通过 Yitzhaki（1974）的工作加以调和，从而得到了本章的结果。
2. Ehrlich（1973）将状态偏好模型应用于合法活动和非法活动之间的时间分配。总可用时间是固定的，等于 T，在 $W_L < W_i$ 时，按工资分为 t_L 和 t_i，类似于在逃税的情况下，将收入分为报告收入 R 和未报告收入 $(I - R)$。
3. 状态偏好模型说明了风险厌恶程度差异的重要性。
4. 这可能会增加错误定罪的概率，也就是说，即使 $I = R$，也有被制裁的可能。在这种情况下，确定制裁的数量是一个问题，但这意味着 IPF 永远不会触及确定线。

5. 这种权衡是负面的,因为收入的增加会使纳税人的境况更好。如果一个人的收入增加,那么另一个人的收入必须减少,以保持效用恒定。

6. 这些与由 Ehrlich(1973)撰写的在合法工作和非法工作之间进行时间分配所得到的结果直接相关,并用 Yaniv(2009)模型的替代版本以图的方式进行了说明。

7. 正如在关于图 7.2 ~ 图 7.4 的讨论中所指出的,对于 $R = I$ 的个人,p_c 的增加没有效果;对于那些 $I > R > 0$ 的人,增加 p_c 往往会增加 R;最后,对于那些有角点解 $R = 0$ 的人,增加 p_c 会削弱其保持该职位的动机。

8. 如果无差异曲线始终为负斜率,也就是说,如果收入的边际效用始终为正,那么该结果适用于风险寻求者。

9. 增加相对风险规避的最简单例证是,随着财富的增加,个人倾向于将其投资组合的一小部分投入风险资产中。

10. 第 10 章将讨论这些统计问题。逃税建模中的一个统计问题,是对未进行申报的纳税人未进行审计。因此,结果取决于提交的条件。Feinstein(1991)提出了适用于未申报的漏报方程的估计,并发现 Clotfelter(1983)提出的结果模式仍然成立。

11. 对犯罪经济学应用研究的支持微不足道。本书中引用的研究几乎都未得到大量外部资金的支持。

12. 美国国税局从 1965 年开始实施"纳税人合规性评估项目",对个人纳税申报表进行分层随机抽样详查。在 1990 年,该计划被美国国税局的国家研究计划所取代。该审核工作的结果似乎显示出明显的滞后性。

13. 这并不意味着逃税者平均漏报了 2.5%。大多数申报单上都没有逃税,因此 2.5% 完全是由少数逃税的申报单造成的。在 2006 年,估计少报的金额为 2350 亿美元。

14. 之所以会出现预测漏报的范围,是因为这是统计模型的估算值,而 Clotfelter 通过在点估计的基础上添加或减去一个标准误差(9% ~ 26%)来报告一系列估算值,得出的点估值为 17.5%。

15. 弹性是漏报的百分比变化除以收入的百分比变化,对于介于 0 和 1 之间的弹性,漏报增加率随着收入的增加而降低。

16. 提示性审计信的两个版本被发送。一个给出了 50% 的审核概率,另一个给出了 100% 的审核概率。正如预期的那样,较高的概率对自我报告收入的人有显著的正影响。

17. 有关逃税经济学的更多信息,请参阅 Slemrod(2007)和 Sandmo(2012)。

18. 就像刑法有时会使民法失效一样,逃税者无法抗议税务机关关于其税收申报的任何方面的裁决，以免其逃税行为被发现。
19. 从这个意义上讲，固定成本导致风险厌恶者的行为更像风险中性型和风险寻求型纳税人，其效用最大化行为通常会在 IPF 的任意一端，即 $R=0$ 或 $R=I$ 处产生解决方案。
20. 本附录是基于哈里·沃森（Harry Watson）的建议。

8　社区犯罪与自我执行建模

■简介

关于犯罪的地点和控制的两个典型事实是：①一些犯罪类型在空间上是集中的；②大多数犯罪控制都依赖于与相关公众的合作。尽管这两种现象似乎并不相关，但用来解释它们的经济模型具有共同的核心。本章主要运用微观经济学理论来理解犯罪空间分布。第15～第17章考虑了相关的经验证据以及由此开发的模型的应用。

给定城市内各社区犯罪率的差异通常大于不同城市犯罪率的差异。本章首先介绍犯罪的社区集中模型，该模型说明了为什么犯罪率在短距离内可能发生很大变化，这为试图控制犯罪的当地政府所面临的限制提供了依据。

刑事司法系统需要依靠公众的合作。公众举报犯罪、提供证据并指证罪犯，所有这些都会增加定罪的可能性。公众也可以采取行动，通过提高警惕等方式使犯罪更难实施或降低罪犯的收益来大幅增加罪犯的犯罪成本。此过程可以正式建模。自我执行模型对刑事司法执法策略的制定有重大影响。

■社区犯罪模型[1]

想象一个城市或一个小的行政管辖区，对犯有特定罪行的人实施的制裁是相同的，执法工作由一个单一的警察队伍和司法机构承担。[2] 根据地形特征、土地使用方式、交通系统或与犯罪率无关的定居模式的差异，将城市划分为若干较小的社区。各社区的犯罪率通常存在显著的差异。许多司法管辖区提供谋杀或其他暴力犯罪的空间分布的在线地图。犯罪行为在空间上的不均等分布通常非常严重。[3]

在比较同一辖区内的高犯罪率社区和低犯罪率社区时，Freeman、Grogger 和 Sonstelie（1996）指出了以下奇怪的事实。对于财产犯罪，每项犯罪的预期损失在低犯罪率地区比在高犯罪率地区要高得多。在高犯罪率地区，定罪率（定罪与犯罪的比率）低于低犯罪率地区。而且，大量警力被投入几乎没有犯罪行为的地区。邻里犯罪模型很好地解释了这些明显矛盾的事实。

> **城市与"自我执行和学校效应"**
>
> 之所以会产生"学校效应"，是因为当罪犯很多时，很难针对特定的罪行分配责任。自我执行的一种机制是将社会压力施加到罪犯身上。随着城市规模的扩大，由于个体之间的相互了解较少，潜在犯罪者的匿名程度将提高。这表明城市规模的扩大将导致更强的"学校效应"（见下文），从而使自我执行效果不佳。这两个因素都会使犯罪率上升。
>
> Glaeser 和 Sacerdote（1999）发现，受害者调查显示，随着城市人口从 1000 增至 10000 再增至大于 1000000，犯罪率增幅超过 100%。尽管随着人口的增加，人均警力支出急剧增加，但这种情况还是发生了。他们的论文可能是第一次尝试分离出由于自我执行和学校效应的影响，城市人口规模与犯罪率的关系。尽管人均警力支出随着人口的增加而

> 增长，但逮捕率趋于下降，这表明了自我执行和学校效应的某种组合关系。最后，据作者估计，随着城市规模的扩大，犯罪率增长中的8%~20%是由于在大城市逮捕罪犯更困难。另一个因素是发现犯罪行为的收益随着城市规模的增加而增加。最终的也是最令人惊讶的结果是，城市人口的增长与以女性为户主的有孩子的家庭的比例增加相关。此外，在其他人口统计因素和经济条件不变的情况下，利用普通最小二乘法估计，这种以女性为户主的有孩子家庭的集中在很大程度上解释了城市人口犯罪率上升的原因。

在社区层面，犯罪总收益随着第5章中犯罪需求曲线的形状而变化。预期收益随犯罪水平的降低而减少，因为最佳的犯罪机会要先用尽，当犯罪增加时，潜在的受害者会采取预防措施。但是，在犯罪空间模型中的社区层级，当一个地区的罪犯很少时，定罪率会很高。在这种情况下，公众的警惕性在识别并帮助逮捕罪犯方面非常有效。随着该地区罪犯人数的增加，定罪率下降的原因有两个：第一，公众的合作与效率会随着罪犯的增加而降低；第二，定罪要求特定罪犯与特定罪行相关，当罪犯很多时，这将变得更加困难。总之，随着某地区罪犯数量的增加，使定罪率下降的这两个原因被称为"学校效应"。[4]在社区层面，罪犯的供应是微不足道的，在既定的扣除制裁净收益的情况下，它完全具有弹性。社区仅占犯罪市场的一小部分，罪犯将进入净收益更高的区域，而离开净收益较低的区域。这是对第4章和第5章的无套利均衡原理的简单应用。

犯罪的社区集中模型可以形式化如下。社区 i 的犯罪所得总收益表示为 π_i，其取决于该区域内的罪犯数量，因此 $\pi_i = f(n_i)$，其中 n_i 是活跃在该地区的罪犯数量。此外，$f(n_i)$ 在 n_i 上严格递减，原因是在犯罪市场图中，犯罪需求时序曲线是向下倾斜的。由于学校效应，随着 n 的增加，p_c 降低，n_i 中的预期制裁 $p_{ci}s = g(n_i; m_i)$ 也严格递减。在社区层面，如果被判有罪，则预期制裁在不同社区是恒定的。增加的变量 m_i 是分配给社区 i 的警力配置。m_i 的增加会通过 p_c 的增加来改变预期制裁函数。总之，$\pi_i = f(n_i)$ 和 $p_{ci}s = g(n_i; m_i)$ 决定了犯罪净收益。在社区层面，犯罪供应非常简单，其仅取决于其他地区犯罪行为扣除预期制裁的净收益或合法工作的净收益，假设其是一个常数，记为 W^*。如果罪犯在 i 地区扣除制裁的预期净收益高于在其他地区犯罪或合法工作的收益，则其愿意来到 i 地区。

图 8.1 显示了典型区域的相应函数。虚线表示犯罪总收益 $\pi_i = f(n_i)$，点画线表示预期制裁函数 $p_{ci}s = g(n_i; m_i)$。因此，实线是从犯罪时序得到的制裁预期净收益，即总收益与预期制裁之间的差额：$\pi_i - p_{ci}s = f(n_i) - g(n_i; m_i) = h(n_i; m_i)$。因为对 p_c 减少的学校效应在罪犯数量很少时已耗尽，所以随着 n_i 的增加，函数 $g(n_i; m_i)$ 变得相当平直。这意味着由函数 $h(n_i; m_i)$ 给出的制裁预期净收益最初随着罪犯进入市场而上升，但最终由于成功犯罪的机会耗尽而下降。

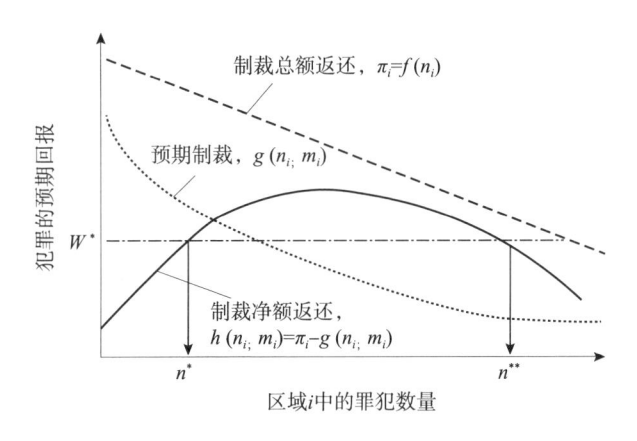

图 8.1 社区犯罪类型

如果 $W^* < \pi_i - p_{ci}s = h(n_i; m_i)$，社区罪犯的数量将增加；如果 $W^* > \pi_i - p_{ci}s = h(n_i; m_i)$，则社区罪犯数量将减少；如果 $W^* = \pi_i - p_{ci}s = h(n_i; m_i)$，则数量保持恒定。因为罪犯数量是稳定的，所以最后一个条件是平衡或稳定状态。在图 8.1 上，有两个点使 $W^* = \pi_i - p_{ci}s = h(n_i; m_i)$，即当犯罪水平为 n^* 或 n^{**} 时。就其对某个特定社区犯罪水平的影响而言，这两个点都会引起人们极大的兴趣。从图 8.1 中可以看出，如果 $n < n^*$，则 $W^* > \pi_i - p_{ci}s = h(n_i; m_i)$，且因为基于其他地区的合法或非法机会，制裁预期净收益小于犯罪的机会成本 W^*，n 必然递减。因此，如果该区域的罪犯数量小于 n^*，罪犯将离开该社区，直到 $n_i=0$。由于 n 不能小于零，因此这是市场的局部稳定平衡。但是，如果 $n^{**}>n_i>n^*$，则 $W^* < \pi_i - p_{ci}s = h(n_i;m_i)$，且该地区的罪犯数量将不断增加，直到在 $n_i = n^{**}$ 处达到平衡为止。罪犯进入该地区是因为扣除制裁后的犯罪收益高于 W^*。最后，如果 $n_i>n^{**}$，则 $W^* > \pi_i - p_{ci}s = h(n_i;m_i)$ 再次成立，且罪犯会选择在其他地区犯罪，直到 n_i 返回 n^{**}。

n^* 处的平衡是不稳定的。n^* 在任何方向上的很小偏差都会使罪犯离开，直到罪犯数量接近 0，或者导致罪犯数量向 n^{**} 增加。n^* 这样的点通常称为阈值，因为只要罪犯数量保持在 n^* 以下，该地区的犯罪率就保持为 0 或接近 0。但是，如果罪犯数量超过阈值 n^*，则犯罪收益将超过 W^*，并且该地区的罪犯数量将随着时间的推移而增加，最终达到 n^{**}。显然，警察当局有很强的动力促使罪犯数量低于 n^*。

可用于控制单个社区中犯罪的主要策略是警方的工作量。通过增加 m_i，地方政府可以降低变量 $g(n_i;m_i)$，减少制裁的净收益 $h(n_i;m_i)$，并导致罪犯从该地区离开。图 8.2 说明了这种情况。制裁总量和预期的制裁曲线被消除了，使人们可以专注于研究制裁时序净额。假设该地区最初在 $n^{**}=n_i$ 处罪犯处于平衡状态，犯罪率很高且实线 $h(n_i;m_i)$ 从上方切割 W^* 处形成局部稳定。一种政策可能使警察的工作从 m_i 增加到 $m_i'>m_i$。这会使制裁的净收益曲线稍向下移至虚线处。但这只会将犯罪从 n^{**} 减少到 n_i'，因为大部分虚线 $h(n_i;m_i')$ 时序仍然在 W^* 线上方。或者，当局可能会将更多的警力投入该地区，使 $m_i^\# > m_i' > m_i$。这改变了整个扣除制裁的预期犯罪率函数，显示为 W^* 下方的点线 $h(n_i;m_i^\#)$。由于警方的努力，该地区的罪犯数量随着时间的流逝而减少，首先降至 n^* 以下，然后接近 0，当警察的努力水平上升到 $m_i^\#$ 时，达到稳定的平衡状态。

一旦该地区的罪犯数量稳定在 0 附近，可以省去特别的执法努力。当执法力度从 $m_i^\#$ 再次降回 m_i 时，n^* 的下限将远高于该地区可忽略不计的罪犯数量，犯罪平衡应保持在 0 处。

执法策略的含义似乎非常简单。在高犯罪率与低犯罪率地区混合的司

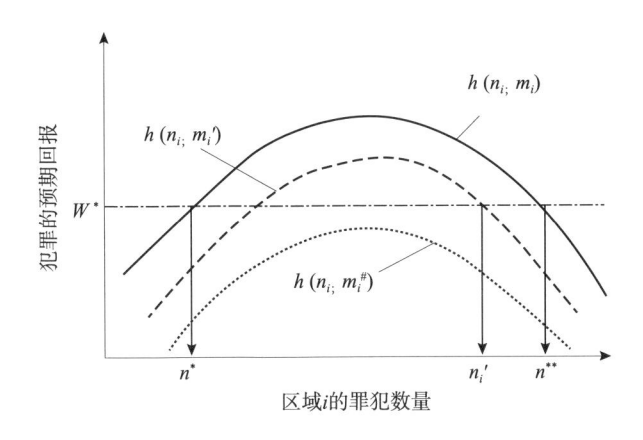

图 8.2 不同执法水平的社区犯罪模型

法管辖区,将警力转移至所有高犯罪率地区并没有什么好处,这只会使这些区域的犯罪率从 n^{**} 降至 n'_i,只能从巨大的努力中获得小额收益。另一种方法是密集地针对一两个犯罪行为高发地区同时执法。在这些区域中必须安排足够的警力,才能如图 8.2 中的点线所示,将制裁的预期净收益函数移至犯罪机会成本 W^* 以下。如果在这些高犯罪率地区延长保持警力的时间,将可以大幅度地减少犯罪,直到其接近 0。然后将警力重新布置在一两个剩余的高犯罪率地区。重复进行目标明确的反犯罪策略,直到所有高犯罪率地区都得到整治为止。[5]

这种密集而不均衡执法的方案在政治和实践中存在问题。从政治上讲,很难解释在强化整治以降低犯罪率,使其低于整个辖区的平均水平之后,仍在先前犯罪行为高发地区保持大量警力的必要性。政治压力趋向于当犯罪行为接近 n_i^* 时,强力整治即结束。这意味着执法恢复正常后,犯罪行为将上升至 n_i^{**},即并未实现长久化。另一个实际问题是,必须小心翼翼地将警力从犯罪率低的地区撤出,以打击其他地区的犯罪。这种较低的努力上移了制裁曲线的预期净收益并降低了犯罪率低的地区的阈值 n_i^*。较低的下限易增加这些区域的犯罪行为,有针对性的执法策略可能需要警察在管辖区内四处追捕犯罪。尽管存在上述困难,有针对性的执法策略仍然在许多领域被采用。随后的章节将讨论这些政策的实证研究结果。

Freeman、Grogger 和 Sonstelie（1996）使用社区犯罪模型解释了关于犯罪空间格局的奇特事实。恰恰是因为犯罪率极低，并且罪犯是在犯罪总收益曲线上很高的点处运作，所以在低犯罪率地区单位犯罪的损失较大。受学校效应的影响，高犯罪率地区的定罪率较低。低定罪率的确对于将罪犯吸引到这些地区很重要。最后，在犯罪水平低于阈值的犯罪率极低的地区保持了一定的警力，这是因为如果超过该阈值，则需要采取大量执法行动才能使该地区恢复低犯罪率。

社区犯罪模型还指出了另外两种减少犯罪的策略的作用。第一，努力提高合法就业的工资可以提高 W^*。当然，由于社区比劳动力市场小得多，这样做的好处是增加了整个地区犯罪的机会成本。第二，努力组织和与社区居民沟通可以加强执法合作，从而减少学校效应的影响。这往往会提高预期制裁，并使图 8.2 中的阈值向右移动。在高犯罪率地区组织邻里守望甚至公民巡逻，旨在降低该区域中罪犯数量增加时 p_c 的下降率。最终，有组织的公民反犯罪工作的作用，应建立在适当的对减少犯罪和提高公众满意度效能的成本效益分析基础之上。[6]

社区犯罪模型也可以用来说明社区街头团伙的影响。到目前为止，该模型隐含地假设了完全竞争和自由进入。罪犯可以在任何地方犯罪。相反，社区街头团伙垄断了特定地区的犯罪活动。他们的影响也可以使用社区犯罪模型进行说明。

图 8.3 所示为最初处于局部稳定的高犯罪均衡状态的 $n_i = n^{**}$ 的社区。假设有一个街头团伙进入该地区，并通过将犯罪水平提高到垄断者选择的点使利润最大化。该团伙将 W^* 视为恒定的（平均 = 边际）劳动力成本，并将期望的净收益函数作为平均收益产品曲线。利润是平均收益产品和平均人工成本曲线之间的面积。该面积在 n_M 处达到最大值。在该点上，扣除人工成本后的预期净收益是一个底为 n_M、高为 h_M 的矩形。总人工成本是由 W^* 和 n_M 形成的矩形。因此，团伙租金 $= n_M[h(n_M, m_i) - W^*]$。[7] 所以，团伙对罪犯的准入进行限制并推高收益，使犯罪行为减少。[8] 相反，n^{**} 的自由进入解决方案将平均收入设置为平均成本，而没有团伙租金的利润。

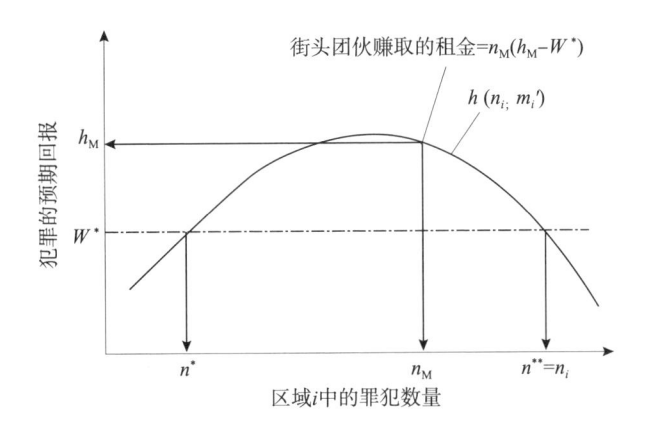

图 8.3 社区街头团伙的影响

某些团伙的租金必须用于将其他团队排除在该地区之外，也许是从警察或政客那里购买保护。这可能会修改 $h(\cdot)$ 函数的形状。与单个罪犯相比，团伙可能会使用不同的技术，他们可能能够压制或笼络当地公众在犯罪控制方面的努力。[9] 上面介绍的社区犯罪模型在街头团伙中的应用的假设是，它们具有相对简单和直接的、不会改变 $h(n_M, m_i)$ 函数形状的操作程序。该模型可能不适用于主导许多社区的主要团伙甚至某些城市的大部分地区的团伙。

■自我执行模型

通过公众合作和参与，警察对刑法的执行得以加强。自我执行模式涉及这样的社会状况：公众个人的私人行动足以预防或制止犯罪。公众个人通常可以对潜在的罪犯施加高昂的成本。一个明显的例子是监视。潜在犯罪者知道其正在被观察，这可能会阻止他们的行动。有时公众会干预并防止个人冲突升级为刑事攻击，提醒潜在的受害者可能足以防止他们受到伤害。如果提醒公众注意其正在使用的方案，诈骗就可能无法实现。

自我执行成本可直接施加于潜在犯罪者。以某种方式扰乱和平的人，可能会面对意识到其可能违反法律的人们，接受偷窃或走私商品的人可能会遭到朋友的批评。如果要求提供书面收据或以支票或信用卡而不是货币交易，逃税会变得更加困难。[10]总而言之，在很多领域可以使用自我执行模型。

该模型从犯罪者的预期边际收益函数 $\pi = B(n)$ 开始，其中 n 是罪犯数量，π 是增加犯罪的边际收益。[11]这是一个非常普遍的模型，其边际收益形状的唯一假设是随着罪犯数量的增加，边际收益下降。一些罪犯获得了相当多的犯罪收益，而其他罪犯的犯罪预期收益则很少。仅此差异就将产生向下倾斜的边际收益曲线。同时，有必要考虑罪犯所承担的成本。私人代理人有能力向个体犯罪者收取费用。在这种情况下，假设边际成本函数 $c = C(n)$ 随罪犯数量的增加而减少。私人可能有动机去对付少数罪犯，但当犯罪行为变得司空见惯时，私人行动似乎是徒劳无功的。简而言之，如果有两名罪犯，则采取私人行动来阻止一个潜在罪犯，降低了50%的犯罪率，但是如果有20个罪犯，则回报率仅为5%。[12]因此，罪犯数量的增加会降低与私人执法工作有关的收益。

图8.4 显示了两种类型的自我执行问题的边际收益和成本函数。下标表示函数的形状和位置的差异。应用与社区犯罪模型相同的推理模式来分析这些图。在类型 I 中，如果罪犯数量少于 n_I^*，$B_I(n) > C_I(n)$，并且随着

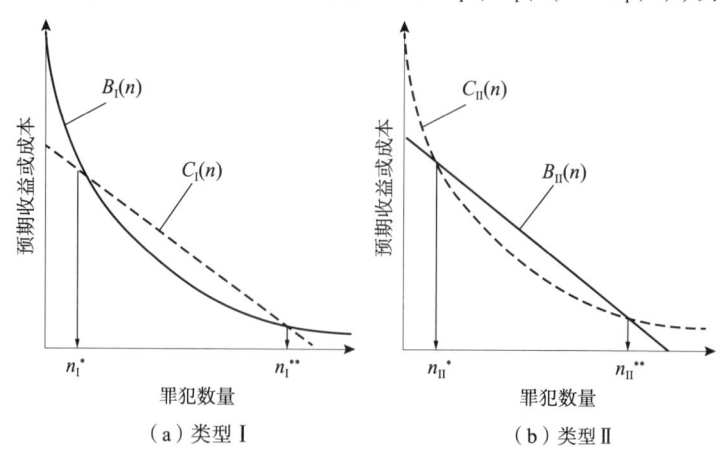

（a）类型 I

（b）类型 II

图8.4 自我执行模型

时间的推移，犯罪行为会增加到 n_1^{**}。对于 $n_1^* < n < n_1^{**}$，收益小于成本，犯罪行为减少到 n_1^*，使其达到稳定的平衡状态。当 $n > n_1^{**}$ 时，收益超过成本，犯罪行为增加，直至达到图中收益为 0 的点。因此，n_1^{**} 是不稳定的平衡。

> **自我执行模型与骚乱**
>
> 自我执行模型经过调整后，可以解释许多不同类型的集体行动。例如，Galeser（2008）构建了一个版本的模型来解释城市公共骚乱或动乱。在这种情况下，有一定的参与门槛——边际收益必须等于边际成本。鉴于此阈值效应的规模，公共骚动并不常见。
>
> 在这种模式下，警察在防止骚乱中的作用是显而易见的。如果公共骚乱的潜在参与者的数量接近阈值，警察的快速行动可以临时提高犯罪成本，导致参与人群散开。这提高了成本收益阈值，使其大大高于潜在罪犯的数量，最终，警察可以撤出，在没有干扰的情况下保持稳定的平衡。

在类型Ⅱ中，自我执行问题完全不同。对于低于 n_{II}^* 的 n，$B_{\text{II}}(n) < C_{\text{II}}(n)$，罪犯数量降至 0 并保持稳定的平衡。自我执行在这种情况下已经"有效"。[13] 类型Ⅱ是阈值模型：如果 $n_{\text{II}}^* < n < n_{\text{II}}^{**}$，预期的平均收益超过成本，罪犯被吸引到该活动中，直到其数量增加到 n_{II}^{**} 处，保持局部稳定平衡。

类型Ⅰ和类型Ⅱ自我执行问题的程式化表示对确定执行策略具有重要影响。图 8.5 说明了这些影响。

想象一下，图 8.5a 和图 8.5b 中的犯罪水平已达到可能的局部最高平衡。对于类型Ⅰ，这一点是 $B_1(n) = 0$ 时在 n_1^{**} 之上的某个点。对于类型Ⅱ，局部最高平衡发生在 n_{II}^{**} 处。假设刑事司法系统进行了干预，这意味着临时加入了旨在补充私人自我执行工作的警察或其他公共刑事司法系统资源。其结果是在每种情况下，犯罪时序的平均成本从 $C(n)$ 大幅上升至 $C^\#(n)$。"临时镇压"使得在图 8.5 上的任何地方边际成本均高于收益，都会迅速将犯罪水平推向为 0 的全局稳定平衡。

(a) 类型 I

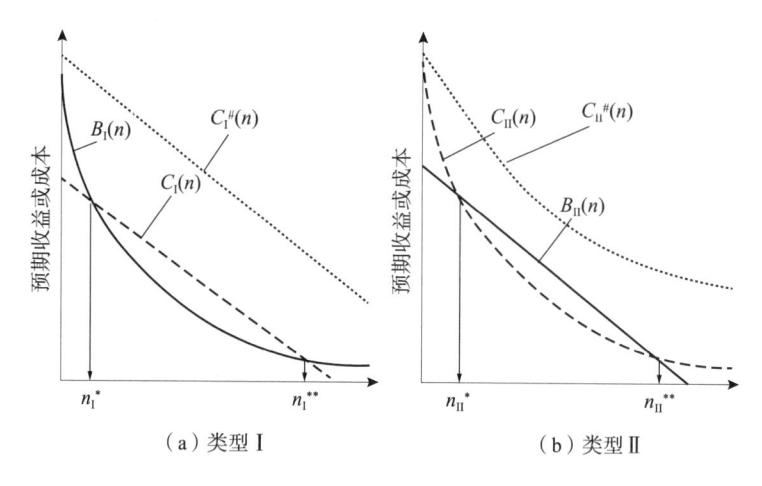

(b) 类型 II

图 8.5　警方临时行动的自我执行模型

现在设想，当公共部门的临时努力停止时会发生什么。对于类型 I 中的自我执行问题，当成本恢复至 $C_I(n)$ 时，$n=0$ 不再是平衡状态，犯罪行为增加到 n_I^* 的稳定平衡状态。这肯定比犯罪行为大于 n_I^{**} 时的初始情况要好，但可能被认为不如在类型 II 中临时执行的效果成功。因为在 $n=0$ 处存在局部稳定平衡，所以当 $c=C_{II}(n)$，额外的刑事司法系统努力停止后，犯罪行为仍为零。这个结果与社区犯罪模型中的干预非常相似。

自我执行模型凸显了私人行动对控制犯罪行为的潜在重要性。与社区民事治安一样，刑事司法制度通常会做出正式努力来推进私人行动。有经验证据表明，在已经有垃圾的环境中，人们乱扔垃圾的可能性更大。这促使各城市都努力地清除垃圾。Dur 和 Vollaard（2012）指出，在荷兰进行的一项实验中，证实了有关在干净的或肮脏的环境中乱扔垃圾的发现。Cook 和 Ludwig（2011）强调，私营部门在减少美国犯罪方面所起的作用在 20 世纪 90 年代初期达到了顶峰，且在未来具有成本效益的私人行动可能会降低犯罪率。该模型还可用于合理化"破窗效应"的警务方式，即通过对重大和轻微犯罪行为进行执法，将总体犯罪水平降低到尽可能接近 0。支持社区和自我执行模型的经验证据将在第 15 和第 16 章中讨论。

地方政府的碎片化与犯罪

在一项创新性研究中，Wheaton（2006）研究了城市政府碎片化、警务支出和犯罪之间的相关性。美国城市的地方政府结构差异很大。在某些情况下，整个城市只有一支警察部队；而在另一种极端情况下，城市被分为数十个小型警察部队。Wheaton开发了一种理论模型，说明这对于警察支出水平和犯罪数量可能意味着什么。经济模型表明，犯罪总支出应随着政府碎片化程度的提升而下降，而且除非警察在碎片化状态下变得更有效率，否则犯罪率会提高。

Wheaton检查了美国232个大都市的横断面数据。他使用不同的统计技术估计了一些模型。他得到的主要结果是稳健的。人均警务支出（通过将独立警察辖区相加调查得出）随着碎片化程度的提高而减少。此外，财产和暴力犯罪率也随着碎片化程度的提高而下降。因此，地方政府碎片化似乎是一个优势。Hoxby（2000）在教育方面也得到了类似的结果。她发现，学区的日益分散减少了每名学生的支出并提升了通过学生表现衡量的教育成果。这表明大量小型警察部门之间的竞争促进了所谓的"X效率增益"，并且为了提高警务效率，政府在降低犯罪率的同时减少了警务支出。由于存在众多相互竞争的警察部门，任何一个警察部门都无法维持较高的逮捕率，选民和迁移到该管辖区的罪犯都会注意到这一点。选民会要求改进并威胁其要离开。地方政府可能主张增加税收以改善警务服务，但这只会促使公民离开。提高警务效率是这种情况下的唯一选择。

本章阅读材料提出的另一种观点是，拥有较小的、碎片化的地方政府可以改善自我执行和警察与社区之间的关系。显然，有必要对政府碎片化、警务水平和犯罪之间的关系进行更多的研究。

■本章回顾

关于犯罪率空间变化的典型事实似乎令人困惑和矛盾。一个城市的社区之间的犯罪率差异通常大于各城市之间的差异。单项犯罪造成的预计损失最高的区域通常罪犯很少。罪犯数量较多的地区的逮捕率和定罪率低于罪犯很少的地方。社区犯罪模型调和了这些事实,表明它们并不相互矛盾,而是非常一致。社区犯罪模型往往在零犯罪或高犯罪率下具有局部稳定均衡状态。犯罪率"平均"的地区目前不太可能处于平衡状态。该模型还说明了为什么刑事司法当局可以通过将几个高犯罪率区域与一些极低犯罪率区域相结合,从而将平均犯罪水平降至最低。

自我执行模型试图了解控制犯罪的私人行为。这些模型适用于公众个人有能力对潜在罪犯施加的成本可能超过犯罪收益的情况。但是,随着犯罪率上升,这些私人努力可能会不堪重负或受到破坏。自我执行模型显示了犯罪的均衡水平如何对两个因素做出反应:边际成本和收益函数的形状,以及对临时警力和刑事司法努力的反应,以支持和补充个人努力。

▼ 问题和练习

1. a. 假设在特定区域偷车的每周收益 $E = 1000N - 50N^2$,其中 E 是每个小偷每周的收入,N 是在市场上活动的小偷的数量。绘制 E 和 N 之间的关系曲线:如果 $N=1$,则 E 等于多少?如果 $N=2$、5、10、15 和 20,E 分别等于多少?

b. 求使每个小偷每周收益最大化的小偷数量。

c. 如果另一个地区小偷的收入是 2550 美元/周,你预计这个市场上会有多少个小偷?他们的总收入是多少(所有小偷加总)?

2. 假定当前全市范围内毒贩的工资(扣除制裁后)为 16 美元/周。考虑一个名为"高广场"的社区的潜在毒品市场。假设毒贩在高广场社区的工资（扣除制裁后）为 $W = 10N - N^2$，其中 N 是随时在高广场活动的毒贩的数量。

a. 用经济学术语解释工资方程 $W = 10N - N^2$。工资与经销商数量之间的关系看上去是什么样的？为什么是这种预期形状？

b. 假设高广场目前有 $N = 2$ 个毒贩，随着时间的推移，你预计毒品市场上会发生什么？

c. 对于 $N = 3$ 的情况，请回答 2.b 的问题并解释你的结果。

d. 假设在高广场上有 $N = 8$ 个毒贩，警察决定对其进行严厉打击，而将预期的制裁提高了 5 美元/小时？你预计会发生什么？需要增加多少以工资衡量的预期制裁以消除毒品交易？

e. 如果工资公式为 $W = 10N - N^2$，则总收入为 $WN = 10N^2 - N^3$。假设一个贩毒团伙占领了高广场市场，他们将雇用多少毒贩？他们将获得多少利润？（提示：要区分获得边际收入函数的总收入，将其设置为等于支付给毒贩的工资，并求 N_{GANG}）

3. a. 假设个人从在特定公共场所的墙壁上绘画（即涂鸦）获得的私人收益为 $B = 12 - 0.5N$，其中 B 是每项犯罪的收益，N 是每个时间段犯罪数。进一步假设公众愿意清理涂鸦或向潜在的公共艺术家施加成本 $C = 40/N$，其中 C 是每次犯罪的成本，N 是犯罪数。你可以将 40 看作公众愿意付出的全部努力，它分布在 N 项犯罪行为中。设该犯罪市场的均衡状态为 $C = B$。请绘制边际收益和成本曲线，并讨论犯罪数量的可能稳定和不稳定平衡。

b. 如果当前的犯罪水平为 $N = 3$，你预计会发生什么？

c. 如果当前的犯罪水平为 $N = 7$，你预计会发生什么？

d. 考虑一下警察利用"破窗效应"进行临时执法的可能性，即对涂鸦零容忍。警察撤走后，你预计会发生什么？讨论你的发现。

4. a. 考虑在美丽公园里乱丢垃圾的问题。用"L"表示乱丢垃圾事件的数量（即在美丽公园乱丢垃圾的事件数）。假设每月乱丢垃圾的边际收益为 $B = 30 - L$，因此第一次乱丢垃圾事件的边际收益（即 $L = 1$）为 $B = 30 - 1 = 29$。进一步假设公众愿意付出持续的总努力量 K，以期在公园内执行不乱丢垃圾的政策。因此，发生乱丢垃圾事件时，被施加的乱丢垃圾的成本为 $C = K/L$，其中 L 为乱丢垃圾的事件数。令 $K = 200$，因此 $C = 200/L$，其中 $L > 0$。绘制乱丢垃圾边际收益与成本之间的关系曲线，并确定稳定或不稳定的平衡。

  b. 现在假设 $K = 125$，4. a 的答案将如何变化？

  c. 使用代数方法，为确定美丽公园里乱丢垃圾平衡程度问题提供解决方案。随着 K 的变化，这些点会发生什么变化？

注 释

1. 本节主要借鉴了 Freeman、Grogger 和 Sonstelie（1996）的文章。

2. 假定一个单一的政府单位的原因是，定罪率的差异不是由于警察队伍的素质、检察官或司法机构的行为差异，也不是由于以定罪为条件的预期制裁。显然，如果刑事司法系统不统一，制裁在不同空间上是不平等的，则不需要本章的论证，第 5 章和第 6 章介绍的模型将得出犯罪率的空间差异。

3. 例如，参见华盛顿特区凶杀案地图 http://homicidewatch.org/homicides/map/或马里兰州巴尔的摩凶杀案地图 http://chamspage.blogspot.com/2013/01/2013-baltimore-city-homicides.htm。

4. "鱼群效应"一词实际上与鱼类在水里游而获得保护的原因有关。掠食者很容易将一些孤立的鱼作为目标，但一大群鱼却能够混淆攻击鱼类并逃脱。

5. 或者，当执法当局缺乏对最后一个高犯罪率地区集中执法以防止犯罪蔓延的资源时，可以使一个或两个地区处于高犯罪率平衡状态。McMillian（2012）将其描述为一种监管解决方案，并指出，在一部受欢迎的电视连续剧《电线》（*The Wire*）中，警方在阿姆斯特丹安排了一项与毒品有关的非执法协议以换取在其他地区禁毒。

6. 鉴于将某项活动定为犯罪的主要原因是基于其带来了公共外部性，组织公民志愿者辅助反犯罪的努力，其行为可能会减少与犯罪相关的外部性。不幸的是，除了发现高犯罪率地区的公民经常对其参与有组织打击犯罪的能力表示个人的满意外，衡量这种可能的影响并非当前研究的目标。

7. 为了找到使利润最大化的犯罪程度 n_M，有必要在图上绘制边际收益产出曲线。没有便捷的方法来构造该曲线。在实践中，应该通过代数方法解决此问题，将 $h(·)$ 乘

以 n 以获得总收益，然后用微分方法找到边际收益产出函数，令其等于 W^*，则可求得 n_M 的解。本章末尾的问题允许学生为显式 $h(\cdot)$ 函数进行练习。

8. 该团伙被建模为垄断主导者，因为它控制了该地区的犯罪数量。它还对该地区的犯罪需求有一定的市场支配力。但是，通常情况下，对控制毒品和卖淫的团伙来说，社区层的需求应非常有弹性，因为客户很容易去其他地区。

9. 在第 15 章中，讨论了有关团伙作为地方政府的文献。在这种情况下，$h(n_M; m_i)$ 超过 W^* 的部分将构成当地团伙对街头犯罪分子征收的"税"。显然，一些团伙的商业模式非常复杂，较为复杂的理论模型也需要不断深化对这些组织运作的了解。

10. 在世界上的许多地方，交易的记录价格通常远低于实际支付价格。这种安排通常需要买卖双方的合作。

11. Thomas Schelling（1978）是最早提出这种阈值模型的人之一。

12. 私人行动收益递减的实际例子有很多。如果一个公园是干净的，那么一两个乱扔垃圾的违规者似乎造成了巨大的破坏，对他们采取私人行动的成本似乎有很高的收益。相反，如果一个公园已经被乱扔垃圾，则进一步乱扔垃圾的边际成本可能很低，采取私人行动压制多个违规者的努力是微不足道的。

13. 当然，自我执行在第一类情况下也"有效"，方法是将犯罪行为限制在 n_i^* 的当地稳定平衡状态。

9 执法博弈

■简介

博弈论为分析罪犯、受害者和刑事司法系统之间的相互作用提供了一种替代技术。本章展示了博弈论应用的一些重要结果和从这些结果中得出的一般原理。博弈论在犯罪问题中的应用为本书中的其他方法提供了很好的补充，并增强了对于构成犯罪经济学的问题和解决方案的理解。

本章的第一部分介绍了非合作博弈论的相关词汇和基本概念。首先用两个不同版本的经典囚犯困境博弈来说明博弈论在经济学中的作用。这展示了如何通过对罪犯和警察之间的战略互动进行建模来解决执法和监管问题。所有这些工作都可以依赖纯策略均衡概念来实现。

出于多种目的，罪犯与警察之间的战略互动导致了一种混合策略平衡，在这种平衡中，犯罪和执法都是随机的。通过对鲁莽驾驶人的执法问题来说明这类问题。该博弈的解决方案揭示了许多关于刑事定罪和惩罚选择的问题。这些结果补充了前几章中不依赖博弈论的内容。最后，博弈论是一种替代方法，用来提出和理解使用标准经济学模型提出的论点。这加强并扩展了对前几章介绍的犯罪经济学基本原理的认识。

博弈论：相关定义和关键概念

虽然这看起来很乏味，但有必要阐述一些定义并回顾非合作博弈论的关键概念。

首先考虑以下基本定义：

（1）"玩家"是做出选择的代理者。他们可以是罪犯、受害人或执法者。他们以完全理性的方式行事，每个参与者的福利或收益都取决于其他参与者做出的选择，且所有参与者都至少了解这种战略互动的某些方面。但是，他们通常缺乏完整的信息，尤其是关于其他参与者正在做什么的信息。

（2）"行动"是可以做出的选择。显然，犯罪、避免受害和巡逻的决定，分别对于罪犯、受害人和执法者来说非常重要。

（3）"规则、性质、信息和结果"构成决策的顺序以及每个参与者在每个阶段拥有的信息量，它们对于犯罪博弈至关重要。常见的结果如下：①犯罪并因预防而被抓获；②犯罪并因缺乏预防而未被抓获；③不犯罪且不采取预防措施；④不犯罪且未雨绸缪地预防。

（4）"收益"是不同结果的回报，包括预期收益、制裁、损失、巡逻或其他预防措施的费用。

（5）"策略"是选择行动的规则。常见的选择为是否采取预防措施、巡逻和犯罪。

（6）"策略组合"是每个参与者的策略，即犯罪而不采取预防措施。

（7）关于"重复"博弈与"一次性"博弈，本章重点介绍一次性博弈。

（8）"均衡"是一种预测策略组合以确定结果的解决方案概念。

均衡的概念是博弈解决方案的核心。在本书介绍的博弈中，结合使用三种不同的均衡概念：

① 合作均衡。这是一种策略组合，力求最大限度地提高所有参与者的联合回报。如果参与者可以进行具有约束力且可执行的单方支付，那么这一解决方案可以实现。当然，犯罪是最不可能合作的一个例子，因为民法无法强制执行合同。

② 占优策略均衡。可能有一个行动给一个参与者最高的回报，而与其他参与者选择的行动无关。当对所有参与者都适用时，便会形成一种主导战略平衡。

③ 纳什均衡。给定每个玩家的选择，其他玩家的策略选择是最优的。本文使用了两种类型的纳什均衡。第一，纯策略中的纳什均衡，即当存在由每个玩家的单个行动组成的策略组合时，已没有玩家可以通过改变自己的行动选择来获得收益。在一个游戏的纯策略中，可能存在不止一个纳什均衡。在这种情况下，每个纳什均衡都是博弈的解决方案。任何占优策略均衡也是纯策略中的纳什均衡。第二，当玩家选择一种策略组合时，混合策略中的纳什均衡就会发生，在这种策略组合中，每个玩家在服从给定概率分布的行动之间交替，并且在给定一个玩家的混合策略的情况下，另一个玩家的混合策略是最优的。例如，玩家一可以选择概率为 0.6 的行动 A 和概率为 (1−0.6)=0.4 的行动 B；而玩家二可以选择概率为 0.3 的行动 C 和概率为 0.7 的行动 D。如果给定玩家一选择 A 和 B 的概率，则玩家二没有动力去改变概率；如果给定玩家二的混合策略，玩家一同样没有动力做出改变，则混合策略存在均衡。

囚徒困境博弈

理解博弈论及其在犯罪经济学中的应用的一种方法是考察不同类型的博弈。在犯罪的情况下，博弈形式趋向于高度程式化。最基本的是囚徒困境博弈。[1] 以下示例展示的是普通或战略形式的博弈。

假设警察抓获了两名据称已经合作犯下一项或多项罪行的嫌疑人。这些嫌疑和支持证据可能不足以说服陪审团排除合理怀疑而相信犯罪嫌疑人有罪。警察的常规做法，是将嫌疑人分开并分别审问他们：①如果一名嫌疑人承认犯罪，并作为证人指控另一名未认罪的嫌疑人，其将面临 x 个月的监禁；②保持沉默，如果其他嫌疑人坦白，则将面临常规 $10x$ 个月的监禁；③如果两名嫌疑人都坦白，他们每个人将被判 $5x$ 个月的刑期。反过来，嫌疑人意识到，如果没有人认罪，他们就有30%的概率无论如何都会被定罪，并会被判处 $10x$ 个月的刑期。因此，如果两者都不认罪，他们的预期刑期分别为 $0.3 \times 10x$ 个月 $= 3x$ 个月。图 9.1 显示了表征两个嫌疑人（阿尔法和贝塔）之间战略互动的收益矩阵。

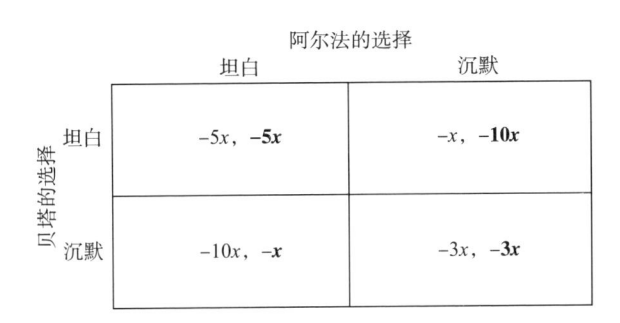

	阿尔法的选择 坦白	阿尔法的选择 沉默
贝塔的选择 坦白	$-5x$, $-5x$	$-x$, $-10x$
贝塔的选择 沉默	$-10x$, $-x$	$-3x$, $-3x$

图 9.1　两个犯罪嫌疑人的囚徒困境

收益矩阵显示了嫌疑人可能采取的行动，由阿尔法选择两列之一，而贝塔选择两行之一。犯罪嫌疑人是分开的，因此他们没有关于其他玩家选择的信息。设回报是以预期刑期为度量，已经出现负面迹象，因为在监狱中度过的时间对于阿尔法和贝塔来说都是不可取的。阿尔法的回报以粗体显示且位于右侧，贝塔的回报以普通字体显示且位于左侧。运用适用于这种回报矩阵中显示的博弈和其他类似博弈的程序，采用三种不同的平衡概念的解决方案如下。

（1）寻找合作均衡。对于矩阵的每个单元，求和回报并选择最大的和。对角线框中的总回报是 $-11x$，如果双方都坦白，则为 $-10x$；如果双方都沉默，则为 $-6x$。因此，选择沉默—沉默是使他们的联合收益最大化的战略组合。这就是合作均衡。

（2）要找到占优策略，应分别考虑每个玩家。对于阿尔法，第一

行 $-5x > -10x$，第二行 $-x > -3x$。因此，坦白总是有较高的回报，并且是占优策略。因为贝塔正在选择行，所以其必须比较两列的收益。在第一列中 $-5x > -10x$，在第二列中 $-x > -3x$。在第一行，贝塔具有占优策略：坦白，因为第一行的收益总是更大。因此，坦白—坦白是一个占主导地位的战略均衡。因为这是一种对称博弈，找到一个玩家的占优策略，即可得知另一个玩家的占优策略。

（3）要在纯策略中找到纳什均衡，应选择任意策略组合，并询问任一玩家是否有动力放弃这个选择。如果没有动力，那么在纯策略中就是纳什均衡。如果一个或更多玩家放弃，则进行下一个策略组合并继续，直到所有内容都经过审查。在这种情况下，存在占优策略均衡意味着纯策略中坦白—坦白存在纳什均衡。通过查看矩阵的该单元格并询问任一玩家是否通过切换至沉默状态而获利进行检查。从 $-5x$ 到 $-10x$ 既没有吸引力，也没有放弃，所以坦白—坦白是纯策略中的纳什均衡。现在检查其他单元格。显然，坦白—沉默的任何策略，都会让选择沉默的玩家比选择坦白的玩家情况更糟，所以这不是纳什均衡。那么沉默—沉默的组合怎么样呢？因为将从 $-3x$ 变为 $-x$，双方都有坦白的动机，因此，纯策略中只有坦白—坦白是纳什均衡。

在这三种情况下，用于确定平衡解的方法贯穿本书中的所有问题，有必要掌握这些方法。

就像执法博弈中经常发生的情况一样，合作均衡和纳什均衡之间也有所不同。这意味着博弈中的完全理性行为者无法最大化他们的共同收益。在这种情况下，纳什均衡下的收益为 $-10x$，比合作均衡中的 $-6x$ 差得多。人们通常会发现犯罪博弈中的均衡具有负社会收益，因为如第 2 章所述，由于旨在使损失最小化而不是使收益最大化，刑事司法支出是"令人遗憾的"。

对于那些运行刑事司法系统的人来说，这场博弈的结果是完全令人满意的。的确，这就是他们将嫌疑犯分开并提供在双方坦白的情况下免于最严厉判决的机会的原因。没有这个量刑上的折扣，坦白就不会是占优策略。[2]

囚徒困境的另一种形式与囚犯之间的合作有关。假设阿尔法和贝塔已被定罪并正在服刑 $10x$ 年。如果他们合作逃跑，则有 50% 的成功机会，他们的预期服刑时间将是 $0.5 \times 10x = 5x$。如果有一个人告发，那么他的刑期将减少为 $2x$，另一个人将被抓住且其刑期将增加到 $15x$。如果两个人都告发，就不会逃脱，预期刑期也不会改变。回报矩阵如图 9.2 所示。

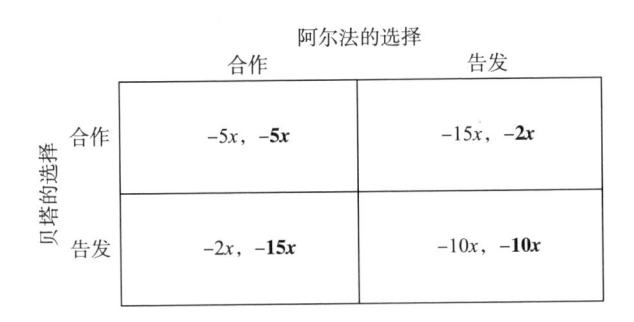

	阿尔法的选择 合作	阿尔法的选择 告发
贝塔的选择 合作	$-5x, -5x$	$-15x, -2x$
贝塔的选择 告发	$-2x, -15x$	$-10x, -10x$

图 9.2 两个囚犯的囚徒困境

（1）合作均衡是通过将每个矩阵的单元格项目的总收益相加来确定的，显然，总联合收益为 $-10x$ 的合作—合作选择是最好的。

（2）通过比较各行的收益来搜索阿尔法的占优策略，发现 $-5x < -2x$，即告发的决定更好；以及 $-15x < -10x$，仍是告发的决定更好，所以告发是阿尔法的占优策略。根据对称性，告发也是贝塔的占优策略，而告发—告发是占优策略均衡。

（3）因为放弃告发—告发意味着任一玩家从 $-10x$ 下降到 $-15x$，所以占优策略均衡是纯策略中的纳什均衡。

现在，叫"囚徒困境"这个名称的原因已经很清楚了。纳什均衡对囚犯的吸引力远不及合作均衡。当然，监狱系统的管理者很高兴，至少多名囚犯的逃跑企图都不太可能成功。

囚犯可能会通过采取惩罚措施来改变回报结构，有时会对阻止逃跑尝试的告密者施加相当暴力的惩罚。这修改了回报矩阵，此时选择告发其他囚犯何时逃跑的收益为 $-2x - X$，其中 X 是其他囚犯强加给告密者的一些未明确但严重的惩罚。假设 $-2x - X < -5x$，则回报矩阵改变了博弈均衡解的性质。图 9.3 中包含新回报。

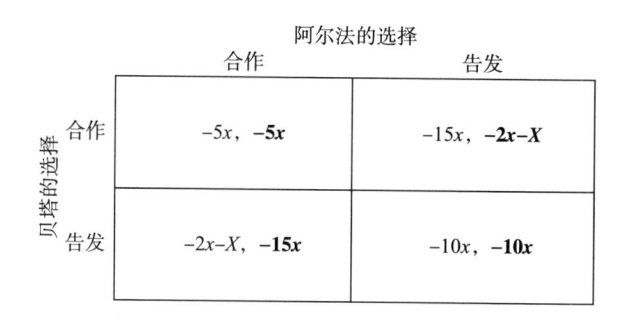

	阿尔法的选择 合作	阿尔法的选择 告发
贝塔的选择 合作	$-5x, -5x$	$-15x, -2x-X$
贝塔的选择 告发	$-2x-X, -15x$	$-10x, -10x$

图 9.3　对告密者采取行动时两个囚犯的囚徒困境

（1）合作—合作时，合作均衡不变。

（2）因为 $-5x > (-2x - X)$，而 $-15x < -10x$，阿尔法或贝塔的告发就不再有占优策略均衡。

（3）要检查纯粹策略中的纳什均衡，应先从合作—合作单元开始。因为 $-5x > (-2x - X)$，离开该单元会导致回报减少，现在合作—合作是纯策略中的纳什均衡。显然，告发—合作不是纳什均衡。转变为告发—告发，不告发会导致 $-15x < -10x$ 的告发回报，且让告发—告发成为第二纳什平衡，不会有任何对告发的背叛。

囚犯对告发的反应在合作逃跑的合作—合作时产生了第二个纳什均衡。这并不能使监狱管理层高兴，他们会定期采取措施转移告密者，使囚犯无法执行 $-X$ 惩罚。这一行动说明了执法博弈的重要用途。博弈不仅有助于理解代理者的行为，也可以用来设计激励方案，从而取得期望的成果。这里展示的简单的囚徒困境博弈，为囚犯和监狱管理层对逃跑可行性的行为反应提供了理论依据。

公司是否应为员工提供对于制裁的补偿？

公司经常试图为遭受民事甚至刑事制裁的雇员提供补偿。一种常见做法是支付律师费和辩护费用，另一种是支付罚款或关于判决的费用。从表面上看，这令人不解，因为公司似乎是通过降低犯罪成本来鼓励员工犯罪。对于风险厌恶型员工，这种支持可能会对犯罪决定产生重大影响。

> 事实证明，需要大量的博弈论来建立做出赔偿决策的模型，其中涉及员工、公司和执法机构。Mullin 和 Snyder（2010）指出，如果公司和员工很有可能在其无辜时被政府起诉，那么公司有充分的理由赔偿员工。此外，通常通过制裁公司来达到最佳的威慑水平。事实上，政府很少在指控公司的同时，还对雇员提起诉讼。有这样一种例外情况，为了确保公司被定罪，必须进行员工合作。当然，这与经典的囚徒困境非常类似，其中对两个罪犯分别提供了坦白的机会，以换取减刑。

鲁莽驾驶博弈

鲁莽驾驶博弈提供了一个阐明博弈论对犯罪与执法经济学而言有许多影响的机会。[4]博弈是一个简单问题的公式化，但很容易扩展到更复杂、更现实的情况。第5章中该博弈与鲁莽驾驶分析之间的关系是有意义的。

博弈的初始设置非常简单。驾驶人在道路上行驶，如果他们以限速行驶，则从中获得的收益标准化为零。[5]如果他们可以加速，则他们的福利 $w > 0$。这是在减去与超速相关的所有成本后，福利中的个人净收益。有一项高效民事诉讼制度，其中鲁莽驾驶人对由碰撞造成的损害承担责任，因此 w 的净值应归因于对其他驾驶人的损害承担赔偿责任。

被发现超速的驾驶人要支付罚款 f，则必须从 w 中减去 f 来求出超速的净收益，即 $w - f$。定期在高速公路上巡逻给警察局增加了成本 p。但是，如果警察决定定期巡逻，他们将能够查出所有在高速公路上超速驾驶的鲁莽驾驶人。[6]

如第1章所述，在高速公路上鲁莽驾驶会给其他在民事诉讼中没有资格获取损害赔偿的驾车人带来外部性。每个鲁莽驾驶人的外部性是固定的，等于 e。[7]警方的执法被认为是完全合理的。他们考虑了巡逻的成本、罚款收益以及对公众的外部性。外部性被考虑是因为警察对回应驾驶人的政治系统做出了反应。如果警察巡逻并查到超速驾驶人,则警察的回报为 $(f-p-e)$;如果他们不巡逻且驾驶人超速,则回报为 $-e$;如果他们巡逻且没有超速者,则回报为 $-p$;如果他们不巡逻且没有人超速驾驶,则回报为 0。[8] 这个问题有决定收益的四个关键因素:①违规给驾驶人带来的私人净收益 w;②罚款 f;③巡逻费用 p;④鲁莽驾驶的外部性费用 e。

回报矩阵如图9.4所示。第一项任务是使用上述三个平衡标准和求解方法寻求解决方案。

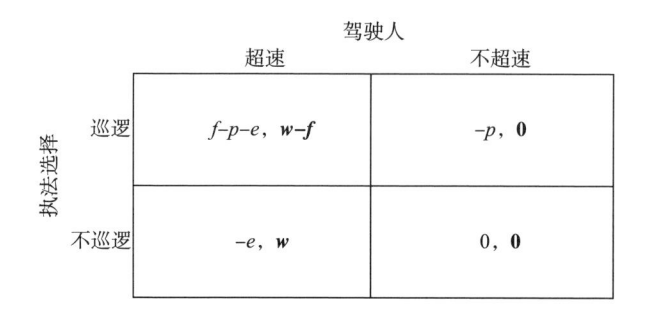

	驾驶人 超速	驾驶人 不超速
巡逻	$f-p-e$, $w-f$	$-p$, 0
不巡逻	$-e$, w	0, 0

图9.4　鲁莽驾驶博弈

(1) 在这些执法博弈中,在产生执法费用之处几乎从未发现合作均衡。要了解这一点,应考虑以下论点。如果警察巡逻,有人超速驾驶时,警察和驾驶人的联合收益是 $(w-p-e)$;没有人超速驾驶时联合收益为 $-p$。如果警察不巡逻,则联合收益为 $(w-e)$,其必须大于 $(w-p-e)$ 和 0,超过 $-p$。这样,在合作均衡中永远不会发生巡逻。因此,合作均衡是不巡逻和超速时的收益 $(w-e)$,以及不巡逻和不超速时的收益 0 之中较大的一个。精确合作均衡的含义对于政策意义重大。

(2) 驾驶人的占优策略涉及 $(w-f)$ 的符号,因为矩阵第二行中的 $w>0$ 是有争议的,因为驾驶人不想超速。[9] 因此,如果 $(w-f)>0$,则超速对于驾驶人来说是占优策略。同样,对于警察来说,因为"不超速"列中的 $-p<0$,所以主导性战略平衡在于单一比较。在第一列,警察比较 $(f-p-e)$ 和 $-e$:如果 $(f-p)<0$,则警察的占优策略为不巡逻。下一节将讨论这些问题。

(3) 如果驾驶人和警察有占优策略,即 $(w-f)>0$ 且 $(f-p)<0$ 纯

策略中的纳什均衡将是超速而不巡逻，即在占优策略下所讨论的（项目2）。否则，纯策略中可能没有纳什均衡。

对解决方案的讨论虽然不完整，但其对于刑事司法政策有许多重要意义，在继续推进这些政策之前需要仔细审视。第一，关于合作均衡：如果$(w-e)>0$，则合作均衡是让驾驶人提速，且警察允许他们这样做。在这种情况下，刑事司法政策不应使社会偏离合作均衡。这是否意味着高速公路不应设置速度限制？在世界上的一些地方，存在这样的政策，而且很可能会使福利最大化。[10]这种情况应该是设置高速公路限速的指南。如果$(w-e)>0$且存在速度限制，则该限制太低，应该被提高。事实上，速度限制应该被提高，直到$(w-e)$远小于零。但这正是在第1章中讨论的内容，定罪的决定是基于在民法中未涉及的外部性。执法决策的博弈论模型以略为不同的方式得出相同的逻辑结论。这并不奇怪，因为经济学家要求他们的模型具有逻辑一致性。

$(w-f)>0$导致的对驾驶人违规的占优策略的条件也有政策影响。应该将罚款设置得足够高，这样才能阻止刑法中规定的犯罪行为。否则，法律将成为一种税收形式。仅向在出行前就打算超速驾驶的驾驶人收取费用会更有效。

最后，如果$(f-p)<0$，则警察具有不巡逻的占优策略。这意味着，如果罚款低于巡逻费用，则刑事司法系统不应该执法。这是对定罪决定的又一评论。给定警察的回报函数，期望他们实施罚款少而执行成本高的法律是不合理的。总之，有关占优策略的两个条件表明，如果要将活动定为犯罪并执法，则罚款应高于w和p。

基于以上讨论，我们对博弈的解决方案假设进行了进一步的研究，速度限制被设置得足够高，使$(w-e)<0$，因此合作均衡是不超速—不巡逻。此外，罚款设置得比w和p高，所以任何一个参与者都没有占优策略。因此，必须通过测试每个纯策略组合来寻找背离动机的缺失，从而寻找纳什均衡。

在超速—巡逻单元搜索纯策略中的纳什均衡，很明显，驾驶人是不服从的。从不超速—巡逻单元，警察转为不巡逻，而当驾驶人不超速时，警察以背离的方式做出回应又不巡逻。这是一个典型的执法周期，在这个循环中，纯策略中没有纳什均衡，因为除非有违法行为，否则警察不会巡逻，而如果警察巡逻，驾驶人就不会违法。

在这种执法博弈的混合策略中，纳什均衡的求解遵循一套高度程式化的程序。从概念上讲，执法博弈中的混合策略均衡要求罪犯在犯罪与服从之间保持漠不关心，且警察对巡逻和不巡逻也漠不关心。设每个参与者只能有两个行动，混合策略的选择的本质很简单：驾驶人以概率 v 超速并以概率（$1-v$）服从，警察以概率 ρ 巡逻且以概率（$1-\rho$）不巡逻。

当巡逻和不巡逻这两个行动的预期收益相等时，警察就会对两者的选择漠不关心。幸运的是，这些预期收益可以直接从收益矩阵的行中读取，并可按图 9.1 所示计算使收益相等的必要条件。巡逻的预期收益是回报矩阵第一行（巡逻行）收益的加权总和，权重是犯罪和不犯罪的概率。不巡逻的预期收益是第二行不巡逻收益的加权总和，由 v 和（$1-v$）加权。

犯罪概率的求解方案等于在表 9.1 中列出的两种警察行动的期望收益。在给定 $f>p$ 的条件下，混合策略均衡的犯罪概率是 $v=p/f$，已知在零和统一之间。这种情况意味着，如果巡逻的成本更高，就会使犯罪行为增加，而更高的罚款则会减少犯罪行为。这两个结果都很直观；一旦 p 和 f 被视为反映了预期的制裁，就可以从犯罪的供求关系推断出：f 越高，预期制裁就越严厉，通过增加执行成本，p 越高，定罪的可能性越低。

要解出巡逻的概率，就要评估驾驶人的决定。当超速驾驶和服从这两个行动的收益相等时，驾驶人就会对两者漠不关心。幸运的是，如表 9.2 所示，与这两个行动相关的预期收益可以从收益矩阵的列中读取，并按巡逻和不巡逻的概率进行加权。收益矩阵的第一列中显示了预期犯罪收益，是由巡逻的概率 ρ 加权的（$w-f$）和不巡逻的概率（$1-\rho$）加权的 w。因为服从收益已标准化为 0，收益矩阵的第二列中不犯罪的预期收益为 0。

表 9.1 违规概率的混合策略均衡求解

巡逻的预期收益	不巡逻的预期收益
$v(f-p-e)+(1-v)(-p)$	$v(-e)+(1-v)0$
$vf-vp-ve-p+vp$	$-ve$
$vf-p$	0
v	p/f

表 9.2 巡逻概率的混合策略均衡求解

违规的预期回报	遵守规则的预期回报
$\rho(w-f)+(1-\rho)w$	$\rho(0)+(1-\rho)0$
$\rho w-\rho f+w-\rho w$	0
$w-\rho f$	0
ρ	w/f

表 9.2 中混合策略均衡的巡逻概率 ρ 的求解很简单：$\rho=w/f$。这意味着巡逻的概率随着超速行驶的个人收益的增加而增加，并随着罚款金额的增加而减少。w 对 ρ 的影响是超速带来的收益随着 w 的增加而增加，需要更多的巡逻。犯罪成本随 f 的增加而增加，这就减少了对巡逻的需要。

罚款 f 的规模对纳什混合策略均衡至关重要。f 的增加具有社会期望效果，因为 f 增加，可以降低犯罪率，并减少用于巡逻的实际资源需求。当然，罚款是一种转移支付，且如第 1 章所述，f 的增加不会增加社会成本。所有这些都在 Becker（1968）的经典著作中使用完全不同的模型进行了说明。但是，提高罚款并非没有潜在成本。驾驶人可能会担心被处罚，从而在限速以下行驶以避免受到制裁。然而，交通会变慢并产生相应的成本。这可能是警察在车速远高于限速时才会对超速行为执法的部分原因。这样，对于那些担心无意中违反限速的人，警方在限速和超速执法之间留出了一定的安全余量。

在这种混合策略均衡中，驾驶人有时超速而警察有时巡逻，产生了何种程度的社会福利？幸运的是，混合策略均衡中总福利的计算很容易实现。简单地总结一下警察和驾驶人的预期收益。这是通过选择表 9.1 和表

9.2中表达式的任意一侧来完成的。从表9.1中可以看出，不巡逻的预期收益是 $-ve$，而 v 的解是 $v=p/f$。[11]将其代入 $-ve$，警察不巡逻的预期收益为 $-pe/f<0$。对于驾驶人，表9.2中不违规的预期收益为0。因此，混合策略均衡总的社会收益为 $(-pe/f+0)=-pe/f<0$。执法博弈中出现预期负收益并不奇怪，因为执法是"令人遗憾的"用于纠正外部性的支出，除非 f 非常大，否则这种预期收益将相当令人遗憾。

实施策略还有另一种可能性。警察可以承诺即使速捕率下降到0并保持不变，也以消除鲁莽驾驶的概率巡逻。那么，消除超速所需的巡逻概率是多少？表9.2表明，当警察以 $\rho=w/f$ 的概率巡逻时，预期犯罪收益将降至0。这可以从表9.2的右侧清楚地看出来。因此，如果警察以略高于 ρ 的概率巡逻，如以 $\rho+\Delta$ 的概率巡逻，其中 Δ 很小，那么鲁莽驾驶的预期收益将为负，从而没有违规行为。警察以 $(\rho+\Delta)=(w/f)+\Delta$ 的概率巡逻且没有超速（$v=0$）时的社会福利水平是多少？此时所有服从规则的驾驶人的福利为0。警察的福利是巡逻的预期收益，显示在表9.1的左侧，由 $(vf-p)$ 给出，如果 $v=0$，则预期收益等于 $-p$。如果警察以概率 $(w/f)+\Delta$ 巡逻，巡逻的预期收益为 $-p$，则巡逻的收益等于 $-p[(w/f)+\Delta]$。这可以与混合策略均衡下的收益 $-pe/f$ 进行比较。如果承诺提高收益，那么 $-p[(w/f)+\Delta]>-pe/f$ 可以简化为表达式 $-[(w/f)+\Delta]>-e/f$ 或 $-(w+\Delta f)>-e$。假设 Δ 确实很小，则 Δf 可以忽略，如果 $-w>-e$ 或 $(w-e)<0$，则承诺可以提高收益。但这是将其定为犯罪的相同条件！这是不巡逻和服从的合作均衡的条件！因此，如果驾驶的公共外部性大于私人利益，那么承诺有足够的警察巡逻来消除鲁莽驾驶会提高福利。简而言之，适当设置限速，即以足够高的速度来实现合作均衡，应该通过足够的努力来消除超速。

这是非常重要的一点，最好从设置速度限制的角度来理解。如果将速度限制设置得足够高，使私人收益小于超速带来的外部性，那么警方应该以足够高的频率执法以消除超速，前提是承诺在没有违法行为的情况下保持巡逻。该承诺存在许多政治问题，因为在没有犯罪行为的情况下，纳税人可能会要求削减警务支出。此外，违规者减少可能是由于速度极限设置得太高，警察将在抓不到违法者的情况下巡逻，而驾驶人将面临巨大的外部性。这样看来，只有在对精确限速做出适当的初步决定的情况下，承诺的行为才是有意义的。

鲁莽驾驶博弈还可以用来重新考虑刑事司法系统所面对的各种执法问题。在许多情况下，警察的工作是依据事实直接逮捕罪犯，而不是侦查犯罪行为。因为逮捕和定罪会威慑其他罪犯或使罪犯因被监禁而无法犯罪，所以不会改变博弈的基本特征。因此，在对鲁莽驾驶问题进行分析时提出的问题在刑事司法系统的管理中非常常见。

本章回顾

博弈论涉及理性主体之间的战略互动建模，这些主体认识到自己的效用取决于其他人的选择。非合作博弈论在犯罪中的应用是自然的，因为参与者之间无法执行合同。因此，合作均衡很少被作为犯罪博弈的解决方案。

不同形式的囚徒困境博弈，通常在纯策略中具有纳什均衡，可以深入了解如何改变罪犯的收益，以使他们不合作。

执法博弈，涉及罪犯与警察或罪犯与受害人之间的互动，通常会在混合策略中产生纳什均衡。这些博弈分析还可以提供有关将什么定为犯罪、何时执行以及制裁的作用等方面的信息。

问题和练习

1. a. Big Lenny 运作着一个贩毒团伙，该贩毒团伙每天可以赚取 4000 美元的贩毒利润。警察每天在 Big Lenny 的地区巡逻，成本为 500 美元/天。如果警察巡逻，则有 0.5 的机会抓住 Big Lenny 团伙中的一个街头贩毒者。假设贩卖毒品的罚款为 6000 美元（由 Big Lenny 支付），且警方以 5000 美元/天的价格避免社区对毒品交易的投诉（即使抓住毒贩，如果毒品被贩卖，他们也会收到投诉）。根据这些值，你觉得 Big Lenny 和警察会做什么？

b. 如果被抓住的可能性从 0.5 增加到 1.0，也就是说，警察如果巡逻肯定会抓住毒贩，你的答案将如何变化？

2. 简（Jane）的珠宝店可以选择在打开或关闭的箱子中展示珠宝。她的客户更喜欢开箱，将产品放在开箱中会带来 20000 美元/月的额外利润。但是，罪犯发现了简，并考虑入店行窃或实施抢劫。将珠宝放在封闭的箱子中可减少因入店行窃或抢劫而造成的损失。假设预期的盗窃损失（由罪犯获得）开箱为 45000 美元、在玻璃下为 40000 美元，入店行窃造成的每月损失开箱为 15000 美元，闭箱为 5000 美元。设抢劫的预期制裁相当于 40000 美元/月，入店行窃的预期制裁相当于 5000 美元/月。注意：罪犯有三种选择（替代行动）：抢劫、入店行窃、不犯罪。简有两种选择：开箱或闭箱。写出此博弈的收益矩阵，确定合作均衡，并讨论纯策略或混合策略中的占优策略和纳什均衡的存在性。

3. 考虑市场中盗窃受害人与罪犯之间的互动。假设风险中性的个人可以 30000 美元/年的价格工作或在 7~9 家商店内通过入店行窃参与犯罪活动，每年获得 50000 美元（入店行窃者和商店所有者的损失）。假设商店所有者可以 30000 美元/年的价格采用保护措施，这可以防止所有入店行窃行为的 50%，即如果店主采用保护措施，则入店行窃者以相同的努力水平仅能窃取不采取保护措施时的一半，商店所有者的损失将相应减少。进一步假设商店经营者是风险中性的，只关心其净损失。写出此博弈的收益矩阵，确定合作均衡，并讨论纯策略或混合策略中的占优策略和纳什均衡的存在性。

4. 医疗保险欺诈是一个重大问题。假设审核一家主要的医疗服务提供者的费用为 3000 美元/年，医疗人员可以窃取 100000 美元/年。但是，如果被抓住，他们必须退还这 100000 美元，并支付 50000 美元的罚款。考虑保险公司和供应商之间的战略互动，找到合作均衡，然后对于占优策略均衡、纯策略和混合策略中的纳什均衡。请展示你的作品，从编写收益矩阵开始。

| 注　释 |

1. 囚徒困境博弈模型最早发展于19世纪50年代早期，目前其扩展内容仍然被顶级研究者所关注，如Van den Assem、Van Dolder和Thaler（2012）。
2. 共同认罪的减刑幅度很小，但仍然保持占优策略均衡。然而，坦白—坦白在纯策略中仍保持纳什均衡。
3. 在有组织犯罪的情况下，有时会对所有团伙成员施加沉默守则，因犯可以在监狱里执行，也可以在知情的因犯获释后予以执行。刑事司法制度与证人保护制度相抗衡，证人保护制度需要用公共费用给告密者一个新的秘密身份。显然，这个博弈会变得非常复杂。
4. 这个例子是由Christopher Snyder提供的。
5. 在这些博弈中，将不归零的回报标准化是很常见的，它可使计算变得容易很多。
6. 可以制定此问题的程式化版本，其中定罪概率p_c为巡逻量的递增函数，但额外符号方面的成本很高，而洞察力的收益却很小。
7. 这些与第5章中讨论的外部性类型相同。
8. 如果他们巡逻并查处超速驾驶，收益是$(f-p-e)$，因为其他驾驶人会在超速者被查处之前受到超速者的外部性影响。
9. 在这种情况下，根据民法承担的责任足以阻止鲁莽驾驶。
10. 一个问题是，害怕超速的车辆驾驶人会避开没有速度限制的道路，这使得测试不限速政策的最优性变得困难，因为高速公路用户将是所有潜在驾驶人的选定样本。
11. 提示：预期收益来自巡逻和不巡逻，因此最好选择表格中最容易求解的一侧。显然，对于表9.1，不巡逻的收益简单得多。

第三编

统计分析技术在犯罪研究中的应用

10 犯罪模型测试中的统计问题

■简介

本章开始从犯罪经济学中使用的理论模型过渡到这些模型的实证检验和校准。由于本书是为几乎没有统计学背景的学生设计的，因此回顾经济学中假设检验的一些基本原则是很重要的。在处理有关罪犯或犯罪程度的数据时，可能会遇到一些特殊的统计问题。经济学假设检验的许多最新进展在解决犯罪经济学研究中遇到的问题方面特别有价值。

本章的第一部分讨论了使用非实验性社会科学数据进行统计推理的一般问题，并展示了这些问题是如何在犯罪与执法的研究中出现的。特别是，很难估计犯罪的供应和需求或犯罪与执法工作之间关系的典型"结构性"模型。首先确定和表征了做出统计推论的问题，然后提出了统计问题的可能的解决方案。总的来说，根据第4章和第5章的理论，对关于犯罪供求的假设的直接评估和检验可能会产生误导性的结果。

本章的最后一部分介绍了经济学中常用的统计检验的标准形式的替代方法。一种替代方法是自然实验，它要求研究人员确定政策的转移或变化。这些政策可以用于准实验设计，以测试特定变量对罪犯行为和/或犯罪水平的影响。另一种替代方法是使用最初为宏观经济时间序列开发的技术来确定和量化犯罪经济学中变量之间关系的性质。这些技术在后续章节中回顾的犯罪实证经济学文献中经常被使用。

对于熟悉莱维特和杜布纳（Levitt and Dubner, 2005）的"魔鬼经济学"（*Freakonomics*）的读者来说，这里的讨论应该是有用的。本质上，该书中用于揭示"一切事物隐藏的一面"的统计推理形式在本章中作为自然实验进行了介绍。魔鬼经济学的测试方法是经济学家，包括许多对犯罪与执法感兴趣的人，对本章第一部分提到的推理问题的回应。

关于犯罪与执法的统计推理问题的说明

经济学界关于正确使用数据和统计技术的争论由来已久，特别是在研究结果具有重要政策或实际意义的情况下。也许这类文献中最著名的论文之一是 Leamer（1983）的"让我们从计量经济学中去掉骗局"（*Let's Take the Con Out of Econometrics*），他在其中观察到"几乎没有人认真对待数据分析"。或者，更准确地说，几乎没有人认真对待其他人的数据分析。[1] 事实上，关于没有坚实理论基础的统计检验的抱怨可以追溯到哈维尔莫（Haavelmo, 1944），他感叹道：

> "实验的设计（物理学家所说的'关键实验'的处方）是任何定量理论的必要附录。当我们构建这些理论时，我们通常会想到一些这样的实验，然而不幸的是，大多数经济学家并没有明确地描述他们的实验设计。"（第14页）

这段引文与犯罪和执法模型直接相关，因为哈维尔莫获得了诺贝尔经济学奖，主要是由于其开发了可用于估计供求模型的统计技术。犯罪和刑事司法系统实证研究的一个主要问题是，在哈维尔莫发声65年后，一些研究人员继续依赖单方程模型，而忽略了促使其进行研究的统计问题！

最近，《经济学观点杂志》（*Journal of Economics Perspectives*）发表了著名计量经济学家关于"从经济学中去除骗局"（*Con Out of Economics*）专题研讨会的论文。在主要论文中，安格里斯特和皮施克（Angrist and Pischke,

2010）指出，经济学家仍在与用非实验数据进行经验推论的问题做斗争。他们看到了一些领域的进展，更好的研究设计为统计推理提供了基础，并发现了当前方法在其他领域应用时的缺陷。本专题对统计推理的评论，也适用于犯罪与执法，是本章中许多讨论的基础。[2]

注意"非实验数据"一词在犯罪经济学中与推理问题相关的使用。实验数据是由研究人员控制的数据生成过程创建的。例如，假设研究人员采用了一种实验设计来确定控制变量，也许是一种特定的制裁对犯罪供应的影响。实验设计包括观察罪犯对不同水平的制裁做出的反应，同时保持影响犯罪决定的其他变量不变。出于各种原因，这种实验不能在刑事司法系统中实施。首先，故意对其他相同的罪犯实施不同的制裁将违反宪法或大多数社会其他法律框架中的平等保护条款。其次，密切监控被释放的罪犯，观察他们随后的犯罪行为会侵犯他们的个人隐私。再次，衡量个人犯罪的机会是非常困难的。最后，监督罪犯的行为本身就会对他们的犯罪意愿产生重大影响。可以建立实验实验室（experimental laboratory），使受试者对不同的激励措施做出反应，但这些对大多数犯罪选择的洞察力有限。[3]

因此，犯罪经济学中的大多数统计推断都使用了来自刑事司法系统的非实验性数据，因为它们不是由任何有意识地实施一个受控的实验设计的尝试所产生的。事实上，来自刑事司法系统的数据往往具有与实验数据所需的数据相反的特征。在实验中，无论受试者犯罪的可能性如何，都应该对其实施对待变量。在刑事司法系统中，主体受到的对待完全不同，正是因为他们犯罪的可能性不同。因此，那些最有可能是职业罪犯的人往往会被判处更长的刑期。获释后，那些在监狱里度过更长时间的人最有可能被惩罚，这就不足为奇了。事实上，如果情况并非如此，司法系统的运作就应该受到质疑。这种动态类似于住院时间与随后的发病率或死亡率之间的关系。更长的住院时间与随后的医疗问题有关，但这并不意味着医院是无效的。

犯罪率决定因素检验中的统计问题

犯罪与执法经济学中最基本的统计推论之一是犯罪和制裁之间的关系。根据本书目前提出的理论模型,提高对犯罪制裁与犯罪预期制裁的概率,可降低犯罪市场上观察到的犯罪数量。然而,其他变量也会影响犯罪。犯罪经济学预测,该地区更高的合法市场工资、提高合法收入的更高教育程度以及人口老龄化往往会降低犯罪率。[4] 因此,不同地区或特定地区犯罪率的差异,可以用预期的制裁、工资、教育水平和人口年龄来解释。某地区的犯罪供应具有以下形式:

$$C_{it} = \sigma S_{it} + \omega W_{it} + \varepsilon H_{it} + \alpha A_{it} \tag{10.1}$$

式中,C_{it}是时间t时地区i的犯罪量,S_{it}是预期制裁的度量,W_{it}是市场工资,H_{it}是受过高等教育的数量,A_{it}是人口年龄,各系数是需要统计推断的常数。犯罪经济学模型的"测试"将确定这些系数的参数值的统计估计是否为负值,以及如理论建议的那样在统计上不等于0。

式(10.1)存在一些问题。第一个问题是,它是完全确定性的,或者说是非随机的,因为没有误差项。事实上,C_{it}、S_{it}、W_{it}、H_{it}和A_{it}都是随机变量,因为数据中的测量值都是随机变化的。这种随机变量的来源有很多,但在犯罪经济学中最重要的是测量误差。从现实开始,到提供给经济学家用于犯罪统计分析的数字结束的数据生成过程通常存在很大的测量误差。C_{it}有一个"真"值和一个测量值,可以写成$C_{it} + v_{it}$,其中v是符合某种概率分布的测量误差,很可能是标准正态分布。假设测量误差的平均值或"预期"值为0,写为$\varepsilon(v) = 0$。式(10.1)中的所有其他变量均为随机变量,因此经济学家得到的是由"真"值和随机测量误差组成的数据。式(10.1)的统计版本或随机版本可以写为:

$$C_{it} = \sigma S_{it} + \omega W_{it} + \varepsilon H_{it} + \alpha A_{it} + v_{it} \tag{10.2}$$

如上所述,式(10.2)隐含地假设$C_{it} - (\sigma S_{it} + \omega W_{it} + \varepsilon H_{it} + \alpha A_{it}) =$

v_{it}，或者如果观察到其他变量的真值，则 C_{it} 与预测值不同的唯一原因是测量误差——v_{it}。

获得 σ、ω、ε 和 α 估计值的标准统计方法是使用普通最小二乘回归（OLS）来计算这些参数的估计值及其标准误差，可用于测试来确定参数的大小和统计意义，并测试它们与经济理论的预测值的一致性。[5]使用 OLS 对式（10.2）进行统计估计需要许多假设，但这里最关心的是，误差项 v 的期望值不能与 S、W、H 或 A 相关。这可以形式化地表示为给定 $S=0$ 的误差项 v 的期望值，写为 $E(v|S) = 0$，或者 OLS 估计无偏的条件是 v 和 S 之间的相关性等于 0，写为 $r_{vS}=0$。对 σ、ω、ε 和 α 的无偏估计还要求 $E(v|W) = E(v|H) = E(v|A) = 0$ 或 $r_{vW} = r_{vH} = r_{vA} = 0$。[6]

为了理解为什么这些属性很重要，应认识到式（10.2）指出的 C 可以用 S、W、H 和 A 来预测。但是，在给定的 S、W、H 和 A 的情况下，C 的预期值是 $E(C|S,W,H,A) = \sigma S_{it} + \omega W_{it} + \varepsilon H_{it} + \alpha A_{it}$。显然，只有当 $E(v) = 0$ 时，该式才可能成立，因为如果 $v \neq 0$，则 $E(C|S,W,H,A) = v \neq 0$。因此，对于式（10.2）的 OLS 估计，要给出 C 的无偏预测，必须使 $E(v|S) = E(v|W) = E(v|H) = E(v|A) = 0$，或者误差必须与自变量无关，这就是上面提到的条件。

为了说明测量误差可能产生的偏差，假设 C 和 S 的测量都有误差，且 C 的测量误差与 S 的测量误差有关。这可能是因为 C 和 S 来自同一刑事司法系统，其中一个变量的误差会出现在另一个变量中。例如，假设 $E(v|S) = \theta S$，其中 $\theta > 0$，或 C 和 S 中的测量误差正相关。然后，在给定的 S、W、H 和 A 的情况下，C 的预期值将为 $E(C|S,W,H,A) = \sigma S_{it} + \omega W_{it} + \varepsilon H_{it} + \alpha A_{it} + \theta S_{it}$。在这种情况下，$S$ 系数的 OLS 估计（称为估计 σ^*）将是 $\sigma^* = \sigma + \theta$，这是 S 对 C 的真实影响的向上偏差估计（即夸大了 σ），因为 $\theta > 0$。因为 σ 是负的，向上偏差可能会导致 σ^* 的估计值为 0 或至少与 0 没有显著的差异，可能会给人一种制裁并没有降低犯罪率的错误印象。在 OLS 估计中，这个问题的常见术语是变量偏差中的误差，当因变量 C 中的测量误差与 S 等自变量中的测量误差相关时，就会出现这个问题。鉴于关于犯罪、逮捕和制裁的数据都来自刑事司法系统，必须认真考虑一个变量的测量误差与

同一系统报告的另一个变量的误差有关的可能性。

现在考虑一个更复杂的问题，称为省略变量偏差。忽略测量误差的问题，并假设由于一些疏忽或缺乏研究资金，经济学家无法获得关于年龄的数据，然后，A 就会变成一个被省略的变量。理论上，它属于分析的因素，但还没有被观察到。当 A 缺失时，A 对 C 的影响不会消失。A 对 C 的影响只是成为误差项的一部分，现在可以写成 $v' = \alpha A + v$，或式（10.2）变成：

$$C_{it} = \sigma S_{it} + \omega W_{it} + \varepsilon H_{it} + v'_{it} \tag{10.3}$$

使用 OLS 对式（10.3）进行的统计估计只包括三个可观察到的自变量——S、W 和 H，但由于没有观察到年龄，误差项同时包括 αA 和 v。如前所述，误差是 $v' = \alpha A + v$。回想一下，OLS 估计假定回归变量 C、W 和 H 与误差项无关，或者 $E(C \mid \alpha A + v) = E(W \mid \alpha A + v) = E(H \mid \alpha A + v) = 0$。换句话说，OLS 估计假定年龄与制裁、工资和教育水平不相关，或者 $r_{S(\alpha A+v)} = r_{W(\alpha A+v)} = r_{E(\alpha A+v)} = 0$。如果该假设属实，则给定 S、W 和 H 的 C 的期望值将为 $E(C \mid S, W, H) = \sigma S_{it} + \omega W_{it} + \varepsilon H_{it}$，而对 σ、ω 和 ε 的估计将是无偏的。然而，S、W 和 H 不太可能都与年龄无关。特别是，假设教育水平与年龄正相关，A 对 H 的 OLS 回归的估计系数是 φ，其中 $\varphi > 0$，因为年龄和教育水平是直接相关的。[7]

在这种情况下，给定 S、W 和 H 的 C 的预期值为：

$$E(C \mid S, W, H) = \sigma S_{it} + \omega W_{it} + \varepsilon H_{it} + \alpha \varphi H_{it} = \sigma S_{it} + \omega W_{it} + (\varepsilon + \alpha \varphi) H_{it} \tag{10.4}$$

高等教育系数 H 的 OLS 估计值为 $(\varepsilon + \alpha \varphi)$。因为 ε 和 α 都为负值，而 $\varphi > 0$，H 系数的 OLS 估计将为 $\varepsilon + \alpha \varphi < \varepsilon$，教育水平对减少犯罪的影响将被夸大！本质上，省略的自变量 A 对 C 的影响部分与包含变量的影响混淆，在这种情况下是 H，因为 A 与 H 正相关。零假设 $\varepsilon = 0$ 的检验将会存在偏差，因为 H 对 C 的影响被高估了。[8] 在可以预测省略变量偏差的情况下，在犯罪经济学中进行假设检验时得出错误结论的危险可以得到减轻。最后，请注意使用从式（10.4）的 OLS 估计值中得到的教育偏差系数（省略年龄）可比使用真实系数[即在预测方程中使用 $(\varepsilon + \alpha \varphi) E_{it}$ 而不是 εE_{it}] 获得更好的犯罪预测，即假设没有观察到 A。因此，被省略变量偏差

污染的方程的参数估计可以很好地适合数据和预测，但对于检验关于单个变量的真实影响的假设，它们可能具有极大的误导性。

测量误差和省略变量偏差是重要的问题，是犯罪模型中统计推理的主要问题，是引发关于计量经济学中的骗局以及前面提到的哈维尔莫（1944）联立方程偏差的问题，有时也被称为反向因果关系。对式（10.2）中参数的估计肯定会受到联立方程偏差的影响，因为虽然制裁可以减少犯罪，但犯罪水平肯定会对制裁产生影响。刑事司法系统的支出和政策是以政治条件为基础的。如果犯罪被视为一个问题，支出和制裁往往会增加。因此，式（10.2）所暗示的数据生成过程的描述严重不完整，因为至少还有一个方程，其中制裁取决于犯罪；对这个双方程系统的完整描述可能如下所示：

$$C_{it} = \sigma S_{it} + \omega W_{it} + \varepsilon H_{it} + \alpha A_{it} + v_{it} \quad (10.5a)$$

$$S_{it} = \beta_{it}^C + \kappa_{it} \quad (10.5b)$$

该系统的第二个方程式（10.5b）表示犯罪对预期制裁程度的影响。由于外部性往往随犯罪而增加，公众对犯罪的支出意愿也随外部性的提升而增加，因此 $\beta > 0$。出于讨论的目的，v 和 κ 被假定为不相关的随机误差项。仅对式（10.5a）的 OLS 估计假设 $E(v \mid S) = 0$，但这显然不是真的，因为式（10.5b）指出 C 和 S 是正相关的，这意味着 $E(v \mid S) > 0$ 或 S 和 v 是正相关的，即 $r_{v,S} > 0$。因此，OLS 对 σ 的估计将会有偏差。虽然分配这种联立方程偏差的方向是棘手的，但在这种简单的情况下，σ 会向上偏置，因为 $r_{v,S} > 0$ 且 OLS 对 σ 的估计甚至可能是正的，这可能表明统计上很幼稚，增加制裁会提高犯罪率。

由于刑事司法系统的行动一般被视为旨在减少犯罪数量的处理方式，因此当犯罪率增加时，这些努力通常会增加。对刑事司法处理的有效性的单方程 OLS 估计普遍倾向于向上倾斜，也就是说，倾向于发现对犯罪没有显著影响的结果。[9] 犯罪的单方程 OLS 模型中的警务支出系数通常是正的。这是否意味着警察会导致犯罪？答案是否定的。就像死亡率方程中的住院估计系数或降雨方程中的雨伞估计系数一样，解释问题的方程中任何处理的估计系数都可能受到极端联立方程偏差的影响，以致其符号与事实相反。虽然对它的大小是有争议的，但式（10.5a）中 σ 的符号应该是负的，即使 OLS 估计表明它是正的。

在犯罪经济学的研究中，有几种方法可以解决式（10.2）给出的 OLS 估计值中明显的联立方程偏差问题。最常见的是由哈维尔莫提出的工具变量（IV）方法。为了说明 IV 方法，有必要进一步了解式（10.5）中的双方程系统。应用经济理论时，研究人员必须确定一些变量，它们是误差项 κ 的一部分，对制裁 S 有重大影响，但不是犯罪的原因或结果 C。换句话说，新变量必须属于式（10.5b），而不属于式（10.5a），并且不存在其他方程式可以说明犯罪导致该变量。用 IV 方法的术语来说，该变量必须是一个被排除的外生变量。式（10.6）中使用的系统包括这样一个变量 G，它可能是来自上级政府的拨款或技术支持。这些拨款可能允许当地警方加强努力，以提高定罪的可能性[10]：

$$C_{it} = \sigma S_{it} + \omega W_{it} + \varepsilon E_{it} + \alpha A_{it} + v_{it} \quad (10.6a)$$

$$S_{it} = \beta C_{it} + \theta G_{it} + \zeta_{it} \quad (10.6b)$$

虽然有几种方法可用于构建 IV 估计，但最直接的方法是进行两次 OLS。[11] 首先，在式（10.6）中的所有外生自变量上计算 S 的 OLS 估计，即估计 S 在 W、H、A、G 上的 OLS 回归。然后利用这个"第一阶段"回归的估计系数来构建 S_{it} 的估计或预测值。因为这个估计值 S^* 是自变量的函数，即 $(E(v \mid S^*) = 0$ 和 $r_{S^*, v} = 0$，所以它可以代替 S_{it}，用于计算式（10.6a）第二阶段的 OLS 估计。第二阶段的 OLS 估计具有 S^* 系数的 IV 估计的预期值等于 σ 的性质，并且可以获得预期制裁对犯罪率影响的无偏估计，用于假设检验。[12]

利用 IV 方法得到了复杂模型参数的无偏估计，其中有几个方程和内生变量是很常见的。本书后面回顾的犯罪经济学中的一些重要论文采用了这一技术。然而，正如上述经济问题综述中所建议的那样，有人对获得这些多方程模型的可靠估计的能力提出了质疑，这些模型被称为"结构模型"（structural model）。大多数模型试图确定犯罪关系的供求关系，必须考虑犯罪率、执法力度和制裁水平是相互关联的变量。多方程结构模型的主要困难在于刑事司法系统中的关系非常复杂，而且随着模型中方程式数量的增加，分析中出现错误的危险也随之增加。特别是，随着变量数量的增加，附加方程意味着省略变量偏差和测量误差偏差的机会更大。此外，随着方程数量的增加，将越来越难找到合适的工具变量。为了应对在估计刑事司法系统结构模型时的这些问题，人们已经开发了一些用于犯罪经济学中假设检验的替代方法。

关于刑事司法系统的结构模型的最后一个困难是存在所谓的"选择偏见"。这个问题在刑事司法系统的统计模型中尤为严重，因为警察、法院和监狱系统对待个人是基于对其未来潜在犯罪可能性的判断。这是一个非常复杂的选择过程。在某些情况下，需要咨询在评估潜在罪犯方面接受过专门培训的心理学家、犯罪学家、警察和法官，以了解对特定罪犯的待遇类型。他们可能有关于被告的行为和品格的宣誓证词的完整记录。与基于研究人员可用的有限的数据相比，这些经验丰富的专业人员在面对大量信息时，对处理的可能效果和有效性的判断是非常敏锐的。因此，司法系统对实际或潜在犯罪行为的处理的最终影响是这种处理的总体影响和接受处理的选定个人群体的结果。

样本选择的一个很好的例子是审前释放系统，因为它在许多地区得到了普遍实施。因为在陪审团或法官判定被告有罪之前，推定被告是无罪的，所以被告在等待审判时通常有资格获释。[13]审前释放还为政府节省了监禁被告的费用，并且如果他们是无辜的，则需要赔偿他们。寻求释放的人出现在审前释放官员面前，并通过面对面的询问收集有关他们情况的信息。随后进行的司法审查也可能是面对面的，并考虑过去的犯罪记录、当前的指控以及控方和辩方希望提供的其他事实。在做出发布决定之前，训练有素的专业人员会根据大量信息做出审慎的判断。

大多数被告是在个人担保的情况下获释的，也就是说，除了出庭受审的义务，他们可以无条件出狱，而且可以留在特定的地理区域内。[14]其他个人将被保释。他们必须向法院抵押或存放财产，如果他们没有出庭接受审判，这些财产将被没收。被告可以依靠自己的资产或在朋友和家人的帮助下缴纳保释金。据说，以这种方式获得释放的个人已经缴纳了自己的保证金。最后，被告可以从担保人那里购买本质上的保险单。该保险的费用由担保人保留，以换取在被告未能出庭时可能损失的全部担保。这给了担保人监督被告的动机。特别是，担保人应该采取措施来确保他们的"客户"按时出庭受审。[15]

未能出庭（FTA）的简单统计分析可能依赖于虚拟变量的 OLS 回归，如果被告出庭受审则为 0，如果他们未能出庭则为 1。未能出庭的原因可用被告的个人特征 X、指控的特征 C、表示保释的变量 R，以及表示使用担保人的变量 B 表示。FTA 方程为

$$F_i = \psi X_i + \sigma C_i + \rho R_i + \beta B_i + \varepsilon_i \qquad (10.7)$$

式中，F_i 是一个虚拟变量，被告出庭时等于 0，被告未出庭时等于 1；X_i 用于测量个人特征；R_i 是一个"虚拟变量"，如果被告是在保释后获释（即在没有保释的情况下被释放）则等于 1，否则等于 0；B_i 是一个虚拟变量，如果使用了担保人则为 1，否则为 0。最后，ψ、σ、ρ 和 β 是使用 OLS 进行估计的参数。这些估计的参数决定了变量的变化对 FTA 概率的部分影响。最后，ε_i 是一个误差项。[16]

特罗斯特和耶泽（Trost and Yezer，1985）讨论了与该模型的估计及其分辨率相关的问题，这是此处提出的分析的基础。首先，式（10.7）的 OLS 估计不可避免地发现 $\rho<0$ 和 $\beta>0$。对这些结果的一个解释是，设置保释而不是无保释释放，增加了 FTA 和使用担保人，而不是使用个人的和借来的资金，在那些被保释的人中提高了 FTA。换句话说，对结果的简单解释是，使用担保人会提高 FTA，如果每个被告都凭借个人担保获释，那么 FTA 将是最低的。显而易见的政策建议是，无条件地释放所有被告，以尽量降低 FTA。

显然，这种分析存在问题。当其因这种行为而受到经济处罚时，不出庭受审的个人，在没有任何处罚的情况下，不太可能出庭受审。问题是使用 OLS 估计来模拟 FTA，因为法官根据他们对被告未能出庭的预期可能性来设定释放条件。

图 10.1 说明了审前释放过程的各个阶段。OLS 估计假设，确认后释放与最终使用担保人的 FTA 概率的任何差异都被变量 X 和 C 完美地捕获。换句话说，OLS 的使用假设参与释放过程的法官只考虑研究人员观察到的变

量 X 和 C，并且只考虑那些与进入 FTA 方程，即式（10.7）的函数形式完全相同的变量。

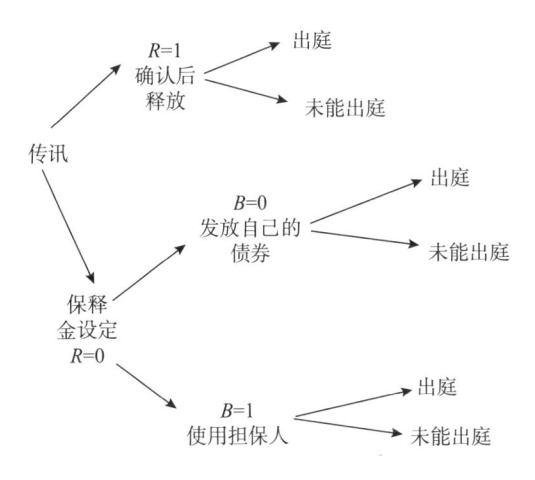

图 10.1　释放过程与未能出庭示意图

图 10.1 说明了式（10.7）中 ρ 和 β 的 OLS 估计可能存在偏差的原因。OLS 估计专注于这个过程的最后阶段：出庭与未能出庭。为了使 OLS 对保释和保释担保人对 FTA 的影响产生无偏估计，所有未经保释而获释的被告必须具有与被保释而获释的被告相同的未被观察到的特征（即未包含在变量 X 和 C 中的特征）。同样，那些选择使用担保人的人也需要与那些发放自己债券的人具有相同的未被观察到的特征。显然，这三个群体未被观察到的特征很可能是非常不同的。法官和行政长官使用经济学家使用的标准数据集中没有的信息来确定基于逃跑风险的释放条件。

计划逃跑的个人宁愿不发布自己的债券基金。因此，对式（10.7）的 OLS 估计是有偏的，并表明最大的逃跑风险与担保人的使用有关。

OLS 估计中的偏差统计问题可以用上面讨论的联立方程偏差参数的一个稍经修改的版本来表示。为了使 OLS 无偏，式（10.7）中误差项的期望值 ε_i 不能取决于 R 或 B，该假设无效。相反，$E(\varepsilon \mid R) < 0$ 和 $E(\varepsilon \mid B) > 0$，因为逃跑风险最低的被告凭借自己的保释金获释，而那些计划逃跑的获释者有使用担保人的动机。[17] 计量经济学家已经开发了 OLS 的替代方案来估计类似于图 10.1 所示的系统。统计问题在形式上被称为选择偏差，因为只对所有观察的选定样本进行处理。

必须存在特殊条件来调整选择偏差，这些条件在这里提出的特定保释金问题中得到满足。最后，特罗斯特和耶泽（Trost and Yezer，1985）发现，正如预期的那样，担保人对未能出庭产生了负面影响。然而，实施估计量以纠正选择偏差的条件很严格，而且在刑事司法系统的研究中往往不存在。

■犯罪结构模型的统计检验结论

上一节严格地说明了为什么很难检验刑事司法系统的处理与犯罪率之间的经验关系。一些问题，如由测量误差引起的偏差和省略的变量偏差，可以通过更多更好的数据得到缓解。[18]然而，收集准确的数据作为运作刑事司法机构的优先事项是一项挑战。

> **"检察官谬误"和样本选择**
>
> 样本选择问题是理解汤普森和舒曼（Thompson and Schumann，1987）最初提出的"检察官谬误"的一种方式。当通过从大量的样本中进行选择来识别被告时，谬误就出现了。在犯罪现场发现的指纹是针对具有一千万个指纹的国家数据库进行比对，而被告指纹匹配的概率可能为十万分之一，这令人印象深刻。问题是，在一千万个样本中，如果匹配概率为十万分之一，则预期的匹配数为100。当然，这100场比赛中有99场一定是无辜的！因此，被告的指纹与在犯罪现场发现的指纹相匹配的事实意味着，其无罪的可能性是99/100＝0.99！
>
> 检察官应该试图将指纹与尽可能少的样本相匹配，以提高测试的效率。如果他们知道有罪的一方是女性，且身高不到5英尺，则能够对选定的一万份样本进行测试。在这种情况下，预期的匹配数将为10000/100000＝1/10。两次匹配的概率为$(1/10)^2＝1/100$，且两次以

> 上匹配的概率为 1/1000。为了证明被告是无罪的，尽管其指纹匹配，必须有两个或两个以上匹配。因此，现在其无罪的可能性已经从 0.99 下降到大约 0.011。
>
> 检察官谬误似乎与现代警务方法的变化相冲突。易于访问的计算机文件允许大规模搜索匹配的 DNA 或指纹。这些搜索有效地识别出了嫌疑人名单。然而，这个名单是从大量的人口中选出来的。在审判中，相关的问题不是从人口的随机样本中获得匹配的概率，而是在匹配时被告无辜的可能性。

更令人不安的是犯罪率或犯罪概率模型的单方程 OLS 估计问题，即犯罪的结构模型，之所以会出现这种情况，是因为在检验犯罪供求结构模型时，很难满足应用 IV 估计量的条件并考虑样本选择。上述解释犯罪率和 FTA 率的具体例子说明了 OLS 有可能产生缺乏可信度的偏见性估计。换句话说，在犯罪经济学中，相关性，甚至是多元相关性，通常都不能证明因果关系，如果需要对模型进行验证或反驳，就必须测试因果关系。

上一节还提出了单方程模型的 OLS 估计中偏差问题的标准解决方案。工具变量和选择偏差校正技术是在由复杂的多方程校正模型生成数据时消除偏差的统计工具之一。当然，研究者已经对一些基于结构模型的估计进行了非常精细的研究。

然而，经济学家指出，在许多情况下，应用这些技术在多方程模型上获得的估计对模型假设的精确结构和要包括及排除的变量的选择非常敏感。其中一些案例在安格里斯特和皮施克（Angrist and Pischke，2010）的文章中进行了讨论。维特（Witte，1980、1983）和迈尔斯（Myers，1983）之间的辩论表明，IV 估计的替代规范的影响可能会大大改变对制裁与就业机会在制止犯罪方面的相对重要性的估计。巴尔塔吉（Baltagi，2006）重新计算了康威尔和特朗布尔（Cornwell and Trumbull，1994）的 IV 估计，发现犯罪率方程的系数估计取决于所选择的工具变量。最后，麦克拉里（McCrary，2002）发现，莱维特（Levitt，1997）关于警察对犯罪影响的 IV 估计并不可靠。这里可以引用许多其他的例子，特别是在枪支管制和犯罪之间的关系领域，来证明一个普遍的命题，即使用Ⅳ技术替代单方程 OLS 估计，获得结构关系的强识别在犯罪经济学中被证明是困难的。

为了回应这些批评，许多经济学家已经转向了不涉及犯罪市场多方程结构模型的规范和估计的实证检验。这些技术已经在后续章节中引用的许多研究中被使用。本章接下来的两部分将讨论两种重要的方法。

■使用"自然"或"准"实验检验犯罪经济学

检验关于犯罪与刑事司法系统运作之间关系的假设的问题是，虽然制度的变化确实会影响犯罪，但犯罪的变化会导致刑事司法系统做出反应。因此，刑事司法系统的政策既是犯罪行为的原因，也是犯罪行为的结果，从而对单方程模型的 OLS 估计关于刑事司法政策对犯罪的任何因果影响产生了有偏估计。

"自然"（有时被称为"准"）实验打破了犯罪水平和刑事司法系统之间的联系，允许研究人员观察政策变化的结果，而不用担心政策是由犯罪水平或特征造成的。有多种形式的自然实验。最简单的应用可以通过使用以下两个方程系统重新考虑上述将犯罪率与制裁联系起来的问题来说明：

$$C_{it} = \sigma S_{it} + \omega W_{it} + \varepsilon E_{it} + \alpha A_{it} + v_{it} \tag{10.8a}$$

$$S_{it} = \beta C_{it} + \theta G_{it} + \zeta_{it} \tag{10.8b}$$

犯罪率 C_{it} 既是由制裁造成的，也是制裁的原因。式（10.8a）的 OLS 估计将产生 σ 的有偏估计，这可能是负的。假设 β 为正，考虑到上一节中关于联立方程偏差的论点，对 σ 的估计将会向上偏移。解决这个问题的Ⅳ方法是使用变量 G 作为工具变量，因为它被包含在 S 中，同时被排除在式（10.8a）之外。使用工具变量对 σ 的估计结果是无偏的，并解决了检验制裁对犯罪率的影响的问题。但是，如果没有方便的 G 变量可用呢？注意：如果这是一个面板数据模型，则 G_{it} 必须是一个可以精确测量位置 i 随时间 t 变化的横断面。此外，它必须是制裁的重要原因，并且与犯罪率没有直接关系。也就是说，G 不能是犯罪的原因，并且不能是由犯罪率引起的。[19]

现实中很难找到这样的变量。

当独特的或特殊的事件导致变量与误差项无关或外生变量发生变化时，自然实验就会出现。关于式（10.8）中的系统，假设没有具有理想属性的变量 G，但研究人员知道法规的变化是由于独立于犯罪方程（式10.8a）的因素造成的，它导致某些地区在一个或多个特定时间段内的制裁水平发生变化。例如，来自上级政府或法院的命令或者技术发展改变了一些地区的可用制裁，而其他地区则没有变化，或者在全部地区的不同时期发生改变。例如，埃文斯和欧文斯（Evans and Owens，2007）使用《1994 年暴力犯罪控制和执法法案》（*Violent Crime Control and Law Enforcement Act of* 1994），该法案创建了面向社区的警务服务（COPS）项目作为变量 G，以确定增加警察对犯罪率的影响。他们首先表明，国家对地方政府的拨款实际上增加了警察的数量，向地方分配社区警务资金的公式并不是基于每个地区的犯罪率差异（即犯罪没有造成社区警务支出）。他们发现，用来回应社区警务而雇用的额外警察对汽车盗窃、入室盗窃、抢劫和严重攻击有统计上的显著影响。

反映政策变化时间的变量是自然实验或准实验的基础，可以列入（10.8b）中，用于 IV 估计以产生 σ 的无偏估计，从而检验制裁和犯罪之间存在关系的假设。这是一项自然实验，因为研究人员并不是声称存在可以识别 σ 的变量 G，而是通过一些独特的事件来完成识别。然后，研究人员必须提供一个理由来相信这些事件与犯罪率方程中的误差项 ε 无关。

自然实验可以遵循经典的实验设计，对其中一些受试者进行处理，但不对其他受试者进行处理，然后观察前后状况的差异。这种实验设计可以在处理前后和有无处理之间进行观察，这被称为差异估计中的差异。其可以潜在地检验特定的假设，如 σ 的符号和大小、制裁对犯罪率的影响，而无须估计一个完整的模型，如使用 IV 的式（10.8）。事实上，使用差异估计中的差异的最终统计检验通常涉及均值差异的简单检验。但至关重要的是，要确定一个自然实验，其中制裁的变化独立于复杂的误差项 ε。图 10.2 说明了一个可以提供 σ 的估计值的潜在自然实验。

图 10.2 显示了阿尔法（α）与贝塔（β）两个区域随时间变化的犯罪

率。研究人员确定了一个时间 t_1，在该时刻，制裁突然发生了变化，这与这两个区域的犯罪过程无关（即独立于 ε）。想象一下，法院系统或一些上级政府裁定，矫正系统不能使用某些制裁。这一裁定改变了阿尔法地区的制裁，因为阿尔法地区在 t_1 之前使用了被禁止的制裁。

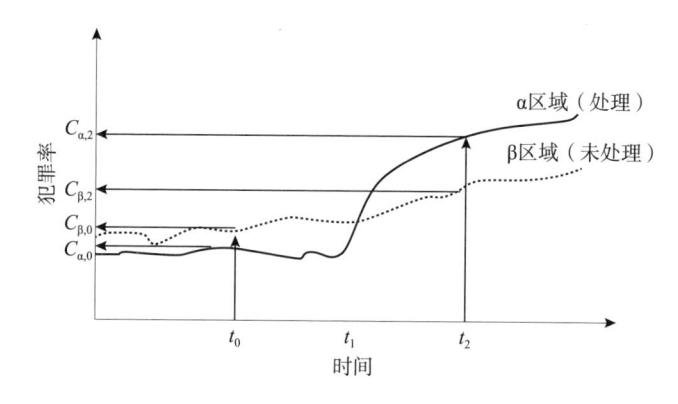

图 10.2　测试犯罪制裁效果的犯罪率的时间路径

然而，贝塔区域并没有受到这个变化的影响，因为贝塔区域没有使用被禁止的制裁。这就建立了一个自然实验，可以估计被禁止的制裁对犯罪率的影响。

表 10.1 提供了一种方便的格式来分析差异估计中的差异。表格的第一行显示了阿尔法区域犯罪率的变化——制裁减少前的比率减去制裁减少后的比率。$C_{\alpha,0}$ 和 $C_{\alpha,2}$ 分别是处理前后观察到的犯罪率值，即禁止制裁。

表 10.1　制裁对犯罪率影响的差异分析

项目	处理前	处理后	区别
时间	t_0	t_2	$t_2 - t_0$
α 区域（处理）	$C_{\alpha,0}$	$C_{\alpha,2}$	$C_{\alpha,2} - C_{\alpha,0}$
β 区域（未处理）	$C_{\beta,0}$	$C_{\beta,2}$	$C_{\beta,2} - C_{\beta,0}$
差异上的差异			$(C_{\alpha,2} - C_{\alpha,0}) - (C_{\beta,2} - C_{\beta,0})$

第二行计算未处理的贝塔区域的犯罪率的差异，因为此处未使用禁止的制裁。对禁止制裁对犯罪的影响的差异估计中的差异是通过从阿尔法的变化中减去犯罪率的变化来计算的。通过应用均值差异的标准测试，可以

很容易地确定犯罪率的增加是否在统计学上显著。

　　差异检验中的差异可能看起来很简单，但也存在挑战。首先，研究人员必须找到自然实验。这意味着找到一个影响许多领域的变化，如阿尔法，而不适用于许多其他领域，如贝塔，并且阿尔法和贝塔必须在其他方面相同。其次，第一个例子只测试了在阿尔法地区实施被禁止的制裁的影响；这与测试减少制裁的一般效果不同，只适用于被禁止的具体制裁。最后，衡量贝塔的变化是为了"保持"所有其他随时间变化和影响犯罪率的因素不变。这表明，阿尔法和贝塔是匹配的，这样在实验前，阿尔法和贝塔的一般犯罪变化模式应是相似的。有一些统计技术可以寻找匹配的区域对，但良好的研究需要仔细注意这一匹配过程。

　　除了"自然实验"，有时还可以进行所谓的"自然"自然实验，其中实验设计是基于由自然而不是社会行动引起的变化。[20] 在上述犯罪率案例中，禁止制裁是由于该地区以外的政治或司法管制。然而，研究人员必须注意这些行为确实与犯罪率无关。自然实验是基于自然产生的处理差异，通常被用来使最困难的假设检验成为可能。例如，测试遗传学和犯罪之间的关系可以是一个自然实验的对象。在该实验中，将在同一个家庭中长大的或出生时被分离的同卵双胞胎与他们在同一个家庭长大的兄弟姐妹进行比较。

■使用时间序列技术检验犯罪经济学

　　确定犯罪经济学中变量之间关系的另一种重要方法是依赖时间变化模式，特别是在可以每月或每季度观察到变量时，以便观察到足够多的数量。这种通用方法被称为向量自回归（VAR）。可以进行的基本检验之一是单向格兰杰因果关系检验。先讨论这个检验，然后考虑双向因果关系的问题。

　　继续以犯罪率和制裁之间的关系为例，可以检验制裁"格兰杰原因"造成犯罪率的可能性。这是通过估计一个多元单方程模型的参数来实现的，当前犯罪率根据其自身的滞后值和制裁的滞后值进行回归：

$$C_t = \alpha_0 + \alpha_1 C_{t-1} + \alpha_2 C_{t-2} + \alpha_3 C_{t-3} + \alpha_4 C_{t-4} +$$
$$\beta_1 S_{t-1} + \beta_2 S_{t-2} + \beta_3 S_{t-3} + \beta_4 S_{t-4} + \varepsilon_t \quad (10.9)$$

在式（10.9）中，C_{t-i}是犯罪率的滞后值，S_{t-i}是在这些时期使用的制裁的滞后值，α'_j和β'_j是要估计的参数，ε是一个误差项。[21]虽然在这个例子中显示了四个滞后值，但适当的滞后长度通常由特殊的统计技术确定。通过计算估计β的统计显著性来检验制裁格兰杰导致犯罪率的假设。如果这些意义重大，那么制裁格兰杰会影响犯罪率。制裁变化对犯罪率的累积影响，可以通过保留统计上显著的β来确定。例如，可能只有β_1和β_2具有统计显著性。然后，根据式（10.9）的估计值，可以计算制裁对犯罪率的累积影响。注意：在制裁改变后的第一个时间段内仅能体现出部分制裁变化的影响，因此制裁变化的短期影响小于累积效应。

当怀疑变量之间存在滞后作用时，这项测试特别有价值。值得注意的是，它对省略变量偏差很敏感。想象有一个变量X导致C和S都有显著的滞后。然后，式（10.9）的估计可能会错误地识别滞后S和当前C之间的显著关系，即使这两个变量之间不存在直接的因果关系。

在这种情况下，格兰杰因果关系检验最基本的局限性是，除了滞后制裁和犯罪之间的关系，滞后犯罪无疑还会导致制裁。这意味着需要对这些时间序列变量之间的联合因果关系进行检验。

幸运的是，这个问题已经被解决了：在多方程（向量自回归）模型中，除了式（10.9）中的C_t是因变量，还有一个对称方程，其中S_t为因变量。使用这些多方程模型，可以针对S仅导致C、C仅导致S，以及两个变量都不会导致另一个变量作用的备选方案来检验联合因果关系的假设。特别是在联合因果关系的情况下，滞后S导致C，滞后C导致S，必须仔细计算S随时间变化对C的总影响。实现这一目标的技术已经被开发和标准化。犯罪的VAR模型产生了一些非常有趣的结果，将在接下来的章节中进行回顾。

本章回顾

在本章中，分析了对犯罪原因和处理方法的假设进行统计检验时可能存在的问题。其中一些，如测量误差和省略变量偏差，是由进行研究的数据可用性问题引起的。本章回顾了识别这些问题时可能出现的情况，以及预测这些问题所产生偏差的性质的技术。

由于刑事司法系统、罪犯和确定执法优先事项的公共当局之间相互作用的复杂性，统计推断的基本问题出现了。联立方程偏差和选择偏差通常会污染任何使用单方程多元模型和OLS估计的尝试。一些技术，如工具变量估计器和选择偏差修正，使经济学家能够估计确定犯罪水平的复杂关系和修正效果的结构模型。经济学研究越来越多地关注犯罪供求结构模型的替代方案，试图获得与模型规则的变化无关的更稳健的结果。

对自然实验的影响的研究可以确定从刑事司法系统外部施加的变化的影响。在某些情况下，这些变化打破了变量之间的正常联合因果关系，并允许研究人员分离并测试模型参数的特定效果。通常来说，自然实验可以使用差异中的差异框架来分析，其中涉及的实际统计测试是相当基本的。

用于分析宏观经济时间序列数据的技术也被应用于犯罪经济学。当变量之间的相互关系相当复杂且影响出现滞后时，这种方法特别有效。本书后面的一些章节依赖应用这些经验技术所产生的结果来处理刑事司法系统中变量之间复杂关系。

问题和练习

1. 制裁概率的一个衡量标准是衡量定罪与报告犯罪的比率，我们称之为定罪率。想象一下，一名研究人员估计了一个以犯罪数量为因变量的模型，定罪率被作为许多自变量之一。假设该理论认为定罪率在犯罪方程中应该有一个负系数，哪些统计问题可能会使估计产生偏差？偏差会朝什么

方向发展？（提示：考虑测量误差和联立方程问题）

2. 许多大学雇用安保人员在校园里巡逻。数据显示，在犯罪率较高的校园中，每个学生的校园安全支出较高。这对校园警察的有效性有何暗示？写出关于校园犯罪决定因素的简单模型，其中包括校园警察的执法水平。衡量警察对犯罪的影响时有哪些明显的问题？如何解决这些问题？

3. 对青少年行为的研究表明，在学校参加音乐和艺术指导课程的青少年不太可能犯罪（基于自己承认参与犯罪）。这是否意味着促进和扩大参与这些学校项目的政策可以降低青少年犯罪率？在回答这个问题时，试着写出数据生成过程的正式模型，该模型会导致青少年在回答此问题时参与不同的活动。

4. 绿蜥蜴汽车保险公司声称，其调查结果显示，将保险从另一家公司转移到绿蜥蜴的普通客户可以节省 400 美元的保险费用。与其他提供汽车保险的公司相比，绿蜥蜴公司的价格意味着什么？试着写出一个寻求汽车保险的个人的正式模型，并考虑从接受报价的人那里推断价格可能会产生什么偏差。其他汽车保险政策是否可能发现那些更换保险的人支付的费用较低？

5. 汽车保险费用低的驾驶人的鲁莽驾驶逮捕率远低于保险费用高的驾驶人。事实上，研究人员估计了一个鲁莽驾驶逮捕方程，发现保险费用的估计系数是负的。如果政府通过了一项规定，降低了公司可以收取的最高保险费用，你预计这会对鲁莽驾驶产生什么影响？写出研究人员使用的单方程模型并进行解释，然后展示这种方法的统计问题并说明如何避免这些问题。

6. 莱维特和杜布纳（Levitt and Dubner, 2005）在《魔鬼经济学》（*Freakonomics*）中测试了相扑选手的作弊行为。他们通过将一名选手具有强烈的获胜动机而另一名选手从胜利中获得很少收益的比赛结果，与两名选手下一次比赛的结果进行比较来做到这一点。他们发现，第一场比赛的结果往往有利于从胜利中获得更多收益的选手，而第二场比赛的结果则对在上一场比赛中几乎没有收获的选手要有利得多。使用图 10.2 和表 10.1，设置了相扑选手的作弊测试问题，并展示了它如何符合本章中讨论的差异中的差异格式。

| 注　释 |

1. Leamer 的论文是 20 世纪 80 年代众多抱怨使用缺乏理论支持的计量经济学模型，以及未能进行广泛的稳健性测试来确保结果对模型中的变量或为模型选择的函数形式不敏感的论文之一。

2. 《经济学杂志》关于非实验社会科学数据与统计推理问题的大部分讨论，都是以关于死刑威慑作用的文献为例。这类文献中早期的论文使用了单方程模型，其中一个州的谋杀率与死刑的存在或处决的数量有关。这些简单的模型要么产生了不显著的死刑影响，要么产生了一个正系数，如果从字面上理解，这意味着威慑效应是负的。埃尔里希（Ehrlich, 1973）指出，单方程模型存在缺陷，他认为，虽然死刑影响了谋杀率，但较高的谋杀率也确实导致了死刑的采用并增加了死刑使用的频率。因此，较高的谋杀率也会导致对死刑的依赖增强，这种反向的因果关系可能会混淆统计分析。埃尔里希进一步辩称，执法力度也可能对谋杀率产生影响，但谋杀率可能会导致更大的执法力度。简而言之，一个地区的谋杀率、死刑和执法力度是相互影响的变量。在这里的讨论中，为简单起见，忽略了执法水平的问题。这是一个典型的例子，其中谋杀率方程中死刑变量的估计系数向上偏置，也就是说，由于联立方程的偏差，当惩罚对犯罪的真正影响为负时，往往表现为正的。埃尔里希指出了这个问题，并详细说明了谋杀、死刑和执法水平的三方程模型。他的估计表明，与单方程模型相比，死刑对谋杀的影响是负的，这在统计上有重要意义。这些结果是有关死刑的公共政策的有影响力的辩论的主题。第 22 章对确定死刑效果的问题进行了进一步的讨论。

3. 可以在实验室条件下对欺诈和逃税进行模拟，并取得一定程度的成功。但是，很难找到那些可能犯下这些罪行并愿意参与在学术环境下进行的实验的研究对象。这些实验的对象通常是学生。

4. 较高的市场工资提高了所有员工犯罪的机会成本。教育提高了个人工资，增加了实施非法活动的机会成本。最后，由于老年人在法律活动中的风险厌恶程度更高或相对工资更高，所以不太可能犯罪。

5. 当然，独立于检验理论，式（10.2）中参数的估计有助于预测未来犯罪或控制犯罪，因为 S、W、H 和 A 是可以调整以降低犯罪率的政策变量。

6. 形式上，高斯—马尔可夫定理（the Gauss – Markov Theorem）指出，参数 σ、ω、ε

和 α 的估计是最好的，因为它们提供给定 S、W、H 和 C 的最佳估计，并假设关系是线性的（还假设 ν 的方差在整个观测中是常数，这是不是本章关心的条件）。

7. 显然，这样做是出于教学目的，以说明单参数估计中的省略变量偏差。在实践中，任何自变量都可以与省略变量相关。

8. 如果 φ 的符号为负，那么遗漏变量偏差将导致对 H 对 C 有影响的替代假设的错误拒绝。

9. 关于犯罪和制裁同时发生的早期讨论，参见费舍尔和纳金（Fisher and Nagin, 1978）。

10. 国家政府定期向地方政府提供控制犯罪的财政援助。在其他情况下，这些帮助是技术上的。过去，国家政府向地方提供了国家级指纹数据库的访问权限，最近开展了提供地方访问国家 DNA 数据库的运动。这些努力有助于逮捕罪犯，特别是那些试图通过频繁越过当地边界来逃避侦查的罪犯。

11. 式（10.6b）中的误差项现在为 $\zeta_{it} = \kappa_{it} - \theta G_{it}$。

12. 通过小幅度的调整，从第二阶段 OLS 估计得到的标准误差可用于对 σ 估计的显著性进行假设检验。

13. 对于被判定非常危险的人，或者逃跑风险似乎是确定无疑的人，此政策也有例外。当案件很复杂，且如此长时间的监禁本身将是一种重大的惩罚时，预审期可能会延长好几个月。一般认为，被告在获释后能够更好地准备辩护。

14. 可能还有其他技术细节限制了被告的行动，对于一些被告甚至需要安装监视器。但在这个教学案例中并没有考虑到这些细节。

15. 大多数 FTA 并不是真正逃避法律，而是忘记或仅仅忽略了出庭的义务。

16. 有许多个人特征可以帮助解释 FTA，X_i 是这些特征的矩阵。同样，C_i 是一种反映潜在制裁变量的衡量标准，但包括可能影响量刑的既往犯罪史。下标 i 表示在等待审判期间被释放的众多被告之一。这个模型中省略了关于未被释放个体的观察结果。

17. 也有可能，许多使用担保人的人无法从任何其他来源筹集资金，无论是其他贷款人或家人和朋友。

18. 有一些统计技术可以检测和减少变量问题中的错误。

19. 面板数据允许使用固定效应来处理遗漏变量偏差的问题。

20. 参见罗森茨威格和沃尔平（Rosenzweig and Wolpin, 2000）关于"自然"自然实验的讨论。

21. 从技术上讲，统计分析中使用的变量必须是平稳的时间序列，即变量的均值和方差必须随时间的变化保持稳定。犯罪变量通常是固定的，但有时必须对它们进行微分以达到平稳状态。在这种情况下，因变量将是犯罪的变化，而不是 t 和 $t-1$ 之间的犯罪水平，并且与犯罪和制裁的滞后变化有关。

11 控制犯罪收益的隐性市场措施

▆简介

在市场经济中生产的大多数商品和服务都很容易用市场交易价格进行估价。一件商品要想完全按市场价格估价,就必须能够以低成本交换这种商品的产权,而且不能与正外部性或负外部性有关。因此,消费者对一双鞋所施加的私人价值可以通过观察它们在零售市场上的销售价格来估计。此外,鉴于没有任何与消费者多买一双鞋相关的外部性,这双鞋的私人收益和社会收益是相等的。

犯罪根本不符合这种估值模型。正如第 1 章所指出的那样,将一项行为定为犯罪的理由是,它为那些无法在民事法庭上获得救济的个人创造了外部性。犯罪没有直接的市场,如果有市场,交易价格会忽略外部性。即使一个人有可能支付给另一个人一笔钱,使其放弃或至少大幅度减少其窃贼职业生涯,这笔钱也不能反映入室盗窃造成的外部性。敲诈和勒索可能是这个论点的一个例外,但无法获得准确的付款数据。虽然贩毒、卖淫和其他无受害人犯罪可能有交易价格,但这些价格并不反映使这些交易成为非法行为的基础的外部性。

鉴于外部性在经济学中的普遍重要性,经济学家已经开发出理解和测量它们的经验模型与方法。最常见的估值方法是使用隐性市场模型和特征回归估计(hedonic regression estimation)。本章将详细介绍这些技术,然后给出应用这些方法来确定与犯罪相关的外部性的实际例子。

隐性市场技术要求个人通过市场购买来揭示他们的偏好，并与作为标准消费者需求理论基础的"显示偏好"（revealed preference）概念有直接联系。一些经济学家使用了另一种依赖调查数据的技术：根据所谓的陈述偏好（stated preference）估价方法估计外部性甚至犯罪总成本。本章的最后一节将讨论这种技术。

■隐性市场的性质

当具有多种特征的商品只以捆绑的形式出售时，就会出现隐性市场。例如，考虑这样一种情况，一个城市只有一家餐厅，而且它只提供固定价格的食物。这家餐厅允许用餐者以 10 种不同的固定价格选择 10 套不同的 4 道菜。或者，想象一下，同一家餐厅允许自由选择，因此有上万种组合可供选择，而不是 10 种不同的餐点。[1]每道菜都有自己的价格，从而产生了上万种可能的价格。提供选择并允许设计自己的食物的顾客可以调整消费，这样在选择的每道菜上花费的最后一美元的边际效用对于他们吃的每种食物都是相等的，而对于他们没有点的菜则更低。换句话说，每道菜的相对价格会反映出它们之间的边际替代率，或者会反映出消费每道菜的边际私人收益。[2]相比之下，10 种套餐中的一些菜可能会被取消，因为购买它们只是因为消费者从他吃的 3 道菜中获得的每美元效用比其他 9 道菜提供的 4 道菜更多。鉴于价格是固定的，来自选择的唯一信息将是关于套餐的相对效用，而不是个别餐点的。

问题在于，曝光犯罪就像具有固定价格套餐的餐厅，它伴随着各种其他的特征。个人在做出许多其他选择的同时，也有成为受害者的可能。衡量减少犯罪的边际收益需要确定预期犯罪差异的边际效应。

幸运的是，经济学家们发现，如果所讨论的城市有大量的餐馆，那么价格可变的固定套餐并不会妨碍发现不同餐点的边际效用。原因是，在餐厅和餐点有足够多选择的情况下，消费者就可以选择与其在具有完整选择的单一餐厅中的餐点相同的餐点。[3]即使商品和服务以多种有价值特征的捆绑形式出售，如果有足够多的选择，产品是按订单定制的，消费者也可以找到他们愿意选择的具有某些特征的产品。

但是，如果经济学家只观察到这些特征束的总成本，以及这些特征束中特征的数量，那么他将如何揭示个体特征的边际估值？答案是由安德鲁·考特（Andrew Court，1939）提供的，他提出了所谓的"特征回归"（hedonic regression）方法来衡量捆绑出售的特征的隐含价格。[4]法院将特征技术应用到汽车上，可以观察到最终的销售价格和三个特征：重量（W）、轴距（B）和马力（H）。他的特征方程是由OLS估计的，并采取了以下形式：

$$\text{Ln}P_i = \alpha + \beta_W W_i + \beta_B B_i + \beta_H H_i + \varepsilon_i, \tag{11.1}$$

式中，P_i是汽车的销售价格；W_i、B_i、H_i是重量、轴距和马力三个特征；ε_i是随机误差项；三个β项是要估计的参数，它们反映了特征的隐含价格。法院认为，如果销售价格的自然对数$\text{Ln}P_i$而不是P_i是因变量，则方程的拟合效果会更好，这种方法在今天非常常见。在这种情况下，β的估值被解释为特征水平的变化和值的百分比变化之间的假定常数关系。特征技术被格里奇斯（Griliches，1961）重新发现，并已成为一种标准的研究工具。

应用特征方法的大多数最初兴趣涉及制定旨在衡量通货膨胀水平的价格指数。[5]罗森（Rosen，1974）正式确立了隐含市场和从特征回归中获得的价格之间的理论联系，如式（11.1）所示。基于广泛的产品范围和许多生产商的概念，如上述餐厅的例子，罗森论证了特征价格可能是特征消费者数量的函数，因此消费者面临非线性预算限制。罗森指出，消费者会将特征价格的比率设定为等于标记效用的比率，就像在标准的消费者需求理论中那样。换句话说，如果P_W是重量的特征价格，P_H是马力的特征价格，那么$P_W/P_H = \beta_W - \beta_H$可以从式（11.1）的OLS估计中得到。消费者通过将马力的边际替代率设置为等于这个特征价格比来最大化效用，或者消费者应该设置$P_W/P_H = MU_W/MU_H$。这意味着特征价格与消费者体验的边际收益之间存在直接关系。对特征价格的估计揭示了消费者的偏好，并且可以按照像经济模型中使用的其他价格相同的方式使用。这种联系已被用来将特征技术应用于市场上未明确交换的各种商品的估价，应用范围从体育场馆到空气污染。但在这里，我们最感兴趣的是衡量减少犯罪带来的外部性的应用。

使用隐性房价特征来评估犯罪的外部性

住房是一种典型的复合商品。无论是出租还是出售给业主使用，观察到的租金或价值都是对一系列复杂的住房特征的支付。住房特征主义（housing hedonics）的早期应用是估价或评估单位。一旦估计了一个特征方程，一个特定单位的特征就可以被替换为该方程，从而预测其市场价值或租金。

塞勒（Thaler，1976）似乎是第一个应用住房特征价格模型来衡量犯罪控制收益的人。他利用纽约罗切斯特市的房屋售价数据，将价值与一系列房屋和社区特征相关联，包括当地的犯罪率。估计方程的形式如下：

$$V_i = \alpha + \beta H_i + \varphi N_i + \rho C_i + \varepsilon_i \tag{11.2}$$

式中，V 是销售价格；H 是单位物理特征矩阵；N 是单位周边区域邻里特征矩阵；C 是邻里财产犯罪率；ε 是随机误差项；α、β、φ、ρ 是特征价格估值。[6]

正如预期的那样，ρ 的估值为负且显著。具体来说，该系数表明，犯罪率每增加一个标准偏差，房屋价值就会下降 430 美元，或者土地价值就会减少 3847 美元/英亩。这些结果是以 1971 年美元计算的。如果用消费者价格指数膨胀到以 2012 年美元计算，则房屋价值为 2429 美元，土地价值为 21736 美元/英亩。鉴于罗切斯特有 10 万套住房，住房投资年回报率为 5%，罗切斯特财产犯罪的外部成本是 12145000 美元/年![7]这一结果来自对犯罪外部成本的第一次隐性市场评估，是文献中的典型发现。外部性非常大，为适度降低邻里犯罪率而支付的强烈意愿就证明了这一点。2012 年，罗切斯特警方的总预算为 8500 万美元。假设警察预算增加 10% 可以将财产犯罪降低一个标准偏差。住房特征的市场分析所暗示的为这一增长支付费用的意愿是 12145000 美元，这产生了 121/85 或大约 1.5 的收益成本比，用于扩大警察队伍。当然，这种成本收益分析非常不正式，使用了一项具有 40 年历史的研究，但它说明了在贝克尔推荐的分析类型中，将隐性市场收益措施与控制犯罪成本联系起来的能力。

关于住宅财产犯罪对房价影响的研究通常涉及更复杂的模型。例如，鲍斯和伊兰费尔特（Bowes and Ihlanfeldt, 2001）估计了由轨道交通站点的位置所产生的额外财产犯罪对住宅财产价值的影响。首先，他们发现犯罪率有非常大的负面影响；然后，为了估计额外犯罪的外部成本，他们使用多方程模型来估计由轨道交通站点位置导致的犯罪率的变化。

吉本斯（Gibbons, 2004）对伦敦住宅财产犯罪对房地产价格的影响进行了类似的测试。他将财产犯罪分为刑事损害和入室盗窃两类，并认为房屋价值与入室盗窃之间的关系尤其可能受到联立方程偏差的影响，因为更有价值的房屋对窃贼更有吸引力。就犯罪的基本供求模型而言，使用单方程 OLS 估计邻里犯罪与房价之间的关系，假设房屋价值不影响邻里犯罪的需求，特别是对于入室盗窃，这似乎很有问题。吉本斯发现，OLS 对伦敦入室盗窃率和房价之间关系的估计实际上是具有统计显著性的正系数，当使用 IV 估计时，该系数变为负且不显著。这项工作提供了一个宝贵的教训，即特征方法的应用假设房屋价值和犯罪需求曲线之间没有关系。[8]

吉本斯发现，刑事损害对房屋价值有很大的影响。具体来说，由于报告的财产损失事件的增加，财产价值下降了 3.8%，占样本平均值的 10%。然后，将这些对伦敦地区所有 310 万个家庭的房产价值的影响和年化的被设定为房产价值的 5% 的支付意愿加总。刑事损害率降低了 1/10 标准差，每年将产生 3.4 亿英镑的外部收益！

如果使用财产犯罪对特征住房方程的影响来衡量外部性的隐性市场度量与本书所述案例中的一样大，那么暴力犯罪的外部影响应该更大似乎是合乎逻辑的。高蒂尔、西格曼和范沃伦（Gautier, Siegmann, and Vanvurren, 2009）记录了一个戏剧性的例子。这项研究的独特之处在于，它依赖于一个自然实验，在这个实验中，犯罪与财产价值无关，而且犯罪的外部性与对未来可能性的预期明显相关。作者利用西奥·梵高（Theo van Gogh）在阿姆斯特丹被杀害的暴力事件作为观察犯罪造成的外部性的机会。作者提到，在谋杀案发生后的 10 个月里，相关地区的房价比其他地区下降了 3%。这种对得到广泛宣传的单一暴力行为的戏剧性反应，表明了暴力犯罪有可能产生巨大的负外部性。

美国通过所谓的"梅根法案"（Megan's Law）要求州和地方政府记录与披露被定罪的性罪犯的居住地点，[9] 并在购房者或普通公众容易查阅的互联网网站上公开这些信息。这是自然实验的另一个例子。被定罪的性罪犯的居住位置不是由价格引起的，因此财产犯罪模型中的因果关系问题不是问题。然而，存在遗漏变量偏差的潜在问题在于，将性罪犯吸引到某个地区的邻里特征可能对其他群体没有吸引力。

> **使用房屋价值特征方程时的注意事项**
>
> 本章使用特征房价方程中的系数来评估邻里犯罪的外部性的例子都涉及资产价格或住房单元的价值。在大多数情况下，这些结果表明，住房单元附近地区的犯罪率较高，对保持其他因素不变的价值有显著的负面影响。卡里洛和耶泽（Carrillo and Yezer, 2012）注意到了这种方法的一个局限性。房屋价值反映了对单位提供未来服务的长期预期，而不是租金，租金可以评估第二年的预期服务价值（对于一年的租赁合同而言）。如果居民认为当前犯罪率的差异可能会永远持续下去，那么对租金和价值的影响应该是一样的。然而，如果居民认为最近犯罪率的增加表明未来犯罪率将会更高，那么犯罪率的增加对房屋价值的影响将比对租金的影响要大得多，因为价值对长期预期非常敏感。研究表明，对于某些类型的犯罪，租赁和价值特征方程对犯罪成本产生了非常不同的估计。如果这是真的，为什么特征房价研究使用房屋价值而不是租金？原因很简单：房屋价值数据比租金价格数据更容易获得，而且租赁合同中通常都有影响所支付租金的详细条款。

三组研究人员很快就认识到这一自然实验，并以与"性掠食者"（sexual predator）住宅的距离为自变量来估计住宅特征房价模型。拉尔森等（Larson，2003）是第一组，他们报告称影响非常大，位于性罪犯住宅0.1英里范围内的单元的房屋价格下降了17%，但与被归类为"性掠食者"的住宅距离0.1英里范围内的房屋价格只下降了8%，而这可能是最危险的一类罪犯。接下来的两项研究使用了差异中的差异研究策略来解决可能导致遗漏变量偏差的未观察到的邻里特征的问题。林登和罗科夫（Linden and Rockoff，2008）观察了罪犯名单公布之前和之后的房屋价格。这种差异设计提供了前后的差异，当然也提供了房价的比较。他们的特征估计是，在同样的0.1英里罪犯住宅半径内，房价下降了4%，但影响并没有超出这个距离。尽管如此，围绕一名性罪犯的房屋价格共减少了22万美元，或者年化成本为11000美元的5%。[10]波普（Pope，2008）实施了一项类似的特征式房价研究，不同之处在于，除了没有在发布信息之前和之后观察房价，他在差异设计中的差异允许性罪犯进出。他发现，这些影响是对称的，因为距离性罪犯住宅0.1英里范围内的房价降低了2.3%，但这种影响在性罪犯离开后一年内就消失了。这再次表明，统计上显著的房价影响只扩大了0.1英里。0.1~0.2英里的估计系数为负，但在统计上不显著。对社区性罪犯住所的年度外部成本估值略低，但非常接近林登和罗科夫（Linden and Rockoff，2008）的发现。

这项基于性罪犯居住地点的自然实验的犯罪外部性研究与其他研究领域一致，表明犯罪的外部成本非常大。它还说明了遗漏变量偏差的潜在问题，因为不容易测量的社区特征可能与性罪犯的住宅位置正相关，并与房价负相关。使用允许前后比较的自然实验使得差异比较中的差异成为可能，这似乎可以显著改善对外部成本的估计。

使用劳动力市场的隐性市场模型来评估犯罪的外部性

就像住房价值是对一系列住房特征的支付一样，工资也是对一系列就业特征的单一支付。从雇主的角度来看，工资是对技能、能力和工作习惯的综合支付。评估犯罪的外部性时最重要的是,工人将工资视为对一系列就业特征的补偿。在其他条件相同的情况下,吸引力较低的工作条件需要更多的补偿。在晚上、周末、不愉快的情况下工作,都需要工资的"补偿性变化"。

隐性市场模型可以应用于劳动力市场。它表明,由与工作相关的便利设施而引起的工资补偿变化,将反映工作条件的个人特征的边际估值。将犯罪暴露增加到工资特征中的一个挑战是,犯罪暴露的差异通常与地点的变化有关,当然,由于通勤成本和其他原因,工资往往在空间上有所不同。哈默什(Hamermesh,1999)通过假设白天和晚上的犯罪率不同,并且工作在同一地点被分为白天和晚上轮班,从而避免了这个问题。不幸的是,由于缺乏按工作地点、按班次(白天或晚上)分列的个人工资数据,他无法直接估计工资方程。然而,他可以估计不同地点的工人的轮班选择方程,他发现,选择夜班的工人的比例随着工作区域暴力犯罪率的增加而下降。针对每个城市,哈默什计算了如果谋杀率下降,从白天工作轮换到夜间工作的工人数量,并根据夜间工作的平均轮班差异来评估这些工人的额外生产力。他估计,由于工人对夜间工作的恐惧,美国城市每年损失的额外产出价值为4亿~100亿美元。犯罪的这种外部成本是巨大的,因为它是基于暴力犯罪率差异引起的反应的单一方面。它不包括高犯罪率地区的日工资因犯罪等而上涨的可能性。

■使用劳动力市场的隐性市场模型来分析罪犯的选择

基于补偿工资变化的隐性市场措施可能有助于分析罪犯的决定以及评估犯罪行为强加给公众的外部性。根据罗森对隐性市场的研究,有一个强大的经济学传统,即使用工资方程来推断在市场中没有明确交换的工作环境属性的价值。塞勒和罗森(Thaler and Rosen,1976)是最早将与不同职业相关的死亡率差异与收入差异联系起来的研究者之一,以获得对个人生活价值的估计值。

不幸的是，估计罪犯的收入方程需要他们的收入信息，而这通常是无法获得的信息。在一项独特的研究中，维斯库西（Viscusi，1986）使用了关于黑人、市中心青年的特别调查数据，其中包括他们的犯罪收入，以及他们对其行为被捕、定罪和监禁可能性的看法。然后，他将非法收入与一系列个人特征和各种变量联系起来，每个变量都反映了犯罪经济学标准文献中使用的预期制裁的某些方面。他发现，逮捕、定罪和入狱的可能性以及构建的预期制裁变量都对犯罪收入产生了显著的正向影响。例如，他的风险变量的估计系数所隐含的平均风险溢价是每月犯罪收入的34%。这表明需要大量的正收益溢价来诱导犯罪，而预期制裁的增加会提高溢价。这是对犯罪经济模型核心含义的直接检验，只有通过收集犯罪收入和制裁预期的独特数据的人的远见才使其成为可能。

■陈述偏好和犯罪控制收益评估

得益于罗森的研究，隐性市场模型将来自法院的特征价格估值通过Griliches与基于显性偏好的消费者对犯罪的偏好联系起来。消费者支付的实际模式决定了特征价格，然后基于消费者需求理论的应用与估值相关。

与显示偏好方法相比，陈述偏好技术试图通过调查个人以确定他们的支付意愿来获取关于非市场商品或服务费用的信息。在埃克森·瓦尔迪兹号（Exxon Valdez）停飞后，陈述偏好模型得到了应用，当时一种被称为条件价值的特定形式被接受为评估阿拉斯加海岸线环境损害程度的一种手段。条件评估被用来评估所谓的"被动使用价值"或"原始环境的存在价值"，具体方法是询问那些永远不会去那里的个人，对未被破坏的海岸线的存在进行评估。这种陈述偏好模型的应用在经济学家中非常有争议，因为结果通常在逻辑上不一致。

科恩等（Cohen et al.，2001）率先将条件价值法（contingent valuation）

应用于犯罪或控制犯罪的收益分析。与在环境评估中的使用不同，适用于犯罪的条件价值评估询问个人是否愿意为降低其周围环境普遍存在的和他们直接相关的犯罪率而支付费用。例如，人们被问及是否愿意支付一定的金额以实现特定百分比的犯罪减少，答案可能为是或否。通过改变金额或预期付款，可以采取更高的税率或降低犯罪率，来得出付款意愿的分数。或者受访者被问及他们是否愿意支付一定的费用来维持一项促使犯罪率下降特定百分比的项目。同样，支付意愿的时间表可以基于他们的二元响应。可以对这两个调查问题的答案进行各种一致性检验。据推测，支付的意愿应该随着收入和犯罪数量的减少而增加。科恩等报告称，他们对愿意支付费用以减少犯罪的条件价值估计符合这种逻辑一致性测试。

条件价值因产生对支付意愿的向上偏差估计而受到批评，这种估计对问题的提出方式很敏感。墨菲和史蒂文斯（Murphy and Stevens, 2004）将此归因于所谓的"假设偏差"（hypothetical bias），之所以会出现这种偏差，是因为受访者试图以他们认为会取悦执行调查人的方式回答问题。当受访者对他们被要求重视的主题的事实了解甚少时，这个问题就变得特别严重。有进一步的证据表明，条件价值结果会受到所谓的"嵌入"和"范围"问题的影响。当衡量犯罪减少的条件价值时，这些是指以下发现：在几种单独的、个别类型的犯罪中，为了减少犯罪而支付的意愿之和大大超过了为所有类型犯罪的总体减少而支付的意愿。也就是说，部分的总和往往大于整体。戴蒙德和豪斯曼（Diamond and Hausman, 1994）最初提出，豪斯曼（2012）后来再次呼吁进行逻辑一致性检验，以解决任何条件价值研究设计中的嵌入和范围问题，从而确保结果不存在偏差。

科恩（Cohen, 1988）还提议使用陪审团对痛苦和煎熬的裁决，作为对涉及人身伤害的犯罪的一种陈述偏好评估形式。这一措施并没有揭示与犯罪有关的外部性，但它可以为受害者所遭受的损失提供一个货币指数。麦科利斯特、弗兰奇和方（McCollister, French, and Fang, 2010）使用陪审团裁决数据来评估受害者的痛苦，以制定按犯罪类型划分的成本指数，这是第3章的表3.3中犯罪成本计算的基础。

■本章回顾

对于在竞争市场中交换的商品和服务，市场价格提供了价值指示，当生产或消费中没有外部性时，这些价格表明了边际社会价值，从而可以直接用于成本收益分析。就犯罪而言，努力减少或消除犯罪的主要收益是降低了一般公众所经历的外部性。没有明确的市场价格来衡量这些对公众的外部利益。然而，这种情况并不少见。例如，市场上并不出售环境的改善、清洁的空气和水。犯罪外部性与其他商品捆绑"出售"的隐性市场可以揭示隐性价格，从而揭示犯罪减少对公众的边际收益。这使得对刑事定罪和执法工作的成本收益分析成为可能。

可以观察到的减少犯罪的边际收益的主要隐性市场是房地产市场和劳动力市场，因为个人在他们居住和工作的地方都会受到犯罪行为的影响。

（1）在房地产市场中，特征房价方程揭示了房屋租金或价值与犯罪水平或邻近地区罪犯之间的关系。一般来说，文献中的研究结果表明，接近犯罪存在空间影响，这种影响往往是巨大的。事实上，与地方执法部门的总支出相比，年度外部性衡量标准通常很高。这种差异与最优值并不矛盾，因为最优执行水平取决于边际收益和成本，而不是总收益和支出。

（2）在劳动力市场中，工资和收入方程可以包括对犯罪的影响，或者对罪犯而言，受到制裁的影响或犯罪危险的度量。不幸的是，缺乏支持这种方法的数据。但已经完成的研究表明，使用隐性劳动力市场模型研究犯罪的方法是有前景的。

（3）除了试图通过隐性市场来衡量显性偏好的特征方法，陈述偏好技术，如条件估值和陪审团裁决，显示出作为避免犯罪支付意愿的替代衡量标准。必须非常小心地确保这些研究的结果在逻辑上是一致的，文献中还提供了这些检测结果的具体建议。

问题和练习

1. a. 同样的工人可以在两个离他们的住所一样远的地方找工作。假设所有的工人都必须乘坐汽车通勤，而雇主之间唯一的区别是雇主 Safeplant 的停车场由电子系统控制，停车场被围栏围起来，因此没有汽车被盗窃的隐患。另一个雇主 Rustlerworks 有一个开放的停车场，汽车盗窃并不少见。你对 Safeplant 和 Rustlerworks 的工资有何预期差异（如果有）？作为一名经济学家，你将如何判断 Safeplant 安装停车场安全系统是否合理？

b. 现在假设 Regressive 汽车保险公司将以相同的费用为汽车提供保险，无论工作地点如何。你是否预期 Safeplant 和 Rustlerworks 的工资相同？请说明你的理由。试着用犯罪经济学知识来表述你的答案。

2. a. 假设 Tweedle Dum 和 Tweedle Dee 是相同的公寓大楼，并且各有 1000 个单元。物理单位是相同的，工作和购物的便利程度也相同。实际上，Dum 和 Dee 有两个不同之处：Dee 的暴力犯罪率为 0，Dum 为 4 起/年，Dum 的单位租金为 10 美元/月（120 美元/年）。作为一名经济学家，你可以从这个例子中得出关于暴力犯罪成本的什么结论？

b. 假设 Tweedle 正在考虑在 Dum 中建立一个安全系统。该系统每年将花费 8 万美元，并将暴力犯罪率从 4 起/年降至 2 起/年。你会建议 Tweedle 做什么？他为什么要这样做？

3. 加拿大银行在同一城市设有两个分行。1 号分行每月被抢劫一次，2 号分行从未被抢劫过。对 1 号分行的五名柜员每人多支付 0.5 美元/时，每年工作 2000 小时。银行被抢劫的成本是多少（除了资金损失）？这是应该激励当地政府雇用更多警察的外部性吗？请解释理由。如果其他银行的柜员因为 1 号分行的抢劫案而要求得到更高的工资，你的答案会改变吗？

4. 想象一下，贩毒团伙的打手每年得到大约 3 万美元的报酬。具有类似技能和能力的个人每年可获得 2 万美元的送货服务报酬。贩毒团伙打手的死亡概率为 0.06/年，而在送货服务时死亡的概率为 0.01/年。这对打手生命的价值意味着什么？

5. 在 Safetown，每年有 10 起谋杀案，工人的白班工资为 15 美元/时，夜班工资为 17 美元/时。在 Violent Village，每年有 20 起谋杀案，工人的白班工资为 16 美元/时，夜班工资为 18.5 美元/时。工人平均每年工作 2000 小时。假设 Safetown 和 Violent Village 的工人数量白天有 10000 人，晚上有 5000 人，并且所有的谋杀案都发生在晚上。此外，假设 Violent Village 通过以 12 万美元/年的工资多雇用一名警察，每年可以减少 5 起谋杀案。Violent Village 应该再雇用一名警察吗？

注　释

1. 假设构成第一个套餐的 10 道菜中的每道菜都不同，依此类推，对于完整的 4 道菜，这意味着可以形成 104 种不同的餐点。
2. 假设有人购买了所有的 40 道菜。
3. 对于那些想要少于 4 道菜的人，允许餐厅提供价格等于 0 的水作为一道菜并进行分析。
4. 对安德鲁·考特（Andrew Court）作品的讨论在很大程度上依赖于古德曼（Goodman 1998）中的详细描述。
5. 事实上，考特（Court, 1939）最初制定的方程（式 11.1）添加了时间虚拟变量，并汇总了 3 年期间的汽车价格和特征数据。当年虚拟变量的估计系数是价格随时间的变化率的估值。相比于利用汽车销售价格的百分比变化和忽略不断变化的特征，或利用销售价格与马力的比率作为衡量通货膨胀的基础相比，这是一个很大的进步。
6. 与大多数住房特征研究者不同，泰勒使用价值而不是价值的对数作为因变量。他还将评估价值纳入房屋特征，以便反映隐性价格对土地价格的影响。
7. 从住房单元的资产价格这种存量变量到流动变量，如年支付意愿，在这种情况下，需要将房屋的资产价值乘以该资产年度回报率的估计值。对住房投资的预期回报率的保守估计为 5%。如果一个家庭愿意为位于一个更安全的社区的同等条件的房子多支付 2429 美元，那么相当于他们愿意放弃 2429 美元的预期回报，即 5%，每年 121 美元。此计算结果忽略了税收的影响。
8. 如果较高的房屋价值与对犯罪的更大需求有关，那么对犯罪的外部影响的估计偏差是已知的，也就是说，这种方法往往低估了犯罪的成本。这种统计偏差将在第 10 章中进行讨论。
9. "梅根法案"一词非正式地指一系列联邦法律，这些法律要求地方政府维护被定罪性罪犯居住地的登记册,并向公众提供这些信息。通常,这些信息可以在易于访问的网站上找到。政府为性罪犯提供住所,有时是就业场所,以进行三级防范。这项努力始于1994年通过的《雅各布·韦特林打击儿童和性暴力犯罪法案》,随后在1996年通过了与梅根·坎卡(Megan kanka)有关的修正案,以及与亚当·沃尔什(Adam Walsh)有关的进一步修正案。

10. 该计算假设一个住宅区每英亩内有四个住房单元,对于被研究的北卡罗来纳州的居民区来说是一个合理的密度。

第四编

具体执法问题的经济学分析

12 监禁的经济学分析：威慑和能力剥夺

■简介

在人类历史的大部分时间里，肉刑，特别是死刑，主导着用于执行刑法的制裁。其目的是通过施加痛苦来阻止犯罪，甚至是以一种特别可怕的方式执行死刑。这种以威慑为主导的做法可能是由于实施肉刑的成本低，而且当人均收入较低时，制裁的成本极其重要。流放和奴役也很常见，并起到了能力剥夺的作用。被指控和被定罪的人被监禁，但这通常是他们等待审判、生理惩罚、死刑或转移到实施肉刑的地方的过渡。

监禁作为一种制裁，是一项相对较新的"发明"，其在过去的 300 多年里已经逐渐成为主要的制裁手段。此外，监禁的性质已经发生了重大变化。最初，监禁是相当不愉快的，主要是为了威慑罪犯。19 世纪 20 年代，始于纽约州奥辛宁镇的辛辛（Sing Sing）监狱和宾夕法尼亚州费城的东部州立（Eastern State）监狱，包括监禁期间的正式矫正计划在内的监狱运动开始了。在那个时候，对罪犯的改造采取了静默工作或冥想的形式，伴随着辅导。随着时间的推移，人们还增加了一些其他的处置方法，包括心理处置、药物处置、教育、工作培训、娱乐和就业，希望能使囚犯改过自新。这些方法是基于这样一种信念，即罪犯缺乏劳动力市场技能，或存在干扰合法工作和/或社会互动的人格问题。

今天，监禁通过威慑、剥夺行为能力和康复来影响犯罪。虽然监禁对于使罪犯丧失行为能力的影响是直接的,但威慑和康复却以可能发生冲突的方式产生相互作用。新闻报道了那些为了获得给囚犯的免费医疗而故意犯罪的个人。[1]在评估监禁的威慑效果时,经济学家只能衡量目前使用监狱系统使罪犯丧失行为能力的时间的影响。[2]在回顾本章中的研究结果时,记住这一约束条件是很重要的。

尽管如此,人们就在监狱服刑对犯罪的影响的研究已经做出了重大努力。这些研究可以分为两部分:第一,能力剥夺效应的产生是因为囚犯被排除在公众之外,而且犯罪的机会有限;第二,威慑的效果是减少了那些未被监禁的人的犯罪行为,因为如果被定罪,他们可能会被监禁。这些努力通常涉及对第10章中讨论的实证研究技术的非常巧妙的应用,通过回顾这些文献,可以了解很多关于假设检验的知识。

监禁的威慑效应与能力剥夺效应之间的区别对公共政策有重大影响。[3]鉴于犯罪率随着年龄的增长而迅速下降,监禁个人10～20年以上或判处49岁以上罪犯监禁的好处取决于长期刑期的威慑效果。换句话说,在所有20多岁被捕和被监禁的人中,如果他们在40岁后被释放,其中一小部分人可能会继续犯罪。具体来说,理查兹(Richards,2011)报道称,在澳大利亚,16岁群体的暴力犯罪率是49岁群体的4倍多,16岁群体的财产犯罪率约为49岁的20倍。此外,对按获释年龄分列的累犯率的研究表明,在49岁或以上获释的人的累犯率急剧下降。因此,能力剥夺的好处会随着罪犯年龄的增长而消失,但目前尚不清楚长时间监禁或严厉惩罚的威慑是否有效。

■监禁对犯罪的总体影响测试

对监禁对犯罪的综合影响进行的经典研究,是第10章中所讨论的马维尔和穆迪(Marvell and Moody,1994)使用格兰杰因果关系框架所进行的研究。作者从19年来各州的汇总样本中提取数据,将犯罪率和监狱人口数据回归到犯罪和监狱人口的滞后值上。他们发现，犯罪并没有导致监狱人口增加，但监狱人口增加明显导致了犯罪率下降。这种效果是显著的，每增加一个囚犯/年，就消除了17项犯罪。这种影响集中在财产犯罪上。

这一测试与之前的研究形成了对比，之前的研究试图从被监禁的人那里得出以前的犯罪率，以确定监禁的影响。虽然在由于监禁而避免的犯罪方面的发现是戏剧性的，但它们并没有区分威慑和能力剥夺的影响。

■警察对犯罪的威慑作用测试

增加警察数量或提高警察的工作效率对犯罪率有何影响？这似乎完全是一种威慑作用，因为警察提高了逮捕的可能性，而且可能稍微降低了对犯罪的需求。本节中回顾的大部分研究都旨在揭示增加警察数量的纯粹威慑作用，因为它们依赖于自然实验。在自然实验中，警方的努力会突然发生外生性变化。然而，当逮捕增加时，被监禁的人数迅速增加，警察数量的增加应该会产生能力剥夺的效果，因为更多的罪犯在监狱中。因此，在这些研究中，警察对犯罪的一些影响可能包括衡量能力剥夺的影响，尽管警察对犯罪的转变的短期影响大多是由于威慑。

如第10章所述，一个简单的OLS测量，即将警察的数量或支出作为"独立"变量的犯罪方程通常的结果是正预估系数，即警察支出与犯罪率呈正相关关系。显然，这是联立方程偏差的结果，因为在警察保护方面的支出主要是基于对犯罪问题的看法。这一点在很早之前就被费雪和纳金（Fisher and Nagin，1978）提了出来。尽管OLS估计存在明显的问题，但已经发表了许多相关论文，它们指出警察对犯罪没有产生重大的负面影响。[4] 此外，使用工具变量或更先进的技术来估计结构模型已经被证明是有问题的，因为很难找到能够识别犯罪方程中警务效果的变量。如第10章所述，有必要找到能够改变警察支出决定，但不直接进入犯罪决策模型的变量。

为了解决这个问题，许多研究人员已经确定了自然实验，使他们能够获得犯罪方程中警务系数的无偏估计。这篇文献表明,警方的努力减少了犯罪,在统计学和经济学上都有重要意义。埃文斯和欧文斯(Evans and Owens, 2007)的研究是基于联邦政府对面向社区警察服务(COPS)项目的拨款。这些拨款被用于雇用3年的额外警察。根据预期目的和经验测试,拨款似乎不是为了响应当前的犯罪率而分配的,因此,它们有助于确定犯罪方程中额外警察的影响。作者使用警察拨款作为一个工具变量,改变了警察的执法水平方程,但没有直接进入犯罪方程。测度显示,增加的警察显著减少了盗窃、汽车盗窃、抢劫和严重攻击行为,并对降低谋杀率产生了轻微的影响。总的来说,犯罪相对于警方的隐含弹性:财产犯罪为 -0.26,暴力犯罪为 -0.99。[5]

布奥南诺和马斯特罗布奥尼(Buonanno and Mastrobuoni, 2012)在意大利采用了类似的识别策略,除此之外,他们不是基于中央政府的警察拨款,而是基于中央政府决定提供警察和警察加入当地执法者之中存在三年的滞后。利用1983—1997年意大利地区的小组数据,即警察数量大幅增加的时期,他们发现犯罪相对于警察数量增加的弹性是负的且非常显著。与埃文斯和欧文斯的研究一致的是,他们发现,警察数量增加对犯罪减少影响最大的是暴力犯罪,尤其是谋杀。增加警察数量的效果对大多数财产犯罪的影响并不大。

迪蒂拉和夏奇罗德斯基(Di Tella and Schargrodsky, 2004)测试了在一个城市内重新分配警察的影响。这样做的优点是始终保持许多重要和不可观察到的警察管理要素。他们设定了一个自然实验,将统计检验简化为差异结构中的差异。1994年7月18日,一次恐怖袭击摧毁了阿根廷布宜诺斯艾利斯的主要犹太中心。一周后,政府开始为全市270个特定的犹太机构提供24小时警力保护。这提供了一个自然实验,允许对在270个受保护的地点附近和较远的地点提供保护前后的犯罪进行比较。他们分析了汽车盗窃的结果,发现与没有升级警察保护的地区相比,犯罪率下降了75%。克利克和塔巴洛克(Klick and Tabarrok, 2005)利用了一个类似的自然实验,在更高级别的恐怖警报期间,在华盛顿特区购物中心地区巡逻的警察数量有所增加。他们发现警察出现与犯罪的总体弹性是 -0.3。这种影响完全是由于财产犯罪的减少。据统计，巡逻警察增加 50% 的结果是犯罪率下降了 15%。

多利亚克（Doleac，2011）测试了警察程序技术变革的影响，指出它提高了识别罪犯的能力。这增加了被定罪的可能性，但并没有改变制裁的严重程度。这项新技术，即 DNA 数据库，从 1985 年开始首次在英国被使用。到 1988 年，美国各州开始从被判犯有特定罪行的罪犯那里收集 DNA。随着时间的推移，每个州收集 DNA 的覆盖范围和使用该数据库的州的数量都增加了。[6] 之所以会出现这种自然实验，是因为在任何一年，都有可能观察到一些州没有 DNA 数据库，或者数据库非常有限（可能只涵盖强奸罪），还有一些州的数据库相当大，这既是因为它已生效多年，也是因为它涵盖了广泛的犯罪行为。[7] 因此，在任何特定时间，某一特定犯罪的 DNA 已存档并可以用于协助定罪的比例在各州之间存在很大的不同。

多利亚克（2011）通过使用工具变量测度一组州的普通犯罪率方程来测试 DNA 数据库对犯罪率的影响，因为数据库的大小与犯罪数量有关。其工具变量是基于各州正式扩大被迫提供 DNA 样本的罪犯范围的日期。结果相当富有戏剧性。统计显示，DNA 样本增加 50%，谋杀率降低 13.5%，强奸率降低 27.2%，袭击率降低 12.2%，盗窃率降低 12%，车辆盗窃率降低 22.7%。对抢劫和入室盗窃的影响在统计上并不显著。据预计，DNA 在暴力犯罪中最为重要，其中 DNA 样本可能被留在现场，从而提高定罪的可能性。因此，谋杀、强奸和袭击的结果是意料之中的。然而，令人惊讶的是，汽车盗窃案显著减少，而抢劫案并没有随着 DNA 数据库的扩大而发生变化。鉴于扩大 DNA 数据库的低成本，其在威慑犯罪方面具有很大优势。DNA 数据库的另一个好处与避免错误定罪有关。[8]

■犯罪的威慑效应的直接测试

衡量纯粹威慑效应是否合乎逻辑的方法，是检查只能犯罪一次或监禁不被用作制裁的情况。这两种类型的测试都已得到实施,并可在相关文献中获得。

布卢姆斯坦和纳金(Blumstein and Nagin,1977)通过研究逃避征兵草案,进行了第一次正式的威慑统计测试。在美国,选征兵役系统要求所有年轻人都登记参加征兵,1970—1971年,入伍通知被随机发给登记的样本。当时几乎没有延迟,所以这个实验是针对所有年轻人的随机样本进行的。鉴于发出了多次通知,并对不遵守规定的人进行了面谈,明确传达了预期的制裁措施。最后,准确地观察到遵守服役命令或未遵守命令(即逃避草案)情况。自然实验的许多可取之处都有助于这项研究。[9] 威慑是基于定罪的可能性和预期的制裁,其定罪条件与风险中立的个人在第6章中所述的预期效用最大化相一致。预期定罪和制裁的可能性发生变化的基础是,各州执行草案制度,定罪的可能性和预期定罪的制裁都有所不同。[10] 布卢姆斯坦和纳金报告了以下形式的各种单方程模型的OLS测度:

$$E_{it} = \alpha + \rho P_{it} + \sigma S_{it} + \theta X_{it} + \varepsilon_{it} \quad (12.1)$$

式中,E 是年份 t 中状态 i 的逃兵役者的比例;P 是估计的定罪概率;S 是基于定罪条件的预期制裁;X 是描述人口状态的人口统计变量矩阵;α、ρ、σ 和 θ 是要测量的参数,ε 是一个误差项。[11] 理论表明,这两种威慑措施的测度系数,即定罪概率影响的 ρ 和基于定罪条件的预期制裁 σ,应该是负且显著的。

根据第10章的讨论,对式(12.1)的测度可能会出现一些统计问题。首先,因变量 E 是逃兵役者与诱导者加上逃兵役者的比率,P 是被定罪者与逃兵役者的比率。这意味着逃兵役者数量的度量值输入 E 的分子和 P 的分母。P 中的任何测量误差都将与 E 呈负相关关系,并倾向于使 ρ 向下偏移,对预期定罪阻碍逃避的假设产生错误的确认。[12] 也可以认为,定罪概率和预期制裁都是逃兵役率的函数,因此可以很容易地证明三方程模型是合理的。特别是,如果逃兵役者数量增加,各州可能会对寻找和定罪加大力度,并增加制裁的严厉程度。在第10章的讨论之后,如果州兵役委员会在面对不断上升的逃兵役问题时确实增加了 P 和 S,对 ρ 和 σ 的估计将会有所上升。这往往会错误地反驳该理论。

最后，布卢姆斯坦和纳金指出对 ρ 和 σ 的估计都是负数，正如理论所建议的那样。但作者指出，反映定罪概率影响的 ρ 的估值为负且显著；而反映定罪条件的预期制裁影响的 σ 的估值为负，但往往不显著。考虑到 OLS 测度可能因测量误差和联立方程问题而产生偏差，这些发现是完全可以理解的。这项研究在当时是非常先进的，它识别并巧妙地利用自然实验来揭示制裁对潜在逃兵役者的威慑作用。

巴-伊兰和萨塞多特（Bar-Ilan and Sacerdote, 2004）利用了威慑经济分析中另一个自然实验的结果，可以用第 10 章中讨论的差异设计中的差异来解释。闯红灯摄像头可以非常准确地监测到交通违规行为。许多研究发现，与安装交通摄像头相关的定罪概率的增加大大减少了违规行为。这证明了 p_c 的增加会增加预期制裁 $p_c s$ 的威慑效应。然而，巴-伊兰和萨塞多特利用违规数据记录进一步对威慑效应进行了分析。他们在旧金山、加州和以色列进行了同样的测试。闯红灯摄像头在测试区域运行了一段时间。该实验增加了约 150% 的罚款。这为数据提供了前—后结构，并且可以观察到违规率的变化。当车主的犯罪记录被添加到研究中时，完整的实验得以实施，从而产生了表 12.1 所示的设计。

表 12.1　当盗窃逮捕率下降时入室盗窃与盗窃的选择

项目	低罚款率	高罚款率	差异
无犯罪记录	$R_{N,L}$	$R_{N,H}$	$R_{N,H} - R_{N,L}$
有犯罪记录	$R_{C,L}$	$R_{C,H}$	$R_{C,H} - R_{C,L}$
差异中的差异			$(R_{C,H} - R_{C,L}) - (R_{N,H} - R_{N,L})$

来源：Bar-Ilan and Sacerdote (2004).

闯红灯摄像头记录了所有通过十字路口的车辆，并将其归类为违反或服从信号。因此，可以在低罚款和高罚款时间段观察到违规率 R。根据车牌，可以确定车辆的所有权。这些信息随后与车辆所有者的人口特征和以前的犯罪历史联系起来。

作者使用泊松回归和 OLS 进行了正式的假设检验，评估了差异中的差异，并保持人口统计特征的影响不变。他们在以色列和旧金山的调查结果非常一致。红灯运行对精细增加的弹性为 $-0.33 \sim -0.20$。此外，尽管弹性因人口群体而有所不同，但不会因以前的犯罪记录而有所不同。根据表 12.1 所示的实验设计，有犯罪记录的人在高、低罚款制度之间的违规率变化百分比（$R_{C,H} - R_{C,L}$）与无犯罪记录的人（$R_{N,H} - R_{N,L}$）相同。这表明，有犯罪记录的人以与一般人口相同的速度提高对制裁的遵守程度。[13]至少就交通违章罚款的威慑效果而言，有犯罪记录的人似乎与无犯罪记录的人没有区别。

与寻找自然实验相比，通过更高的罚款的效果来证明威慑的作用是简单直接的。在这个实验中，制裁概率和预期监禁的时间是不变的，而监禁的严重程度发生了变化。贝达德和赫兰德（Bedard and Helland, 2004）利用 1981—1995 年妇女监狱数量的大幅增加作为检验更严厉制裁的威慑效果的实验。他们认为，从家到监狱距离的增加大大减少了探视次数，使监禁对妇女来说更加痛苦。出于各种原因，新监狱往往位于城市中心之外，因此监狱的建设工作大大增加了许多女性囚犯的家和监狱之间的距离。[14]贝达德和赫兰德发现，从家到监狱的预期距离增加 40 英里，会使女性的暴力犯罪减少 6.4%，财产犯罪减少 2.4%，谋杀犯罪减少 13.4%。[15]

德拉戈、加尔比亚蒂和维尔托瓦（Drago, Galbiati, and Vertova, 2009）利用一项独特的自然实验来研究意大利额外多年监禁的威慑作用。2006 年 7 月，意大利议会通过了一项集体赦免法案，该法案一次性对所有因 2006 年 5 月之前犯罪而入狱的囚犯减刑 3 年。因此，2006 年 8 月，有 2.2 万名囚犯获释，这些人的减刑时间从 1 个月到 36 个月不等。威慑的自然实验是基于这一提前释放的详细条款：任何获释的囚犯在未来 5 年内如果被判有罪，其刑期将增加提前释放的时间！对于 2.2 万名获释囚犯中的一些人，这将是 1 个月，但对于另一些人来说，则是 36 个月。因此，其他方面相同的个人会因犯下同样的罪行而面临不同的预期制裁——这无疑是一个相当独特的研究威慑的机会。作者发现，根据提前释放的时间，多判处 1 个月的监禁会使被捕的概率降低约 0.18%。这意味着，那些面临增加 36 个月刑期的人再次被捕的可能性降低了 6.50%。在随后的一篇论文中，德拉戈和加尔比亚蒂（2012）发现，同时被提前释放的囚犯群体在接下来的五年内再次被捕的可能性总体较小。此外，威慑的集体效应使个人效应增加了一倍。产生这种同伴威慑效果的确切原因尚不清楚，但它很重要，而且可能涉及罪犯之间的社会关系。

这里回顾的研究测量了制裁的概率和严重程度的威慑效果。逮捕、定罪和监禁也会对劳动力市场产生影响。收益损失的机会成本可能很大，但在对威慑效应的研究中通常将其忽略。

■区分威慑和能力剥夺效应对犯罪的影响

虽然大多数研究都使用自然实验来分别研究威慑和能力剥夺对犯罪的影响，但有一项研究使用犯罪市场模型来区分这些影响。莱维特（Levitt，1998）从一个简单的单方程模型开始，研究了逮捕率对犯罪率的影响：

$$C_{it} = \alpha + \beta A_{it} + \sigma S_{it} + \upsilon N_{it} + \theta X_{it} + \varepsilon_{it} \quad (12.2)$$

式中，C_{it} 是美国 i 州某一特定犯罪在 t 年内的犯罪率；A 是该犯罪类型的逮捕率；S 是替代犯罪类型的逮捕率；N 是非替代犯罪类型的逮捕率；X 是与犯罪相关的人口和经济变量矩阵；α、β、σ、υ 和 θ 是待测度的参数；ε 是误差项。在下面的讨论中，明确说明了衡量其他犯罪类型的逮捕率的重要性。OLS 的测度一致表明，特定犯罪逮捕率与该类犯罪的犯罪率呈负相关关系。然而，如第 10 章所述，这可能是由测量误差造成的，因为犯罪率是犯罪与人口的比率，而逮捕率是逮捕次数与犯罪的比率。C 的测量误差不可避免地会出现在 A 中，产生一个人为的负相关影响。这已在其他领域被提出并作为一个潜在问题，而莱维特的解决方案具有指导意义。

莱维特（1998）在取了所有变量的一阶差分后测度了式（12.2），该方程式用于消除犯罪率和逮捕率中的常见测量误差。

然后，他使用滞后的逮捕率而不是当前的逮捕率来测度由此产生的差分方程。他对这两个步骤进行了测试，结果表明，可以消除测量误差对 β 的估计值的影响，正如预期的那样，β 的估计值仍然为负。[16] 接下来，莱维特使用犯罪市场模型建立了逮捕率变化的"交叉犯罪"效应。图 12.1 是基于第 5 章中的图 5.6 绘制的。在这种情况下，它显示了两种"相关"或"替代"犯罪（如盗窃和入室盗窃）的犯罪率之间的关系。犯罪是替代品，因为实施其中一种犯罪的罪犯对另一种犯罪具有适当的技能和偏好，并将根据预期的回报和制裁在它们之间进行选择。因此，在图 12.1c 中只有一条犯罪供应曲线。假设存在一个初始均衡状态，基于入室盗窃的预期制裁为 $p_B s$，盗窃的预期制裁为 $p_L s$。[17] 通过从入室盗窃与盗窃的需求中减去预期制裁，可以找到每种犯罪类型的犯罪需求曲线。然后将这些净制裁需求曲线"水平相加"形成 $D - p_c s$，这是罪犯最初面临的制裁。[18]

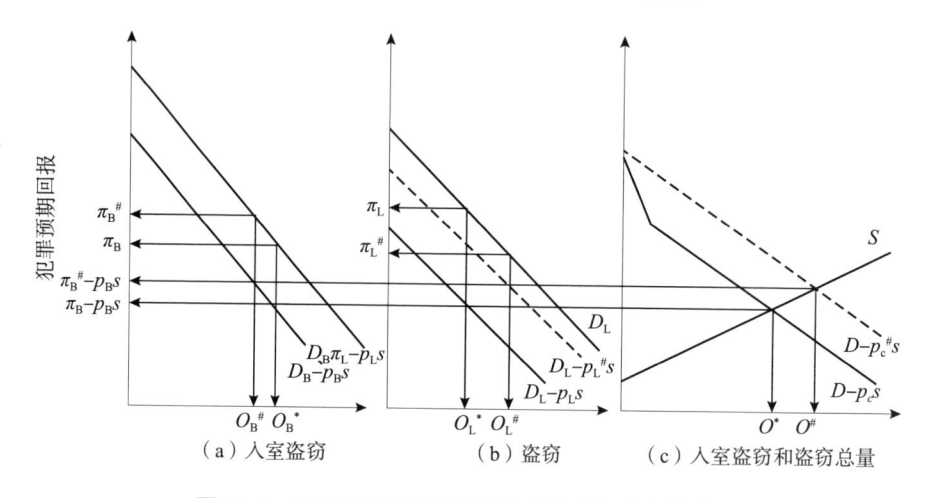

图 12.1 当盗窃逮捕率下降时入室盗窃与盗窃的选择

盗窃罪逮捕率的降低使定罪的概率从 p_L 降低到 $p_L^\#$。这使盗窃的净制裁需求增加到图 12.1b 中的虚线处。把这两种替代犯罪的新制裁净需求相加后，它们的横向总和为图 12.1c 中的虚线 $D - p_c^\# s$。总犯罪从 $O^* = O_B^* + O_L^*$ 增加到 $O^\# = O_B^\# + O_L^\#$，预期回报（扣除制裁）也会增加。在图 12.1a 中显示为 $\pi_B^\# - p_B s > \pi_B - p_B s$。

在这种情况下，这两种替代罪行的预期回报（扣除制裁）必须相等。[19] 这两项罪行的回报，即总制裁，必须因制裁的不同而有所不同。在减少对盗窃罪的制裁后，入室盗窃的预期回报远高于盗窃的预期收益：$\pi_B^\# > \pi_L^\#$。莱维特的重要见解是，对于替代犯罪，一种犯罪的逮捕率下降不仅会提高此类犯罪的犯罪率，还会降低替代犯罪的犯罪率。对于不能替代的犯罪，由于罪犯不容易在它们之间进行转换，因此不会观察到这种替代效应。

下面揭示方程式（12.2）的估计值与图 12.1 中的理论之间的关系，以及莱维特（1998）如何利用这些估计值，通过巧妙地分解不同罪行的估计逮捕系数的影响来区分能力剥夺和威慑效应。在式（12.2）中，估计系数 β 反映了自身的犯罪逮捕率，由于威慑和能力剥夺效应，该逮捕率为负数。σ 的估计值反映了替代犯罪逮捕的影响。例如，σ 可以反映盗窃逮捕率对入室盗窃率的影响。图 12.1 表明，盗窃逮捕对入室盗窃的威慑影响是正向的，即当盗窃逮捕率上升时，罪犯会转为入室盗窃。然而，也存在负向的能力剥夺效应，因为那些犯下盗窃罪和入室盗窃罪的罪犯在丧失行为能力时不能实施任何一种犯罪。莱维特发现，σ 的估计值因犯罪类型的不同而不同，这表明有时威慑效果大于监禁效果。最后，对 υ 的估计值反映了非替代犯罪的逮捕率变化的影响，由于纯粹的能力剥夺效应，υ 应该始终为负。

比较不同类型犯罪的 β、σ 和 υ 的估计值，莱维特（1998）将逮捕率差异的影响分解为威慑和能力剥夺效应的影响。他发现，对于谋杀罪和强奸罪来说，能力剥夺效应的影响更为重要。对于抢劫罪，这两种效应的影响程度相似，但对于所有类型的财产犯罪，其威慑效果明显更重要。[20]陶和郭（Tao and Kuo，2010）最近对我国台湾地区汽车盗窃的研究使用了类似的分解策略，并指出对于财产犯罪而言，威慑效应也更为重要。

■能力剥夺效应对犯罪的影响的直接测试

在写下如下简单的经验关系式后，可以发现很难将能力剥夺与犯罪联系起来：

$$C_{it} = \alpha + \beta P_{it} + \psi X_{it} + \varepsilon_{it} \qquad (12.3)$$

式中，C_{it} 是地区 i 第 t 年的犯罪率；P 是监狱人口的度量；X 是其他因素的矩阵，包括经济、人口和刑事司法变量；α、β 和 ψ 是要估计的参数；ε 是误差项。最明显的问题是监狱的人口是由犯罪带来的。起诉滞后可能会导致滞后犯罪与当前监狱人口有关。[21]如果 C 对 P 有正向的影响，或者有第三个遗漏变量导致犯罪和监狱人口，那么，这种正相关会使 β 的估计值向上偏移，可能使其不显著且接近零，而不是负值且显著的。

针对这样的统计问题，隔离犯罪能力剥夺对犯罪的影响的程式化方法是找到一个自然实验。在这个实验中，通过一个与犯罪率无关且不会改变预期制裁的过程来缩短囚犯的刑期。[22]此外，至关重要的是，不能根据被监禁者的特征或行为来缩短刑期，因为这将产生一个被释放到社会中的选定的个人样本。最后，不能缩短新定罪者的刑期，因为这将产生令人困惑的威慑效果。

对犯罪行为能力剥夺影响的测试结果应对被释放的过往罪犯群体很敏感。释放 60 岁以上的囚犯对随后的犯罪影响与释放 20 岁的囚犯大不相同。释放所有囚犯的随机样本对犯罪的影响也与这两个年龄样本中的任何一个不同。在许多情况下，能力剥夺效应的估计与所有囚犯的特定子样本显著有关，并且应该只适用于该群体。

莱维特（Levitt, 1996）将监狱人满为患立法对监狱人口的影响作为能力剥夺影响的自然实验。1971—1993 年，美国的监狱人口翻了两番，许多州的监狱系统变得非常拥挤。与此同时，法院开始裁定，州监狱系统必须维持每个囚犯的空间标准，如果没有足够的可用空间，囚犯将被释放。该实验的重点是，各州继续起诉和判处罪犯，并开始建造新的监狱，以免改变对新罪犯的预期制裁或威慑效果。然而，一部分本应会被监禁的囚犯被释放了，这些人往往是刑期即将结束的人。

监禁和少数民族成就措施

监禁可能会对社会科学研究产生重大影响，因为大多数调查都忽略了那些在监狱里的人，而那些被监禁的人也不能代表一般人口。在《看不见的男人：大规模监禁和黑人进步的神话》（*Invisible Men: Mass Incarceration and the Myth of Black Progress*, 2012）中，贝基·佩蒂特（Becky Pettit）指出，受教育程度较低的年轻非裔美国男性的高监禁率

> 会扭曲对这个人口群体的研究。在各个方面，与人口中的其他群体相比，未入狱里的年轻非裔美国男性似乎表现得更好，前提是将监狱人口包括在样本中。例如，如果将监狱人口包括在内，20~24岁的白人男性没有高中学位的比例从大约7.0%上升到7.5%。但在计算监狱人口时，类似的非裔美国男性的辍学率从13.5%增加到了19.0%。
>
> 研究中的潜在偏差是由于两种影响的同时存在：第一，对年轻的非裔美国男性的监禁率很高；第二，被监禁的群体一般并不代表非裔美国男性人口。例如，上述对高中辍学率的估计出现了偏差，因为被监禁者的辍学率要高得多。佩蒂特还仔细地记录了非裔美国男性在选举中投票等行为，由于未能对被监禁的人进行调整而扭曲，因为被监禁者的投票率远低于监狱外的选民。

司法记录允许莱维特（1996）跟踪监狱人满为患的案件，这些案件从预先提交到判决和法院释放，直到法院最终释放。他发现，各州开始根据最终判决释放囚犯。所有这些司法变量都被用作估计犯罪率方程式（12.3）中的工具变量，以获得 β 值的无偏估计。莱维特报告的根据是犯罪类型对犯罪方程 OLS 和 IV 的估计值。[23] 正如预期的那样，OLS 对 β 的估计值要比 IV 的估计值小得多。根据 OLS 的估计，暴力犯罪对数相对于监狱人口的弹性为 -0.10，使用 IV 时估计值为 -0.40。对于财产犯罪，弹性从 -0.07 变化为 -0.30。因此，IV 估计值表明，监狱人口每增加 10%，暴力犯罪将减少 4%，财产犯罪将减少 3%。能力剥夺的效果是显著的。莱维特通过将增加囚犯的成本与减少犯罪的好处进行比较，来计算能力剥夺效应的成本—收益，进而得出结论。他发现，这个比率与统一性没有显著的不同。这意味着，仅凭能力剥夺的影响，1993 年监狱人口的规模就存在经济依据。

欧文斯（Owens, 2009）确定了一项自然实验，该实验源于量刑过程中的变化，以估计马里兰州年轻男性罪犯能力剥夺的影响。量刑政策的改变只是针对某些目标。未成年人犯罪史用于对达到未成年人犯罪记录封存的最大年龄以下的人进行量刑。在马里兰州，量刑时不再考虑未成年人记录的年龄从 26 岁下降到 23 岁。欧文斯能够识别出 23~26 岁年龄段的已定罪和宣判犯罪者,他们的刑期因规则的改变而缩短,并观察他们随后的逮捕记录。这在差异研究设计上产生了一个典型的差异,因为她观察了未接受量刑的 20~23 岁的人和接受量刑的 23~26 岁的人。然后,她精确地计算了因为没有考虑他们的青少年记录而对 23~26 岁组刑期的平均影响。

平均刑期相差 222 天。她发现,在被处理的群体获释后的前 222 天里,有 40% 的人被逮捕,每次逮捕被指控的平均犯罪数量为 2.4 起,或者说,对于那些被监禁的人来说,平均每个囚犯每年犯罪 1.6 起。正如预期的那样,犯罪行为能力剥夺的影响对 20 岁出头的罪犯来说很显著,因为这是一个主要的犯罪年龄,而且该群体的再犯率很高。

本章回顾

监禁已成为罪犯面临的主要官方制裁。它有两种不同的效果:①被监禁的囚犯与潜在的受害人分开,不能对公众实施犯罪,从而产生犯罪行为能力剥夺的效果;②监狱降低了个人的效用,因此产生了威慑作用。统计分析表明,这两种影响的总和对犯罪率的影响很大,但将监禁的威慑效应和能力剥夺效应的影响分开已被证明是一项挑战。康复(矫正),就其对后续犯罪的影响而言,尚未确定有单独的影响。

评估威慑效果的一种方法是测量不涉及监禁的制裁,如罚款。另一种方法是寻找可以观察到纯威慑效果的自然实验。逃避征兵草案没有能力剥夺的效果,因为个人只能逃避一次征兵。意大利的一项自然实验根据随机分配的宽大处理对相同的个人施加了不同的制裁。在这两种情况下,威慑效应都是显著的。对于逃避兵役来说,被监禁的可能性是最重要的,但宽大处理实验表明,监禁时间的长短也很重要。最后,一项关于闯红灯的自然实验发现,增加罚款的威慑作用是显著的,并且与潜在罪犯之前的犯罪史无关。

当然,威慑的一个方面是监禁经历的严重程度。事实证明,这很难检验,但一项自然实验显示,基于女性因犯被监禁地点与家的距离,以及随之而来的与家人和朋友接触的减少,对威慑效果造成了相当大的影响。

能力剥夺的影响可以通过询问囚犯每年犯下多少罪行来测量。这种方法存在很多困难。对于那些已经入狱多年的人来说,过去的犯罪率是无关紧要的,在回答这些问题时的测量误差可能很大。最后,这并没有考虑到犯罪市场对不断增加的监禁的反应。罪犯供应的减少往往会提高罪犯的预期回报。换句话说,即使上一年每个犯罪的人都在监狱里,犯罪率也不会降到 0,因为犯罪的收益非常高,会吸引新的加入者。因此,经济学家依赖自然实验,在这些实验中,被监禁的个人因某些特殊事件而被释放,研究人员得以观察到犯罪率或随后的犯罪记录和逮捕记录的变化。

问题和练习

1. 犯罪率往往在 17～25 岁趋于高峰。就与犯罪供应有关的经济理论而言,这种犯罪年龄集中的原因可能是什么?

2. 考虑到犯罪在早期就达到了顶峰,这对监禁的能力剥夺效应有什么政策影响?

3. 很难找到一项自然实验,其中基本相同的人会受到不同程度的制裁。你能想到一个基于年龄的例子吗?

4. 假设你估计的一个模型中,犯罪率是因变量,预期制裁是你想测量的对犯罪影响的自变量。此外,预期制裁等于(逮捕/报告的犯罪)×平均入狱时间。在试图测量预期制裁和犯罪率之间的关系时会有什么问题?

5. 数据显示,在获释后的第一年,在监狱服刑 2 年的人比服刑 5 年的人被捕的可能性要小。这对能力剥夺效应的大小意味着什么?

6. 假设对袭击罪的制裁是 2 年监禁。这更有可能威慑年收入 30 万美元的汤姆,还是年收入 3 万美元的约翰?或者假设在袭击案件中存在民事诉讼,并且在这些案件中,原告通常根据袭击者收入的一小部分获得赔偿。汤姆或约翰是否更有可能因依据民法要求采取损害赔偿行为的威胁而被威慑?民法和刑法对不同收入群体提供的激励措施的总体效果如何?

注　释

有关本章所涉及问题的更深入的讨论，参见莱维特和迈尔斯（Levitt and Miles, 2007）。

1. 例如，参见莫兰（Morran, 2011），一名男子为了获得医疗服务而抢劫了银行1美元。
2. 在现代监狱系统中，改造和纠正是很重要的功能。矫正系统的主要作用并不是威慑罪犯。
3. 这并不是说监禁对犯罪的双重影响会造成问题或不一致。事实上，正如米塞利（Miceli, 2009）所证明的那样，这两种对犯罪的影响是叠加的和一致的。
4. 例如，卡梅伦（Cameron, 1988）发现，绝大多数论文都没有发现警察对犯罪的显著负面影响。埃克和马奎尔（Eck and Maguire, 2000年）也有类似的发现。
5. 这些弹性的 t 比率对于财产犯罪为 -1.72，对于暴力犯罪为 -3.20。弹性是指报告犯罪的百分比变化除以警察规模的百分比变化。
6. 到1999年，每个州都有罪犯DNA数据库，但覆盖范围因犯罪的类型而异。州DNA数据库的大小和覆盖范围应与当前的犯罪水平无关。起初，警方只从新罪犯身上采集样本，但最终对被监禁的囚犯也进行了采集。个人都很清楚被采集DNA样本的定罪后果。
7. 最初只对被判犯罪范围很窄的罪犯采集DNA样本。
8. 多里亚克（Doleac, 2011）发现，DNA样本的增加实际上降低了逮捕率。这可能反映了避免逮捕和指控无罪人员的能力。
9. 那些出于道义原因而拒服兵役者的指控被撤销，并获得了其他服务选择。然而，一些被起诉甚至接受审判的人在最终判决前被解除指控。其中一些人可能存在逃兵役的情况，而另一些人则有正当理由认为自己不应该被征召入伍。入伍通知可能是由于笔误。当面临审判的个人接受入伍训练时，其他案件被驳回。这个问题给自然实验带来了一些问题，因为估计定罪概率的依据并不总是明确的。
10. 在实证分析中，只考虑了逃税案件达到10起或更多的州。因此，有一半的州被放弃了。
11. 估计方程的一些版本包括时间和状态虚拟变量来处理固定效应。将误差项视为测量误差、遗漏变量和由于关系不是真正线性的可能性而产生的规格误差的总和通常是有用的。
12. 由于很难区分逃兵役者与那些有合法理由不遵守入伍通知而接受审判的人，因此在估计逃兵役者人数时肯定存在测量误差。

13. 巴-伊兰和萨克多特（Bar-Ilan and Sacerdote，2004）并没有正式提出差异设计中的差异，但实验设计在他们对实证检验的讨论中是显而易见的。
14. 在美国，就业机会不断增长的地区往往拒绝建设新监狱，而农村地区和失业率高的地区则积极建设新监狱，以提供大量的就业机会。
15. 女性犯罪率的估计值等于总犯罪率乘以该类型犯罪的所有被捕者中女性的比例。该模型使用了人口超过 10 万的城市的犯罪率。主要监狱的选址并不考虑不断变化的犯罪率。财产犯罪率的影响较小，这可能是由于相当长的服刑时间倾向于在当地监狱而非看守所。
16. 为了进一步验证测量误差的影响已经被消除，莱维特测量了同样的回归滞后 2 年和 3 年的数据，确定了 β 的估计值是稳定的。鉴于测量误差不应持续存在，这意味着单个滞后就足以消除测量误差的影响。
17. 为了便于说明，假设制裁是相同的，只有定罪的概率不同。由于对这两项罪行的制裁有所不同，分析没有发生变化。
18. 为了证明这两种罪行之间存在无套利平衡，只需要证明一小部分罪犯对这两种犯罪漠不关心。这个分数在边际上足以建立图 12.1 所示的平衡。
19. 要保持无套利条件，制裁后的预期回报不必完全相同。想象一下，盗窃比入室盗窃更为省力。然后，无套利条件要求盗窃的预期回报相应地低于入室盗窃，回报的差异反映了补偿性变化。实际上，图 12.1 所示的案例假定盗窃和入室盗窃是完美的替代品。这样做是为了使图表更容易理解。
20. 在犯罪率方程的 OLS 测量中可能存在联立方程偏差，因为逮捕率可能是由犯罪率引起的，因为警方加大了对日益增加的犯罪的逮捕力度。如第 10 章所述，这可能会导致 β 的估计值更大（负值更小）。在威慑和能力剥夺效应的计算方面，与威慑效应相比，这种偏差将导致能力剥夺效应被夸大。鉴于威慑效应相当大，这对莱维特的研究来说不是问题。
21. 也有可能认为，监禁减少了罪犯的供应，并提高了那些没有被监禁的人预期的犯罪回报。但能力剥夺的影响通常以犯罪率的变化来测量，其中包括由于丧失行为能力而造成的犯罪率降低和由于新罪犯的供应而造成的犯罪率提高。
22. 也可以研究在不考虑先前行为的情况下人为延长监禁期的案例，但这些案例非常罕见，因此它们没有出现在文献中。
23. 莱维特测度了一阶差分模型，以消除各州差异和监狱人口滞后的固定影响，因为 t 年份的犯罪应该受到年初监狱罪犯数量的影响。

13 三振出局法案的经济分析

■简介

到目前为止，在关于犯罪经济学的讨论中，有一个隐含的假设，即潜在的罪犯知道预期的制裁，并且如果被定罪，他们能够区分定罪概率和预期制裁。由于法官和陪审团在量刑时有很大的自由裁量权，被告最多只能对特定犯罪模式的可能后果进行粗略估计。这本身就限制了研究人员对罪犯对制裁的反应做出敏锐预测的能力。此外，一些犯罪经济学模型的批评者质疑罪犯的判断力，并认为他们几乎没有意识到自己的行为对预期制裁的影响。

美国许多州颁布的三振出局法案使量刑过程正式化，并使不同犯罪选择的后果对潜在罪犯更加明显。下面讨论的"三振"一词是指三项重罪定罪，该词来自棒球比赛，即击球手在累计三次都没有击打到球后"出局"。在这种情况下，导致第二次或第三次击打的罪行会根据一个公式增加监禁刑期。[1]累犯法案，要求对有重大犯罪史的人增加监禁时间，这是很常见的。[2]三振出局法案使定罪的后果比以往的立法更正式。无论这一创新在刑事司法系统中的收益或成本如何，它都提供了一个自然实验，可以用来测试许多对犯罪经济学模型的预测。

本书回顾了报告这些测试的性能和结果的相关文献。总的来说，这些测试结果表明，罪犯的犯罪行为是完全理性的，并按照犯罪经济学预测的方式对三振出局法案的详细激励措施进行调整。

▎三振出局法案的性质

从20世纪90年代开始,一些州通过立法来限制法官设定刑事处罚的自由裁量权。[3] 通常,这些变化规定了最低刑期,在这个意义上,它们似乎反映了一些法官过于宽大的做法。从推进经济研究和检验犯罪经济学预测结果的角度来看,三振出局法案有许多优势,因为它创造了一个自然实验。该立法规定的量刑公式可以改变不同类型犯罪的相应刑罚,特别是对累犯的刑罚。罪犯对预期制裁发生如此重大变化的反应,可以与犯罪经济预测的预期变化进行比较。

> **第36号提案修改了加州的三振出局法案**
>
> 2012年11月6日,加利福尼亚州选民通过了第36号提案,修改了三振出局法案的规定。具体而言,该提案取消了将任何重罪定罪都视为第三次击打的要求,并取代了对第三次重罪严重性的司法自由裁量权。暴力重罪当然将继续被视为第三次击打,并将被判处25年监禁至无期徒刑。非暴力重罪定罪,只要重罪被判定不够严重,就不得导致第三次击打。第36号提案的支持者指出,入店行窃和类似的罪行是潜在的重罪定罪,在过去,这将导致第三次击打。
>
> 第36号提案具有追溯力。因此,对于第三次击打是非暴力重罪的被监禁者,这可能会导致减刑和/或提前释放。据推测,随后对加州总体犯罪水平,特别是那些提前释放的人的犯罪情况的研究,将对监禁效果产生重大影响。再次,这种量刑政策的变化,特别是提前释放成百上千重罪犯的可能性,为那些对犯罪经济学感兴趣的人提供了一项自然实验。

研究最多的三振出局法案发生在加州。该法案根据严重程度对犯罪进行划分,并制定了"第一次击打"罪行清单,其将在定罪后导致重罪的击打。一般来说，暴力重罪构成了第一次击打。[4]一旦一个人有了第一次击打，任何重罪的定罪都会导致第二次击打，对该罪行的强制性惩罚就会大幅增加。同样，第三次击打只要求有两次击打的人因任何其他重罪定罪，其结果是导致第三次击打的罪行的刑期大幅增加。

自然实验的产生是因为根据三振出局法案，对第一次暴力重罪定罪的处罚力度被显著提高。一个人可以犯下几项非暴力重罪，而不会造成累计击打，因此对这些非暴力重罪的处罚就会是适度的。然而，一旦个人被判暴力重罪并被给予第一次击打，对非暴力重罪的处罚力度就会显著提高，而任何重罪定罪都会导致额外的击打。对于受到第一次击打的人来说，暴力和非暴力重罪的部分区别会被消除，因为两者都会导致第二次击打，并且对任何击打行为的处罚都会增加，因为这会导致第二次击打。由于三振出局法案使非常相似的罪犯受到截然不同的制裁，其有可能成为犯罪经济学研究的丰富数据来源。

■第二次击打的威慑作用

击打的累计创造了一个自然实验的机会，可以应用差异设计中的差异来评估更严厉制裁的威慑效果。受过两次击打的人在面临任何重罪定罪时，都比有相似犯罪史但只受过一次击打的人面临更为严厉的惩罚。尽管如此，一次击打和两次击打的罪犯之间的差异可能会系统地偏向实验设计，因此，有必要精心地构建测试。

赫尔兰和塔巴洛克（Helland and Tabarrok，2007）认识到了这个问题，并考虑了在加州颁布三振出局法案之前，因犯罪活动有过一两次击打的获释囚犯。因为其犯罪记录早于三次击打，所以不可能是由立法造成的。所有受到两次击打而被释放的人因重罪被定罪后，都比受到一次击打而被释放的人面临更严厉的惩罚。然而，一些受到一次击打而被释放的人之前曾被第二次定罪，但没有导致击打。他们之前被指控犯有击打的重罪，但没有被判最严重的指控罪名，而被判非击打重罪，因此他们以两次定罪和一次击打而被释放。一些因一次击打而获释的人，以前没有因严重犯罪而接受审判，也不属于一次击打比较组。这就产生了两组罪犯，他们在观察上是平等的，只是一些人有一次击打和另一次因严重击打犯罪的审判，而另一些人有两次击打。自然实验用于比较这两组人在获释后 3 年内的重罪逮捕率。

研究结果是戏剧性的。那些受到两次击打而获释的人的重罪逮捕率比受到一次击打（两次审判）的小组低 17%～20%，他们因第二项重罪定罪而面临较低的制裁。赫兰和塔巴洛克（Helland and Tabarrok）在得克萨斯州进行了同样的测试，该州通过了最初的三振出局法案，得到了更加戏剧性的结果：两次击打组的重罪逮捕率降低了 50%。最后，他们对伊利诺伊州和纽约州这两个非击打州重复了测试。他们发现，这两组人之间随后的重罪逮捕率的差异消失了，这表明加州和得克萨斯州的逮捕结果是由于三振出局法案。[5]

这种实验设计本质上等同于差异设计中的差异，因为加利福尼亚州和得克萨斯州的一次与两次击打组都可以被视为经过处理，伊利诺伊州和纽约州的可比群体是未经处理的反事实。[6]

■罪犯对第二次和第三次击打的调整

艾扬格（Iyengar, 2008）使用犯罪经济学模型来确定罪犯对三振出局法案的三种预测反应。第一，如上一节所述，加强制裁应减少那些受到两次或三次击打的人的重罪参与率。第二，该立法倾向于消除对一两次击打的暴力重罪预期制裁之间的差异。因此，在那些有击打记录的人中，应该有犯下更暴力重罪的倾向。第三，在加州，受到一两次击打的罪犯面临的制裁比邻近的州严厉得多；他们有额外的动机将其犯罪活动转移到邻近的州。这三种犯罪模型的经济学预测假设罪犯是高度理性的。为了便于讨论，可以将其标记为三振出局法案的"参与度""强度"和"地理"影响。艾扬格测试了这三种效果。

对重罪击打的负面参与效应的测试，使用犯罪历史数据来识别三振出局法案实施两年前和两年后获释的囚犯。首先测度了获释后的击打次数，然后观察随后的重罪定罪。通过立法提高对重罪的预期制裁的处理效果是，一次击打的人的重罪逮捕率减少18%，两次击打的人减少28%。考虑到因受到两次击打而导致的制裁增加幅度更大，这些结果与增加制裁以威慑犯罪模型的预测完全一致。

同样的自然实验可以扩展到检验强度假设，因为在三振出局法案出台前与出台后，一次击打罪犯和两次击打罪犯所犯的重罪的特征是可以观察到的。比较立法前后一次击打的罪犯的犯罪选择，暴力重罪增加了4%；而对于两次击打的罪犯来说，暴力重罪增加了10%。因此，根据三振出局法案，对暴力和非暴力重罪的制裁更加平等，作为对这种情况的回应，有击打历史的罪犯转而实施更高比例的暴力犯罪。

最后，通过比较随后在任何地点被捕的条件下，在加州受到击打者对待前后被捕的可能性，来测试犯罪的地理转移。同样，正如理论所预测的那样，在三振出局法案通过后，那些有过一两次击打历史的罪犯在加州以外实施犯罪的可能性增加了。

综上所述，这些结果表明，罪犯对三振出局法案所提供的激励变化的反应，与犯罪经济学模型所预测的完全相同。对于那些有击打历史的人来说，有负向的参与效应，但在实际犯罪的条件下，有正向的强度效应，而且如果那些罪犯在加州以外的地域流动，先前击打的影响不会增加对他们的制裁。

■第一次击打的威慑作用

也许三振出局法案对犯罪的经济激励最微妙的影响涉及第一次击打犯

罪。犯下重罪并受到第一次击打的人不会立即受到更严厉的惩罚。然而，这会为其随后的重罪定罪累计额外的击打次数，并且对后续罪行的惩罚会增加。因此，范围狭窄的第一次击打犯罪对预期制裁有延迟影响，而且这种影响可能会很大。罪犯可以在不累计击打或增加刑期的情况下，犯下任意数量的非首次击打罪行。考虑一个向成年人贩卖毒品的毒贩的情况。只要该毒贩避免了第一次击打的犯罪，包括向未成年人贩卖毒品，他就可以积累大量的逮捕罪而不会受到第一次击打。很明显，计划实施毒品交易、盗窃、入室盗窃等罪行的人，如果他们仔细计划未来的活动，就有可能避免受到第一次击打定罪。

谢泼德（Shepherd，2002）测试了在三振出局法案出台后，第一次击打重罪是否比非击打重罪有所减少。根据前一节，那些有一两次击打历史而在获释后犯下重罪的人倾向于转为更暴力的重罪，因为对击打者的制裁是平等的。因此，在引入三振出局法案后，要使第一次击打暴力重罪相对减少，第一次击打的效果必须足够强。谢泼德的测试涉及用传统形式对犯罪结构模型进行测度：

$$C_{it} = \alpha + \beta A_{it} + \psi I_{it} + \sigma S_{it} + \theta X_{it} + \varepsilon_{it} \tag{13.1}$$

式中，C_{it} 是加利福尼亚州 i 郡在 t 年特定类型犯罪的犯罪率；A 是逮捕率；I 是逮捕后的监禁概率；S 是以定罪为条件的犯罪被视为击打对象的可能性；X 是反映经济状况和人口特征的常用变量矩阵；α、β、ψ、σ 和 θ 为待估计参数；ε 是误差项。[7] 根据犯罪经济学，β 和 ψ 估计值为负值，如果上面讨论的第一次击打的效果足够强，那么第一次击打效应应该使 σ 为负。

> **三振出局法案是否消除了量刑中的自由裁量权？**
>
> 三振出局法案的目标之一是限制量刑中的司法自由裁量权，或者至少执行对惯犯的最低刑罚。其另一个目标是激励罪犯选择非暴力犯罪。
>
> 比耶克（Bjerk，2005）假设，检察官可以通过调整被告面临的指控来应对量刑限制。在对最初指控向下调整的案件的审查中，他发现，在立法生效后，法官系统地、显著地从击打指控转向了非击打指控。

> 在重罪指控可能导致第一次击打时，情况尤其如此。这一证据表明，被告通过起诉自由裁量权得到了较轻的判决。当然，这可能是警察和/或检察官对三振出局法案做出的反应，其试图将指控升级为重罪，以增加他们在辩诉交易过程中的权力。谢泼德（2002）指出，对第一次击打的恐惧导致犯罪从第一次击打犯罪转向非击打犯罪。研究还表明，检察官利用死刑作为威胁，以确保谋杀案件中的合作和抗辩。这里的教训是，被告被定罪的最终指控是警察、检察官、律师和法官的战略行为的产物。然而，经济理论预测，任何与指控有关的判决权力受到限制的检察官应该通过调整指控来做出反应。

当然，这些结构模型的问题在于 A、I 和 S 很可能是内生的，因为一个郡在一年中的执法范围和类型在一定程度上是由犯罪率决定的。正如第 10 章所讨论的，犯罪既是逮捕、监禁和击打的结果，也是原因。认识到这个潜在的统计问题，谢泼德为第 10 章中讨论的所有原因使用了一个工具变量估计器。她特别关注关键参数 σ 中的联立方程偏差，其给出了监禁导致犯罪率遭到打击的概率的影响。她将政治变量作为改变击打机会的工具。具体而言，她认为，加州各郡的政治差异影响了遵守三振出局法案的时间和程度，并发现三振出局法案的实施日期随着该郡的投票行为而不同。

式（13.1）的工具变量估计表明，击打概率的增加通常会对谋杀、严重攻击、抢劫、入室盗窃和强奸产生负向而显著的影响；对盗窃和汽车盗窃的影响通常是正向的，而且通常是显著的。因此，受到第一次击打的预期是对可能导致这种击打的犯罪的净威慑，罪犯会将其努力转移到不会导致第一次击打的犯罪上。计划以犯罪为生的罪犯试图实施那些不会导致第一次击打的犯罪，而不是实施可能会产生第一次击打的犯罪，来避免遭受第一次击打。这些结果与艾扬格（Iyengar, 2008）的一致，意味着理性的罪犯追求自身利益的实现。

▰ 本章回顾

　　加州的三振出局法案是美国历史上规模最大的刑事实验之一。[8]它极大地改变了罪犯所面临的一些激励措施。通过将重罪分为第一次击打和非第一次击打罪行,其对没有受过击打的罪犯施加了一个强烈的激励——用非第一次击打犯罪代替第一次击打犯罪。对于那些受过一两次击打的罪犯来说,它大大增加了对这类罪犯犯下任何重罪的制裁,但以这些人在重罪中做出的选择为条件,它使严重的重罪相对来说更有吸引力。最后,那些累积击打并希望继续犯下重罪的罪犯有强烈的动机离开加州,前往那些没有此类累犯法规的州。

　　利用关于个人犯罪生涯的数据,所有这些犯罪经济学的影响都可以而且已经得到检验,并在统计分析中得到证实。事实上,甚至有证据表明,检察官通过调整对被告的指控做出了理性的反应。

▾ 问题和练习

　　1. 在对加州三振出局法案的效果评估中,加州司法部部长（总检察长）办公室发现,在该法案通过后的 4 年里,谋杀犯总数减少了 4000 人,犯罪受害人总数减少了 80 万人。假设这些数字是准确的,它们如何证明立法对犯罪供应的影响?

　　2. 如果邻近州采用三振出局法案,以美国任何地方的任何定罪为基础来认定第一次击打,那么,加州罪犯的地域流动性会发生什么变化?使用 S&D 模型证明这种变化。在该模型中,罪犯可以在加州或邻近州犯罪。

　　3. 假设一个人受过一次击打,正在等待重罪的审判。根据加州的三振出局法案,他面临着哪些不同的激励措施?他的行为和进行辩诉交易的意愿会如何改变?

　　4. 考虑另一种形式的三振出局法案,在该法案中,任何重罪都被视为第一次击打，产生第二次击打的重罪名单只包括谋杀、抢劫、强奸和严重攻击，只有谋杀和强奸才会导致第三次击打。你可能观察到哪些行为差异？如果一个团伙需要一些成员去攻击另一个团伙，将选择哪些成员？

5. 考虑两名因同一重罪而被定罪的罪犯。假设他们的情况基本相同，只是其中一个人之前已有重罪定罪。考虑到威慑和能力剥夺的影响，是否有理由对惯犯处以更长的刑期？

6. 使用 S&D 模型分析具有两次击打历史的罪犯实施产生第三次击打的犯罪或不产生第三次击打的犯罪的决定，展示三振出局法案对这一选择的影响。

注　释

1. 第二次击打使刑期增加了一倍，第三次击打犯罪的最低刑期为 25 年，其中 80% 必须在假释前服刑。有关文献中概述在大多数威慑和犯罪感知的经济研究中使用的预期制裁的影响的讨论，参见洛奇纳（Lochner, 2007）。三振出局法案使没有击打犯罪、一次或两次击打犯罪的预期判决截然不同。法官通常在没有正式立法授权的情况下对惯犯判处更严厉的刑罚。
2. 从技术上讲，得克萨斯州在 1974 年通过了第一部，也是最严厉的三振出局法案。它规定罪犯在三次击打定罪后被判处终身监禁。其他州在 20 世纪 90 年代也紧随其后。正如赫兰和塔巴洛克（Helland and Tabarrok, 2007）所指出的，一些研究未将得克萨斯州归为三振出局法案州，导致了有缺陷的结论。
3. 例外情况是使用枪支盗窃、向未成年人出售毒品、盗窃被占用的建筑物以及使用致命武器实施重罪。其中大多数都涉及重罪中的暴力威胁。此外，在其他州实施的犯罪也可能会导致加州的击打定罪。
4. 伊利诺伊州和纽约州的反事实案件是通过观察在这些州释放的囚犯的审判和定罪，然后跟踪他们随后 3 年的逮捕率而产生的。研究人员将击打归咎于在非击打州获释的个人，就好像他们是在加州被逮捕和审判的一样。
5. 另一种设计应该是在三振出局法案之前观察加州的差异，但考虑到数据的限制，这是不可能的。
6. 具体地说，A 是逮捕与犯罪的比率，I 是监禁与逮捕的比率，S 是击打与监禁的比率。
7. 参见齐姆林、霍金斯和卡明的评论（Zimring, Hawkins, and Kamin, 2001）的评论。

14　青少年犯罪

■简介

青少年犯罪值得特别关注，原因有很多。第一，与其他年龄组相比，青少年犯罪的逮捕率非常高。第二，其逮捕率随着时间的推移显示出比其他群体更大的变化。第三，刑事司法系统通常以不同于成年人的方式来对待青少年。第四，青少年会受到他人的监护，特别是父母和学校，他们对其行为有重大影响。第五，青少年受到不同的法律限制，从获得毒品、酒精到汽车，再到拥有枪支。第六，青少年通常无法选择他们的家庭类型或居住地点，而这两个因素都与青少年犯罪的逮捕数据有显著关系。

许多国家的青少年犯罪率随着时间的推移发生了显著的变化。在美国和欧洲大部分地区，青少年犯罪从20世纪80年代初开始显著上升，一直持续到20世纪90年代中期。在大多数国家，青少年犯罪率随后大幅度下降，但在其他国家则继续上升。自20世纪90年代中期以来，日本的青少年犯罪率已经显著增加，但总体上仍然低于世界平均水平。

要考虑的第一个问题是，青少年是否会像犯罪经济学中预期的那样对激励措施做出反应。相关学者已经通过观察青少年如何对预期制裁和犯罪机会成本变化做出反应来检验这一点。这一测试的许多版本都是使用结构模型和自然实验进行的。犯罪的空间集中与儿童的相对固定性相结合，他们的位置由其父母决定，表明邻里特征与青少年犯罪可能存在关联。这已经通过一个大型的示范项目得到了检验。最后，经济学家研究了个人特征，特别是家庭条件与青少年犯罪之间的关系。研究结果表明，虽然所有青少年都会对经济激励措施做出反应，但基于儿童早期家庭环境的不同，潜在犯罪倾向存在很大差异。[1]本章回顾了对所有这些问题进行探索的研究。

▇威慑和青少年犯罪供应

与青少年行为研究相关的一个优势是，青少年往往因同样的罪行而受到不同的制裁。随着个人年龄的增长，司法系统对他们的制裁会发生变化，这产生了一个自然实验。在美国，这是一个特别方便的实验，因为不同的州对成年人和青少年的制裁，以及青少年从毕业到成年人身份的年龄认定上都有所不同。[2]甚至有可能看到这样的案例：各州改变了青少年过渡到成年人司法系统的年龄，从而提供了一个完整的实验前后的设计。

莱维特（Levitt，1998）开发了一种分析威慑对青少年犯罪的影响的方法。他首先指出，1978—1992年，青少年的谋杀逮捕率几乎增加了一倍，因谋杀而被捕的成人逮捕率却有所下降。与此同时，以被拘留个人与被逮捕个人的比率为度量的制裁率，成年人增加，青少年下降。这些变化很容易通过应用犯罪市场图来理解。

图14.1说明了单一罪行市场上成年人和青少年罪犯的均衡。青少年供应曲线在纵轴上的截距较低，因为一些青少年从事合法工作的工资较低而具有较低的时间机会成本。对成年人和青少年的预期制裁大致相同，因为在定罪上有条件的制裁对成年人来说更高，即 $s_A^* > s_J^*$，但制裁概率对青少年来说更高，即 $p_J > p_A$。

因为青少年在避免被捕和定罪方面有许多不利因素。首先，他们不像成年人那样熟练。其次，由于他们与父母或其他监护人一起生活，因此他们通常在地理上受到限制。市场均衡条件要求所有罪犯都经历相同的犯罪制裁预期总回报，因此 $\pi_A^* = \pi_J^*$。鉴于对青少年的预期制裁与对成年人的

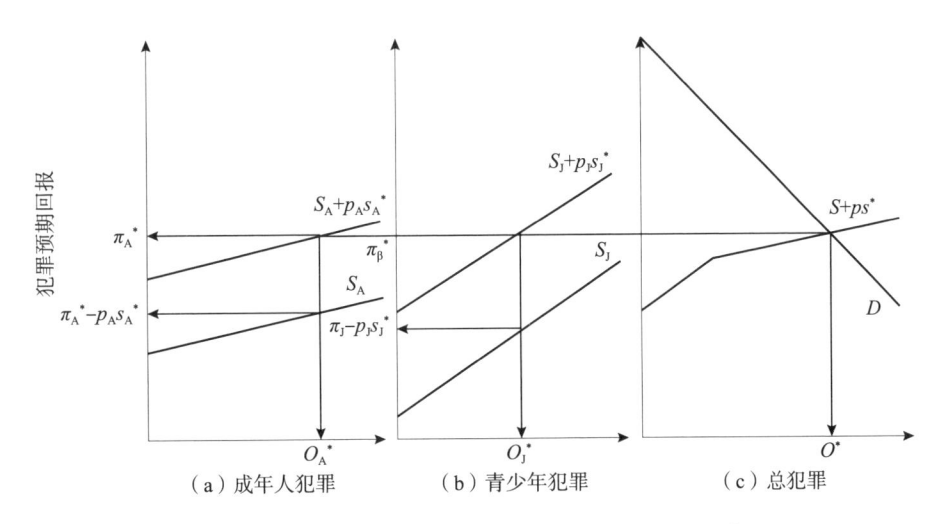

图 14.1　单一罪行市场上青少年和成年人罪犯的均衡

预期制裁大致相等,因为 $p_J > p_A$,而 $s_A > s_J$,扣除制裁后的回报大致相等,则 $\pi_A^* - p_A s_A^* \approx \pi_J^* - p_J s_J^*$。总犯罪为成年人犯罪与青少年犯罪之和,即 $O^* = O_A^* + O_J^*$,且成年人犯罪大于青少年犯罪,$O_A^* > O_J^*$。

莱维特(1998)记录了 1978—1992 年成年人制裁的增加和青少年制裁的减少。这些变化将以图 14.2 所示的方式改变图 14.1 中的均衡。如果被定罪,对成年人的制裁会增加到 $s_A^\# > s_A^*$,对被定罪的青少年的制裁会减少到 $s_J^\# < s_J^*$。

犯罪市场模型显示总犯罪率略有下降:$O^\# < O^*$。但是,犯罪构成发生了重大变化,青少年罪犯取代了成年人罪犯。鉴于重返犯罪的制裁总额仅略有增加,青少年和成年人的制裁收益发生了巨大变化。青少年的制裁净收益增加到 $\pi_J^\# - p_J s_J^\# > \pi_J^* - p_J s_J^*$,而成年人的制裁净收益减少到 $\pi_A^\# - p_A s_A^\# > \pi_A^* - p_A s_A^*$。[3]

莱维特(1998)使用 1978—1992 年美国各州的面板数据对这些反应进行了测试,发现青少年对改变的激励措施做出了强烈的反应。他的研究中有一个自然实验设计,因为人们通过一个系统来观察个体的衰老,该系统在他们年轻时对其施加较低的制裁,后来对他们施加更严厉的制裁。这项研究的两个主要挑战是将犯罪归咎于青少年和衡量制裁的力度。青少年

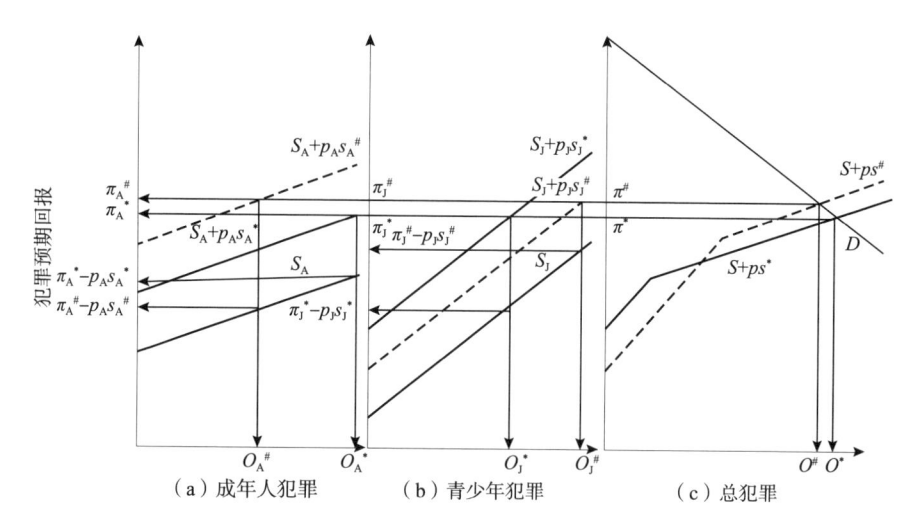

图 14.2 提高成年人制裁和降低青少年制裁的影响

犯罪被估计为犯罪总数乘以青少年逮捕人数（占所有逮捕人数的一小部分），预期制裁根据被拘留的青少年人数与被逮捕或被拘留的青少年人数与人口中青少年总数的比率来衡量。

对犯罪方程式的估计表明，青少年对预期制裁的变化做出了巨大的反应。样本均值的点估计表明，一年中每多关押 10 名青少年，可消除 6 起暴力犯罪和 40 起财产犯罪。还有一些关于成年人制裁对青少年溢出效应的测试，这可能是因为如果青少年面临严厉的成年人制裁，他们将不太可能选择犯罪。这些影响都很小，而且往往不显著。相反，有证据表明，对青少年的制裁，特别是其成年前一年的制裁，对成年人暴力犯罪有负向而显著的影响，但对成年人财产犯罪的影响并不显著。

一项实证检验在差异结构上完全不同，可以按年龄观察到不同犯罪类型的逮捕率。这允许对青少年身份最后一年的犯罪率与罪犯面临成年人制裁的第一年的犯罪率进行比较。犯罪率的差异可能与预期制裁的相对增加有关，这是一种与离开青少年系统相关的待遇。结果表明，处理效果增加一个标准差，即与衰老相关的预期制裁的相对增加，会使暴力犯罪减少 10%，财产犯罪减少了 4%~5%。总的来说，莱维特的发现有力地支持了以下结论：青少年以一种理性、自利的方式对激励措施做出反应，因为额外的制裁措施大大减少了犯罪。

为了应对 20 世纪 90 年代青少年犯罪率上升的局面，日本通过了《2001 年青少年法》，对 14 岁和 15 岁的青少年施加了更严厉的处罚，但对其他青少年的制裁基本上没有改变。欧卡（Oka，2009）分析了这一变化对狭窄年龄组处理的影响作为差异设计中的差异。他发现，这一变化使 13 岁青少年的逮捕率降低了 7.0%~20.5%，14 岁青少年的逮捕率降低了 5.2%~15.2%，15 岁青少年的逮捕率降低了 6.1%~9.7%。对 13 岁青少年的影响大概反映了对 14 岁青少年制裁增加的预期，以及随之而来的犯罪欲望的削弱，这可能是因为年龄较大的青少年减少犯罪而产生的同伴效应。这项研究还包括对青少年工资的测量，发现工资和逮捕率之间没有一致性关系。这种推论的一个问题是，工资只是在这次样本工作中观察到的，可能并没有反映出那些实施犯罪的人的市场机会。

这些结果表明，青少年拘留对犯罪的影响是由于对所有潜在罪犯的预期制裁增加而产生的威慑。相关研究提供的证据表明，拘留的经历可能会对被拘留者的犯罪产生重大的负面影响。[4] 由于第 10 章统计方法讨论中涵盖的原因，很难得到关于监禁时间和再犯之间关系的推断。[5] 然而，赫贾尔马森（Hjalmarsson，2009）确定了一项基于华盛顿州采用的青少年拘留程序的自然实验。在那里，将青少年关押在拘留所的决定是基于一个严格的分数公式，该公式根据青少年的犯罪史和其他因素对其进行评分。基于这些因素，得分高于临界值的青少年将在定罪后被拘留。因此，可以确定所有青少年的子样本，这些青少年的得分几乎相同，但恰好落在分界线的两侧，因此受到青少年司法系统迥然不同的对待。这实际上是一种特殊的差异方法，称为"回归不连续性"。

超过临界分数的人被判处在州青少年监狱服刑至少 15 周，其他分数稍低的人被处以罚款或缓刑。虽然这两组在观察上基本相同，但在累犯方面的差异很大。根据随后犯罪的时间模型，赫贾尔马森发现，被拘留者的后续犯罪率比未被拘留者低 37%。就犯罪经济学而言，对这个结果有一个直截了当的解释。对于那些被逮捕、定罪和没有被拘留的青少年，对预期制裁的感知应该远低于那些被拘留的青少年。[6] 考虑到预期制裁的这种差异，获释者的再犯率在逻辑上更高。

总的来说，这些结果和其他研究的结果都有力地支持了这种假说，即青少年对预期制裁的反应与成年人类似，并且完全符合犯罪经济学模型。

> **暴力电影对青少年犯罪的惊人影响**
>
> 经济学的研究往往会产生令人惊讶的结果。达尔和德拉维尼亚（Dahl and Della Vigna, 2009）试图确定暴力电影是否会导致随后暴力行为的增加。预测这个结果是基于两个原因：第一，实验表明，观看暴力电影的对象比观看普通电影的对照组更容易表现出攻击性行为；第二，调查显示，暴力罪犯比普通人群对暴力电影的偏好更强。
>
> 作者使用了国家事件报告系统（NIBRS），这是一个旧的统一犯罪报告的改进版本，可在特定的地区使用。NIBRS 有更详细的事件报告类别。由于许多暴力事件发生的时间都在 NIBRS 中被详细地记录了下来，因此可以观察到暴力电影放映期间的暴力犯罪数量，即从上映前的 18 点到 0 点，以及电影上映后的 0 点到 6 点。然后使用最小二乘法，将每个地区的非暴力电影和暴力电影的上座率与黄金时段和之后的袭击事件联系起来。18 点到 0 点的袭击事件随着暴力电影的上映而减少。这可能是因为观看电影增加了人们远离犯罪的时间。令人惊讶的是，之后 0 点到 6 点的袭击事件减少得更多。作者推测，去电影院可能会阻止其他行为，如饮酒或吸毒，这些行为远比电影更能促进暴力！

邻里位置和青少年犯罪

经济学以外的大量文献表明，青少年的行为受到同伴群体效应的强烈影响。[7] 考虑到青少年在选择居住或学校地点方面的作用有限，与其父母的经济状况相关的邻里选择可能会对青少年同龄人群体和犯罪产生重大影响。此外，第 8 章对犯罪空间集中度的讨论证明了犯罪率因社区而有显著差异的理论原因。

所有这些论点都表明,青少年犯罪可能与社区位置有关。然而,也可能是影响子女抚养的父母因素在选择居住地点中很重要,因此将邻里效应与家庭效应分开是一个困难的统计学问题。

这一研究难题促使美国住房和城市发展部开展了一项为期 10 年 (1994—2004)的示范项目,名为"走向机遇"(MTO)。MTO 的实验设计相对简单。低收入公共住房项目的居民被随机分为三组:第一组仍留在公共住房中;第二组得到了租金补贴,可用于选择私人出租住房;第三组得到了只能用于低贫困地区的租金补贴。虽然重点是邻里贫困的差异,但作为一个实际问题,从高贫困地区到低贫困地区的转变也是从犯罪率较高的社区向犯罪率较低的社区的转变。在 10 年的示范项目中,对所有家庭成员的影响进行了监测。[8]

MTO 旨在确定这一邻里位置的实验性变化对成年人和青少年的总体福利的影响。一系列学术论文分析了邻里特征变化对青少年犯罪的影响。来自家庭的调查数据得到了学校和警察的逮捕记录的补充,从而可以对青少年的行为进行高质量的监测。[9]

克林、路德维希和凯兹(Kling, Ludwig, and Katz, 2005)的直接实验分析表明,搬到低贫困地区对成年人犯罪逮捕率几乎没有影响,但降低了未成年女性的暴力犯罪和财产犯罪逮捕率,并降低了暴力犯罪逮捕率(仅在短期内),同时提高了未成年男性的财产犯罪逮捕率。女性对其他非犯罪措施的处理反应更好。这些结果与低贫困地区社区和住房质量的普遍改善的影响有关,但并没有关注向低犯罪率社区的迁移,这是该实验的具体问题。

路德维希和克林(Ludwig and Kling, 2007)使用 MTO 的实验设计来检验邻里犯罪率对该地区青少年犯罪有影响的假设。MTO 下的随机分配使研究者能够独立于个人或其家人的选择来识别纯邻里传染效应。与其他声称邻里犯罪具有传染性的研究相比,他们发现,在 MTO 下分配到社区的群体中,与邻里犯罪差异相关的青少年逮捕率差异的影响很小。[10]

> **择校与犯罪问题**
>
> 择校对犯罪影响的研究最好通过自然实验来完成。戴明（Deming，2011）确定了这样一个实验，当时北卡罗来纳州的夏洛特-梅克伦堡制定了一项择校政策：通过抽签分配进入理想学校的机会。中签者选择了根据客观衡量标准似乎可以提供最好的教育的学校。至少，中签者可以选择他们或其父母认为最合适的学校。
>
> 该实验始于2002年，戴明分析了毕业几年后成年人被捕和被监禁的数据。经济理论预测，成绩较好的学生将获得较高的合法工资，其犯罪的可能性较小。或者，如果学生进入更好的学校，同伴群体效应可能会引导他们远离犯罪组织。虽然研究无法清楚地区分这两种解释，但总体结果是明确的。在试图保持其他背景特征不变的回归结果中，中签者的被捕和监禁率急剧下降。此外，这种下降集中在从学校毕业后的几年里，在风险最高的青年中最为显著，达到了50%。

具体来说，MTO样本中最暴力的1/4男性青年平均每年随机犯罪1.84起。点估计表明，社区暴力犯罪率增加一个标准差，可能导致每年多出0.12起暴力犯罪。与最活跃的罪犯每年的逮捕率有1.84分的差异相比，这无疑是一个很小的影响。

MTO的结果有几个重要的意义。首先，移居至低贫困地区可以改善未成年女性的结局，但不会改变未成年男性的结局。其次，如果使用OLS模型并忽略位置选择的内生性，那么青少年的逮捕率似乎会对邻里犯罪率有反应。最后，如果使用工具变量（Ⅳ）估计来消除内生性邻里选择的影响，那么邻里犯罪率对青少年男性犯罪率有很小的或非显著的影响。这再次说明了在设计统计分析之前建立一个正式的社会系统模型的重要性，以及单方程OLS模型的误导性。

■经济激励和青少年犯罪

国家偏好模型可以应用于青少年犯罪研究。青少年有特定的时间可以分配给学校、娱乐、家庭活动、工作和犯罪。分配给犯罪的时间必须与这些活动以及可以想象的其他活动竞争。

有证据表明，当有其他有吸引力的选择时，青少年会通过减少犯罪来满足对时间的需求。最明显的替代方案是工作，当然，已经设计了实证检验来确定青少年犯罪是否与青少年工资或失业有关。总的来说，关于这一点的证据尚不明确，部分原因是衡量个别青少年的工作机会非常困难。也许最著名的研究是由格罗格（Grogger，1998）实施的，他构建了一个青少年工资决定和参与犯罪的三方程式模型。这个模型很难获得犯罪回报的测量值，也很难获得工资对犯罪的负向且显著影响的稳定测量值。尽管如此，他的大多数模型测量表明，更高的市场工资降低了参与犯罪的可能性。

格鲁伯（Gruber，2001）的论文集讨论了青少年的各种危险行为，包括犯罪，以及对激励措施的反应方式。随着香烟价格的上涨，青少年的吸烟率下降；强制性安全带法减少了青少年因车祸而死亡的人数；艾滋病率上升和福利下降降低了青少年怀孕率。莱维特和洛奇纳（Levitt and Lochne，2001）发现，财产犯罪和暴力犯罪的参与率随着一般能力测试的分数显著下降，这种影响主要是由于数学能力部分的考试分数和犯罪之间存在非常大的负相关关系。在某种程度上，更高的数学考试成绩意味着更高的市场工资，而更高的工资会降低犯罪率。

增加在学校的时间应该可以减少非法活动的时间。贝塞隆和克鲁格（Berthelon and Kruger，2011）研究了一项自然实验的效果，其中智利政府将青少年的上课时间从半天延长到一整天。由于这种变化必须随着时间的推移逐步进行，因此有可能同时观察有和没有延长上学时间的区域。他们发现，未成年母亲数量的减少和犯罪率的下降都与上学时间的延长有关。[11] 在另一项涉及上学时间变化的自然实验中，雅各布和莱夫格伦（Jacob and Lefgren, 2003）研究了学校不上课的日子对青少年犯罪的影响。

在这些日子里，由于与假期或特殊场合无关的特殊情况，学校没有开课。[12] 他们发现，财产犯罪在学校上课的日子里下降了14%，但暴力犯罪增加了28%。这些结果表明，青少年在学校期间的冲突可能会导致在学校期间或放学后的暴力冲突。

少年犯罪与离校年龄

提高离校年龄应该对未成年罪犯产生轻微的"监禁"影响，因为他们的时间被上学所占用。青年失业率高也表明犯罪可能对不上学的青少年特别有吸引力。提高离校年龄的问题在许多国家一直存在争论，2013年，英国计划提高最低入学年龄。

安德森（Anderson, 2012）将1980—2008年美国各州最低辍学年龄的多样性用作自然实验。除了各州的差异，离校年龄的变化也因时间而异，因此实施了完整的差异设计中的差异研究。结果变量是逮捕16~18岁的人。研究表明，对于暴力、财产和毒品犯罪，如果需要上学，这个年龄段的逮捕率会降低17%，尽管毒品犯罪的影响在统计学上并不显著。这并不意味着提高离校年龄会提高福利，因为没有考虑到18岁后犯罪的影响，以及由于学生不守规矩而导致的学校系统内的任何问题。

入学率的提升似乎与青少年犯罪率的降低有关。洛奇纳和莫雷蒂（Lochner and Moretti, 2004）发现，被视为一种自然实验的所需入学年限的增加，与犯罪率显著降低有关。最近，拉森（Larsen, 2011）将毕业所需课程数量的增加作为另一个自然实验。他提出，这种最低成绩水平的提高会导致逮捕率大大降低。在这些研究中，增加上学时间和降低逮捕率之间的确切机制尚不清晰。教育成就可能会对工资率产生影响，或者使犯罪的偏好发生改变，或者在学校的时间可能会减少青少年犯罪的可用时间。

青少年宵禁是减少犯罪时间的另一种方式。克兰（Kline, 2012）报告称，实施青少年宵禁显著降低了宵禁年龄以下的人的财产犯罪和暴力犯罪的逮捕率。积极的青少年体育项目也提供了另一种时间利用方式。毫不奇怪，利用1997—2003年意大利地区的面板数据，卡鲁索（Caruso，2011）发现，参与体育项目和青少年犯罪特别是财产犯罪之间存在统计与经济上的显著负相关关系。总的来说，正如国家偏好模型表明的那样，增加替代时间使用的因素往往会降低青少年犯罪的水平，其中财产犯罪数量的减少最为明显。

关于青少年犯罪的最后一点是不同犯罪类型的分布。洛克纳（Lochner，2007）将青少年的犯罪模式与年长的、受过更多教育的成年人的犯罪模式进行了比较。他发现，犯罪模式随年龄和受教育程度的变化与罪犯的技能组合和以合法活动中的工资来衡量的机会成本的一致。随着年龄和教育程度的提高，暴力和街头犯罪逐渐转向欺诈等犯罪，这些犯罪的预期制裁净收益更高，但需要额外的技能。

个人特征和青少年犯罪

这里提供的证据表明，经济激励很重要，在保持青少年特征不变的情况下，经济激励将会产生作用，比如改变定罪的可能性、定罪后的预期制裁、可用于犯罪的时间、其他时间用途的价值以及合法活动的收入，都会影响青少年个体的犯罪水平。

然而，这里提到的所有关于青少年犯罪模型的研究都发现，如果保持经济因素不变，与个人特征相关的逮捕率和定罪率存在显著的差异。具体来说，使用个人犯罪数据的统计模型已经发现反映个体特征的变量的估计系数是非常重要的。例如，以前的犯罪史、学校教育、智力或成绩测试结果、工作经验变量以及家庭属性都是很重要的。通常，这些"控制"变量被添加到模型中，使用所谓的"厨房水槽"方法来消除遗漏变量偏差。[13]人们付出大量的努力来证明，与一系列其他影响犯罪的因素相比，经济变量的影响是稳健的。

这种方法存在两个问题。第一，引入许多控制变量会产生"包容变量偏差"，从而增加真正属于模型的任何变量的估计系数的方差。因此，这些变量的估计系数似乎并不显著。更糟糕的是，考虑到某种变量，比如没有生活在一个完整的家庭里，可能是导致早期犯罪和学业失败的根本原因。而生活在一个完整的家庭中，将与描述青少年生活经历的所有其他变量高度相关。包容变量偏差的问题在于，用于测试完整家庭显著性的标准误差的影响，随着该变量与强制进入模型的控制变量之间的相关性的增加而增加。在极限情况下，如果一个控制变量与完整家庭完全相关，则由于仅包含的变量偏差，完整家庭将被判定为不重要。这是在统计测试中包含变量的理论原因和避免模型规范的方法的众多原因之一！

第二，存在一个逻辑问题：哪些个人特征与青少年犯罪存在真正的因果关系？哪些仅与之简单相关。例如，先前的犯罪不可能是根本原因，因为每个青少年在第一次被捕之前的犯罪史都是相同的。犯罪的根本原因必须是在犯罪史上第一次被捕之前发生的事情。显然，到16岁时，先前的犯罪史是未来犯罪的一个重要预测因素，但区分预测犯罪的能力和犯罪原因很重要。同样地，在学校的表现可能是在某个年龄段犯罪的一个很好的预测因素，但它是第一次犯罪的一个很好的预测因素吗？即使如此，问题是"是什么导致了学生在学校的表现水平"？

幸运的是，经济学家已经开发了诸如向量自回归这样的技术（参见第10章对VAR方法的讨论），以消除变量、减少所包含变量的偏差，以及确定复杂系统中的因果关系模式。将这些技术应用于确定青少年犯罪的决定因素才刚刚开始，但梅洛和沃尔平（Merlo and Wolpin，2009）的研究表明，其可能是富有成效的。他们描述了黑人男性青少年从14岁到22岁五种可能状态的转变：学校、犯罪、工作、逮捕和监禁。显然，前三个是选择变量，后两个是由青少年和刑事司法系统共同决定的状态。每年，从14岁开始，青少年的特征是五个二元变量，表明他们是否在学校、实施犯罪、工作、逮捕和/或被监禁。数据来自对全国青少年的纵向调查，该调查补充了来自学校和刑事司法系统的数据。

该模型根据青少年14岁之前的特征对他们进行分类，这些特征将他们分为相对同质的类别，随着时间的推移，状态之间的转换概率相似。该模型测量识别了三个组：第一组高中毕业的概率为20%，第二组是40%，第三组是85%。这些群体都有一些特点，导致他们在学校、犯罪、工作、逮捕和监禁期间的过渡速度上存在永久性差异。例如，如果第一组青少年在16岁时不上学，其从高中毕业的概率基本上为0。第三组恰恰相反，16岁时不上学对其最终从高中毕业的可能性几乎没有影响。相反，如果第一组的一名成员在14岁时被捕，他比14岁时被捕的第三组青少年更容易被逮捕和监禁。这意味着，儿童早期家庭环境的特征是其通过模型状态过渡的非常重要的决定因素。区分第一组成员身份的三个因素如下：①母亲高中辍学；②母亲在20岁前生孩子；③没有与亲生父母共同生活。第三组的特点是母亲受过高等教育、母亲在20岁后生孩子、和亲生父母共同生活。关于儿童时期经历和随后的犯罪的重要文献，主要是经济学领域以外的文献，表明早期家庭特征和犯罪之间存在类似的联系。例如，柯里和特金（Currie and Tekin, 2012）发现，自我报告的虐待儿童行为与犯罪概率之间存在显著关系。

这里讨论的研究结果表明，青少年在学校教育和犯罪行为方面的巨大差异与他们早期的生活环境有关。这并不意味着经济策略是无关紧要的。相反，这项研究表明，采取措施识别第一组和第二组青少年，并试图阻止他们最初辍学，可能会对他们的教育和犯罪结果产生重大的长期影响。此外，研究结果还解释了MTO示范项目的发现，即转移到更富裕、犯罪率更低的社区对少数族裔男性的犯罪几乎没有或根本没有影响。实验中没有改变被认为是梅洛和沃尔平（Wolpin, 2009）研究中最有影响力的主要变量。[14]

■本章回顾

刑事司法系统有针对青少年的特殊程序和制裁，这创造了相当复杂的激励结构。然而，这对经济学研究来说是一个优势，因为青少年司法系统及其与成年人司法系统的相互作用提供了许多自然实验，这些实验已被用来得出重要的实证结果。总的来说，青少年对他们所面临的激励措施表现出意识和反应，特别是与随年龄增长进入成人系统有关的制裁的增加。

虽然不同社区的青少年犯罪率的巨大差异表明，某种类型的传染或同伴压力影响着青少年，但在MTO演示中对此进行测试时，并未发现显著的社区传染效应。有证据表明，移居低贫困地区可以改善与女性相关的各种结果。与年轻男性相关的结果似乎没有随着移居而改变，尤其是财产犯罪逮捕率。迁移到一个犯罪率较低的社区对男性逮捕率的影响非常小。

除了预期制裁，青少年对各种经济激励措施反应敏感。虽然很难衡量合法工资对青少年犯罪的影响，但有证据表明，增加其他活动的时间需求可以减少犯罪的时间投入。这些活动包括更多地参与学校活动或娱乐活动，或实施青少年宵禁。

最后，经济学家成功地使用了VAR模型来衡量青少年在学校、犯罪、工作和监禁期间的转变。这些模型可以识别基本的人口统计变量，这些变量与青少年多年来过渡到这些状态的方式的永久性差异相关。特别是母亲的受教育程度、孩子出生时母亲的年龄，以及是否与亲生父母一同生活，都是确定个人在与刑事司法系统的相互作用中存在永久差异的重要因素。

问题和练习

1. 洛奇纳（Lochner，2004）认为，青少年专门从事需要有限教育程度的犯罪行为。假设一群青少年的合法工资为8美元/时，而居住在同一地区的成年人的工资为30美元/时。此外，假设青少年贩卖毒品的收入为12美元/时，从事欺诈活动的收入为10美元/时。而成年人贩卖毒品的收入为20美元/时，从事欺诈活动的收入为50美元/时。这些数字暗示了什么样的合法工作模式和犯罪行为模式？

2. 假设一个司法管辖区决定改变其对青少年的处置措施，将抢劫作为成年人犯罪进行惩罚，但除此之外，青少年犯罪的刑期比成年人短得多。用图表说明，抢劫市场的参与可能如何适应这一变化，然后对盗窃市场进行同样的分析。提出这个问题的部分原因是，青少年成年后因抢劫罪受审的年龄低于非暴力财产犯罪。

3. 早期生活经历对随后的犯罪行为的影响可能是由于遗传或"自然"的影响和/或养育子女——"后天"方面的差异。假设你有足够的研究预算，你能想出一种方法用同卵双胞胎来测试先天因素和后天因素对青少年犯罪的相对重要性吗？

注　释

1. 当然，孩子的行为通常反映了其父母及其成长环境的情况。例如，贫困、收入和教育之间存在代际相关性。对犯罪逮捕的代际传播的研究表明，父母与子女之间的逮捕或犯罪活动指标的相关性略高于其他劳动力市场结果的代际相关性，但并不显著。
2. 青少年可作为成年人审判的年龄通常是暴力重罪最低、轻罪最高。对于暴力重罪，美国各州通常将青少年作为成年人接受审判的年龄设置为从12岁到16岁不等。
3. 在这种程式化的分析中，犯罪需求时间表随着时间的推移保持不变，犯罪供应曲线也没有因年龄组的人口特征变化而发生变化。在如此长的时间里不太可能出现这种情况，但显示出对犯罪的需求和供应，以及潜在的 S_A 和 S_J 曲线会使说明复杂化，而不会增加对罪犯替代效应的理解。
4. 有些人可能会认为，拘留会使青少年变狠，并使他们更容易犯罪。这项研究的结果要么与这一论点完全相反，要么表明拘留的威慑作用远大于因监禁经历而对罪犯产生的任何强化作用。
5. 有关这个影响了许多关于犯罪和惩教的研究的问题的详细讨论，参见曼斯基和纳金（Manski and Nagin，1998）。
6. 对于根据分数被拘留的青少年，可以确信如果他们再次犯罪，将会再次被拘留，因为他们的分数会更糟。未被拘留的青少年可能对预期制裁持相反的看法，因为他们没有被告知评分系统的细节。参见洛克纳（Lochner，2007）的证据，其证明罪犯的后续待遇评估是基于他们以前的刑事司法系统经验。
7. 例如，参见杜阿尔特、埃斯卡里奥和莫利纳（Duarte, Escario, and Molina, 2011）关于欧洲同龄人群体与吸毒之间的关系。
8. MTO在五个大城市实施：巴尔的摩、芝加哥、波士顿、纽约和洛杉矶。

9. 在样本选择方面存在一些问题，因为不可能强迫家庭继续居住在他们被分配到的社区。然而，研究人员使用了现代的样本选择校正技术（见第 10 章）来克服这些困难。

10. 可以忽略 MTO 的随机分配属性，并检验社区暴力犯罪和个人暴力犯罪逮捕之间的关系。研究表明，如果没有 MTO 实验提供的识别信息，生活在犯罪率较高社区的类似家庭中的儿童的逮捕率会更高。这里的问题是样本选择。在其他条件保持不变的情况下，选择住在犯罪率较低地区的家庭，其子女参与犯罪和被逮捕的概率较低。MTO 实验使研究人员能够纠正这种选择偏差。

11. 除了随着上课时间的延长而缩短其他活动时间的直接影响，额外的教育福利还可以提高工资，并改变犯罪和生育的机会成本。

12. 提交人可以将犯罪行为的事件数据与提供被捕者年龄的逮捕数据联系起来，以便收集青少年犯罪活动的衡量标准。

13. 格里奇斯（Griliches, 1977）是最早指出在类似于犯罪模型的模型中添加控制变量的问题的人之一。他特别关心教育回报的确定。

14. 梅洛和沃尔平（Merlo and Wolpin, 2009）并不是唯一确定未观察到青少年异质性的主要来源的人。关于健康、教育和收入的决定因素的文献表明，幼儿的特征对政策干预的未来效果有重要影响。例如，参见康提、赫克曼和乌尔祖（Conti, Heckman, and Urzua, 2010）关于健康教育梯度的讨论。

15 社区帮派

▌简介

"社区帮派"是指当地有组织的犯罪团伙,虽然它们可能附属于更大的犯罪集团,但其行动相对独立。帮派的分支机构可能延伸到一个城市的大部分地区,甚至可能包括许多其他城市的分支机构。然而,社区帮派的成员都来自一个小区域,青少年的参与率通常很高。普通帮派成员的地域性通常非常有限。从本质上说,每个社区帮派都拥有一块小领土的特许经营权,其在该区域具有几乎排他性的影响力,除非受到另一个来自不同犯罪集团的特许经营权团伙的挑战。社区帮派的大部分收入来自无受害人犯罪,从当地企业勒索是常见的次要活动。

出于显而易见的原因,对社区帮派的实证研究因缺乏数据而受到限制。帮派成员不会在标准化问卷中透露组织秘密。然而,一些文献报告的结果表明,社区帮派有一种商业模式,甚至可能充当地方政府。为了提供一个关于社区帮派的视角,本章首先讨论没有帮派的社区犯罪;然后讨论关于犯罪团伙的商业模式;最后讨论社区帮派的兴起,作为对缺乏安全的回应,即帮派成为地方政府。

没有帮派的社区犯罪

罗伊特等（Reuter et al, 1990）对 1985—1987 年华盛顿特区的毒贩进行了深入分析，这段时期贩毒团伙组织并不严密。这项研究是通过采访 18～29 岁的非裔美国男性进行的，这些男性因毒品犯罪而被定罪并在随后获得假释。[1]这个年龄段的人数占所有因毒品交易被捕的人数的 50% 以上。根据各种来源对调查问题的回答进行核对，包括犯罪历史和工作记录。

毒品销售情况因毒品的种类而异。在高贫困社区，每天都有大量的低收入用户在街上购买少量的海洛因。基于更规律的关系，可卡因的购买频率较低，数量适中。大麻的销售量最大，但频率最低。每个卖家通常都有固定的买家。考虑到大量小额和相对匿名的购买，因销售海洛因和可卡因而被捕的风险更高，经销商的零售价是批发价格的 10 倍。大麻被更广泛的收入群体和更多样化的地区购买。与批发相比，零售加价系数约为 3 倍或 4 倍。由于卖家往往与买家具有规律的关系，因此被逮捕的风险更低。显然，被逮捕的风险和购买量是零售价格与批发价格比率的重要决定因素。这些事实非常符合完全竞争零售模式，其中加价率反映了经营成本。

罗伊特等（1990）报道了一些关于华盛顿特区的毒贩的行为与财务状况的典型事实。大多数毒贩都是兼职，通常是在周末参与贩毒。他们的日常工作的薪水要比毒品交易低得多，而毒品销售的收入非常高。经销商的总销售额为 3600 美元/月，净利润为 2000 美元/月，此外，毒贩还可以批量购买毒品供自己使用。大多数经销商都是用户，并获得了可观的实物收入。经销商并没有低估受伤和监禁的风险。关于监禁、发病率和死亡率变化的调查结果表明，经销商高估了这些可能性。青少年并不认为毒品交易是一种浪漫的职业。毒品的需求曲线可能非常没有价格弹性，因此供应量出现任何下降都会导致价格大幅上涨，从而导致交易的高额回报。罗伊特等（1990）得出的结论是，提高合法工资对华盛顿特区的毒品交易几乎没有任何影响，因为当时毒品交易的收入远远高于合法的市场工资，而且毒贩供应的任何减少都会导致毒品价格和经销商收入的大幅上升。

> **贩毒团伙成为一种新的商业模式**
>
> 罗伊特等（1990）在华盛顿特区完成他们对毒品交易的研究时，市场结构和组织结构发生了巨大的变化。造成这一变化的原因尚不清楚。一种可能是将快克可卡因作为一种具有更高利润潜力的新产品引入。另外，与纽约有联系的贩毒团伙能够直接从梅德林卡特尔进口大量可卡因。进行市场重组的团伙由瑞富尔·埃德蒙德（Rayful Edmond）领导。该团伙通过数百起谋杀案确立了其对市场的控制权，据报道，其每年收入为3亿美元。
>
> 埃德蒙德被判处终身监禁，不得假释。然而，他的组织足够强大，以至于他能够在监狱里开展业务。随后，他因在监狱里经营犯罪企业而被定罪和判刑。鉴于他已经在终身服刑，不得假释，额外的判决没有实际意义。埃德蒙德领导的团伙也有邻里关系存在，其控制着领土，甚至赞助了当地篮球联盟中一支以大学明星球员为特色的球队。

■贩毒帮派的社区犯罪模型

随着莱维特和文卡特什（Levitt and Venkatesh，2000）对芝加哥贩毒帮派的不断研究，对社区毒品帮派的经济研究取得了显著进展。20世纪90年代的情况与20世纪80年代的华盛顿特区完全不同。芝加哥的毒品销售主要由使用特许经营模式的附属团队经营的社区贩毒帮派主导。帮派领土是有限的，而且在地理上有明确的定义。如果两个具有同一隶属关系的帮派共享一个共同的边界，他们就会合作并尊重这一边界。如果两个有不同隶属关系的帮派有共同的边界，他们就会竞争，偶尔也会引发暴力冲突。

莱维特和文卡特什报告称，犯罪帮派有财务主管、正式的损益表和商业模式。一个正式的帮派组织如图15.1所示。

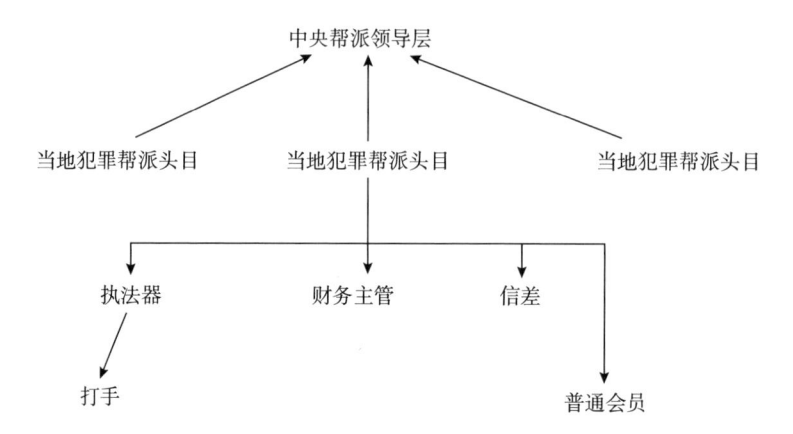

```
                          中央帮派领导层
                ↗              ↑              ↖
         当地犯罪帮派头目    当地犯罪帮派头目    当地犯罪帮派头目
                           ↙    ↓    ↘
                       执法器  财务主管  信差
                         ↓                ↘
                        打手              普通会员
```

图15.1 莱维特和文卡特什提出的贩毒帮派的正式组织结构（2000年）

横跨芝加哥许多社区的中央帮派领导层显示在组织结构图的顶端。这是一个覆盖了芝加哥绝大部分地区的大规模犯罪组织。然而，它面临着来自几个竞争对手组织的竞争。它对当地的犯罪活动没有操作控制（可能除了对当局的暴力和贿赂）。它的资金来自个体帮派的捐款。一部分当地帮派头目组成了中央帮派领导组织。

当地的帮派头目就像一个特许经营公司的所有者一样。在支付了该帮派的所有费用后，他将根据剩余收入获得个人收入。需要向中央帮派组织支付总收入的15%～20%。据估计，黑帮头目的年收入为6万～13万美元，外加控制一个社区带来的额外福利。该帮派的三名官员——执法者、财务主管和信差——都是全职员工，其月收入为1000～2000美元。

打手（foot soldiers）出售毒品，从事敲诈勒索和保护活动，并处于与敌对帮派冲突的前线。他们每天工作4小时，每周工作5天，每周只赚200美元。打手经常有其他的工作。普通会员不是毒贩或打手，他们向该帮派支付会费，以换取保护、参与社会活动和购买毒品的折扣。打手不一定是吸毒者，他们通常出售而不是使用其得到的毒品。

在分析初期，该帮派控制了12平方米街区的领土，每年以大约500%的零售加价出售30万美元的可卡因，因此该帮派批发可卡因原料的成本为

6万美元。普通会员的会费为7.5万美元/年，保护和勒索收入只有2万美元/年。该帮派为打手购买了武器，并向他们的家人支付了死亡抚恤金以及一些社交活动的费用。

研究期间，该帮派在其边界上与一个敌对帮派进行了一场"战争"。在这场战争中，该帮派的财政状况的两个方面发生了巨大的变化：第一，打手的工资增加了一倍多，雇用了更多的打手，死亡抚恤金的费用也增加了；第二，每个帮派都在另一个帮派的领土上犯下了明显的暴力行为。这种暴力行为的一个目的是伤害敌对帮派的成员，其主要影响之一是降低了敌对帮派领土内的毒品需求，因为他们担心吸毒者会转向其他地点购买毒品。"战争"期间成本的增加和收入的减少导致帮派利润以及领导人的收入变为负数。然而，该帮派最终取得了胜利，接管了敌对帮派的领土，拥有了比"战争"前更有价值的特许经营权。

莱维特和文卡特什（2000）采用一种隐含的市场方法（见第11章讨论）来计算打手在从事这种非常危险的职业时的生命价值。他们构建了一项衡量标准——该地区打手年收入和安全职业年收入的差异与打手死亡概率的比率，令人感到惊讶的是，这一比率年均高达6%，而每年收入的差异仅为2000美元，这意味着生命价值为2000美元/0.06≈33333美元。也可以通过打手在"战争"前后收入的差额除以"战争"期间死亡的概率来计算打手生命的价值。假设你方获胜，你的生命价值为12万美元，乘以0.5的获胜机会，可以得出在毒品战争中面临死亡危险的预期回报为6万美元。在任何一种情况下，这些估计值都低得惊人。

与20世纪80年代中期华盛顿特区相对非暴力状况下的毒贩收入相比，20世纪90年代中期芝加哥打手的收入似乎完全不足以作为补偿。即使在对通货膨胀进行调整之前也是如此。不同寻常的是，芝加哥的贩毒帮派以极低的工资吸引了打手参加如此危险的活动。莱维特和文卡特什提供了一个解释——锦标赛模型。帮派头目从打手做起，然后在帮派结构中逐步晋升。而帮派头目的收入是这些人所能得到的合法工资的数倍。认识到打手在一个社区帮派中的地位很可能会吸引冒险者，运用第6章的理论，考虑到成为当地帮派头目的机会很小，但回报却很大，因此可以合理化帮派成员。

社区帮派的商业模式产生了各种与普通毒品交易无关的额外经济成本。首先，周期性的帮派暴力活动肯定会导致巨大的外部性，哪怕仅仅因为暴力的目的之一是驱使毒品使用者离开敌对帮派的领土，并阻止打手加入敌对帮派。其次，帮派成员对其他成员所造成的损失也很大，即使他们幸存下来，因为他们被监禁和/或导致劳动力市场生产力遭受巨大损失。最后，中央帮派购买保护，使当地政客和/或当地警察变得腐败。从这个角度来看，与通过独立供应商分销毒品的旧系统相比，社区帮派似乎造成了额外的社会问题。

作为地方政府的社区帮派

在最近的研究中，人们对社区帮派影响的看法略有改变。特别是，帮派形成与暴力犯罪之间的关系存在争议。索贝尔和奥索巴（Sobel and Osoba, 2009）对帮派形成和暴力犯罪之间的关系进行了一个测试，认为帮派可能是产生暴力的原因，也可能是日益增长的暴力的结果。

对于社区帮派的崛起，有两种合理的解释。一种是企图以第8章讨论犯罪空间集中模式的方式垄断无受害人犯罪的市场。在这种情况下，该团伙通过限制进入来获利，并通过暴力维持其对市场领土的控制。另一种观点是，帮派的形式是对不断升级的暴力行为的反应。这是在没有有效的警察保护的情况下，当地公众保护自己免受外人犯罪的一种方式。在讨论第10章时间序列数据中因果关系的统计检验时，第一个假设表明社区帮派格兰杰（Granger）导致犯罪，而第二个假设意味着罪犯格兰杰（Granger）导致社区帮派的形成。

利用格兰杰因果关系测试，索贝尔和奥索巴（2009）试图厘清暴力犯罪和帮派形成之间的因果关系。洛杉矶警察局（LAPD）收集的独特的数据集使他们的研究成为可能。从1998年4月到2004年12月的81个月里，洛杉矶警察局使用各种方法对该市血腥帮（Bloods）、"瘸子"帮（Crips）和主要西班牙裔帮派的总成员进行估计。[2] 洛杉矶每月的暴力犯罪数据也包括在内。VAR 模型的基本形式为：

$$V_t = \alpha + \beta_1 V_{t-1} + \beta_2 V_{t-1} + \beta_3 V_{t-3} + \theta_1 G_{t-1} + \theta_2 G_{t-2} + \theta_3 G_{t-3} + \varepsilon_t \quad (15.1)$$

$$G_t = \pi + \rho_1 G_{t-1} + \rho_2 G_{t-1} + \rho_3 G_{t-3} + \sigma_1 V_{t-1} + \sigma_2 V_{t-1} + \sigma_3 V_{t-3} + \upsilon_t \quad (15.2)$$

式中，V_t 是某一特定类型暴力犯罪在时间 t 内的数量；G_t 是帮派成员，按照所在城市或时间 t 内帮派的类型分类；α、β、θ、ρ、σ 和 π 是要估计的参数；ε_t 和 υ_t 是随机误差项。[3]

> **青少年犯罪与从众心理**
>
> 　　可能影响社区帮派青少年行为的一个因素是在同龄人群体中的从众心理。这种看法在外部经济学中很普遍，帕塔钦尼和泽努（Patacchinni and Zenou, 2012）对其进行了验证。他们将群体行为模型设计成一种游戏，在这种游戏中，个体因顺从而获益，不出意料，帮派的行为结构取决于归属感的程度。利用确定同龄成员身份和犯罪程度的调查数据，他们设计了一个既可以识别从众偏好，也可以识别参与犯罪偏好的模型。他们发现，以让同龄人参与犯罪为条件，从众偏好增加了青少年参与犯罪的可能性。
>
> 　　该模型表明，制裁可以威慑犯罪，而对一些同龄人的威慑往往会威慑整个群体，因为这会导致较低水平的同龄人犯罪。对于不太严重的财产犯罪，这些结果尤其明显。

如果在式（15.1）的估计中，θ，即滞后 G 项的系数个别或整体显著，则帮派造成暴力的假设得到证实。如果式（15.2）中估计的 σ，即滞后暴力系数个别或整体显著，则帮派是由暴力引起的假设得到证实。当然，如果这两个变量都很显著，那么帮派和暴力之间的相互因果关系也是有可能成立的。

对帮派成员身份的不同定义以及整体和分散的暴力犯罪类型的测试产生了一致的结果，即暴力犯罪会导致帮派成员身份，而帮派成员身份并没有导致暴力犯罪。索贝尔和奥索巴（2009）指出，自 1993 年以来，美国大城市的暴力犯罪数量明显减少，同时社区帮派成员人数仍然相当多。因此，帮派是对没有帮派情况下发生的暴力的回应的证据似乎很明显。[4]

这并不意味着帮派是解决城市无受害人犯罪市场造成的问题的次佳方案。关于这一课题还需要开展更多的研究。然而，社区帮派的作用及其与暴力犯罪的关系，可能被相关性而不是因果关系所混淆了。

■本章回顾

需要根据适当的反事实情况来理解社区帮派。将有帮派和犯罪的世界与没有帮派和犯罪的世界进行比较是天真而具有误导性的。社区帮派至少会在一个地理区域内组织犯罪，特别是以无受害人犯罪的方式。社区帮派的影响应该根据一个可以自由进入的、完全竞争的市场中产生的无受害人犯罪数量进行评估。

犯罪空间模型表明，社区帮派提高了无受害人犯罪的成本，从而降低了此类犯罪的程度。但是，它们通过暴力威胁限制进入，有时必须实施这种威胁才可信。它们还倾向于购买防止犯罪头目被捕所需的保护措施，从而滋生了腐败。最后，它们吸引愿意接受危险工作而获得很少报酬的打手的能力是令人不安的。然而，也有主张提出，社区帮派可能是对没有帮派时可能发生的暴力的回应，鉴于帮派成员和暴力犯罪之间因果关系的经验证据，最终可能存在低暴力平衡的论点值得进一步关注。

▽ 问题和练习

1. 鲁本可以在快餐店全职工作，每年赚2万美元；或成为社区帮派的打手，每年得到3万美元的收入。假设鲁本作为一名打手有5%的机会被杀，而在快餐行业中工作的死亡概率几乎为0。使用隐性市场模型，如果鲁本选择了帮派而不是餐厅，他的生命价值是多少？如果打手每周需要工作20个小时而快餐店员工每周需要工作40个小时，你的答案会有何不同？

2. 忽略暴力死亡的问题，考虑逮捕的影响。假设鲁本通过合法工作可以赚 2 万美元/年；作为一名打手，他的收入为 3 万美元/年，但面临着 66% 的被捕概率（在这种情况下，他的收入为 0），因此他作为一名打手的实际收入只有 1 万美元/年。然而，他是 10 名打手中的一名，贩毒团伙头目的收入为 14 万美元/年。如果该团伙的领导权每两年改变一次，并由其中一名打手成为头目，鲁本明年成为贩毒团伙头目的可能性有多大？如果他选择了这个贩毒团伙，他明年的预期收入是多少？使用图 15.2 分析鲁本的选择。

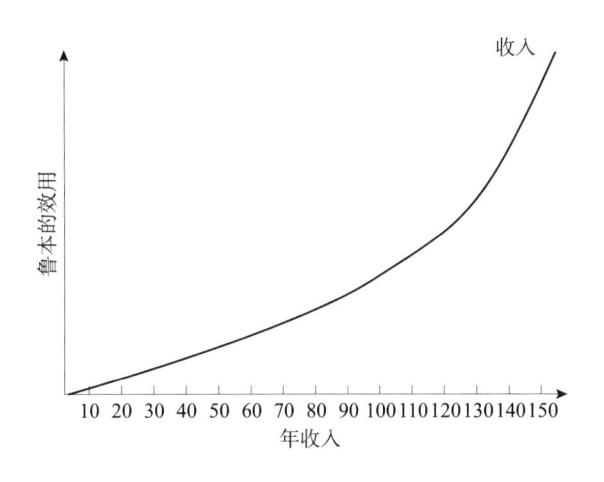

图 15.2　鲁本的效用函数

3. 考虑到问题 2 的分析，如果警务执法部门将对打手的逮捕率提高到 100%，而打手的收入降到 0，鲁本加入贩毒团伙的决定会发生变化吗？或者，如果执法是针对黑帮头目的，而其预期的领导时间从 2 年减少到 1 年，会发生什么？

4. 当社区提供毒品、卖淫等从自由进入情况下的竞争转变为由社区毒品帮派控制时，请考虑执行策略。毒品和卖淫的价格可能会发生什么变化？（提示：参见第 8 章中的模型）

注 释

1. 当时,华盛顿特区年轻的非裔美国男性参与毒品交易的比例很高。1967年出生在华盛顿特区的非裔美国男性中,有1/6在1985—1987年至少因一次毒品交易而被捕。然而,这些毒贩并没有组织成社区帮派。
2. 对黑帮成员的估计部分是基于线人,也基于洛杉矶警察局对黑帮成员的实际渗透。
3. 为了确保模型中的变量平稳且无季节性,所有变量都是年差异。
4. 这些结果可能不会超出美国。例如,克斯滕茨基和桑托斯(Kerstenetzky and Santos, 2009)发现,贩毒团伙是里约热内卢棚户区社区不安全的主要源由。

16 私人执法的经济效应

■简介

第3章关于犯罪经济负担的讨论，包括估计为避免受害而产生的私人支出大于公共执法支出。这些测量的成本包括用于防止入侵的锁和其他设备、监视和照明系统、会计和财务控制，以及私人安保公司的服务。其他隐性费用必须考虑未采取的行动和因害怕罪犯而避免的情况的支出。

这些支出的经济理由，无论是显性的还是隐性的，都是直接的。私人安全支出的边际产品的价值是基于所避免的损失。虽然证明这个结果是一个有趣的练习，但这并不是本章的目标。

本章的重点是分析不同类型的私人执法努力对犯罪市场的影响。私人支出对犯罪程度的影响大不相同。有些支出主要产生私人利益，这些利益由做出决策的公司或个人获得。然而，与私人利益相比，其他私人执法决策产生的社会利益非常大。这些私人支出往往供应不足，因为私人代理人忽视了他们的决策所产生的更大的社会利益。这对刑事司法政策有重要的影响。

■私人执法工作的类别

出于教学目的,根据对犯罪市场的影响,将私人执法支出分为三组。[1]第一,"转移"支出旨在将犯罪从一个潜在受害者转移到另一个潜在受害者。罪犯可以很容易地发现这些私人执法的努力,并通过选择另一个受害者来避免它们。改善的照明、门窗的栏杆、以安全的形式进行的交易等都是很明显的,甚至可能会广而告之,以便罪犯识别和避免它们。第二,"二级"支出对罪犯来说并不明显,并具有降低犯罪收益的效果。将贵重物品存放在隐蔽的安全区域,记录使其难以转售的显著特征,或者使设备难以或不可能重复使用,这些做法都能降低犯罪收益,但罪犯在选择受害者时很难观察到。计算机设备被打开时通过互联网发送信号而被禁用是私人执法二级支出的一个例子。第三,"侦查"支出对罪犯来说是不可观察的,这有助于警察对罪犯进行识别和定罪,也就是说,它们提高了定罪概率。显然,侦查支出也可能降低犯罪收益,因为警察可以在逮捕罪犯的同时取回赃物。然而,侦查的收益主要是基于定罪概率增加了罪犯对犯罪决策的影响。计算机设备具有隐藏功能,可以在开机后显示地理标识,或在连接到互联网中时发送位置信息。这些信息会将警方引向罪犯。

有些支出结合了其中两类支出。易于发现的安全摄像头取代了犯罪,但如果罪犯无视摄像头,它们就有助于侦查。就本章而言,明显的安全摄像头被视为转移支出,即使有些罪犯愚蠢到任由自己的行为被拍摄下来,而隐藏的监视摄像头则被视为侦查支出。

不同类型私人执法的效应

图 16.1 说明了前两种类型的私人执法努力,即转移和二级执法支出对犯罪市场的影响。

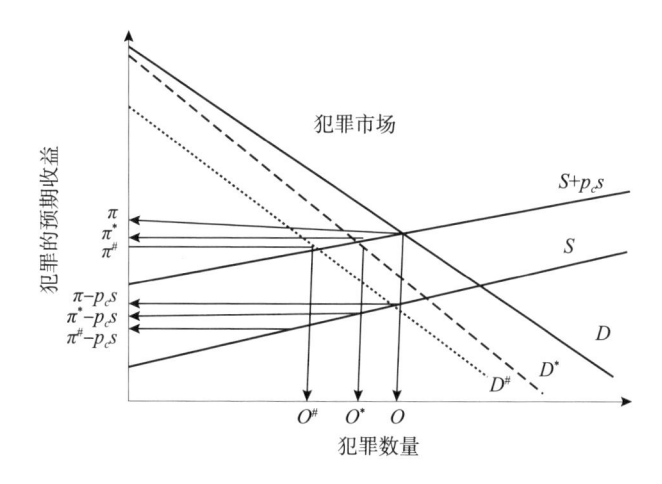

图 16.1　私人支出对犯罪转移市场和次要效应的影响

初始市场均衡(如第 5 章所述)发生在以下情况下:犯罪供应总量惩罚曲线 $S+p_c s$ 减少了对犯罪的需求,并且犯罪数量在 O 以下。罪犯可能会发现转移支出,这意味着一些受害者作为有吸引力的替代品会被移除出犯罪市场。对犯罪需求时间表的确切影响取决于哪些潜在受害者参与了该行为。

> **零售和逐底竞争**
>
> 银行和珠宝店等的零售活动可以通过将贵重物品放在防弹玻璃后面的封闭区域来减少抢劫造成的损失。例如,银行分行可以让出纳员远离最近的门,并封闭在一个由防弹材料保护的安全区域内。这将使抢劫变得更加困难。

> 然而，客户更喜欢与出纳员进行更多的私人接触，而不喜欢隔着厚玻璃进行交流。这就造成了银行安全的逐底竞争。任何一家使出纳员更容易与客户接触的银行都倾向于以牺牲其他银行的利益为代价来获得储户。这反过来迫使相互竞争的银行使其内部环境显得更加非正式，对储户更有吸引力。最终，这个周期对银行储户的数量或银行存款金额没有净影响。因此，虽然银行的整体收入没有增加，但设计上的改变助长了银行抢劫。抢劫案的增加要么直接增加了银行的损失，要么迫使银行分行投资于更昂贵的安全措施，比如一直有武装警卫值班。这是一个典型的协调问题，第三方监管可以通过促进所有银行之间的合作和避免鼓励抢劫以获得短期竞争优势来纠正银行的这种行为。

在图 16.1 中，位移效应显示为犯罪需求在纵轴上的截距沿顺时针方向旋转。隐含的假设是，替代努力是在潜在受害者之间随机分布的，实际上相当于从犯罪市场上移除潜在受害者的随机样本。考虑到犯罪需求从实线 D 下移到虚线 D^*，新的犯罪水平是 $O^* < O$。犯罪的总收益和净收益都下降了：$\pi^* < \pi$ 和 $\pi^* - p_c s < \pi - p_c s$。刑事司法系统节省了制裁罪犯的费用，但除此之外，这些转移支出的好处属于制造它们的公司或个人。

二级私人支出的影响表现为在图 16.1 中，犯罪需求从 D 下降到 $D^\#$。由于需求是基于对犯罪的预期回报，罪犯无法知道哪个潜在受害者实施了二级支出，从他们的角度来看，预期回报的整体分布已经下降。因此，对犯罪的需求从实线 D 下移到虚线 $D^\#$。总犯罪率降低，$O^\# < O^* < O$，犯罪的预期收益，包括总制裁和净制裁，分别下降为 $\pi^\# < \pi^* < \pi$ 与 $\pi^\# - p_c s < \pi^* - p_c s < \pi - p_c s$。

转移和二级私人支出结果的重要差异并不是基于犯罪水平或犯罪收益的不同影响，因为这些数字上的差异在很大程度上是为了说明目的而人为设计的。存在一个与政策相关的基本差异，因为转移效应导致的任何犯罪减少所带来的好处都被支出的代理人内化或捕获。[2] 在二级支出情况下，所有潜在的受害人分享了犯罪减少所带来的好处，因为罪犯不知道哪些受害人已经采取了二级预防措施。例如，罪犯只会发现其盗窃的计算机设备不工作或者事后发现证券不能兑换现金。[3]在计算二级私人执法的最佳支出水平时，代理人忽略了其他潜在受害人所获得的收益。因此，与转移支出相比，二级私人执法的支出往往过低，而鼓励二级执法努力的政策可能会提高福利。

图 16.2 说明了侦查工作的支出对犯罪市场的影响。私人执法检的努力提高了定罪概率，并将预期制裁的供应总量从实线上移到虚线。额外的侦查支出导致定罪概率上升，进而导致犯罪数量从 O 下降到 O^*。犯罪总回报上升：$\pi^* > \pi$；但净收益下降：$\pi^* - p_c s < \pi - p_c s$。

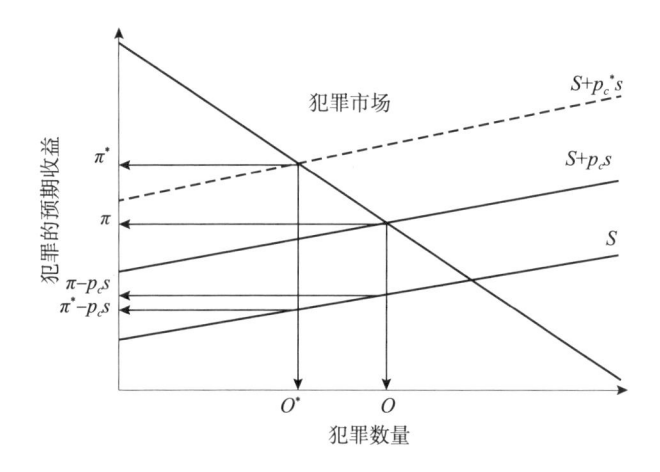

图 16.2　私人执法支出对犯罪侦查工作市场的影响

对图 16.1 和图 16.2 的比较表明，检测支出的主要区别在于它们推动了犯罪总收益的上升而不是下降。然而，对检测支出的福利分析是完全不同的，因为这些努力的收益只有一小部分由支出的公司或个人获得。社会福利，包括在调查、起诉和制裁方面的节省，比私人福利要高得多。此外，因为它们增强了识别、逮捕、定罪的能力，侦查支出往往需要警方的合作和鼓励才能充分发挥作用。因此，公共合作甚至补贴私人二级侦查支出具有很大的经济意义。

> **促进私人保护的集体行动**
>
> 公司的大多数私人安保措施都会对犯罪产生替代或次要影响。库克和麦克唐纳（Cook and MacDonald, 2010）发现，有证据表明，当特定地点的公司之间进行合作时，这些努力可以变得更加有效，甚至可能有侦查作用。商业改善区（BID）是在相对较小地理区域内的公司之间组织的合作。BID 的概念始于加拿大，现已传播到世界各地。
>
> BID 是从公司请求地方政府建立 BID 结构开始的。如果该地区的大多数或绝大多数公司同意，则 BID 是由会费或额外的财产税组成和资助，通常由该地区的所有公司支付。通常，这些税收被用来美化这个地区。库克和麦克唐纳关注的是商业银行利用资金加强和协调该地区私人安全工作的案例。他们在洛杉矶发现了一项自然实验，在该实验中，观察建立 BID 前后的犯罪率变化。他们的调查结果表明，BID 用于私人保护的支出在减少损失方面比私人支出要有效得多。事实上，作者估计 BID 支出的有效性是私人支出的 20 倍。这似乎是一个私人支出的例子，这些支出取代了犯罪行为，但使一个地区的总水平基本保持不变，而合作的私人安全努力具有次要的，甚至是侦查效果。

执法机构非常清楚这里提到的关于二级支出和侦查支出的外部利益的主张。关于"第三方警务"的文献描述并评估了地方警察当局促使甚至迫使潜在受害者做出这些努力所做的工作。[4] 公司通常是首先参与保护其控制的财产的对象。警方可能会通过执法和监管的威胁，而不是建立通常的经济激励项目，来诱导私营企业承担二级支出和侦查支出。显然，私营部门安全是刑事司法管理的一个日益增长的领域，对其效果和有效性进行更严格地研究将会受到欢迎。

私人执法对侦查工作的影响：洛杰克案例

一种自我执行—侦查设备已经成为正式经济分析的对象。洛杰克

（lojack）是一种隐藏在汽车中的无线电发射器。如果车辆被盗，警方会激活洛杰克发射器，并且可以非常精准地确定被盗车辆的位置。这与安装在汽车内的普通 GPS 设备形成了鲜明的对比。普通 GPS 设备对小偷来说是可见的，并且很容易被拆除或禁用。由于洛杰克发射器是隐藏的，小偷无法了解某辆汽车是否装有洛杰克，因此无法断开它。当然，车主可以在窗户上贴一个洛杰克贴纸，但随后其他车主会购买这种贴纸，即使他们的车辆没有得到洛杰克的保护。洛杰克是一项侦查支出，因为它增加了小偷被逮捕的概率。事实上，当发现一辆车时，其他丢失车辆经常会被找到，因为小偷经常在装运前把它们带到一个共同的存储区域去出售或拆卸零件。

艾尔斯和莱维特（Ayres and Levitt, 1998）对洛杰克进行了全面的经济分析，包括它的私人收益和社会收益。他们首先比较了有无洛杰克的城市汽车盗窃的时间路径。他们采用了一种非常清晰的视觉技术来说明其在差异设计中的差异。对于每个有洛杰克的城市，计算引入洛杰克之前和之后的汽车盗窃率，对于作为未经处理的对照组的城市，计算了同一时期的汽车盗窃率。最终的比较如图 16.3 所示。[5] 对此图的随机检验清楚地表明，洛杰克对汽车盗窃率有很大的影响。[6] 然而，该项研究的目标是量化在市场上增加配备洛杰克的汽车对犯罪水平的影响。

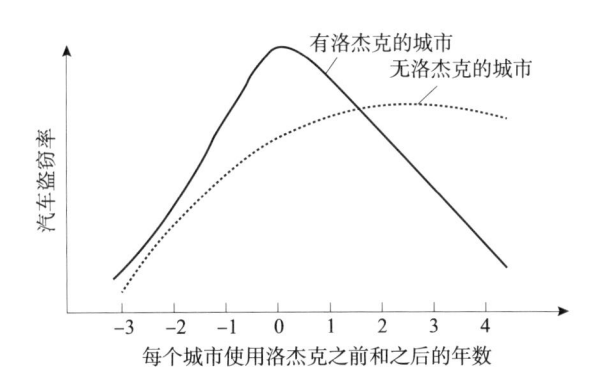

图 16.3　安装洛杰克之前/之后和有/无洛杰克情况下的城市汽车盗窃率

为了量化洛杰克对汽车盗窃率的影响，艾尔斯和莱维特指定了一个城市面板年度汽车盗窃率的单方程模型，包括洛杰克安装前后的时期和有无洛杰克系统的城市：

$$A_{it} = \alpha + \beta L_{it} + \theta X_{it} + \varepsilon_{it} \tag{16.1}$$

在式（16.1）中，A_{it} 是 i 城市 t 年汽车盗窃率的对数；L_{it} 是 t 年城市 i 中洛杰克保有量的度量；X_{it} 是城市特征矩阵，包括随时间变化的警务工作；α、β 和 θ 为待估计参数；ε_{it} 是误差项。[7] OLS 对式（16.1）的测度表明，β 是负的且具有统计显著性，它是反映城市中洛杰克存在的边际增加对汽车盗窃率对数的影响的关键测量参数。

与许多刑事司法处理变量一样，一个城市对洛杰克的采用和扩张很可能受到了汽车盗窃率的影响。由于洛杰克的使用需要当地警察的合作才能在某一地区开展行动，因此，当汽车盗窃被认为是一个问题时，这项技术的采用往往进展很快。[8] 对这个问题的标准反应（如第 10 章所述）是使用工具变量，通过指定第二个方程来估计汽车盗窃方程，在第二个方程中，洛杰克的采用由一组外生变量来解释。在这种情况下，识别变量是基于洛杰克进入各个市场并要求警方合作的日期。正如预期的那样，对 β 的第四项估计显示，洛杰克对汽车盗窃率的影响比 OLS 估计的要大得多。具体而言，使用洛杰克的地区的年均汽车盗窃率会减少 10%～20%。

在大城市中使用洛杰克对犯罪的影响，要么是实施其他犯罪来取代汽车盗窃，要么是转移到周围的小城市去实施汽车盗窃。这是通过估计其他类型的犯罪或洛杰克城市周围地区的方程式（16.1）来测试的，并包含反映洛杰克作为额外回归因子的变量。测量对替代犯罪的溢出效应在统计上并不显著，对周边地区汽车盗窃率的影响为负。提高侦查能力的私人支出的一个特征是，它们提高了逮捕的可能性，如果罪犯没有立即对这一变化做出反应，他们可能会在改变犯罪类型或犯罪区域之前被监禁。可能是因为他们犯罪的部分地区安装了洛杰克，整个区域内活动的汽车盗窃团伙受到了严重干扰。

艾尔斯和莱维特的研究最重要的特征可能是，他们使用式（16.1）中 β 的工具变量（Ⅳ）估计值来计算在另一辆汽车上安装洛杰克所产生的正外部性。给定式（16.1）中 β 的估计值，通过配备该装置的汽车的份额来测量洛杰克的保有量，当额外的车辆得到保护时，可以计算年度地区汽车盗窃率的下降情况。用盗窃率的下降乘以该地区的车辆数量，即可得出每年通过安装洛杰克而避免的盗窃数量。根据保险行业对与平均车辆盗窃相关损失的估计，很容易计算出安装洛杰克的年度外部效益的估计值。这代表了对洛杰克的私人支出的边际外部性。外部性可以与洛杰克的边际私人收益相比，后者由于车辆被盗后可能会以较小的损失被追回，因此保险成本较低。注意：洛杰克并不能防止盗窃，因此私人收益完全是基于更快的追回。艾尔斯和莱维特报告称，洛杰克获得的社会总收益是私人收益的10倍多。每多安装一部洛杰克，就会为其他车带来较少的盗窃损失，这是洛杰克车主做出安装决定所带来收益的10倍。[9]

> **私人执法和索马里海盗**
>
> 　　与20世纪90年代的索马里内战有关，海盗在索马里海岸附近开始活跃起来。到2005年，他们对国际航运的攻击越来越频繁，并引起了各种国际组织的关注。这些袭击还增加了海上保险的成本。2008年联合国安理会的一项决议对索马里政府未能控制海盗实施了制裁。然而，2009年遭到袭击的船只数量却上升到107艘的峰值。
>
> 　　自该峰值出现以来，索马里海盗的活动在迅速减少，2012年只发生了几起袭击事件。部分原因是各国政府的海军力量对海盗采取了行动。另一种解释是媒体报道的使用私人安保武装。武装民用船只，特别是增加训练有素的安保人员，改变了船只易受攻击的情况。这些船只不仅能够抵御攻击，还可以对攻击者造成重大伤害。这是一个典型的案例，其中私营部门可能是为了降低保险成本而投资于二级执法策略，这大大降低了犯罪需求。海盗无法事先探测到个别私人船只的防御程度。因此，随着犯罪需求的下降，海盗的市场均衡水平大幅下降。观察随着犯罪率的下降，目前的私人支出水平是否能保持下去将是很有趣的。

　　这个例子清晰而戏剧性地证明了这样一个命题，即从提高侦查概率的私人支出中获得的边际社会收益可能比私人收益大得多。因此，私人侦查支出可能远低于社会福利最大化的水平。尽管发现收益与成本的比例是11∶1，但美国警察部门或其他政府特别项目几乎没有努力促进洛杰克的采用。随着时间的推移，许多用于远程检测或禁用被盗车辆的竞争技术在没有公共部门补贴或鼓励的情况下进入市场。万乌尔斯和沃拉德（van Ours and Vollaard，2013）分析了电子发动机制动装置的福利效应，自1998年以来，在欧盟销售的所有新车都被强制使用该装置。他们估计，该装置的使用使荷兰的汽车盗窃率降低了50%，并且收益成本比远大于1。这是一个政府监管促使私人采取预防措施的案例。

目前，"第三方警务"运动包括影响私人执法的数量和类型的努力，特别是在高犯罪率地区。然而，这一运动与为私人侦查支出提供公共补贴的主张没有任何系统的联系，因为私人侦查支出的社会收益与私人收益的比率很高。如果安全摄像头可见，则其可以取代犯罪；但如果它们被隐藏，则有助于发现犯罪。显然，考虑到刑事司法系统的构建方式，关注和促进私人侦查支出而不是私人转移支出并不是优先事项。

■本章回顾

私营部门防止犯罪的支出非常大，而且可能非常重要。然而，关于这个主题的研究文献很少。

重要的是，应将私营部门预防犯罪的努力分为三类，因为它们对犯罪市场的影响不同，对私人收益和社会收益的影响也不同。转移支出的收益几乎完全是私人的，因为罪犯只是改变了其犯罪活动的目标。二级支出减少了犯罪行为的收益，通过普遍降低犯罪需求，其产生的社会收益可能远高于私人收益。与私人成本或收益相比，私人侦查支出会产生巨大的社会收益，因为它们提高了制裁的可能性，而且通常阻碍了对所有潜在受害者的犯罪。

一项关于私人侦查支出的私人收益与社会收益的正式研究，即洛杰克的案例，得出的社会收益是私人收益的10倍，收益与成本的总比率为11∶1。对荷兰电子发动机防盗器需求的福利分析也显示了一个良好的比率。鉴于这些结果，私人侦查支出可能太低了，应该得到鼓励。

问题和练习

1. 与其为车辆配备洛杰克，不如在转向盘上放置一个锁杆，这样会使盗窃变得更加困难。使用市场犯罪率图（如图 16.1 和图 16.2 所示），对比在 5% 的车辆中安装洛杰克与为 5% 的车辆配备锁杆的市场影响。

2. 在某些地区，在车门未锁和钥匙插在点火开关上的情况下停放车辆是犯罪的。假设驾驶人遵守这项法律，则该法律对汽车盗窃的犯罪市场图有什么影响？

3. 银行和其他必须在可能发生抢劫的地区保存大量货币的公司有时会用一种货币隐藏染料包。如果发生抢劫，货币和染料包就会被小偷一起带走，无线电信号会导致染料包爆炸，使货币基本上无法再被使用。或者银行可以简单地在货币中放置一台无线电发射器，通过来自该发射器的信号检测货币的位置。对比这两种不同的私人控制抢劫的方法。在犯罪市场图上分析它们的影响时，它们有什么不同？

4. 银行客户更喜欢与那些没有在厚厚的防弹玻璃后面的柜员互动。然而，防弹玻璃和类似的屏障可使抢劫更为困难。如果一家银行使用了这种屏障系统，犯罪行为会怎样？这家银行的储户数量会发生什么变化？一家银行安装使抢劫更加困难的屏障系统的全部成本是多少？

5. a. 2012 年春季的新闻报道显示，主要手机公司正在与美国联邦通信委员会合作，建立一个全国性的手机号码和唯一手机识别符的数据库。目前，运营商可以阻止在其网络上使用被盗手机的 SIM 卡。小偷只需要更换被盗手机中的 SIM 卡，即可在不被发现的情况下激活和使用被盗手机。2013 年的某个时候，这项工作将允许所有主要运营商根据嵌入手机程序中的唯一识别符来阻止使用任何报告被盗的手机。小偷在更换 SIM 卡后将无法重新激活以这种方式"死亡"的手机。这属于三种私人执法工作中的哪一种？解释一下你的答案。

b. 一些手机可以配备一个定位器应用程序，允许所有者通过计算机跟踪手机的位置。这属于三种私人执法工作中的哪一种？解释一下你的答案。

注　释

1. 有些支出具有多于一组的要素，只需加权组效应的相对比例，就可以有效地分析这些组合效应。
2. 然而，当需要追究和制裁的罪犯较少时，就会节省司法系统的成本。
3. 如上所述，在一些情况下，二级支出也有一些转移收益。例如，一个隐藏的安全系统可能会迫使罪犯在对犯罪做出重大努力之后放弃努力。在这种情况下，进行最初支出的代理人获得了大部分收益，但由于罪犯没有得到任何回报，大量收益确实会溢出。
4. 例如，参见布格（Buerger, 1998）、布格和马泽勒（Buerger and Mazerolle, 2006）以及马泽勒和兰斯利（Mazerolle and Ransley, 2006）的文章。
5. 图16.3是基于艾尔斯和莱维特（Ayres and Levitt, 1998）文章中第54页的图2绘制的。
6. 在交易中，这有时被称为"眼球回归"。虽然它经常揭示最终需要付出大量努力的情况，但统计假设检验不应该基于"看起来像"进行。
7. 回归还包括年份和城市固定效应。
8. 艾尔斯和莱维特（Ayres and Levitt, 1998）广泛讨论了洛杰克在获得当地警察和保险监管机构的合作方面所面临的困难。保险公司愿意给配备了洛杰克的车辆提供保险费用折扣，但监管机构经常拒绝这种调整。
9. 安装洛杰克的收益是显著非线性的。一旦安装率超过车辆存量的5%，被发现的概率就会变得非常高，以至于对汽车盗窃的边际影响显著下降。洛杰克被安装在较新的、更昂贵的汽车上，这些汽车是有组织团体盗窃的对象。洛杰克对年轻罪犯快乐驾驶的影响可能很小，因为他们只保留了车辆几个小时。

17 破窗假说

■简介

"破窗假说"源于威尔逊和凯林（Wilson and Kelling，1982）在一篇文章中对该术语的使用。他们认为，犯罪和公共执法都是对私有财产状况的信号的回应。他们引用了斯坦福大学心理学家菲利普·津巴多（Philip Zimbardo）的一项实验：有两辆没有车牌且发动机舱盖打开的汽车，其中一辆被遗弃在纽约市布朗克斯的一个低收入社区，另一辆停在加州的帕洛阿尔托，靠近斯坦福大学校园。停在布朗克斯的汽车在10分钟内遭到拾荒者（或破坏者）的袭击，在不到24小时的时间内被洗劫一空。停在帕洛阿尔托的车辆在第一周没有被动过。然后，津巴多用大锤多次击打停放在帕洛阿尔托的车辆，造成该汽车轻微损坏。在之后的24小时内，这辆车也被洗劫了。其结论是，犯罪行为对有关私人执法程度的信号非常敏感。

犯罪空间集中和私人执法的经济模型独立于威尔逊和凯林之后的犯罪学与公共政策文献而发展起来。尽管如此，第8章中回顾的经济学文献的政策含义与破窗假说是一致的，因为两者都表明在一个城市的高犯罪率地区，特别的执法努力可能是必要的，而且在经济上是合理的。据经济学家制定的阈值模型预测，任何小于大规模执法行动的行为都会短暂地减少高犯罪率地区的犯罪行为。如果犯罪行为在专项执法工作结束后恢复原来的水平，那么巨额支出几乎没有回报。

虽然经济理论可能表明系统的行为方式，但经验测试和验证是可取的，即使在没有先前的实验设计的情况下很难评估刑事司法政策。在介绍了支持破窗假说效应的理论论点后，本章回顾了在高犯罪率地区集中执法的特别尝试的经验证据。

经济理论与执法政策的破窗模型

最初的破窗假说是在经济学之外发展起来的。该假说是基于对环境条件似乎对犯罪有影响的各种情况的观察。这些实例中只有少数被设计为实验，而且几乎没有对各种财产犯罪与对财产状况的感知之间的关系进行统计分析。破窗假说的一个版本认为，财产的外观，特别是以前犯罪的迹象，提高了未来财产犯罪的可能性和水平。财产的状况传递着有关社会行为规范以及监测和执法水平的信号。

一些破窗假说的支持者进一步强调了这一点，他们认为轻微的财产犯罪会导致更严重的财产犯罪，随后是暴力犯罪率的上升。那些认为破坏公物导致盗窃进而导致抢劫的人从逻辑上认为，在高犯罪率地区的执法应该超越抢劫。事实上，破窗假说执法的特点是认为所有的犯罪行为都很重要，包括破坏、游荡等，尽管这些轻微的犯罪行为通常不会引起警方的关注，即使是在低犯罪率地区也是如此。那些认为破坏行为和其他轻微犯罪以及更严重的犯罪之间没有因果关系的人认为，在破窗策略下的强化执法是一种资源浪费并加重了轻微犯罪者的负担。

与破窗执法策略中提出的问题直接相关的两个经济模型是私人执法模型和犯罪空间集中模型。破窗策略下的私人执法模型（见第 8 章中的讨论，特别是图 8.4 和图 8.5）如图 17.1 所示。

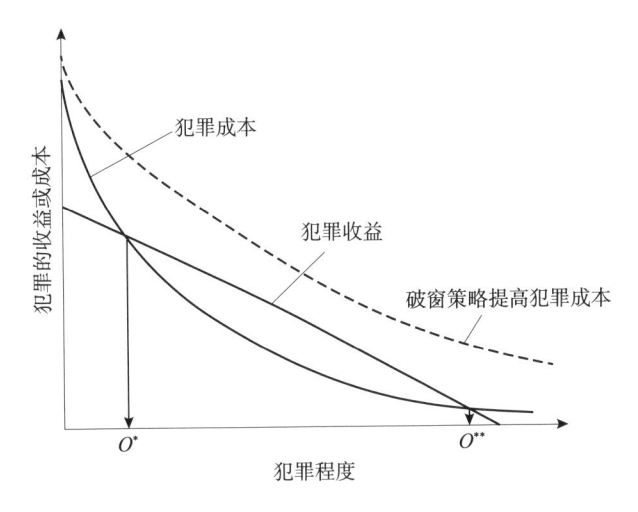

图 17.1 破窗策略下的私人执法模型

在图 17.1 中，当违法行为相对罕见或少于 O^* 时，由公众和私人财产所有者施加的犯罪成本超过了罪犯的收益。因此，该地区的犯罪率趋于下降，直到达到 0 的局部稳定平衡。然而，当犯罪量增加到略高于 O^* 时，犯罪的收益超过了犯罪的成本，犯罪量在 O^{**} 处达到另一个局部稳定平衡状态。破窗策略将增加警察执法的力度，使犯罪成本转移到更高的虚线上。这使得犯罪成本在任何地方都高于犯罪收益，并在犯罪量降为 0 时达到全局稳定均衡状态。一旦达到了这个水平，警察的执法力度就可以恢复正常，犯罪保持在 0 的局部稳定均衡状态。未能集中警力使犯罪减少为 0，可能会导致犯罪量超过 O^*，因此，警察退出或放松努力会导致犯罪量回到 O^{**}，并且警方的努力也没有得到长期的收益。

犯罪空间集中模型对高犯罪率地区的执法战略也得出了类似的结论，如图 8.2 所示。在犯罪率较高的地区，温和的执法对犯罪的影响在短期内是适度的，长期来看则为 0，因为当警察的额外执法减少时，犯罪量会回到原来的水平。只有当警方进行大规模执法，使犯罪变得非常没有吸引力，从而将犯罪减少到 0 的局部稳定均衡时，才会对犯罪产生长期影响。警力的适度增加使高犯罪率地区的犯罪活动小幅而短暂地减少。当警察的执法力度恢复到正常水平时，犯罪行为将再次发生。然而，通过警方的持续努力，减少并维持犯罪为 0 或接近 0，在警务工作减少后，犯罪水平可以维持在接近 0 的局部稳定状态。

虽然这两种模型背后的潜在动机不同，而且它们是独立开发的，但私人执法模型和犯罪空间集中模型都表明，在高犯罪率地区采用破窗执法策略来控制犯罪的方法是高效而有力的。

■私人执法模型的实验测试

应用私人执法模型的前提是，当犯罪率足够高时，往往会发展到一个具有高犯罪水平的稳定的局部平衡状态。这一假设可以通过类似于津巴多测试"废弃"汽车处理的技术进行实验检验。这项研究大多是在经济学领域之外进行的，而支持私人执法模型的中心假设的证据是确凿的。本节记录了选定的证据实例。

一些经济学家对其他经济学家进行了一项相当有趣的测试，拉莫斯和托格勒（Ramos and Torgler，2010）报告了澳大利亚布里斯班昆士兰科技大学公共休息室的状态与乱扔垃圾之间的关系。该实验包括让公共房间的初始条件要么非常干净要么凌乱，然后观察在随后一段可控的时间内乱扔垃圾的情况。当房间的初始状态从干净变成凌乱时，房间使用者乱丢垃圾的比例从 18% 增加到 59%。显然，用户根据私人执法模型中假设的空间物理条件，对他们的违规性乱扔垃圾行为进行调整，以适应他们对先前违规的感知情况。

最精细的测试可能是由凯泽、林登伯格和斯泰格（Keizer，Lindenberg，and Steg，2008）在荷兰进行的。这个测试涉及一种违规行为的证据对其他类型的违规行为的影响。例如，研究人员建立了一个没有涂鸦或大量涂鸦的城市空间，然后观察使用该空间的人是否会乱扔垃圾。他们发现，在有大量涂鸦的空间中，乱扔垃圾的行为增加了一倍。另一项测试涉及未归还的购物车对乱扔垃圾的影响。同样，在有证据表明购物车没有被归还的情况下，乱扔垃圾的行为增加了两倍。研究者在不同的环境下进行了六个独立的实验，结果相同：一种类型的违规行为的存在使另一种类型的违规行为更有可能发生。

> **随机控制实验**
>
> 　　研究者至少进行了两项随机对照实验来测试破窗策略。第一次是在新泽西州的泽西城进行的，涉及对随机划分为处理区和控制区的高犯罪率地区的警察呼叫与犯罪事件进行比较。布拉加等（Braga et al.，1999）报告称，通过对轻罪进行更密集的逮捕、采取改善物理环境的干预措施以及提供社会服务，犯罪率显著下降。
>
> 　　第二次随机对照实验更加精细。正如布拉加和邦德（Braga and Bond，2008）报道的那样，马萨诸塞州洛厄尔市的34个高犯罪率地区，占土地面积的2.7%，占犯罪与骚扰电话数量的23%，被确定并划分为匹配的处理区和控制区。所有处理区都经历了更密集的警务或秩序维持工作，包括轻罪逮捕和更频繁地进行拦截和搜查的巡逻。在实验开始时，处理区的轻罪逮捕人数增加了17.7%。处理区还采取了环境干预措施，如改善照明、视频监控和清理废弃建筑物。一些处理区的目标是提供更密集的社会服务。统计结果显示，处理区的报警人数比对照组减少了21.5%。此外，在处理期前后观察到的身体疾病也表明，处理区的犯罪行为显著减少。研究者试图将犯罪的减少归因于强化警务与环境改善或社会服务的数量，表明警务和环境战略对报警和犯罪措施都有统计上与数量上的重要影响。此外，对犯罪行为"蔓延"到洛厄尔市其他地区的可能性的测试表明，就报警情况而言，事实并非如此。

■轻罪和重罪的因果关系测试

　　破窗假说在一般刑事司法执法策略中的应用是基于这样一种假设，即轻罪财产罪的增加会导致随后更严重的犯罪（即重罪）的增加。解决这个问题的逻辑统计方法（见第 10 章中关于方法的讨论）是估计不同类型犯罪的向量自回归模型（VAR）。

芬克和库格勒（Funk and Kugler，2003）使用瑞士的犯罪数据进行了这样一项测试。他们考虑了三种程度的犯罪：非法侵占和盗窃（反映最轻微的罪行）、入室盗窃（反映中等犯罪类别）以及抢劫（反映最严重的罪行）。形式上，每一次非法侵占和盗窃的模型可以写为：[1]

$$L_t = \alpha + \beta_L L_{t-k} + \beta_B B_{t-k} + \beta_R R_{t-k} + \sigma_{LB} C_{LBt-k} + \sigma_R C_{Rt-k} + \theta X_t + \varepsilon_L \quad (17.1)$$

式中，L_t 是 t 年的人均非法侵占和盗窃犯罪的数量；L_{t-k} 是一系列盗窃率的滞后变量；B_{t-k} 是一系列入室盗窃率的滞后变量；R_{t-k} 是一系列抢劫率的滞后变量；C_{LBt-k} 是一系列衡量非法侵占、盗窃和入室盗窃定罪率的滞后变量；C_{Rt-k} 是一系列抢劫定罪率的滞后变量；X_t 是与瑞士劳动力市场当时情况相关的变量矩阵；α、β_L、β_R、$\sigma_{LB}\sigma_R$ 和 θ 是待估计参数的向量；ε_L 是误差项。以入室盗窃和抢劫为因变量，以三种犯罪率的滞后值为自变量，估计了类似的方程。

这个由三个方程组成的系统的估计值，每种类型的犯罪都有一个方程，允许一种犯罪率的滞后值影响另一种犯罪率的当前值。该模型还以定罪与犯罪的比率的形式考虑了执法工作的影响，并包含反映当前经济条件的变量。可以求解三个线性方程组中三个未知数的估计值，并可以估计三种犯罪类型中任意一种的外生变化对其他犯罪的影响。实际上，有可能确定非法侵占和盗窃的减少，即 ε_L 的负值，如何改变 O_{Lt+j}、O_{Bt+j} 和 O_{Rt+j}，其分别为未来的非法侵占、盗窃、入室盗窃和抢劫的犯罪率。非法侵占和盗窃的外生性减少导致了未来这三种犯罪行为的减少。然而，入室盗窃和抢劫的外生性减少并没有导致未来非法侵占和盗窃的减少。随着时间的推移，在轻微犯罪的变化和未来更严重犯罪的变化之间有一个过程，但反之则不然。当然，这正是破窗假说下假定的格兰杰因果关系模型，即轻微犯罪会导致更严重的犯罪。

■破窗假说测试的实施地点

破窗假说策略已经在世界各地得到实施，包括英国、荷兰、印度尼西亚和南非等。[2] 第一个也是公众最关注的案例也许是纽约市的情况。1985年，乔治·凯林（George Kelling）受聘为纽约交通管理局提供咨询，并通过了一项清除涂鸦和治理诸如逃票等轻微犯罪行为的计划。1993年，鲁道夫·朱利安尼（Rudolph Giuliani）当选为纽约市长，他聘请了在交通管理局实施这些计划的威廉·布拉顿（William Bratton）担任警察局局长。随之而来的犯罪率降低的记录是显著的。1990—1999年，美国的犯罪率普遍下降，许多大城市的犯罪率下降得更快。然而，纽约市领先于所有大城市，其暴力犯罪率下降了56%，财产犯罪率下降了65%。一些观察人士声称，基于破窗假说的对轻罪实施零容忍政策对纽约市取得非凡的犯罪控制成果至关重要。

最终，正式的假设检验应该是验证或反驳假设的基础。科曼和莫坎（Corman and Mocan, 2005）使用纽约市在零容忍执法实验之前和期间的犯罪数据进行了这样的测试。他们使用1974—1999年纽约市所报告的犯罪情况的每月数据，对七种不同类型的重罪逮捕的决定因素进行建模。鉴于时间相对较长，纽约市的经济状况和警务水平都有很大的变化。最后，这一时期包括1993—1999年广泛采用的破窗策略。这一策略的效果是通过将轻罪逮捕率纳入个别重罪方程来测试的，以确定该比率的上升是否对重罪犯罪有影响。在1993年以前，轻罪逮捕还不到重罪逮捕的2倍。1994年以后，轻罪逮捕人数迅速上升为重罪逮捕人数的4倍，然后达到5倍。这一变化归因于破窗假说策略。

对于七种重罪中的每一种，科曼和莫坎（2005）都估计了单独的犯罪率方程。重大盗窃方程的一般形式为[3]：

$$L_r = \alpha + \beta_L L_{t-k} + \psi_L A_{L,t-k} + \sigma_M A_{M,t-k} + \pi P_{t-k} + \varphi I_{t-k} + \theta E_{t-k} + \varepsilon_L \quad (17.2)[4]$$

式中，L_t 是 t 月报告的重大盗窃案数量；L_{t-k} 是前几个月重大盗窃案的一系列滞后值；$A_{L,t-k}$ 是盗窃逮捕的一系列滞后值；$A_{M,t-k}$ 是一系列轻罪的滞后逮捕率；P_{t-k} 是警力规模的一系列滞后值；I_{t-k} 包括对囚犯人数的滞后测量；E_{t-k} 包括反映城市经济状况的失业率和实际最低工资的滞后值；α、β、ψ、σ、π、φ 和 θ 是反映待估计滞后效应的参数向量；ε_L 是误差项。

威慑效应的标准度量是基于 $\Psi'_L s$（滞后犯罪逮捕率的系数）和 $\pi's$（滞后警务措施的系数）。监禁效应是基于估计的 $\varphi's$ 值。所有这些参数的估计值均为负，在经济上和统计上都如预期那样显著。对破窗假说的检验是基于 σ_M 参数的估计值，该值反映了滞后轻罪逮捕对未来重罪盗窃犯罪的影响。[5]

对七种重罪类型中的每一种，式（17.2）的估计值表明，系数 Ψ 的估计值是负的，并且在统计上和经济上都很显著。抢劫、机动车盗窃和重大盗窃方程式中的系数 σ_M 都是负的且显著的；在谋杀、强奸和入室盗窃方程式中，系数 σ_M 为负，但在统计上并不显著。总体而言，这些结果支持了破窗假说，即提高轻罪的逮捕率对更严重的重罪犯罪有显著的负面影响，但这种影响并未扩展到所有类型的暴力犯罪。

■基于当地禁令的测试

上述破窗执法措施的测试是基于对重要区域的影响。理想情况下，该假设将基于在一个非常小的地理区域内的差异执行情况进行检验。适当的实验将保持管辖权不变，一些社区对轻微犯罪实施执法，另一些社区并不对轻微犯罪实施执法。这种实验很难进行，可以想象，执法力度较小的地区的居民会抱怨，理由是缺乏平等的保护。

最接近理想实验的测试也许是格罗格（Grogger，2002）的分析，他报告了民事帮派禁令对洛杉矶社区暴力犯罪的影响。民事禁令是根据向民事法庭提交的请愿书授予的，该请愿书投诉指定的团伙成员在特定地区聚集而造成公共滋扰。初步禁令可以在几个月内获得批准，禁止特定的个人在某个地区闲逛。通过向个人送达书面通知，使其意识到禁令的存在。违反民事禁令可能会导致民事法庭提起诉讼，处罚是罚金；或者在刑事法庭上，处以罚款和短期监禁。[6] 实际上，该禁令限制帮派成员聚集在某些地点，并允许警察或公民投诉强制执行。就破窗策略而言，这意味着在明确定义的地点严格执行反滋扰法规。

暴力犯罪事件报告可用于报告面积接近人口普查区的地区，这些地区的单位面积平均人口为4000人。使用与第10章讨论的研究设计几乎相同的差异研究设计，格罗格（Grogger, 2002）比较了授予禁令之前和之后的地区，还比较了有禁令的地区与其他没有禁令的地区。为了检验一个地区的禁令是否只是将犯罪转移到邻近地区，为邻近地区设立了一个单独的差异类别。在研究期间，暴力犯罪率普遍下降。然而，处理区暴力犯罪的数量比未处理区暴力犯罪的数量减少了1.96起/季度（7.84起/年或约7%）。[7] 相邻地区的差异与完全独立地区的差异在统计学上没有显著差异，因此没有证据表明犯罪溢出到附近未经处理的地区。

这些结果表明，提高对滋扰活动的执法水平的禁令可能会导致更严重的暴力重罪犯罪率降低。

本章回顾

破窗假说有一个弱形式和一个强形式。破窗假设的弱形式认为，一个地区包括涂鸦、乱扔垃圾和轻罪在内的滋扰违规犯罪行为越多，随着时间的推移，后来的犯罪率会更高，并且会出现更多样化的轻微犯罪清单。破窗假说的强形式认为，一个地区的轻微犯罪会发展为更严重的暴力犯罪。犯罪行为的增加并不意味着罪犯保持不变，而是犯罪行为的模式和/或数量系统地发生了变化。

虽然破窗假说不是由经济学家创建的，甚至也不是由经济学家提出的，但其关于犯罪的观点与当地一些犯罪的经济学模型在逻辑上是一致的。特别是，它与私人执法模型是一致的，该模型实际上要比破窗假说更为古老。此外，经济模型所建议的政策干预措施与破窗模型的支持者所倡导的政策干预措施类似。

经济学家已经用许多不同的方法测试了破窗假设的弱形式和强形式的各个方面，从实验到计量经济学模型再到 VAR。结果表明，该假说的弱形式和强形式都与数据基本一致。虽然更多的测试肯定是可取的，但对破窗假说和与该假说一致的经济学模型的支持意义重大。

根据目前关于破窗假说的经验证据，似乎将警方的密集执法工作（包括对轻微犯罪）以及对建筑环境特征的关注相结合，可以显著减少高犯罪率地区的犯罪行为，而不会将犯罪转移到邻近地区。警务和环境治理工作的紧密结合是最有效的，也可能包含社会服务部分，可能需要对每个执法领域的情况做出判断。

问题和练习

1. 一些警察当局利用资源在犯罪行为不断增加的地区设立了"邻里守望"或"社区巡逻"小组。其目的是鼓励公众更多地参与犯罪预防或侦查。同时考虑犯罪的空间集中模型和私人执法模型，从一个均衡状态开始。然后考虑"邻里守望"计划的实施将如何改变图表以及这些政策在犯罪控制中的潜在作用。

2. 有证据表明，一个地区人口密度的提高会增加匿名性并削弱介入社交场合的意愿。如果这是真的，增加的人口密度会如何改变犯罪图的空间集中度？

3. 设计你自己的实验来测试破窗假说的弱形式或强形式。需要哪些统计检验来确定该假说的有效性？

注　释

1. 为了简化表示，将表达式 $\sum_k B_{1,k} L_{t-k}$ 写为 $B_1 L_{t-k}$。

2. 参见凯泽、林登伯格和斯特格（Keizer, Lindenberg, and Steg, 2008）。
3. 重大盗窃是被研究的七项重罪之一。盗窃是一种轻罪。
4. 从技术上讲，滞后系数和变量应该写成乘积之和或 $S_{k=1}^{K} b_{1t-k} L_{t-k}$。为简化符号，求和被抑制了。
5. 将式（17.1）中的 VAR 与式（17.2）中的测试进行比较具有指导意义。VAR 研究了三种不同类型的犯罪之间可能存在的因果关系，结果表明，轻罪会导致重罪，但重罪不会导致轻罪。在式（17.2）中，假定重罪不会造成轻罪，因此，滞后的轻罪逮捕不是由重罪造成的。显然，式（17.2）的假设可以由式（17.1）的估计结果来验证。当然，在纽约的案件中，有一项明确的政策是使用轻罪逮捕来控制重罪，而在瑞士却没有这种明确的政策。
6. 本讨论是基于格罗格（Grogger, 2002）中的说明。
7. 缺乏溢出效应的一个原因是，报告区的面积可能大于受禁令影响的面积。因此，一些犯罪活动可能会转移，但该活动是在报告区内进行的。

18 犯罪与经济发展

◼ 简介

如第 1 章所述，刑法旨在处理在运作良好的民法保障了财产权后仍然存在的问题。大量文献将人均国内生产总值（GDP）的增长率与财政深化以及通过民法执行合同的能力联系起来。因此，一些国家的一个问题是民法制度运作不佳。这一问题与经济的低增长率有关。这里的问题是，刑法未能发挥作用是否阻碍了民法存在问题的领域的发展。与民法相比，确定由于刑法失灵而造成额外增长障碍是极其困难的。尽管如此，本章仍然试图找出一些与刑事司法系统运作有关的发展问题。

第一个问题是发展中国家的总体犯罪水平，以及在私人保护、刑事司法和犯罪行为所造成的损害的支出方面的犯罪负担。

第二个问题是政府腐败。有许多关于腐败程度的估计，甚至还有被普遍接受的国家（政府）排名。这些排名与人均 GDP 等衡量标准之间存在很强的相关性。最近，关于减少腐败的根源和可能方法的文献已经发展起来，在此对其进行简要的回顾。

除了对内生增长进程的影响，腐败还会减少提供发展援助的外源性尝试带来的收益。由于大多数援助项目需要政府批准才能进行，因此在获得生产效益之前，一大部分资金可能会被挪用。从本质上说，腐败可被视为对外国援助的征税，捐助者既需要考虑任何拟议项目的优点，也需要考虑它可能成为寻租公职人员的目标的可能性。[1]

第三个问题是逃税问题。由此产生的结果是，需要对可以确定和征税的选定部门征收高税率，从而导致了可能影响经济增长的扭曲。到目前为止，已有文献报道了识别和测量问题的方法，甚至还有一些可能的解决方案。

最后，有些类型的犯罪在更发达的国家可能不是一个重大问题，但在人均收入较低的国家却很严重。对于与极端贫困人口有关的犯罪行为，情况尤其如此。[2]降低其中一些强调预防的犯罪率的策略往往比犯罪经济学文献中提出的正常制裁方法要有效得多。在关于犯罪与经济发展的章节中回顾这些例子是合适的。

普遍的内乱和政治不稳定可能与犯罪活动的增加有关。革命、再分配和犯罪之间的关系可能会变得混乱且有争议。虽然这些问题一直是经济学的分析对象，但它们并不在本章的讨论范围内。

发展中国家的犯罪负担

暴力犯罪率，尤其是谋杀率，在发展中国家往往会较高。例如，在撒哈拉以南的非洲、中美洲和南美洲（阿根廷和智利除外），每10万人口的谋杀率往往超过20，而经济合作与发展组织（OECD，以下简称"经合组织"）国家每10万人口的谋杀率低于4。[3]很难比较其他犯罪率，因为报告机制部分依赖于刑事司法系统的有效性。

第3章介绍了美国和英国犯罪成本的替代衡量标准。不幸的是，目前还没有针对发展中国家的类似研究。然而，这种情况可能正在改变。美洲开发银行赞助了一系列关于犯罪对中美洲和南美洲国家的影响的研究。[4]这些研究工作使用了本书前面章节中介绍的相同方法，包括使用特征主义的房价研究来评估暴力犯罪的外部成本（见第11章）。据早期估计，这些国家的犯罪成本占其GDP的3%~5%。[5]然而，这些研究中的方法与第3章中提出的措施并不完全相同，后者发现犯罪成本占国内生产总值的比例至少如此或更高。希望在不久的将来，可以获得与经合组织国家所做的估计值相当的全套犯罪成本估计。

> **AL CAPONE 打击犯罪**
>
> AL CAPONE 并不是指那个臭名昭著的美国黑帮分子。它是美国拉丁裔犯罪和政策网络（American Latina Crime and Policy Network）的首字母缩写。这个组织于 2011 年召开了第一次会议。它致力于研究犯罪的各个方面，特别是拉丁美洲的犯罪经济学。
>
> AL CAPONE 是拉丁美洲和加勒比经济协会（LACEA）的一个部门。它的成立说明人们已经认识到高犯罪率是该地区的一个重大问题。换句话说，即使犯罪不是发展中国家经济增长的主要障碍，对这些国家的人口来说，这也是一个值得进行经济研究的足够重大的问题。虽然本章强调了犯罪与低经济增长率之间的因果关系，但高犯罪率是一个应该引起研究人员注意的社会问题。犯罪经济学的主要贡献之一是能够理解刑事司法系统的政策与其可能给社会带来的收益和成本之间的关系。在发展中国家，数据和测量问题使人们难以评估政策干预的后果，经济理论的应用可以在避免刑事司法政策的意外不利后果方面发挥重大作用。

■估计腐败的数量和分布

经济学文献中最常见的犯罪与经济发展之间的联系涉及逃税和/或贿赂与腐败。税收收入大致是基于税率和税基的乘积。逃税减少了许多作为收入来源的潜在税基。因此，一些发展中国家的政府必须对少数可用的税基征收更高的税率，而征收高税率增加了逃税的动机。高税率也增加了税务机关的腐败，这进一步侵蚀了税基并迫使税率更高。税率上升和收入减少的惨淡周期的可能性是显而易见的。

贿赂和腐败涉及的行为包括掠夺公共资金（包括与私营部门签订虚假合同），以及基于监管威胁勒索付款。[6]高税率、严格监管和贿赂的结合给增长最快、最高效的公司带来了巨大的成本。如果要增加人均产出和就业率以提高国内生产总值，就会阻碍那些以扩张为目标的企业的发展。与此同时，这些公司必须与效率低下、管理不善的公司竞争资源，后者的目的是从腐败的政府官员那里获得政府转移资产。

世界银行估计，受腐败影响的年度交易金额为 1 万亿美元。这并不包括因挪用资金或公然盗窃公共资产而造成的预算流失。[7]

现有的几种政府腐败指标提供了世界各地政府的排名。"国际国家风险指南"是一个政治风险指数，多年来，其提供了广泛的国家覆盖范围。腐败管制指数由世界银行统计，并于 1996—2010 年每年免费提供。[8]第三个主要指数——腐败感知指数，由透明国际公司产生。这个指数用于衡量腐败而不是政治风险，随着时间的推移，它也适用于许多国家（目前超过 180 个国家）。该指数是结合一些独立调查和腐败评估而形成的。根据网站的描述：

> 这些调查和评估包括与贿赂公职人员、公共采购中的回扣、挪用公款及公共部门反腐败工作的有效性有关的问题。使用"感知"一词是因为腐败在很大程度上是一种难以衡量的隐性活动。随着时间的推移，人们的看法已被证明是对腐败的可靠估计。（透明国际公司网站：http：//www. transparency. org/cpi2012/results）

国家的排名从 0（高度腐败）到 10（非常廉洁）。斯文森（Svensson, 2005）对一些替代的腐败指数进行了横向统计分析。本质上，他估计了以下形式的一系列 OLS 回归：

$$C_i = \alpha + \beta \log GDP_i + \sigma \log S_i + \theta X_i + \varepsilon_i \quad (18.1)$$

式中，C_i 是国家 i 的几种替代腐败指数之一的值；$\log GDP_i$ 是人均国内生产总值的对数；$\log S_i$ 是学校教育年限的对数；X_i 是根据有关制度和经济增长文献加入回归的几个替代变量之一；α、β、σ 和 θ 是要估计的参数；ε_i 是误差项。

β 的估计值实际上总是负的，在统计上和经济上都是显著的。注意：这里使用了人均 GDP 的对数，表明这种关系曲线是凹的，即腐败随着收入增长率的下降而下降。基于 σ 的估计值，受教育年限的对数的影响总是为负，而且通常具有统计学意义。就规模而言，学校教育往往与人均 GDP 一样重要。这些结果并不意味着人均 GDP 和受教育年限会使腐败减少，或者犯罪会导致 GDP 和教育水平下降。相反，式（18.1）描述了变量之间的关系。

斯文森（Svensson，2005）报告了一次只考虑一个 X 变量的 θ 估计值结果。[9] 之所以选择 X 变量，是因为它通过文化规范或法律制度对腐败产生潜在影响。以下研究结果来自各种方程式的估计。拥有法国式的法律体系具有复杂的影响：两种腐败措施的效果是正向而显著的，一种腐败措施是负向而显著的，而另外两种措施的效果则不显著。在关于增长率的文献中证明了一个重要的变量，即原始定居者的死亡率，其在腐败方程中并不重要。有人认为，由于疾病而造成的高死亡率阻碍了殖民帝国在其殖民地设立法律机构。

斯文森发现，微弱的证据表明，通过向外国竞争者开放经济，增加进口额占 GDP 的比重，可以减少腐败。一项监管措施，即获得合法经营公司执照所需的营业日数的对数，与腐败程度呈正相关关系。最后，媒体自由指数与腐败程度呈负相关关系。

虽然对各国腐败差异的比较已经取得了一定进展，而且腐败与人均 GDP 下降有关的宏观发现也被接受，但对腐败阻碍 GDP 增长的机制的微观研究还没有取得进展。菲斯曼和斯文森（Fisman and Svensson，2007）使用对 176 家乌干达公司的调查数据来衡量销售增长和税收与贿赂之间的关系。显然，在收集这类信息时存在一些问题。此外，很难明确这些变量是导致销售的还是由销售引起的。因此，工具变量估计被用来推断贿赂对销售增长的影响。最终的结果令人担忧。行贿率增加 1%，会使年销售额下降 3.3%；而税收增加 1%，则会使销售额下降 1.5%。这并不是唯一认为与贿赂相关的不确定性可能阻碍企业发展的研究。或者，贿赂可能意味着需要支付执照、许可证等的费用，从而表明当地官员对公司的市场影响力。

福斯特、霍洛维茨和门德斯（Foster, Horowitz, and Mendez, 2012）的研究利用世界银行的商业环境和企业绩效调查（BEEPS）数据，根据公司对贿赂相关问题的回答，制定其他腐败指标。他们根据贿赂支付的频率和规模报告了截然不同的国家腐败指数排名。承认贿赂作为公职人员普通补偿的一种方法是设定一个阈值，在政府工作人员工资低于市场收入的国家，低于该阈值的"贿赂"实际上是对服务的支付。

从这一点和相关研究中明显可以看出，腐败、经济增长、教育和一些文化机构是相关的。在所有这些变量中，腐败很可能既是贫穷的结果，也是贫穷的原因。然而，宏观和微观证据都表明，如果可以以低成本减少腐败，经济增长和随之而来的教育水平提升都将得到促进。

估计影子经济的规模

"非正式""地下"或"影子"经济包括所有故意向政府隐瞒的合法商品和服务的市场生产。这种隐瞒的主要动机是逃避纳税，次要动机可能是逃避政府的监管。显然，在很多情况下，这两个原因都适用。因此，"正式"经济由报告收入、纳税并受政府监管的企业和组织组成。影子经济措施应当包括排除非法商品、毒品、卖淫、赌博等。然而，这种排除在实践中可能很困难。

衡量影子经济的先驱是坦齐（Tanzi, 1983）和费格（Feige, 1989）。然而，由于数据问题，这些文献最初关注的是发达国家。数据的改进和动态面板数据估计方法的使用提供了对发展中国家地下经济的估计，本书对此进行了讨论。

阿尔姆和法伊格（Alm and Embaye, 2012）使用现代面板计量经济学方法估计了 1984—2006 年 111 个国家的影子经济。继坦齐（1983）之后，他们估计了以下形式的货币需求方程：

$$\log(C_{it}/M_{it}) = \alpha + \tau T_{it} + \theta E_{it} + \varepsilon_{it} \tag{18.2}$$

式中，C_{it}是t年度国家i流通的货币总量；M_{it}是每一年度M_2货币总额[10]；T_{it}是t年度国家i的一系列税率变量；E_{it}是衡量执法工作的一系列变量；α、β和θ是要估计的参数；ε_{it}是随机误差项。

影子经济中的交易通常使用货币来完成，以避免被发现。[11]这提高了本国货币与M_2货币之间的比率。更高的税率意味着更多的逃税行为，因此对τ的估计值为正。执法部门阻止了逃税，θ值为负。如果没有影子经济，该国将持有的C/M_2比率通过为任何国家设置$T=0$和$E=$最大值来估计，并使用M_2的实际值，求解在没有影子经济的情况下所需的货币量C_{it}^*。下一步需要将t年度国家i的T、E和M_2的实际值代入式（18.2）的估计值中，并计算给定税收和实际执法水平下的预期货币需求$C_{it}^\#$。$C_{it}^* - C_{it}^\#$的差值是对支持影子经济交易所需的额外货币的估计值。如果乘以货币的流通速度$V_{it} = GDP/M_2$，则乘积$S_{it} = (C_{it}^* - C_{it}^\#)V_{it}$是对$t$年度$i$国影子经济规模的估计值。

这种货币需求计算方法受到了批评，因为它假设各国对货币的需求相同，并假设货币的流通速度在正规经济和地下经济中是相同的。另一种方法是布恩和施耐德（Buehn and Schneider, 2012）在1999—2007年为许多国家使用的多指标多原因（MIMIC）模型。在MIMIC模型中，影子经济是基于货币需求、劳动力参与和人均GDP。尽管方法不同，但两种方法对影子经济与实测GDP之比，即S_{it}/GDP_{it}的估计结果相似。[12]各国对地下经济相对规模的估计差异与之前呈现的腐败感知指数一样巨大。在一些国家，地下经济比常规经济的规模要大。显然，随着影子经济的规模从GDP的10%增加到30%或更多，常规经济中企业和组织的税收负担必然会大幅增加。此外，正规部门必须与非正规部门竞争资源。事实上，一个被征税和监管的正规部门将被迫增加投入以远离没有这种障碍的非正规部门。

腐败、教育和经济增长

厘清腐败、教育和经济增长之间的关系，对经济学家来说是一个重大挑战。教育是经济增长的原因还是结果？正在减少的腐败是经济增长的原因还是结果？相关研究因需要各国政府衡量腐败问题的一致标准而受到了阻碍。

格莱瑟和马洛伊（Glaeser and Mulloy，2006）利用美国各地联邦腐败定罪的数据，作为衡量各州和一段时间内腐败差异的一致性指标。为了处理教育的内生性问题，他们使用了基于19世纪国家宗教机构的性质与20世纪教育的差异之间的关系的工具变量。他们的研究结果表明，经济增长和腐败程度下降都是由教育水平的提高引起的。减少腐败对经济增长的正向影响很小，但重要的因果关系是，腐败和经济增长都会随着教育水平的提高而发生变化。

经济理论提供了国家腐败排名之间存在相关性的理由，但也有反对存在强相关性的理论论据。首先，高水平的税收和监管增强了将经济活动转移到地下的动机，也为腐败官员提供了收受贿赂的机会。因此，影子经济和腐败可能呈正相关关系。然而，影子经济的存在限制了官僚们向正式经济中的企业勒索款项的能力，因为影子经济很难敲诈勒索，也因为它为纳税和服从监管的公司提供了竞争机会。这为相信逃税的金额和影子经济的规模不相关提供了理论基础。在这种情况下，随意的经验主义并未因更严格的统计检验而失效。科罗德（Cordero，2013）发现，感知腐败的横截面指数与地下经济相对规模的量化指标之间存在负向且统计上非常显著的关系。

可以为一组国家收集关于感知腐败和地下经济随时间变化的数据。这使研究人员能够将感知到腐败的变化与非正规经济相对规模的变化联系起来。施耐德（Schneider，2007）以及布恩和施耐德（Buehn and Schneider，2012）得出的结论认为，对于高收入国家，这种关系是负向的，腐败和地下经济是替代品。然而，对于低收入国家来说，它们是互补的，因为感知腐败的增加与非正规经济重要性的日益提升呈正相关关系。高收入国家和低收入国家之间的腐败变化与非正规经济规模之间存在差异的原因尚不清楚，仍有待进行进一步的研究。

▎减少腐败的策略

犯罪经济学模型对减少腐败的策略有何建议？首先，它建议通过降低税率和减少开展业务所需的监管及许可的数量来减少对犯罪的需求。其次，这意味着通过提高官员的工资来改变犯罪的供应，以便他们通过合法的努力获得更多的收益。最后，需要增加对犯罪的预期制裁。综上所述，这三个步骤将使犯罪需求下降，使制裁供应总量上升。在经济学之外，这被称为对付犯罪的"胡萝卜加大棒"方法。

然而，由于需要认识到政府可能以不同的方式为自己融资，这个问题变得复杂起来。在某些情况下，使用"腐败"一词来形容公职人员要求额外支付以提供与其职务有关的正常服务是有问题的。如果这些人的工资远低于市场工资，或者相比于他们为了获得职位所做的付出来说微不足道，甚至是负数，那么政府就是含蓄地将副业收入作为隐性税收来支持官僚机构。这种公共财政方法可以追溯到罗马共和国，那里实行税收农业。罗马共和国将征税权拍卖给公众（pulicani），公众随后将预期收益借给政府。当税收被征收时，通常是通过产品或财产，公众会把它们转换为货币，超出支付给共和国的款项加上利息的部分由公众保留。今天，这种做法将被视为腐败。然而，在某些时期，税收还没有达到出价金额，而公众也没有收回他们出价的全部金额。有时，很难区分政府提供特许经营权收取租金的情况和公职人员行为腐败的情况。

提高工资对控制腐败的影响一直是宏观和微观研究的对象。宏观研究将公共部门的补偿与反腐措施联系起来。这些研究的结果是不确定的。微观研究考虑了工资增加和监督行为变化的案例。斯文森（Svensson，2005）回顾了这些研究，发现在没有严密监管的情况下，提高工资不太可能有效地减少腐败。

因此,执法显然是任何减少腐败战略的必要组成部分。菲斯曼和米格尔(Fisman and Miguel,2007)确定了一个自然实验,在这个实验中,可以在外部实施制裁的环境中,在政府官员的国际样本进行腐败监测。驻联合国代表及其家人在纽约市期间使用外交车辆。直到2002年11月,这些车辆都免受与停车罚单有关的制裁。因此,驻联合国代表团成员不仅可以选择合法或非法停车,还可以选择不支付发给他们所驾驶车辆的任何停车罚单。在2002年加大制裁力度之前,外交官们平均每年积累3万张未支付的停车罚单。从2002年11月开始,纽约市采取了严格执行违反外交车辆停车规定的方案。

有一种假设是,外交官们一般都受过良好的教育,他们要么很富有,要么至少收入丰厚。他们在面对违反停车法而不受制裁的机会时的行为差异反映了他们所代表国家的文化规范,而不是出于经济上的原因。

通过比较执法前后的停车罚单,可以观察到制裁对人们行为的影响。菲斯曼和米格尔(Fisman and Miguel,2007)使用以下公式估计了国际腐败指数与未付停车罚单违规行为之间的关系:

$$\log V_{it} = \alpha + \beta C_i + \theta C_i T + \tau T + CD_i + \varphi I_{it} + \varepsilon_{it} \quad (18.3)$$

式中,V_{it}是t时期i国家未付停车罚单数量;C_i是国家i的腐败指数;T是虚拟变量,表示2002年11月以后制裁力度加大的时期;D_i是使团的外交官人数;I_{it}是国家i的人均收入;α、β、θ、τ和φ是需要估计的参数;ε_{it}是误差项。制裁前后有两个时间段,分别是制裁前的$T=0$和制裁后的$T=1$。

β的估计值表明了在没有制裁时国家腐败指数差异的影响。[13]腐败得分被标准化,分数越高表示腐败程度越高。β的估计值为正,在统计上和经济上均显著。β的估计值表明,从最低腐败分数到最高腐败分数,缺乏制裁导致违规行为增加的数量等于因变量平均值的80%。制裁使违规率降低了约98%,因此τ是负的,它是显著且极具影响力的。θ的估计值不显著,表明制裁力度加大后,腐败对违规行为的相对影响与以前相同,但影响的规模大幅下降。φ的估计值反映的外交官数量增加是可以理解的,因为违规行为应该随着用户和车辆数量的增加而增加。最后,国家收入的影响并不显著。腐败措施完全体现了收入对违规行为的影响。

这些结果表明，腐败影响因素的一个重要组成部分是基于文化规范的差异，并且腐败伴随着个人来到另一个国家。然而，对制裁的反应也表明，面对预期制裁，习得性腐败的影响在很大程度上是可以克服的。在增加制裁后，违规行为与腐败指数之间仍存在正相关关系，但与制裁前相比，这种关系的斜率大大降低。这表明，如果有办法在腐败指数较高的国家实施可信的制裁，腐败程度可能会大幅度降低。遗憾的是，这项研究并没有解释如何让纽约市警力在腐败严重的国家执法。

极端贫穷人口犯罪经济学

对发展中国家的一些研究表明，有可能以低成本威慑严重犯罪。特别是，菲斯曼和米格尔（2008）的《经济黑帮》中包含了许多以非常低的成本减少暴力犯罪的研究，因为犯罪是由极端贫困者实施的。作者观察到，撒哈拉以南非洲国家最贫穷的农业地区的暴力犯罪与干旱和农作物歉收有关。例如，米格尔（Miguel, 2005）证明，坦桑尼亚对老年妇女的所谓"女巫屠杀"与降雨量变化有关。鉴于当地人认为农作物歉收是这些女巫的工作，诉诸普通制裁不太可能阻止杀戮，因为它们的目的是缓解当前的不幸。相反，一项支付给在世老年妇女的小额养老金计划，可以消除其死亡带来的经济收益，甚至可能会消除"女巫屠杀"。米格尔（2005）指出，在引入该养老金制度后，坦桑尼亚农村的女巫已显著减少。

> **有组织犯罪与经济发展**
>
> 虽然可以观察到犯罪或腐败与人均国内生产总值的增长之间的关系，但很难将产出的变化归因于犯罪的变化。正如第10章所述，研究需要以自然实验为基础。
>
> 皮诺蒂（Pinott, 2012）认为，意大利阿普利亚和巴西利卡塔（位于意大利南部的"脚后跟和靴子"处）地区黑手党势力的存在提供了

> 这样一个自然实验。他使用包括谋杀率在内的各种指标跟踪黑手党的存在,在犯罪过渡期间,谋杀率从低于平均水平变为远高于平均水平。皮诺蒂提出了一种在有组织犯罪前后存在的处理模式,将其他黑手党势力仍然很少的地区作为控制区。
>
> 利用符合前黑手党时期的经济活动模型,可以预测在没有有组织犯罪的情况下,后黑手党时期的经济表现。这提供了一个反事实的案例,可用于判断黑手党对这些地区的影响。该分析得出了三个重要的结论。第一,阿普利亚和巴西利卡塔黑手党活动的增加与谋杀率的上升有关。第二,黑手党的存在降低了人均GDP的增长率;40年后,比反事实估计低了16%,有组织犯罪没有增加。第三,这些地区人均产出下降的明显机制是,私营部门的投资相对于预测的替代方案有所下降。造成这种影响的经济学原理相对简单:黑手党的商业行为,无论是通过敲诈勒索还是直接盗窃,都降低了该地区的投资吸引力,而较低的资本存量导致每个工人的产量下降。

更普遍地说,菲斯曼和米格尔(2008)提出了"快速冲突预防支持"(RCPS)机制,用于援助干旱地区或其他因暂时原因导致农作物歉收和收入突然下降的地区。他们认为,这种援助可以防止伴随而来的导致暴力冲突和相关犯罪行为的移民与社会混乱。

塞克瑞和斯托瑞加德(Sekhri and Storeygard,2011)证明,降雨量低于平均水平的时期与印度家庭暴力和嫁妆相关的死亡人数的增加有关。地下水灌溉实际上增加了低降雨量的影响,它可能会扩大作物产量的差异,因为农民被诱导种植更多由地下水灌溉的对水敏感的作物和种子。这似乎是另一种情况,在这种情况下,引入作物或降雨保险等变化可以缓解激发对妇女暴力的收入波动,并可以通过稳定收入来产生其他收益。在这种情况下,犯罪是一个潜在经济问题的指标。

发展中国家的棚户区是与严重贫困有关的犯罪问题的另一个例子。这些定居点的居民对他们所占用的土地没有财产权,这是民法的初步失败。但是,在没有民法保护的情况下,由于所有权的模糊和刑事司法系统无法在棚户区有效发挥作用，棚户区对罪犯变得非常有吸引力。解决棚户区问题的低成本方式似乎是建立了一项土地登记制度，使产权得以确立并可强制执行。技术发展，特别是使用地理信息系统（GIS）建立边界线的功能，已被用于解决这一问题。[14]

虽然这些案件已经出现在经济学文献中，但可能还有许多其他的例子，可以以相对较低的成本大幅度减少发展中国家的犯罪数量。对海盗的渔业补贴和对种植毒品贸易作物的农民的农业补贴可能是有帮助的。[15]特别是在犯罪收益已经非常低的情况下，在执法和实施制裁上花费大量资源，可能不如简单地提高与合法行为相关的收益那样有效。

▉本章回顾

较高水平的政府腐败、逃税和影子经济活动都与国民人均收入水平较低有关。衡量腐败指数和影子经济的方法已经建立起来，并在文献中得到认可。宏观研究得出的结论是，腐败与地下经济的规模密切相关，它们都与人均国内生产总值呈负相关关系。其他与腐败和影子经济活动呈显著正相关关系的变量包括缺乏教育、缺乏自由媒体及缺乏广泛的监管。

腐败与影子经济和经济发展之间的因果关系还不是那么确定。行贿可能会阻碍公司扩张，而缺乏税基可能会降低公共部门提供基础设施服务的能力，如教育和医疗保健。然而，因果效应的大小尚未确定。在纽约市使用外交车辆和停车罚单的巧妙实验证据表明，自愿遵守法律的情况因国家腐败程度的不同而不同。然而，实施严厉制裁措施可以大大降低遵守法规方面的差异，尽管与国家腐败措施的差异仍存在一些残余关系。

最后，关于发展中国家犯罪的文献将暴力事件与周期性降雨变化和农作物歉收联系起来。与其通过刑事司法途径处理犯罪，不如通过确保产出和收入波动的经济政策来预防犯罪问题。通过谨慎地应用经济激励措施，似乎有可能以低成本降低与极度贫困有关的犯罪率。

问题和练习

1. 以高腐败和低腐败国家的外交使团为例。利用第 8 章中的私人执法模型，制定一个适合高腐败国家使团行为的模型版本，然后修改该模型，以适应低腐败国家使团行为。最后，考虑在每种情况下，加强执法时会发生什么。你的结果是否与菲斯曼和米格尔（2007）的发现相匹配？

2. 考虑海盗在索马里海域附近劫持船只的问题。菲斯曼和米格尔（2008）提出了什么解决方案？你能在海盗市场图上说明这个解决方案吗？

3. 如果不支付全部嫁妆会引发对新娘的暴力行为，那么，当由新郎支付彩礼取代嫁妆制度时，会发生什么？如果这对新婚夫妇与新娘的父母而不是新郎的父母住在一起，你的答案会如何改变？

4. 上文提出，降低税率可以减少逃税的需求，从而使贿赂需求曲线下移。使用第 7 章中的状态偏好模型，建立一个模型来说明这种影响。

注　释

1. 参见考夫曼（Kaufmann，2005）文章中的讨论。
2. 极度贫困者每天的生活费为 0.50 美元或更少，这通常被称为绝对贫困。
3. 这些谋杀率来自联合国毒品和犯罪问题办公室的统计。
4. 2013 年 1 月，初步结果在华盛顿特区的一次会议上发表。
5. 世界银行工作人员报告第 36525 号（2006）估计，巴西的犯罪直接成本也占其 GDP 的 3%～5%。这份报告指出，高犯罪率和不断增加的犯罪是巴西经济发展的主要障碍。
6. 发生过一些极端的掠夺案件，其中国家元首侵占了很大一部分国家资产。本章列举的不是关于极端腐败的案例。
7. 参见考夫曼（2005）。
8. 控制腐败是可用的六项措施之一。其他措施是话语权和问责制、政治稳定/无暴力、政府效率、监管质量和法治。
9. 存在一个潜在的问题，因为这些变量之间的高度相关性，包含变量偏差的标准误差变得如此之大，以至于没有一个变量是显著的。参见第 10 章中关于包含变量偏差的讨论。

10. 回忆一下，M_2 包括流通中的货币和各种银行存款。

11. 银行汇票可用于提供需要税收、监管和/或勒索的收入与所得的证据。

12. 阿尔姆和（Alm and Embaye, 2012）报告了他们的统计与施耐德（Schneider, 2005）的 MIMIC 统计的比较。施耐德的影子经济平均值为 GDP 的 29%，而前者为 31%。各个国家的统计值之间的相关性 $R_2 = 0.46$。

13. 使用的腐败衡量标准来自世界银行，与透明国际指数高度相关（$R_2 = 0.97$）。

14. 关于棚户区的经济文献表明，它们比这里的简短讨论所表明的要复杂得多。例如，这些定居点的组织本身可能是一个有组织犯罪团伙。参见特恩布尔（Turnbull, 2008）和布鲁克纳（Brueckner, 2012）的讨论。

15. 如第 20 章所述，对于种植用于毒品贸易的作物的农民来说，这种策略的问题是，这些投入的成本只是毒品街头价格的一小部分，毒贩很可能会提高价格，以保持向非法市场销售的正利润。

19　枪支和犯罪

■简介

枪支和犯罪之间的关系既复杂又独特。罪犯使用枪支可以降低犯罪成本或者提升犯罪成功的可能性。相反，允许受害者配备枪支可以降低犯罪需求，并可能通过增加受害者逮捕罪犯的可能性来提高定罪概率。很难想出另一个像枪支一样对罪犯和受害者都有用的物品的例子。此外，枪支有助于警察逮捕罪犯。因此，犯罪市场模型表明，允许公众购买枪支可以增加或减少犯罪行为，而解决这个问题需要能够识别复杂相互作用的实证检验。关于这一理论的文献似乎有一些混乱，而且对实证检验的结果也显然缺乏共识。

本章的第一部分建立了一个关于枪支获取对犯罪的影响的理论模型，讨论了对枪支与犯罪之间关系进行推断的困难，并提供了经验文献的例子。接下来，回顾有关限制枪支，即枪支管制和犯罪之间的关系的证据。最后一节讨论了一个更容易定义的问题，即隐蔽携带立法对犯罪的影响。隐蔽携带允许注册和持有执照的枪支所有者携带武器，除非财产所有者另有禁止。

对研究问题的综述：枪支与犯罪

可以采用多种方法研究枪支和犯罪之间的关系。第一，必须确定武器的类型。有些文献只涉及手枪，其他研究则考虑了手枪和步枪。这里讨论的研究没有涉及威力更大的武器。第二，可以考虑不允许警察携带枪支的情况，但由于文献中缺乏相关结果，这里不考虑这种情况。相反，我们分析了关于枪支所有权法律地位的三种可能立场。第一种立场是限制公众使用枪支，即枪支管制立法，限制公民拥有枪支或离家携带枪支的权利；第二种立场是对任何使用枪支实施的犯罪行为都施加额外的处罚，当使用枪支实施犯罪时，可以加大对任何法定犯罪的制裁力度；第三种立场是允许持有执照的个人携带隐藏在身上或汽车内的枪支。显然，这些方法并不是相互排斥的枪支管制方法。例如，可以将这些立场结合起来，将枪支所有权限制在持有隐蔽携带许可证的个人身上，同时对使用枪支实施犯罪的行为加重刑罚。[1]

图 19.1 显示了改变枪支获取途径对使用枪支的犯罪市场的影响。O 处的初始均衡是假设只有警察才能获取枪支。[2] 允许罪犯获取枪支往往会使供应曲线向下移动，因为枪支有助于罪犯成功地侵犯受害者。图 19.1 还显示，当罪犯携带枪支时，定罪概率会下降。虚线 S^* 显示，新的犯罪供应和制裁供应总额达到均衡，初始需求曲线以更高的犯罪水平使新的制裁供应曲线下移，$O^* > O$，并得到较低的总收益和净制裁，即 $\pi > \pi^*$ 和 $\pi^* - p_c^* s > \pi - p_c s$。

如果受害者携带武器，罪犯将更难成功，这将使犯罪需求曲线下移到虚线 $D^\#$。定罪概率可能会提高，因为受害者能够逮捕罪犯。[3] 这可以通过提高定罪概率 $p_c^\# > p_c^*$ 来证明，如 $S^* + p_c^\# s$ 处新的制裁供应总量虚线所示。市场均衡发生在新的需求曲线（点线）与新的制裁供应曲线（点线）的交点 $O^\#$ 处。

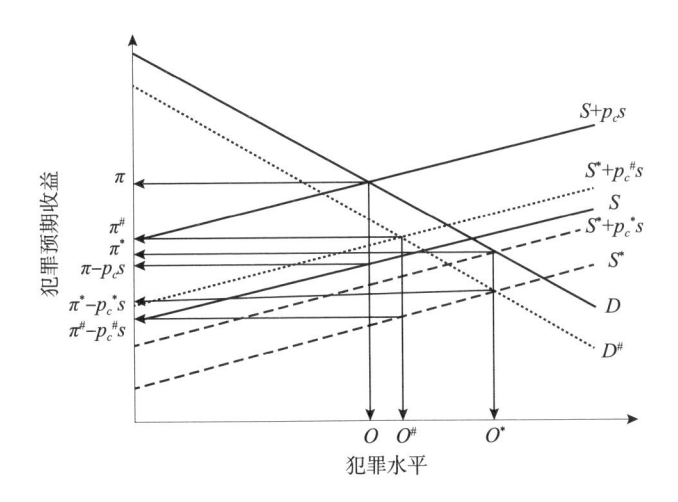

图19.1　枪支持有情况对使用枪支犯罪市场的影响

犯罪水平介于只有警察持有枪支以及警察和罪犯都持有枪支之间，因此 $O^* > O^\# > O$。犯罪的总回归介于另外两种情况之间：$\pi > \pi^\# > \pi^*$，在这种情况下，制裁的净收益率最低。图19.1中比较结果的确切形式是武装受害者改变需求和定罪概率的数量的假象，但分析说明了枪支对犯罪市场的复杂影响。

一种可能性（在图19.1中未显示，在本章最后供学生练习）是武装受害者拒绝向罪犯提供武器。显然，可能没有可行的政策来实现这一点，但最终的目的是完成对所有可能性的分析。巴克（Bac，2010）对这一问题进行了出色的理论分析，证明了最佳的枪支获取政策是，警察持有枪支，解除所有罪犯的武装，并允许特定的受害者持有枪支。

图19.1所示的结果表明，增加公众（包括罪犯和受害者）手中的枪支数量，可以提高或降低犯罪率，犯罪效果甚至可能因犯罪类型和枪支对帮助或阻止特定类型犯罪的相对重要性而不同。

本节的讨论考虑了枪支供应的外部性变化对市场的影响。罪犯和受害者要求使用的枪支的数量取决于犯罪水平，这也是事实。在某种程度上，枪支能降低犯罪成本，就像其他交易工具一样，罪犯也会使用枪支。反过来，当犯罪水平较高且罪犯持有枪支时，受害者更有可能获得并学会使用枪支。这表明，犯罪和枪支之间的关系至少具有以下复杂程度：

$$C_{it} = \alpha + \alpha_g G_{it} + \alpha_a A_{it} + \alpha_x X_{C,it} + \varepsilon_{it} \quad (19.1)$$

$$A_{it} = \beta + \beta_g G_{it} + \beta_c C_{it} + \beta_x X_{A,it} + \upsilon_{it} \quad (19.2)$$

$$G_{it} = \theta + \theta_g C_{it} + \theta_a A_{it} + \theta_x X_{G,it} + \omega_{it} \quad (19.3)$$

式中，C_{it}、G_{it}和A_{it}分别是t时期区域i的犯罪率、枪支持有率和逮捕率；$X_{C,it}$、$X_{A,it}$和$X_{G,it}$分别是反映犯罪、枪支持有和逮捕的人口统计学、经济和其他决定因素的一系列变量；α、β和θ是要估计的参数；ε_{it}、υ_{it}和ω_{it}是误差项。[4] 在式（19.1）中，α_g的参数估计值反映了罪犯和受害者获得枪支的外生性增加对犯罪水平的直接影响。第 10 章中的讨论表明，式（19.1）的 OLS 估计会产生可能向上偏置的α_g估计值，因为假设$\theta_C > 0$，A和式（19.1）中的误差项ε_{it}呈正相关关系，这似乎是合理的，因为有证据表明犯罪率上升会导致枪支购买。[5]

为了使用工具变量估计式（19.1）~式（19.3）中系统的结构参数，有必要对$X_{C,it}$、$X_{A,it}$和$X_{G,it}$的外生解释变量集进行结构化，以便消除方程中的各变量。[6] 具体而言，对α_g的识别需要找到一个与枪支所有权密切相关但与犯罪无关的变量。很难找到符合这些限制的变量，特别是考虑到犯罪和获得枪支的动机密切相关。这是利用犯罪和逮捕的结构性模型来估计警察的影响时所面临的统计问题的一个更为困难的版本。事实上，应该在式（19.1）~式（19.3）中加入带有反映警察努力的内生变量的第四个方程，但为了简化讨论，该方程被省略了。此外，枪支持有、犯罪和逮捕之间的关系可能是非线性的，因为最有可能第一个获得枪支的人与随后寻求枪支的群体不同。

关于在政策上使用式（19.1）~式（19.3）所表示的模型的估计结果，还有另外一个技术性但非常重要的观点。鉴于公共政策问题是确定枪支所有权G对犯罪水平C的影响，对结构参数α_g的无偏估计是不够的，因为这只给出了G和C之间的部分关系。公共政策应该是基于G变化对C的总影响，而不是复杂系统的单方程模型的部分影响。要找到总效应，必须首先估计整个方程组，即式（19.1）~式（19.3）。然后，必须同时求解估计的方程，以确定当G发生偏移时会发生什么，这可以被认为是ω的变化，而G、C和A被允许完全适应该偏移。当求解多方程系统时，G对C的部分影响有可能与总影响有很大的不同。经济学家称这是变化（保持其他一切不变）和突变（事物必须发生变化）之间的区别。在数学上，这是偏导数和全导数之间的区别。由于政策应该以总影响而不是部分影响为基础，并且对式（19.1）～式（19.3）等进行系统的估计几乎是不可能的，因此很难从对这些结构模型的估计中得出与政策相关的结论。这是第10章中关于依赖自然实验而不是试图估计结构方程组的另一个例子。

关于枪支所有权或枪支获取对犯罪的影响的实证分析还面临着另外一个问题，这超出了关于警察有效性的文献，即不可能在任何时候、任何地点测量受害者和罪犯手中的枪支数量。枪支是耐用品，容易隐藏和运输。尽管可能有法律要求枪支注册，但它们很容易被违反，当然罪犯也不太可能遵守这些法律。随时测量任何给定区域内的枪支持有量都是不现实的。[7]

■关于枪支和犯罪的实证文献

对枪支持有和犯罪之间关系的许多看法都是基于与美国的比较，美国是迄今为止发达国家中公共枪支持有率最高的国家之一，无论是以人均枪支数量还是对声称家里有上膛枪支的家庭的调查来衡量。从历史上看，美国的财产犯罪率和暴力犯罪率均高于其他经合组织国家，这种情况与持有枪支的联系是显而易见的。然而，这种随意的经验主义是危险的。第一，美国的人均枪支数量排名第一，而瑞士和芬兰则分列第三和第四。[8] 第二，本书的引言记录了美国和欧洲国家之间犯罪率的逆转。1980年，美国的人均暴力犯罪率是欧洲主要国家的2倍；[9] 2000年，二者的暴力犯罪率大致相同；到2010年，欧洲主要国家的暴力犯罪率是美国的2倍多，因为欧洲的犯罪率有所上升，而美国的犯罪率有所下降。[10] 显然，枪支持有率与这些变化无关，因为美国的枪支持有率与欧洲相比有所上升。

当然，经济学中关于枪支与犯罪关系的正式研究并不是基于随意的经验主义。洛特（Lott，2000）的一项研究使用式（19.1）作为单方程模型来估计使用选民退出民意调查来衡量拥有枪支的程度。他报告称，凶杀案相对于州枪支持有率有很大的负弹性。达根（Duggan，2001）使用一种应该会吸引枪支所有者的杂志的订阅率数据来衡量枪支持有率。通过关注凶杀案，他报告称，在持有枪支的测量方面，谋杀的正向弹性非常小。研究人员使用枪支自杀率与总自杀率的比率作为衡量拥有枪支的指标。[11]使用式（19.1）的一个版本，库克和路德维希（Cook and Ludwig，2006）发现，每个郡的持枪自杀率的滞后值与凶杀率呈正相关关系。[12]达根、哈尔马森和雅各布（Duggan, Hjalmarsson, and Jacob, 2011）利用了一个自然实验：在加利福尼亚州和得克萨斯州特定地点与时间举行的大型枪支展。在枪支展之前的4周和之后的4周内，他们测试了有无使用枪支的杀人、自杀、暴力犯罪数量的变化情况。结果是没有发现枪支展前后犯罪数量的差异，这一研究的结果在加州是一样的。与得克萨斯州相比，加州的枪支展受到非常严格的枪支法规的限制，而得克萨斯州则没有这样的限制。

总的来说，已经有许多巧妙的尝试来解决由无法测量任何地理区域内家庭的枪支数量和状况而产生的问题。工作场所或其他地点存在的枪支则无法测量。最后，罪犯获得武器的途径可能是未知的，因为对罪犯的调查可能是不可靠的。

然而，测量问题不如以人事实重要：即使可以观察到枪支可用性的衡量标准，也没有尝试估计或确定方程组（19.1）~（19.3），这将比警察对犯罪影响的结构性估计更具有挑战性，因为基本理论要复杂得多。使用单方程模型充其量只能得到 α_G 的有偏估计，而忽略了模型中其他方程对枪支的间接影响。[13]

可以使用时间序列技术来解决枪支与犯罪之间因果关系的问题，即将式（19.1）~式（19.3）转换为 VAR。这里的问题是，枪支所有权是非常持久的。它还会受到测量误差的影响，这可能远远大于所有权随时间的变化。

地下枪支市场

在有规定限制向没有犯罪史的个人出售枪支的情况下，向罪犯提供的枪支主要来自非正规市场。库克、路德维希、文卡特什和布拉加（Cook, Ludwig, Venkatesh, and Braga, 2007）从许多来源收集数据，从警察没收的武器记录到罪犯调查，从而估计有犯罪意图的人的枪支供应量。他们关注的是芝加哥，那里有非常严格的枪支管制法律和高谋杀率。这项研究可以很容易地写满本书的一章，但重点是以下关于向罪犯提供枪支的典型事实：

（1）枪支的质量往往很差。这些枪支最初质量不高，通常是陈旧、维护不善、不准确和不可靠的，买家通常无法测试他们所购买的武器。

（2）在芝加哥，大多数枪支是由少量的来源（大约有 12 个主导市场的来源）提供给罪犯的。

（3）枪支在地下市场中的售价大约是其零售价的 3 倍，尽管芝加哥警方正在努力执行禁止持有枪支的法律。

（4）大量枪支被盗。

（5）帮派是枪支供应的一个来源。帮派成员将枪支作为帮派身份的额外优势。布拉加和皮尔斯（Braga and Pierce, 2005）回顾了一个有趣的想法，即帮派对帮派成员使用枪支负有集体责任。

简而言之，与测量误差相比，受害者和可以使用枪支的防御者之比随时间变化的可能性非常小，这就产生了衰减偏差，其往往会使估计系数变得不重要。穆迪和马维尔（Moody and Marvell, 2005）使用一个方程组进行了这项研究，其中包括内生监狱人口，但在其他方面类似于式（19.1）~式（19.3）。他们发现，对于枪支持有率，无论是在调查数据中测量的，还是使用枪支杂志订阅量作为衡量指标，都与总体暴力犯罪或不同类型的暴力犯罪没有显著关系。

枪支管制对犯罪的影响

在图 19.1 提供的分析中,枪支管制立法可能成为受害者获得枪支的外生性变量,这将使市场均衡提升到更高的犯罪水平,即 $O^* > O^\#$,除非该规定也可以阻止罪犯获得枪支。

同样,这种测试似乎是一个自然实验,但这不太可能,因为枪支管制立法的通过是由犯罪市场上的事件推动的,也就是说,立法是内生的。关于这种测试,还存在另外两个问题:枪支管制法规是非常多样化的,执法者的执法水平参差不齐且难以监控。例如,要求枪支储存、卸载、锁在安全的地方几乎是不可能实现的。正如奈特(Knight,2011)所指出的那样,禁止枪支销售并不能阻止枪支跨境转移。他利用犯罪中所用武器的跟踪数据,确定了枪支会从枪支管制立法有力的州流向枪支管制立法薄弱的州。鉴于所有这些困难,摩尔豪斯和温纳(Moorhouse and Wanner,2006)提到的未能发现枪支管制条例对犯罪的显著影响是可以理解的。

检验"应发放"隐蔽携带立法的效果

将隐蔽携带许可证发放给个人后,个人将被允许隐蔽携带手枪,但私人或公共财产所有者特别禁止的除外。许可证由地方政府颁发。在美国,州立法规定了发放此类许可证的条件。所谓的"应发放"立法规定,是指提出申请且没有犯罪记录或精神疾病史的个人有资格获得许可。[14]

提倡隐蔽携带枪支的"应发放"法案似乎造成了一种非常像武装受害者的情况(见图 19.1),人们普遍认为犯罪行为应该会减少。然而,这种分析假设罪犯已经携带枪支。当然,如果罪犯本来没有携带枪支,但为了应对隐蔽携带法案而携带枪支或更有可能使用这些枪支，那么隐蔽携带法案有可能导致枪支暴力犯罪的增加，并且对一般的犯罪水平没有影响。因此，尽管该理论认为扩大隐蔽携带许可应该能够减少犯罪，但这个问题并不能完全由理论来解决，而是需要实证检验。

如果隐蔽携带立法的通过和实施是一个随机事件，那么，从"可能发放"到"应发放"立法的转变可以被视为一个自然实验，而统计分析将是直接的。转为"应发放"的条件相当于式（19.3）中 ω_{it} 的增加，可以分析这种转变对其他方程的影响。然而，格罗斯曼和李（Grossman and Lee，2008）证明，从"可能发放"到"应发放"的转变会受到邻近州的决定和犯罪率变化的影响。这意味着暴力犯罪图通常如图19.2所示。

在图 19.2 中，t_0 是"应发放"立法获准通过的日期。这个日期接近暴力犯罪率的峰值。此外，该法案通过前一年的平均暴力犯罪率似乎低于该法案通过后一年的平均暴力犯罪率。这在相关文献中引起了一场激烈的辩论，即关于犯罪率的最终下降在多大程度上应该归因于隐蔽携带许可范围的扩大或可能归因于其他事件。许多关于隐蔽携带立法影响的研究似乎都类似于第16章中回顾的关于洛杰克的研究，但关于这个问题的研究已经引起了广泛争议。[15]

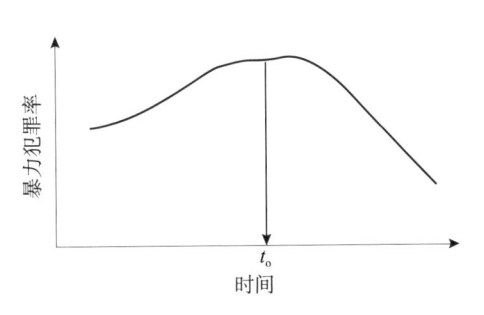

图 19.2 "应发放"立法前后的犯罪率

■对使用枪支犯罪提高制裁水平的效果的检验

在过去的40年多里，美国的许多州都通过了关于延长对使用枪支实施的特定罪行的刑期的法律。这些刑罚只能对被逮捕和定罪的罪犯实施，因此，在短期内，它们对犯罪的影响纯粹是增强了监禁的威慑作用。艾布拉姆斯（Abrams, 2007）分析了持枪犯罪刑期延长效果，认为这是一个自然实验，他研究了持枪犯罪刑期延长法案通过之前和之后，使用枪支抢劫与袭击的变化情况。他报告称，持枪抢劫案减少了 5%，但持枪袭击案的数量没有发生显著变化。此外，没有明显的溢出效应，即无枪抢劫案略有减少，而盗窃等替代犯罪并未增加。显然，当对持枪抢劫罪的惩罚力度加大时，抢劫作为一种犯罪行为就变得不那么有吸引力了。正如理论所预期的那样，罪犯通过减少持枪犯罪来回应对持枪犯罪制裁力度的加大。这一结果与罪犯对其他制裁的反应的经验证据一致，例如第 13 章概述的关于三振出局法案的研究。

■本章回顾

枪支对犯罪市场影响的理论分析表明，枪支所有权对犯罪的影响是复杂的。巴克（Bac, 2010）证明了在一个可以由计划者控制持有枪支的世界里，警察和一群潜在受害者都应该配备武器。这是从允许个人持有枪支的其他原因以及社会缺乏对枪支的控制中抽象出来的。

事实证明，对包含枪支的犯罪模型进行结构性估计是可行的。显然，枪支与犯罪和逮捕率有关，但它们也是由犯罪和逮捕率造成的。此外，枪支持有量的测量存在重大误差。有人试图寻找持有枪支的替代措施，这些措施已被加入单方程犯罪模型，但这种做法的任何结果都不应与可以观察到因果关系的结构模型的估计值相混淆。最后，出于政策目的，重要的问题是枪支所有权对犯罪的总体影响，而不是部分影响。

确定因果关系的时间序列技术已被证明在犯罪经济学的其他领域也是有价值的，特别是在确定警察和制裁对犯罪的影响方面。然而，将这些技术应用于枪支所有权的问题是，枪支持有量变化缓慢，并受到严重的测量误差的影响。这限制了将枪支所有权作为内生变量的 VAR 模型的有效性。

可以应用于枪支和犯罪之间关系的其他经验技术是自然实验。许多研究都对新实施的枪支法案进行了分析。不幸的是，枪支法案执法水平的性质与水平的多样性，以及公众试图监管枪支供应的行为是由犯罪水平引起的，这使一些人质疑这些监管变化是否是外生的。

研究人员利用隐蔽携带立法的变化，从"可能发放"到"应发放"、枪支管制法规的变化、大型枪支展前后的差异，以及在各种犯罪中使用枪支的量刑的提高等方面检验犯罪经济学模型的含义。许多检验倾向于证实该理论的意义，但另一些检验则证明其存在争议。

问题和练习

1. 考虑罪犯通过使用武器获得优势的犯罪市场，从只有警察持有武器的均衡状态开始。现在想象一下，可以在不武装罪犯的情况下武装受害者，市场均衡会发生什么变化？

2. 考虑有两种犯罪方法的抢劫市场，一种使用枪支，另一种不使用枪支。从对使用枪支没有额外的惩罚的市场均衡状态开始（提示：分别绘制抢劫罪犯使用枪支和不使用枪支的供应曲线）。现在对持枪抢劫罪实施处罚。你认为犯罪水平和模式有什么变化？

3. 图 19.1 显示了由于潜在受害者被授权可以持有枪支，犯罪需求曲线有所下移。假设持有枪支的潜在受害者不再是对罪犯具有吸引力的目标。是否存在一个隐含的假设，即谁能获得产生这种转变的枪支？你能确定谁能持有枪支吗？考虑一下另一种选择，即枪支被随机分发给潜在受害者，这将如何改变犯罪需求曲线？

4. 应用式（19.1）讨论地下枪支市场，绘制这个市场的供求图。谁是消费者？谁是供应商？从只对无证枪支供应商实施制裁的情况开始，绘制市场均衡图，然后修改图表以找到新的市场均衡，即对任何在犯罪中使用枪支的罪犯施加额外的惩罚。

5. 第 18 章考虑了私人执法。私营企业可以雇用身穿制服的保安，他们携带枪支，而且很容易被观察到。或者公司可以培训一些员工，使这些员工具有隐蔽携带枪支的技能和执照。使用犯罪市场图，找出企业未采取特殊安全措施时对犯罪水平与回归犯罪的影响，并与制服警卫和隐蔽携带枪支进行比较。

6. 假设犯罪率 C 是由三个变量直接引起的：持枪人口的比例 G、逮捕率 A 和由 D 度量的人口统计特征。假设 C 与 G、A 和 D 之间的真方程是：$C = \theta G + \alpha A + \Psi D$。假设 $\theta > 0$、$\alpha < 0$ 和 $\Psi > 0$，因此枪支数量的增加会导致犯罪率上升。现在假设逮捕是基于枪支的存在和人口统计数据，所以有第二个方程式 $A = \pi G + \lambda D$，其中 $\pi > 0$ 且 $\lambda > 0$。求解这个双方程系统的总的 G 的变化对 C 的影响。这表明在其他条件不变的情况下，单方程模型的分析结果和多方程的分析结果之间存在区别。为什么经济学家更喜欢为了公共政策而进行必要的修改？［提示：考虑 $(\theta + \alpha\pi) < 0$ 的情况］

注　释

1. 延长使用枪支抢劫罪的刑期和指控他人抢劫与非法持有枪支是有区别的。
2. 这是一个假设的替代方案。阻止罪犯获得武器也许是不可能的。
3. 需求转变的确切性质尚不明确，但经济学理论表明，最脆弱的受害者可能是第一批持枪的人，这可能意味着犯罪的需求会沿逆时针方向旋转。
4. 式（19.1）~式（19.3）中的一些影响可能会滞后。例如，枪支对犯罪和犯罪对枪支的影响可能存在明显的滞后。这里的解释是根据内生变量的同期值提出的，为了便于注释，这是使用 VAR 模型的另一个论点。
5. 更复杂的是，这些方程可能是非线性的，因为枪支持有率的影响不太可能随着持有率的增加而保持不变，当然，内生变量的滞后值的存在使得计算犯罪对枪支所有权的全部影响更加复杂。最后，如果使用 OLS，式（19.1）的其他估计系数也会有偏差，因为逮捕率也是内生的。
6. 详见第 10 章中的讨论。识别的顺序条件有其他选择，但这里的一般观点是识别 α_G，即犯罪方程中的枪支持有系数，介于有问题和完全没有希望之间。
7. 测量误差的一种方法是使用和解释枪支所有权的工具变量。这需要找到属于枪支所有权方程（19.3）但在方程（19.1）中与犯罪无关的变量。很难找到这样的变量。
8. 也门位居第二，但与其他更发达国家比较通常是正常的，即使在随意的"研究"中也是如此。
9. 欧洲的比较国家是法国、荷兰、德国、英国和意大利。数据基于布奥南诺、德拉戈、加尔比亚蒂和扎内拉（Buonanno, Drago, Galbiati, and Zanella, 2011）。

10. 1980 年，美国的财产犯罪率高于欧洲；20 世纪 90 年代初，美国的财产犯罪率低于欧洲。然而，相对财产犯罪率的变化并没有暴力犯罪率的变化那么剧烈。

11. 将死亡归类为自杀是由当地的法医来决定的。蒂默曼斯（Timmermans, 2005）讨论了低估自杀人数的倾向以及当地自由裁量权的影响。一些自杀与谋杀有关，比如家庭自杀案，92%的案件都使用了枪支。自杀率滞后防碍了家庭谋杀——自杀是由枪支引起的谋杀的计算。

12. 使用枪支杂志订阅或枪支自杀的比例意味着这些变量是枪支所有权方程［如式（19.3）］的重要组成部分，但它们在犯罪方程［如式（19.1）］中没有作用。工具变量估计者必须同时考虑枪支测量和联立方程问题。枪支杂志的订阅或某个地区枪支自杀的比例可能是该地区犯罪潜力的独立指标。

13. 考虑到在 α_G 的单方程估计中可能存在的偏差是正的，可以认为在单方程模型中找到一个负的显著系数可以支持枪支持有降低犯罪的前提，而找到一个正系数估计值可能是由于联立方程偏差的影响。

14. "应发放"的替代办法是"可发放"，地方当局可以在发出隐蔽携带许可证之前提出携带标准，包括说明因对个人的实际暴力威胁而产生的具体需要。

15. 首先是洛特和马斯塔德（Lott and Mustard, 1997）、洛特（Lott, 1998）以及布莱克和纳金（Black and Nagin, 1998）之间的最初辩论，随后穆迪（Moody, 2001）与艾尔斯和多诺霍（Ayres and Donohue, 2003）进行了交流。辩论仍在继续，读者可参见穆迪和马维尔（Moody and Marvell, 2008）的记分卡和艾尔斯和多诺霍（Ayres and Donohue, 2009）的回复。目前的执法工作是基于隐蔽携带枪支是一种有价值的威慑的假设。最明显的例子是使用卧底空警来威慑飞机上的恐怖主义分子。

20 毒品和犯罪

■简介

精神活性物质存在于自然界中,已被人类使用了数千年,它们有时与宗教仪式有关。20世纪化学学科的进步使新的精神活性物质得以合成,物质的种类在不断增加。这些物质作用于中枢神经系统,并通过改变情绪、感知、意识、推理,进而改变行为来影响大脑功能。

将持有、使用和/或销售特定精神活性物质的行为定为犯罪的决定,已成为本章所无法涵盖的更多文献的研究对象。事实上,无论是随着时间的推移,还是在特定时间在世界范围内探索特定物质的法律地位的政策和方法的多样性,都需要大量的时间。与此同时,一些非常重要的问题在很大程度上仍未得到探讨。因此,本章简要地考虑了一系列已经成为经济学家的研究对象的主题,并指出了一些鲜为人知的领域。[1]

首先,传统的犯罪市场图被用来检验和理解标准毒品政策的影响。然后,讨论了限制使用精神活性物质的经济理由。随后审查了用于识别和选择限制性物质的标准。总的来说,正式的经济分析在对物质定罪或确定执法力度的决定中似乎发挥着很小的作用甚至没有作用。在经济学文献中,刑事定罪的两种可能理由引起了人们的注意:第一个理由声称毒品和犯罪之间存在因果关系,特别是暴力犯罪;第二个理由是某些物质是严重上瘾物质的"垫脚石"。

经济学家认为，税收和定罪是处理毒品市场上可能产生的外部性的替代方法。第 4 章中制定的各种版本的毒品市场模型可以用来说明这些政策的差异化影响，以及执法成本对毒品最佳使用水平的影响。最后，回顾了提高毒品价格或降低需求的各种其他策略。

■标准毒品政策的市场分析

处理潜在精神活性物质生产和交换的四项常见政策如下：①允许在没有征税或管制的情况下在市场上交易；②对该物质征税；③将生产和销售定为刑事犯罪，但未将其使用定为犯罪；④将生产和持有都定为犯罪。这四种备选策略如图 20.1 所示，该图是基于图 4.2（见第 4 章）绘制的。

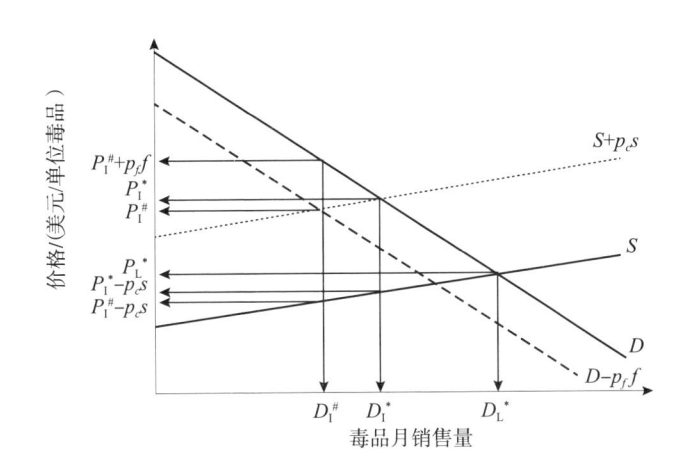

图 20.1　对毒贩和使用者都实施制裁的毒品市场

在图 20.1 中，供应曲线反映了生产成本，需求曲线反映了部分用户的边际支付意愿。P_L^* 和 D_L^* 是在完全竞争条件下，如果物质合法且不受征税或监管时的预期价格和数量。如果该物质是非法的，并且对其生产和销售实施制裁，对其使用和持有不予制裁，那么出清市场的新价格和数量是 P_I^* 和 D_I^*。这一点是通过将生产者和销售者的预期制裁加到供应曲线上，形成总的制裁供应曲线 $S+p_c s$。随着毒品销量的减少,该毒品的总支出从 $P_L^* D_L^*$ 降至 $P_I^* D_I^*$。如果对该毒品的需求缺乏弹性,则总支出将会增加。

如果不是将与毒品相关的行为定为刑事犯罪,而是按 $t=p_c s$ 的税率征税,则税收总额和销售量分别为 P_I^* 和 D_I^*。然而,毒品销售的总收入只有 $(P_I^*-t)D_I^* = (P_I^*-p_c s)D_I^*$,其余的支出 tD_I^* 为政府税收,尽管部分税收将被征税的成本所消耗。

最后,可能会对持有毒品实施制裁,使吸毒者受到处罚。

在这种情况下,以预期罚款表示的预期制裁为 $p_f f$,并假定其小于对生产和分销的预期制裁,即 $p_c s > p_f f$。对使用者的部分制裁可以是社会以损失其收入或声望的形式施加惩罚。逮捕,即使没有罚款或监禁,也会造成巨大的成本,从而降低许多人的需求曲线。[2] 鉴于对持有毒品的制裁已经增加到对生产和销售的制裁中,需求数量进一步减少到 $D_I^\#$,价格也降到了 $P_I^\# < P_I^*$,总收入大幅度下降:$P_I^\# D_I^\# < P_I^* D_I^*$,因为价格和销量都在下降。

图 20.1 中的实践表明,公共政策工具菜单从自由放任到将生产和销售毒品定为犯罪,以及将持有和使用毒品定为犯罪,使政府能够对市场结果进行很大范围的控制,包括产出水平、生产者收入和执法成本。[3]

■将与精神活性物质相关的行为定为犯罪的经济学分析

将与精神活性物质相关的行为定为刑事犯罪的理由是,使用和持有精神活性物质会导致显著的外部性,或伤害弱势群体(基于年龄或身体虚弱),这些问题不能通过适用民法来充分解决。税收应作为民法适用的一种可能的补救措施。

基于对外部性和弱势群体论点的诉求,对生产、销售和持有海洛因、可卡因、大麻和甲基苯丙胺等毒品的定罪已经合理化。经济学上的假设是，这些物质都为那些在完全了解其属性的情况下自愿使用它们的成年人提供了私人收益。[4] 对大脑产生的影响会转化为情绪、个性或感知（幻觉）的变化，这显然增加了消费者的效用。精神活性物质上瘾并对健康产生不利影响的可能性并不能将它们与其他合法化和征税的商品（如酒精与烟草）区分开来。各种有机溶剂，有时被称为吸入剂，甚至没有被征税或管制，可能具有类似于非法药物的精神活性。

关于毒品使用产生的显著外部性的主要论点是，这些物质会导致犯罪行为。外部性来自距离实体一步之遥的犯罪。因果关系依赖于一种论点，即这些物质以与犯罪行为相关的方式改变大脑功能。其中一个证据是，对被捕时的被告进行的尿液测试表明，有相当一部分罪犯使用这些物质。这表明了毒品使用和逮捕的相关性。但是，应该在部分限制或完全限制使用某种物质之前，提供证据表明该物质的使用会导致犯罪行为。吸毒和逮捕之间的明显关系可能是因为在精神活性物质影响下犯罪的人更有可能被逮捕。[5]

将与某物质相关的行为定为刑事犯罪的第二个理由是，它们会伤害弱势群体，特别是无法做出明智选择的青少年。在使用海洛因和甲基苯丙胺的情况下，这种伤害是明显和直接的。对于其他毒品，如大麻，直接伤害得到了一个门户论点（gateway argument）的补充，即使用较温和的药物与随后使用更有害的物质有关。就酒精和烟草而言，通过限制销售和获取，这种对弱势群体的伤害显然降低到了可接受的水平。对于被刑事定罪的物质，这些类型的限制被认为是无效的。

外部性测量与刑事定罪标准

犯罪经济学表明，设定刑事处罚和执法力度以最大限度地提高福利需要确定外部性，包括对弱势群体的伤害，这些外部因素可以通过使用第 2 章中概述的程序将物质定为非法及执法成本来避免。理想情况下，将进行全面的成本效益分析。实践中，经济分析在限制精神活性物质或对其定罪的决定中几乎没有发挥任何作用。政府标准中正式考虑的一个利益因素是该药物可能的医疗应用。也许是因为各国政府对经济分析的漠不关心，所以缺乏关于衡量通过对特定物质定罪而避免对弱势群体的总外部性或损害的经济学文献。学术型经济学家注意到并抱怨将某些物质定罪的决定缺乏经济学支持，但这些努力并没有推动对毒品政策的成本收益分析。[6]

对精神活性物质定罪的官方标准通常忽略了经济学家建议的任何措施，而不考虑该药物可能的医疗用途，从而可以证明通过医生处方对其进行管制使用是合理的。[7]受管制物质的分类一般由相关政府部门决定，而不是由选举产生的代表来投票决定。在美国，这是由美国食品药品监督管理局（FDA）根据1970年《药物滥用预防和控制法》第13章规定的。该法案下控制物质的标准极其强调该物质可能致人上瘾并损害使用者的健康。该法案制定了五种附表分类来表明管制水平，从因制造、分销或持有而受到严厉制裁的附表 I 物质，到仅限于在柜台出售给成年人的附表 V 物质。表20.1展示了使用附表 I～V 的分类指南。从本质上讲，附表 I 中的物质是被禁止的，附表 II 中的物质仅因为有一些医疗用途而可容忍。附表 III～V 中的物质包括具有医疗用途的药物，它们不容易遭受"滥用"，这些药物似乎是潜在成瘾和对使用者产生影响的某种结合。

这种分类方法与外部性或物质使用和犯罪之间的关系几乎无关。相反，物质的分类完全是基于它们对使用者的影响，包括成瘾、对健康的影响以及医疗应用。对向青少年分销受管制物质的处罚通常较严厉，而且向青少年出售受管制药物的被告可以逃脱定罪的条件也受到更多限制。因此，刑法对不同物质的处理和对弱势群体的关注之间存在某种联系。

表20.1 美国缉毒局毒品一览表（Drug Schedules）

（1）附表 I
　（A）该药物或其他物质很可能被滥用
　（B）该药物或其他物质目前在美国还没有可接受的医疗用途
　（C）在医学监督下使用该药物或其他物质缺乏公认的安全性
（2）附表 II
　（A）该药物或其他物质很可能被滥用
　（B）该药物或其他物质目前在美国有可接受的医疗用途或目前接受严格限制的医疗用途
　（C）滥用该药物或其他物质可能会导致严重的心理或身体依赖

续表

(3) 附表Ⅲ
    (A) 该药物或其他物质被滥用的可能性低于附表Ⅰ和附表Ⅱ中的药物或其他物质
    (B) 该药物或其他物质目前在美国有可接受的医疗用途
    (C) 滥用该药物或其他物质可能导致中度或低度身体依赖或高度心理依赖

(4) 附表Ⅳ
    (A) 该药物或其他物质被滥用的可能性低于附表Ⅲ中的药物或其他物质
    (B) 该药物或其他物质目前在美国有可接受的医疗用途
    (C) 滥用该药物或其他物质可能导致比附表Ⅲ中的药物或其他物质更小的身体依赖或心理依赖

(5) 附表Ⅴ
    (A) 该药物或其他物质被滥用的可能性低于附表Ⅳ中的药物或其他物质
    (B) 该药物或其他物质目前在美国有可接受的医疗用途
    (C) 滥用该药物或其他物质可能导致比附表Ⅳ中的药物或其他物质更小的身体依赖或心理依赖

资料来源：美国缉毒局（2013）www.justice.gov/dea/druginfo/ds.shtml.

在某些情况下，如麻醉药品，从附表Ⅱ下移至附表Ⅴ并不涉及该物质的化学性质的变化，而是通过稀释降低其浓度。最后，一些受管制物质，如兴奋剂药物，由于成瘾性或与犯罪活动有关而没有受到管制。这里不考虑控制这些物质的基本原理。

许多物质的控制需要进行国际合作，通过联合国根据1988年《禁止非法贩运麻醉药品和精神药物公约》进行协调。该公约的条款要求针对物质的制造和分销以及潜在的物质持有进行国际合作。根据1961—1978年的条约，联合国将250种物质列入附表Ⅰ～Ⅳ中。对于麻醉药品，附表Ⅰ和附表Ⅳ受到的限制最多（附表Ⅱ和附表Ⅲ的限制不那么严格），与美国的附表Ⅰ相当；而对于精神药物，其分类与表20.1中的分类非常相似，只是附表Ⅳ是美国方案中附表Ⅳ和附表Ⅴ的组合。由于联合国的条约，关于精神活性物质的分类达成了实质性的国际协议。然而，这并不意味着毒品政策是相似的，即使在关系密切的国家之间也是如此。例如，在欧盟内部，与毒品有关的人均支出从荷兰和瑞典的139欧元和107欧元到葡萄牙、西班牙和德国的9欧元不等。[8]这些差异可能与个别国家所认为的经济危害有关，但对这一课题缺乏研究。

总体而言，将精神活性物质分类为或多或少受限制的类别，并对其在世界各国制造、分销和/或持有设定刑事处罚的标准，似乎与使用这些物质直接或间接增加犯罪的证据无关。此外，保护弱势群体免于接触这些物质的需要可能是真实存在的，但分类和惩罚制度与对这些群体的潜在伤害的关系是有问题的。

> **成瘾是理性的吗？**
>
> 理性成瘾模型源于贝克尔和墨菲（Becker and Murphy, 1988），他们发现了许多成瘾行为的程式化事实，包括通过戒掉所有使用（所谓的彻底停止使用）来排毒，然后恢复使用，与理性效用最大化行为是一致的。他们证明，补贴处理可以增加对成瘾性药物的需求。
>
> 对理性成瘾的一个测试是观察用户对未来价格变化的反应。如果成瘾是理性的，那么对未来价格上涨的预期应该会减少当下的消费。格鲁伯和科泽吉（Gruber and Koszegi, 2001）确定了一个自然实验，在这个实验中，在实施实验之前宣布了香烟税的变化。除了传统的基于香烟总消费对价格变化的反应测试，他们还使用了一种非常特殊的香烟消费衡量标准。他们对孕妇的香烟使用情况进行了调查。这使得可以为每个州构建孕妇每天平均吸烟数量的月度序列。结果显示，当宣布增税时，即在价格上涨生效之前，吸烟人数显著减少。这些结果表明，人们对吸烟率进行了合理规划，以应对预期的未来价格上涨。

▇通过毒品治疗效果来联系毒品与犯罪

在逮捕后立即对个人进行的尿液检验往往对毒品和酒精呈阳性，这一事实并不能确定毒品和犯罪之间的因果关系。[9] 事实上，这种联系可能是因为吸毒增加了因犯罪而被捕的可能性。调查证据还表明，承认犯罪或犯罪记录表明自己是罪犯的青少年也承认吸毒。再一次，这种相关性并不能建立一种因果关系。[10]

　　矛盾的是,关于毒品和犯罪之间联系的一些最佳证据来自对治疗成瘾囚犯的评估,这些囚犯也是重罪率高的罪犯,然后观察他们再犯率的差异。吸毒成瘾的囚犯的再犯率非常高。将药物检验要求作为假释条件的情况很常见,尽管这似乎对再犯率影响很小。

　　对假释犯进行药物检验的下一步,是将释放与在监禁期间甚至在释放后参与药物治疗联系起来。利普顿(Lipton,1995)评估了许多此类治疗和释放项目。加州友好监狱(California's Amity Prison)的研究结果似乎是基于一个特别仔细的实验设计。该项目是针对严重成瘾的高重罪率罪犯设计的,63.0%的对照组在15个月内再次被捕。相比之下,参加治疗计划的初始组的这一比例为49.3%。然而,在初始组中,退出最初计划的人的再逮捕率为62.5%,在监狱完成计划的人的再逮捕率为53.2%,在监狱完成计划并参加释放后计划的人的再逮捕率为32.5%。虽然最后一组人可能会产生很强的选择效应,但对照组的63.0%和所有初始入狱者的49.3%之间的差异并不是由样本选择造成的。这样看来,降低成瘾或参与药物治疗相关的其他效果可以减少再犯。

　　"成人毒品法庭"提供了另一个机会来评估治疗对犯罪的影响。作为假释的条件,因犯有义务参加成人毒品法庭。成人毒品法庭可以进行随机药物测试,并监测药物治疗项目的参与情况。再逮捕率差异测试的实验设计要求建立一个未经治疗的对照组。在某些情况下,可以进行全面的随机试验,在另一些情况下,确定了获释囚犯的匹配样本。政府问责办公室报告了23个城市的单独试验结果(2005)。参与"成人毒品法庭"项目的人在被释放后1~2年内的再逮捕率普遍下降,差异从5%到20%不等。这是再逮捕率在实质上和统计上的显著下降。[11]

　　这些例子说明再次逮捕的差异与参与药物治疗项目有关,但不一定与药物使用的减少有关。更进一步,乔弗雷-博奈和辛德拉尔(Jofre-Bonet and Sindelar,2002)使用了关于治疗参与者的面板数据,包括治疗前后自我报告的药物使用情况和犯罪行为。这提供了一个自然实验,其中海洛因、其他麻醉品和酒精的差异可能与财产犯罪数量的变化有关。据报道,这些变化为治疗开始前30天和治疗开始后6个月之间的差异。接受治疗的整个样本的结果显示，与海洛因使用减少相关的财产犯罪减少了18%，与其他药物使用相关的财产犯罪减少了33%，与饮酒减少相关的财产犯罪减少了9%。这些报告的财产犯罪的减少与治疗前后药物使用量的下降有关。进入实验的自愿性引发了问题，但有可能集中在大约25%的人是基于监狱或监狱释放条件进入的（有些可能是由毒品法庭送出的）。对于这一组被迫参与实验的群体，海洛因和其他麻醉品使用减少对报告的犯罪的影响与其他样本几乎相同，但酒精的影响并不显著。这些结果在减少毒品使用和财产犯罪之间提供了更紧密的联系，并将其影响扩大到那些最近没有从监狱释放或假释的人。然而，参与治疗方案可能不仅减少了毒品使用，也可能是那些在治疗期间控制了毒品使用的人在他们的偏好、就业经验和世界观上发生了更普遍的改变。

■毒品与犯罪的联系的传统经济学测试

对吸毒和犯罪关系进行传统经济学测试的主要障碍是缺乏有关吸毒的信息。无论是在某个区域的横截面，还是在一段时间内，都没有统计吸毒者的数量和吸毒强度。在相关文献中发现了两种解决数据缺乏问题的方法：一种是使用因为吸食毒品过量而导致死亡和/或住院事件的数量，另一种是使用在特定区域购买毒品的市场价格信息。

按照关于酗酒的文献的传统，科曼和莫坎（Corman and Mocan，2000）使用了每月吸毒死亡人数，这是第17章中讨论的警察对犯罪的影响模型的扩展。下面显示的模型是该模型早期研究的修改版本：

$$C_{jt} = \alpha + \beta C_{j,t-k} + \psi A_{j,t-k} + \sigma D_{t-k} + \pi P_{t-k} + \varphi I_{t-k} + \theta E_{t-k} + \varepsilon_{jt} \quad (20.1)$$

式中，C_{jt}是第t个月报告的j类犯罪的犯罪率；$C_{j,t-k}$是一系列j类犯罪的滞后值；$A_{j,t-k}$是j类犯罪的一系列滞后值；D_{t-k}是一系列滞后的毒品死亡事件；P_{t-k}是警察规模的一系列滞后值；I_{t-k}是对囚犯人数的滞后度量；E_{t-k}

是反映城市经济状况的福利人口的百分比的滞后值；α、β、ψ、σ、π、φ 和 θ 是反映待估计滞后效应的参数向量；ε_{jt} 是误差项。在这些模型中几乎总是如此，犯罪变量有一个共同的趋势；因此，该模型是使用所有变量的月差异来估计的。

正如预期的那样，对 ψ 和 π 的估计反映了滞后逮捕与警察规模和犯罪之间的关系都是负的，并且对几乎所有类型的犯罪在统计上和经济上都有意义。[12] 本章重点介绍了对 σ 的估计，它给出了滞后的毒品死亡对每种犯罪的影响。σ 的估计值对抢劫和盗窃的影响是正的且显著的，但对谋杀、严重攻击或汽车盗窃则不然。尽管使用毒品死亡作为衡量城市毒品使用的广度或深度的指标可能会在问题，但对抢劫与入室盗窃的正向和显著影响的发现至少暗示了一种真实的关系。恩托夫和温克勒（Entorf and Winkler, 2001）使用与科曼和莫坎（2000）所用的非常相似的技术报告了德国的吸毒与财产犯罪之间存在正相关关系。

通过有毒药物使用经历次数来测量药物使用情况的替代方法是药物价格或法律地位的变化。理由是价格上涨会降低消费。科曼和莫坎（2000年）证实，纽约市的毒品死亡人数与可卡因和海洛因的价格成反比。[13] 一些研究表明，可卡因价格的增加会导致吸毒者减少和消费率降低。[14] 对酒精和烟草的研究也得到了类似的结果，其中价格变化包含了税收的影响。毒品的价格由美国缉毒局毒品证据检索系统（STRIDE）项目衡量。[15]

毒品价格与消费之间的关系沿着简单的需求曲线呈现为负值。因此，如果吸毒会导致犯罪，更高的毒品价格应该能够使犯罪行为减少。然而，对于通过销售毒品和/或实施其他犯罪来资助其成瘾的个人来说，毒品价格的上涨也有可能对他们的销售收入和犯罪活动的供应产生影响。因此，可卡因价格对可卡因使用和犯罪的影响不能仅根据经济学理论来衡量。这是一个实证问题。[16]

有两种研究毒品价格和犯罪之间关系的方法：微观经济学方法和宏观经济学方法。微观经济学方法使用个人数据，评估不同毒品的价格或供应量的差异或变化（或两者）与犯罪水平之间的关系。马科维茨（Markowitz, 2005）使用了连续几年全美犯罪受害者调查数据，该调查询问个人接触不同类型犯罪的情况。该调查包含了关于每个个体的大量信息，考虑到有三次调查，可以引入个人固定效应。因此，可以评估某个人因其所居住地区的酒精、可卡因价格和大麻供应量的差异而成为受害者的可能性的影响。该测试背后的假设是，该地区的罪犯人数不会因酒精和毒品的价格或供应情况的变化而发生变化。马科维茨（2005）通过关于攻击、强奸和抢劫的自由医用大麻法律，测试了啤酒税、可卡因价格和大麻供应情况的影响。她发现，降低啤酒税对袭击罪具有正向且显著的影响，限制大麻供应和提高可卡因价格对袭击罪与抢劫罪具有负向且显著的影响。总的来说，提高酒精、可卡因和大麻的价格会降低袭击率与抢劫率。

对毒品价格与犯罪之间关系的宏观研究必须关注联立方程存在偏差的可能性，因为可卡因的价格可能会因一个地区的犯罪活动水平而变化。造成这种情况的原因有很多，但很明显，毒品战争可能会导致可卡因价格因贩毒团伙之间的暴力冲突而上涨或下跌。犯罪也可能导致可卡因的价格发生变化，如果对毒品的大量需求来自罪犯，那么，更高的犯罪率要么意味着更多的新罪犯，要么意味着现有罪犯可以获得更高的收入。迪西蒙（Disimone，2001）估计了1981—1995年美国29个大城市的犯罪率决定因素的联立方程模型。该模型的形式提供了大量的信息：

$$C_{it} = \alpha + \alpha_c P_{c,it} + \alpha_H P_{H,it} + \alpha_A A_{it} + \alpha_B B_{it} + \alpha_x X_{it} + \varepsilon_{it} \quad (20.2)$$

$$P_{c,it} = \theta + \theta_c F_{c,it} + \theta_N N_{it} + \theta_H P_{H,it} + \theta_A A_{it} + \theta_B B_{it} + \theta_x X_{it} + \upsilon_{it} \quad (20.3)$$

式中，C_{it}是第t年城市i四种暴力犯罪之一或三种财产犯罪之一的发生率；$P_{c,it}$是用STRIDE衡量的可卡因价格的对数；$P_{H,it}$是STRIDE购买的海洛因价格的对数；A_{it}是逮捕率（包括毒品犯罪和其他犯罪的单项逮捕率）；B_{it}是啤酒税，用来衡量酒精价格的变化；X_{it}是第t年城市i的人口统计和经济特征；ε_{it}和υ_{it}是随机误差项；$F_{c,it}$是可卡因在毒品中的比例（t年城市i市场上的可卡因纯度）；N_{it}是基于t年i城市的STRIDE数据的购买数量的对数。

对可卡因价格方程的估计有许多有趣的含义。提高可卡因价格的一种方法是降低毒品的纯度，由此可卡因价格方程中的纯度系数θ_c预计为负，因为较低的纯度意味着较高的可卡因价格和利用率。[17]STRIDE购买次数的系数θ_N预计为正，因为更多的购买意味着禁毒部门将加强执法活动。对可卡因价格方程的估计证实了 $\theta_c < 0$ 和 $\theta_N > 0$。如果海洛因是可卡因的替代品，那么 θ_H 应该是正的，因为替代品价格的上涨会使可卡因的需求增加。如果海洛因是一种互补品，那么同样的论点就意味着 θ_H 为负数。θ_H 的估算值都为负但不显著。啤酒税对可卡因价格没有影响，但有更多的人因毒品犯罪而被捕，这反映在对 α_A 的估计中，其影响是负向的且在统计学上显著。这说明，更高的逮捕率意味着更多的毒品供应，而不是更有效或更密集的执法。在 X_s 中，一个在统计上和经济上都非常显著的城市特征是总人口。显然，向大城市供应可卡因具有一些"效率"的特性，从而导致价格降低。一种可能的联系是，在通过购买政治保护免受起诉方面，存在更大规模的回报。

当式（20.1）由 OLS 估计时，α_c 的估计值在统计上没有显著性。当使用工具变量估计相同的方程时，即联合估计式（20.1）和式（20.2）时，α_c 几乎总是负数，而且对每种暴力和财产犯罪在统计上与经济上都具有显著影响。可卡因价格上涨，犯罪率下降。犯罪率相对于可卡因价格变化的弹性意味着，可卡因价格上涨 10.0%，谋杀率降低 2.5%，强奸率降低 1.0%，抢劫率降低 2.0%，盗窃率降低 1.0%，车辆盗窃率降低 2.7%。对严重袭击行为的影响有时是不显著的。

雇主进行毒品检测的影响

雇主进行毒品检测可以减少吸毒者的劳动收入，从而大大增加吸毒成本。对这个问题的一个有趣的探索是马斯和莫兰茨（Mas and Morantz, 2008）的工作，他们监测了美国一家主要零售连锁店实施事故后毒品检测项目的影响。该项目的优点是，其在一定的日期实施，但实施时间因州而异，因此可以比较实施之前和之后的事故率，也可以观察到没有实施该项目的地区的事故率。事故后的毒品检测要求对报告工作事故的员工进行毒品检测。工资更高的员工和全职员工在这样的项目中会承受更多的损失。该项目减少了事故报告，其影响在那些收入损失最多的人群中最为明显。正如研究者所指出的，这些结果并不一定意味着毒品的使用量有所减少。成瘾的员工可能会更加小心地避免事故，或者可能没有报告他们的一些事故。

鉴于数据所涵盖的 15 年内，城市内可卡因价格的标准偏差是其平均值的 70%，可卡因价格的变化可以解释犯罪率随时间的显著变化。迪西蒙（Disimone，2001）的研究结果表明，毒品与犯罪之间存在非常显著的联系。另一种可能是，毒品需求增加与犯罪率提升和可卡因价格上涨同时发生，而这种结构模型没有捕捉到这种情况。[18]尽管可卡因价格上涨对犯罪有明显的负面影响，但其对缉毒工作，即逮捕毒贩的工作的政策影响尚不清楚。虽然毒品犯罪的高逮捕率在式（20.1）中有负向而显著的直接影响，但其对犯罪有积极的间接影响，因为式（20.2）中的毒品逮捕降低了毒品价格，而较低的毒品价格在式（20.1）中对犯罪有正向的直接影响。这里的问题是，毒品逮捕率是内生的，在得出结论认为加强缉毒执法将减少该模型中包含的三种暴力犯罪和四种财产犯罪之前，最好先对毒品逮捕进行正式建模。[19]

入门毒品假说

一些观察家主张根据与导致外部性的行为的直接联系对使用某种物质进行刑事定罪，但主要是由于使用这些物质会导致对其他药物的更严重成瘾，而这些药物的使用会产生更大的外部性。这被称为入门毒品假说。这一假说的偶然证据来自对可卡因、海洛因等成瘾者的调查，这些人表明他们起初使用酒精、烟草和大麻，然后使用了更多的成瘾性物质。这种排序对于门户毒品假说的成立是必要的，但这还不够。[20]调查还显示，暴力重罪罪犯很可能是以一系列轻罪开始他们的犯罪生涯，并且很有可能在小时候违反学校规则，等等。[20]这并不意味着轻微盗窃和故意破坏行为一定会导致抢劫与严重袭击，如果青少年被剥夺了所有入店行窃的机会，他们将永远不会想到更严重的犯罪方式。

大麻最常被认为是一种入门毒品，它不会引发与暴力犯罪相关的攻击性行为。[21]那些认为大麻不是入门毒品的人经常把使用顺序与大麻对青少来说比可卡因或甲基苯丙胺更容易获得的事实联系起来。然而，这一争论通过统计假设检验得到了适当的解决，大量的研究工作已经致力于检验入门毒品假说。这是一个非常具有挑战性的推论，因为关于青少年吸毒的信息通常来自自我报告的吸毒情况。

帕德尼（Pudney，2003）利用对英国 12～30 岁青少年的纵向调查来研究门户假说。最年轻群体的吸毒模式始于第一阶段的使用溶剂，第二阶段使用安非他明、大麻和镇静剂，然后是海洛因、可卡因和美沙酮。[22]第四阶段也是最后一个阶段的毒品包括摇头丸和可卡因。毒品使用顺序测试的前提是所有个体最初都接触过所有药物，然后评估吸食概率的序列。研究结果表明，掌握个人的人口统计数据对于区分由个人特征导致的毒品使用模式与入门毒品假说下的测序模式至关重要。测序的证据具有统计学意义。例如，第二阶段软性毒品的使用量增加 10%，最终会导致第四阶段可卡因和摇头丸的使用量增加 3%。使用阿姆斯特丹（在此处购买大麻是合法的）的数据，万乌尔斯（van Ours，2006）发现了从大麻到可卡因的通路效应更大。

布雷特维尔－詹森、梅尔伯格和琼斯（Bretteville－Jensen，Melberg，and Jones，2008）在一项入门毒品假说研究中使用了 21～30 岁挪威成年人的调查结果，测试了毒品可及性、个人背景和毒品使用顺序的影响。他们发现，这三个因素都解释了随后的硬性毒品使用，但早期使用大麻是最重要的因素。具体来说，对于任意一个 21～30 岁的挪威人，早期使用大麻将使用硬性毒品的可能性从 8% 提升到 36%。

这些对入门毒品假说的研究都倾向于在早期使用软性毒品和以后使用硬性毒品的可能性之间建立一些联系。此外，他们都发现，随着更多关于个人详细特征的信息（包括人口统计和早期家庭经历）的加入，关于早期软性毒品使用和随后硬性毒品使用之间联系的证据有所减少。然而，一种关系仍然存在，但这种关系的大小并不确定。这项研究是基于成年人对童年时期行为时间的回忆。所有这些研究结果都来自青少年很容易获得大麻的国家，而大麻在这种环境中似乎具有一种"垫脚石"的作用。合乎逻辑的结论是，与轻微犯罪先于更严重的犯罪一样，青少年吸毒从使用弱精神活性物质发展到使用强精神活性物质,也就是说,"垫脚石"假说是成立的。

但政策上的重要问题是,遏制大麻是否能阻止吸毒的进展。其他精神活性物质是否可以替代大麻?对这个问题的研究可能需要确定自然实验,在这些实验中,大麻对青少年的可用性发生了根本的变化。这是检验假说以建立因果关系和将该结果应用于政策之间的区别的一个很好的例子。大麻的可用性可能足以观察一个"垫脚石"过程,但这并不意味着它是必要的。如果刑事定罪是为了降低对更严重毒品的成瘾性,那么必要性就很重要。

■使用犯罪市场模型分析税收与刑事定罪[23]

假设向公众出售一种特定物质会导致显著的外部性,要么是因为它的使用会增加犯罪行为,要么是因为它会对弱势群体造成伤害。外部性可以通过税收或刑事定罪来解决,如图 20.2 所示。下面的大部分讨论都是基于

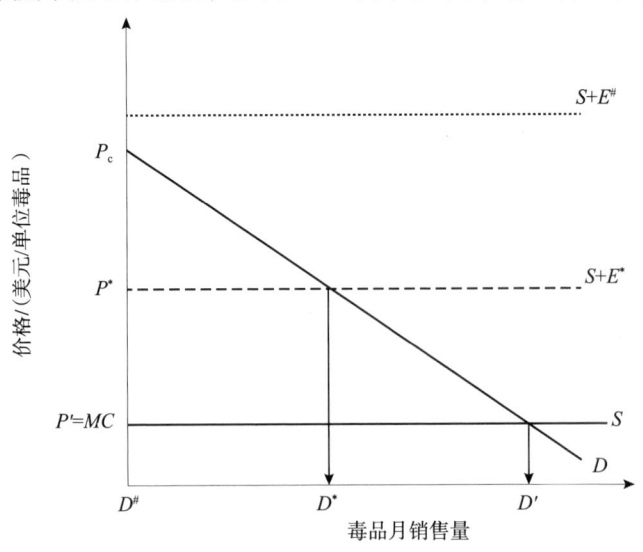

图 20.2 具有社会外部性成本的毒品市场(案例 1)

贝克尔、墨菲和格罗斯曼（Becker, Murphy, and Grossman, 2006）的研究。精神活性物质或毒品由完全竞争的行业提供。供应曲线是完全弹性的，所以价格等于平均成本和边际成本，即 $MC = AC$。如果没有外部性，而且毒品的销售没有税收或监管，那么预期的市场均衡销售量为 D'，即需求曲线从上方与供应曲线相交。

图20.2 显示了最佳消费水平的"标准教科书"版本，即福利最大化。如果存在与使用该毒品相关的中度外部性，并且这些外部性恒等于 E^*/单位，那么最佳销售额是 D^*，其中需求曲线上的边际支付意愿等于全部边际社会成本。这种社会成本反过来又是供应曲线上的边际私人成本和边际外部成本 E^* 之和。最后，如果与毒品使用相关的外部性非常高，即位于 $E^\#$ 处，同样的分析将毒品使用的最佳水平定为 $D^\# = 0$，因为 $MC + E^\# > P_c$，其中 P_c 被称为窒息价格，因为它是需求被扼杀的点。

这些替代方案对刑事定罪或征税的政策决定意味着什么？显然，在没有外部性的情况下，福利最大化的解决方案是合法化而不是征税，这样销售为 D'，价格等于边际成本。除了这个结果，政策影响还需要考虑图20.2中未显示的和在"标准教科书版本"中被忽略的问题。有三点特别重要，下面将对此进行讨论。

第一，图20.2 假设税收与定罪的选择对需求曲线没有影响。出于各种原因，刑事定罪很可能会降低需求曲线，因为用户更喜欢在商店而不是在黑暗的小巷里购买毒品，等等。本节末尾将考虑这种差异对刑事定罪决定的影响。

第二，执法成本没有出现在图20.2中。可能会有与税收相关的执法成本。[24]在刑事犯罪的情况下，刑事司法系统必须以一定的成本对单位销售量（$p_c s$）实施预期的制裁。正如第2章中关于成本收益的分析，当毒品销售量等于 D' 时，执法成本从零开始，并且通常是非线性的，因此提高 $p_c s$ 的边际成本以不断增长的速度增加。考虑到这一点，假设 $c_s = C(D' - D)$ 是通过实施更高的预期制裁，将需求降至低于 D' 的边际成本。仅仅定罪而不执法可能会使 D 低于 D'。

第三，与税收不同，刑事定罪导致供应商获得的总收入大于总成本，

即 $P^*D^* > (AC)\ D^*$，根据外部性的数量来计算。这笔额外收入至关重要。一种可能是，执法成本落在毒品生产商的雇员身上，他们要求对其工资进行补偿。如果所有增加的收入都用于提高工资，那么刑事定罪，如罚款或税收，就是一种金钱效应，除了执法成本，没有实际的资源影响。另一种极端情况是，工人的工资可能保持不变，而成本的增加是由于避免逮捕的支出涉及实际资源成本。在这种情况下，在刑事定罪下生产和销售毒品的社会成本将增加到等于整个矩形的面积，即 P^*D^*。

不幸的是，这三个因素都会影响税收与刑事定罪的成本收益分析、吸毒使用的最佳水平和执法力度。这使得最优毒品政策的成本收益分析变得相当复杂，正如以下的四个案例所示。

案例 1

首先，考虑忽略所有复杂情况的"标准设置"。假设需求没有对刑事定罪做出反应（第 1 点），执法成本基本上为 0（第 2 点），并且执法工作对生产成本的影响完全是金钱上的（第 3 点）。在这种情况下，可以直接使用图 20.2 进行替代处理的成本效益分析，因为可以适用"标准教科书版本"的解决方案。如果外部性足够高，即为 $E^\#$，则应将贩毒定为刑事犯罪，并采取足够的执法措施将消费减少到 0；如果外部性较低，即为 E^*，要么课以税额为 E^* 的特定税，要么使用预期制裁 $E^* = p_c s$，将之刑事定罪。

案例 2

接下来，考虑具有正执法成本的"标准设置"。第 2 章的成本收益分析表明，增加执法成本可以提高犯罪的福利最大化水平。这一普遍结果适用于刑事定罪下的毒品市场。使用图 20.3 所示的设置来分析此案例。

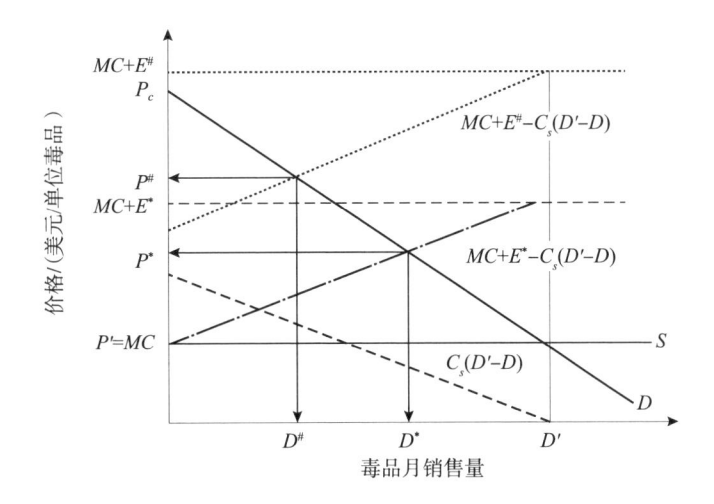

图 20.3　具有外部性和执法成本的毒品市场（案例 2）

图 20.2 和图 20.3 之间的关键区别在于包含了边际制裁成本函数 $C_s(D'-D)$，如图 20.3 中的虚线所示。当毒品使用量等于 D' 时，没有执法工作，并且 $C_s(D''-D')=0$。为了将毒品供应量降至 0，有必要在执法工作上投入大量资源。边际执法成本函数具有负斜率，因为减少毒品供应的边际成本是毒品供应减少到 D' 以下的数量的递增函数。换句话说，每当市场上生产和销售的毒品数量减少时，边际执法成本就会增加。

增加单位毒品销售的边际成本等于边际生产成本 MC 加上边际外部性成本 E^* 或 $E^\#$，减去执法的边际成本 $C_s(D'-D)$。当外部性适度且等于 E^* 时，毒品的边际成本如图 20.3 中的点画线 $MC+E^*+C_s(D'-D)$ 所示。[25] 当边际成本从上方与需求曲线相交时，毒品消费的最佳水平是 D^*，这比图 20.2 中没有执法成本时的水平高。当外部性较大时（等于 $E^\#$），毒品的边际成本为 $MC+E^\#+C_s(D'-D)$，如图 20.3 中向上倾斜的粗点线所示。福利最大化的毒品使用量为 $D^\#$，而不是在案例 1 的标准设置中为 0。随着案例 1 和案例 2 之间最佳市场毒品使用量的增加，市场价格下降，导致案例 2 中的 P^* 低于案例 1 中的 P^*。[26] 这些结果应该是直观的，增加执法成本可以减少毒品使用的边际净收益，因此应该降低执法力度，提高犯罪水平，以使净收益最大化，如第 2 章中的成本收益分析所示。

案例3

现在考虑毒品供应商将所有收入用于生产和销售或免于定罪的"标准设置"。[27]其中包括隐藏生产和分销渠道的所有额外支出，以及将生产的地理位置更改为执法松懈的地方的额外成本。毒品生产商不必为工人或其他投入支付更高的价格，也不必向官员行贿，因为这些支出将被视作转移支付而不是实际资源支出。[28]毒品生产商的一些行动可能会导致其他外部性，如与警察发生枪战。这些额外的外部性可能非常重要，但它们也不被视为本案例的一部分。要考虑所有这些复杂的情况，经验丰富的经济学家必须对刑事定罪、或多或少使用执法手段，或者在征税或不征税情况下合法化的决定进行全面的成本收益分析。出于强化前几章中介绍的理论知识的目的，这里的分析仅限于可以在单一犯罪市场图上显示的因素。图20.4显示了为了说明案例3而修改的犯罪市场图。图20.4显示了与之前的毒品市场图相比的三个变化。第一，仅显示了一个来自毒品销售的边际外部性水平E^*。第二，从需求曲线中减去边际外部性，生成一个基于市场价格差异的净边际收益曲线，反映了支付意愿和边际外部性。这条边际净收益曲线是图20.4中标记为$D-E$的粗点线。第三，显示了与原始需求曲线D相关的标记为MR的边际收益曲线。

在图20.4中，点D'的意义与图20.1~图20.3（以及图20.5）中的相同。根据支付较少外部性的意愿，合法化单位毒品的边际生产和分销成本等于该药物的边际净收益。当产量为D'时，吸毒者支付的市场价格在需求曲线上为P'。此时，$P' = MC + E^*$且价格等于全部边际社会成本。如果对毒品生产征税，则意味着特定税等于E^*。所有这些因素都与之前的分析没有区别。然而，对案例3中应用的非法毒品市场的分析却截然不同。在案例3中，生产的边际资源成本由边际收益曲线给出，因为生产者将所有收入用于生产、分配和逃避法律制裁。对于第一个单位的药物，生产的边际资源成本是P'，而不是MC，因为$P' - MC$是由毒品生产商为了避免定罪而花费在实际资源上的。

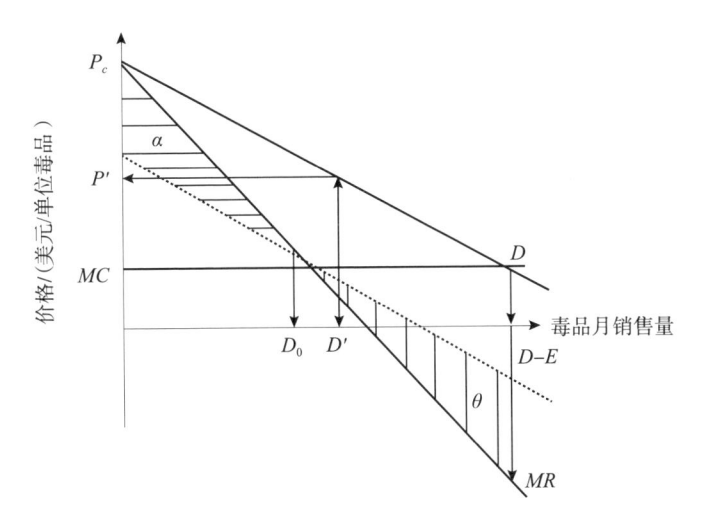

图 20.4　毒品生产者利用收入逃避制裁时的毒品市场（案例 3）

随着毒品销售量的增加，市场价格必然会下降，毒品生产者的边际收入和支出都在下降。当总收入最大化时，边际收入为 0。毒品销量超过这一点时收入将下降，从而降低了毒品生产商的支出，使边际资源成本变为负值。生产更多的毒品仍然要花费 MC，但随着 MR 降至小于 0，用于逃避制裁的资源必然迅速减少。

当毒品销售量等于 D_0 时，边际收入（但实际上是边际资源成本）等于边际收益（$P-E$），即达到福利最大化。然而，在本书中，福利最大化被描述为需求（边际收益）曲线从上方与边际成本曲线相交的一点。在这种情况下，边际收益从下方与边际资源成本 MR 相交。这是倒退的，表明 D_0 是一个非常糟糕的结果，也就是说，它将社会福利最小化了。D_0 以上消费的边际增加产生的边际收益，即（$P-E$）值，大于边际成本的值。因此，这种额外的毒品生产导致了社会剩余。然而，D_0 以下消费的边际减少，导致 MR 曲线上的边际资源成本大于不生产毒品所损失的边际收益（$P-E$），而且这种产量的下降也产生了社会剩余。因此，对案例 3 的经济分析意味着，如果对物质采取的政策是将其定罪或合法化，那么执法力度应该足够大以致产量下降到 0；或者不应该执法而该物质应该是合法的。

应该如何做出刑事定罪的决定？图 20.4 显示了两个三角形，α 用水平线表示，θ 用竖直线表示。α 的面积是毒品销售额从 D_0 减少到 0 的总社会收益，θ 的面积是毒品销售额从 D_0 提高到 D' 的总社会收益。在这种情况下，θ 的面积似乎更大。因此，如果将毒品合法化，就能达到福利最大化。[29] 当然，在这种情况下，税收可能会实现更高的福利水平，但这将取决于税收成本以及出现黑市的可能性。

案例 4

到目前为止，上述第 1 点，即刑事定罪对需求的影响一直被忽视。现在假设，在调查和实验检验的支持下，许多愿意从合法供应商那里购买精神活性物质的人不愿意购买非法制造并由犯罪分子出售的相同物质。将物质的制造和销售定为刑事犯罪消除了民法的所有保护，并在供应商之间引入了逆向选择的重大问题。

图 20.5 包含了对这种情况的分析，与案例 3 一样，图中只有一个外部性水平 E^*。D' 再次成为合法化情况下的用户忽视外部性的市场解决方案。D^* 再次成为使福利最大化的市场解决方案，如果税收等于 E^*，则可以通过税收策略来实现，所以用户支付的总税收价格是 $P^* = MC + E^*$。在案例 4 中，需求曲线从 D 下移到 D_c，因为对该物质的生产和销售进行刑事定罪降低了其对用户的吸引力。非法物质的新市场均衡点为 $P^* = MC + E^*$，而且在没有任何执法措施的情况下，毒品使用水平已降到最佳水平 D^*。当然，这是一个偶然的结果，但如果有其他合法的物质可用，对任何受到法律限制的物质的需求都可能产生巨大的影响。也可能是由于对精神活性物质使用的大部分担忧涉及青少年和年轻人，他们的需求也可能对刑事定罪非常敏感，因此这一策略很有吸引力。[30]

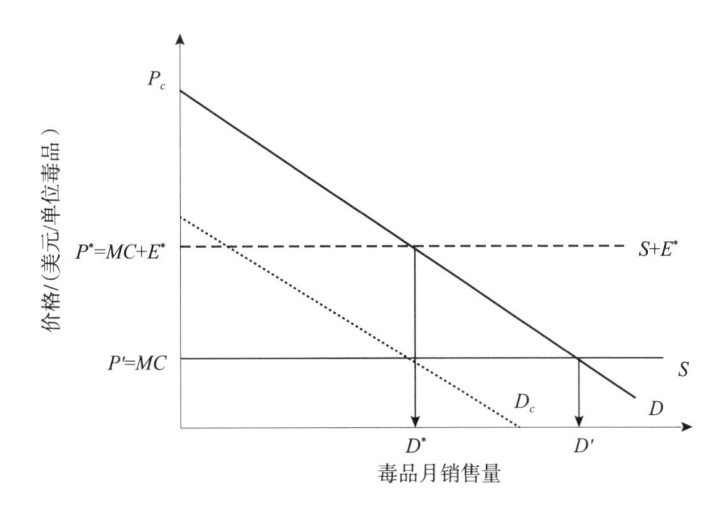

图 20.5　毒品非法而需求下降时的毒品市场（案例 4）

案例 4 与其他案例相互作用，因为下降的需求曲线降低了执法成本并降低了案例 3 中的边际收益曲线。这降低了案例 2 中刑事定罪时的最佳毒品使用量，但与案例 3 中的三角形 α 相比，它增加了三角形 θ 的面积，因为生产者的边际收益曲线下降，并降低了生产和分销毒品的边际资源成本。这表明，对于某些毒品而言，最佳策略可能是将生产与使用该物质定为犯罪，但在执法方面投入的努力相对较少。

■毒品需求价格弹性的证据

本节中的模型表明，毒品需求曲线的形状和位置与替代毒品政策的影响之间存在显著关系。这种关系通常用需求的价格弹性来概括，即需求量变化的百分比除以毒品价格变化的百分比。毒品之间需求的交叉价格弹性（一种毒品需求量变化的百分比除以另一种毒品价格变化的百分比）也很重要。例如，如果可卡因需求的自身价格弹性为 $\Delta Q_{\text{Cocaine}}\%/\Delta P_{\text{Cocaine}}\% = -0.5$，则 P 上涨 10% 会使需求降低 5%。然而，如果海洛因与可卡因之间的需求交叉价格弹性为 $\Delta Q_{\text{Heroin}}\% / \Delta P_{\text{Cocaine}}\% = 0.3$，那么 P 上涨10%会使海洛因互为需求增加3%。在这种情况下，可卡因和海洛因是替代品，提高可卡因的价格降低了可卡因的消费，但增加了对海洛因的需求。显然，在考虑提高可卡因价格的执法政策时，这两个因素都很重要。

事实证明，由于没有关于个别吸毒者消费的可靠数据，很难衡量毒品需求的自身和交叉价格弹性。一般来说，研究报告指出，海洛因需求本身的价格弹性在数值上很小（非弹性需求），而可卡因则具有价格弹性。最有趣的实践之一是招募吸毒者进行实验室实验。在这个实验中，吸毒者被问及他们将愿意以不同的价格购买的毒品数量。乔弗雷-波内和佩特里（Jofre-Bonet and Petry，2008）说明了获得稳定与普遍的毒品价格弹性的难度。问题是成瘾者可能会吸食几种毒品，但他们往往对一种毒品严重成瘾。与其他毒品相比，他们对成瘾毒品的需求弹性要小得多。因此，单一毒品需求的整体价格弹性取决于所有吸毒者对每种毒品上瘾的比例。据乔弗雷-波内和佩特里（2008）估计，海洛因成瘾者对海洛因需求的价格弹性为-0.9，可卡因成瘾者对可卡因需求的自身价格弹性为-1.05～-0.9。报告的交叉弹性表明，对于海洛因成瘾者来说，大麻、安定和可卡因是替代品，酒精和香烟是补充品。[31] 对于可卡因成瘾者来说，酒精是一种补充品，安定和大麻是替代品，海洛因的交叉价格弹性也各不相同。

提高毒品价格的经济策略

上一节介绍了征税和实施制裁如何提高毒品的市场价格，从而减少毒品的销售量。税收和执法可以在生产与分销过程的任何阶段进行。主导这一决定的两个主要因素是税收和执法的成本，以及该行动对最终价格的影响。

执法行动可以通过实际的或经济上的影响来增加生产者的成本。没收

50%的毒品将使生产成本翻倍，因为供应商必须生产两倍的毒品才能将相同数量的毒品投放市场。这种产量翻倍的需求对社会来说是一种实际的资源成本。或者执法部门也可以逮捕和制裁毒品生产商的雇员。作为回应，工人将要求得到更高的工资作为对预期制裁的补偿。工资的增加提高了生产成本，但这是一种经济上的影响，并不消耗实际资源。一种通过经济效应增加供应商成本而不增加毒品供应商使用的实际资源的执法策略具有相应较低的社会成本。目前尚不清楚通过经济影响提高价格与实际成本之间的差值是否是当前执法政策的一个考虑因素，目前的政策似乎侧重于缉获毒品。

一个普遍的原则是，执法成本随着特定税收的增加而增加，而这只是产品价格上涨的一小部分原因。就受控物质而言，主要成分通常只占零售价格的一小部分。生产 1 克可卡因粉末所需的古柯叶价格对街头可卡因价格的影响可以忽略不计。古柯叶价格上涨 1000% 将使可卡因的零售价格提高不到 10%。相反，试图对古柯叶征收甚至是其零售价 10 倍的税，会很快导致大规模逃税，这将需要实施刑事处罚，并使该政策等同于刑事定罪。此外，由于可以从许多地方购买原材料，在全球毒品市场上，对来自一个地点的原材料征税或执法只会刺激其他地方的生产。这种犯罪转移已在第 4 章、第 5 章、第 8 章和第 17 章讨论过。

这些论点意味着，税收和执法应该在零售水平或接近零售水平下进行，因为所需的价格上涨是产品当前价格的最小百分比。

> **贩毒集团对执法行动的反应**
>
> 媒体报道记录了贩毒集团以各种方式适应美国边境管制局和海岸警卫队阻止将毒品走私到美国的企图。其中一些记录表明，除了使用飞机和高速船只，卡特尔最近还使用了相对先进的技术，如潜艇，并采用了包括弹射器在内的古代方法。对执法工作和卡特尔反应之间的相互作用进行正式的经济学分析通常是不可能的，因为两者都笼罩着一层神秘的面纱。
>
> 戴尔（Dell, 2012）分析了墨西哥政府试图限制贩毒集团活动的

> 一些影响。墨西哥保守党 PAN 党的选举意味着中央政府采取了对卡特尔实施行动的政策。虽然不可能观察到执法行动的确切模式，但戴尔利用 PAN 党首领的地方选举作为一个指标，表明政府将从容忍该地区的毒品贩运转变为反对毒品交易。通过仔细分析墨西哥的高速公路网络，在偏远地区生产毒品，最终通过美国边境运输，能够确定与这些区域执法工作相关的毒品运输路线成本的最小变化。其模型预测了对选择性执法的反应的替代流动模式。然后，使用在高速公路检查站查获毒品的实际数据来确定贩毒集团是否以模型预测的成本最小化的方式改变了毒品运输路线。关于毒品缉获量变化的数据证实了该模型的预测。显然，这些贩毒集团试图将过境点和走私港口的运输成本尽量降低。如果可以预料到卡特尔的反应，此类模型可以在指导执法工作中发挥作用。

■降低毒品需求的替代策略

许多策略可用于降低对特定毒品的需求，下面将依次讨论这些策略。在犯罪市场模型中，每种策略都具有使毒品需求曲线下移的效果。

第一种策略是引入、合法化，甚至补贴一种替代毒品。美沙酮是一种具有麻醉作用的合成阿片类毒品，它被用于戒毒治疗，作为海洛因或其他毒品的替代品。少量美沙酮可以缓解或消除戒断症状，而大量美沙酮则可以阻断其他毒品的作用。

第二种策略是，戒毒治疗本身往往得到补贴，并将吸毒者驱逐出市场，从而降低了吸毒者的需求。虽然美沙酮等毒品和毒品治疗项目的直接影响降低了对毒品的需求，但经济模型也考虑到，它们可能会产生令人意想不到的后果，从长远来看会提高对毒品的需求。贝克尔和墨菲（Becker and Murphy, 1988）建立了一个理性成瘾模型，其中最佳成瘾策略包括循环使用毒品，因为随着时间的推移，人体将对毒品产生耐受性。任何使戒断不那么令人不快的事情都会增加吸毒的长期回报，因此，严重成瘾者可能会定期循环吸食美沙酮等毒品，作为一段时间内最佳戒毒计划的一部分。

如果用户无法辨别产品质量，将掺假物质引入市场可以降低需求。各国政府通过对供人类消费而生产的酒精征税，并改变任何不征税的酒精的性质，对用户的健康产生非常不愉快的影响，从而维持了酒精的两级市场。在美国禁止饮酒期间，这种做法导致了大量的饮酒者死亡和发病。人们对在非法毒品市场流通受污染物质的策略知之甚少。这些项目的有效性取决于保密程度。然而，它们具有潜在的有效性，因为如果成瘾者不能确定他们所购买的毒品的效力或纯度，他们的支付意愿就会下降。

▌本章回顾

虽然经济学家可能对选择使用精神活性物质的个人行为导致的市场失灵有很多看法，但经济分析与当前的物质分类过程和执行限制其制造、分销和/或使用的法律之间几乎没有关系。这已成为一个国际问题，虽然它受制于在物质分类方面提供某种统一性的条约，但在物质分类方法上存在很大差异。

经济学家担心的是，精神活性物质可能会导致对成年人造成外部性的行为，或者那些没有能力对其使用成本和收益做出判断的青少年可能会上瘾并受到严重的个人伤害。这些市场失灵的可能来源为征税或刑事定罪或两者兼而有之提供了经济学依据。

吸毒和犯罪之间的关系一直是实证检验的对象。毫无疑问，无论是用因犯成瘾率还是用被捕者成瘾率来衡量，犯罪人群的成瘾率都远高于一般人群。当然，这并不能证明毒品和犯罪之间存在因果关系。毒品—犯罪关系的结构模型表明，二者可能存在因果关系。基于参与和完成戒毒治疗的不同犯罪的证据也表明了这种联系。最后，毒品价格的上涨似乎与非毒品犯罪的犯罪率的降低有关。在因果意义上，量化可归因于毒品供应的犯罪增加的规模可能需要额外的实证研究，但一些估计表明，这种关系可能很重要。

入门毒品假说为限制某种物质提供了进一步的理由，即使它们与犯罪和袭击行为没有直接联系。目前的研究结果表明，即使根据个人差异进行调整，获得大麻的机会越多，"毕业"后吸食硬性毒品的概率就越高。然而，青少年可以接触许多种精神活性物质，利用目前的研究结果来证明没有大麻的良好替代品可以作为更严重的成瘾物质的"垫脚石"存在问题。

假设公开销售精神活性物质会造成显著的外部性，则有许多可能的政策反应。由于存在巨大的执法成本，缺乏弹性的需求，以及非法毒品供应商精心设计以试图避免制裁，税收和刑事定罪的标准处理对大多数毒品可能并不适用。刑事定罪对毒品需求的影响也可能很大，需要特别考虑。经济标准有助于将执行工作导向特定支出下对价格影响最大或者可能大幅度减少非法物质需求的领域。

问题和练习

1. 在图 20.3 所示的毒品市场中，存在大量的执法成本（案例 2），如果刑事定罪也会使毒品需求减少，图中会发生什么变化（案例 4）？如果标准模型的案例 2 和案例 4 的修改都成立，会发生什么？

2. 在图 20.4 所示的毒品市场中，毒品供应商将所有收入用于实际资源以避免制裁，如果刑事定罪也会使药品需求减少，图中会发生什么变化（案例 4）？当标准设置的案例 3 和案例 4 的修改都成立时，会发生什么？

3. 假设一种物质的刑事定罪限制了对生产者的劳动力供应，因为大多数有能力的工人不愿意在非法企业中工作。这将如何影响图 20.2 中标准设置的犯罪市场图上的解决方案？如何区分征税与刑事定罪方法？这是对毒品供应的真实影响还是经济影响？

4. 如果可卡因需求的自身价格弹性为 -1.1，执法工作使价格提高了 20%，那么毒品的总支出和贩毒团伙的收入会发生什么变化？如果需求的价格弹性为 -0.8，你的答案会如何变化？

注 释

1. 一些关于酒精和犯罪的文献与关于毒品和犯罪的文献相似,并得出了类似的结论。当然,酒精是被征税的,而且是合法的,不会被判犯罪。本章不涵盖关于酒精和犯罪之间联系的经济研究,尽管这些发现与关于毒品和犯罪之间联系的文献一致。
2. 在最近的案件中,被抓到嫖娼(而不是吸毒)的知名政客随后在他们的政治生涯中受到了严重惩罚,远远大于法院判处的任何可能的罚款。限制使用以及对生产和销售定罪应该能够减少需求,因为该物质的供应是未经民法检查、保证或保护的。这种需求的下降不会因为持有行为而受到惩罚,这里将其忽略。
3. 显然,税收会导致政府的收入增加(即负成本)。
4. 如果对物质(如酒精和香烟)特性缺乏了解是一个问题,那么通过标签进行充分披露是正常的解决方案。
5. 吸毒和犯罪也可能是互补活动,尽管吸毒使罪犯更容易被逮捕。酒精和赌博通常是一起被消费的,尽管酒精的供应不太可能增加赌博的数量,更不可能提高赌赢的可能性。
6. 也许最引人注目的事件是 2005 年向总统和国会提交的一份请愿书,该请愿书得到了米尔顿·弗里德曼(Milton Friedman)和其他 500 多名经济学家的支持,他们认为有必要就大麻合法化问题进行辩论。附于本请愿书中的报告进行了部分成本收益分析。参见迈伦(Miron, 2005)或迈伦和沃尔多克(Miron and Waldock, 2010)的评估。
7. 由处方进行管制使用的问题有着悠久而丰富多彩的历史。1914 年的《哈里森麻醉药品法案》允许医生分发被禁止分发的麻醉品。当时,成瘾被认为是一种疾病,医生可以向吸毒者分发麻醉品。随后,政府确定成瘾不是一种疾病,并开始逮捕医生。在 Linder v. United States, 268 U. S. 5(1925)一案中,美国最高法院裁定成瘾是一种疾病,医生可以向吸毒者分发麻醉品。随着时间的推移,这一决定被动摇,成瘾不再被归类为医生可以开麻醉品的疾病或症状。
8. 见联合国毒品和犯罪问题办公室(2007)的表 1。
9. 对美国大城市的研究发现,70% 的男性和 60% 的女性在被捕时毒品检测呈阳性。
10. 一些心理学观点认为,吸毒会损害判断力,并引发暴力反应。这些变化要么可能增加犯罪的可能性,要么可能通过使犯罪更加暴力或残忍来改变犯罪的性质。从经济因果关系的角度来看,问题是罪犯在使用该毒品之前是否知道其可能产生的影响。如果吸毒和犯罪是互补的,那么毒品就被视作犯罪经验的一部分,以提高犯罪的收益。例如,仅仅因为在打完高尔夫球后喝啤酒可以与打高尔夫球的体验相互补充,并不意味着禁止喝啤酒会导致高尔夫球比赛的显著减少。此外,如果在犯罪时吸毒增加了被逮捕和定罪的可能性,就很容易抵消这种影响。

11. 有关对毒品法庭有效性的更具批判性的分析,参见波拉克、罗伊特和塞维尼(Pollack, Reuter, and Sevigny, 2011)的文章。

12. 估计了每个变量的滞后系数的向量,关于统计显著性的陈述是基于这组估计系数的联合显著性。对于抢劫和入室盗窃,毒品致死变量在一年或更长时间内具有显著性。

13. 科曼和莫坎(Corman and Mocan)并没有研究毒品价格,因为纽约市的系列数据有差距可以追溯到1977年他们的数据开始时。

14. 例如,参见格罗斯曼、查卢普卡和布朗(Grossman, Chaloupka, and Brown, 1999)的文章。

15. 价格是每克可卡因的成本除以所售材料中可卡因的比例。

16. 关于可卡因价格对犯罪的影响,参见本章结尾的问题。

17. 价格是单位质量的成本。通过保持糖果的含量恒定并提高标价,或者保持标价不变并降低巧克力的含量来提高糖果的价格。当原料(尤其是巧克力)的价格上涨时,生产商会同时采取以上两种策略,从而将这些成本转稼给消费者。

18. 这里的建议是,不同罪行对可卡因价格的弹性由于一些遗漏的变量偏差可能会有所不同,但这种偏差的来源尚不清楚。从字面上看,这些结果表明,将可卡因的价格翻倍会使谋杀减少25%,强奸案减少10%,抢劫案减少20%,等等。与其他减少犯罪行为的策略相比,这似乎非常划算。

19. 部分问题可能是毒品逮捕是内源性的。

20. 例如,瓦伦祖拉和费尔南德斯(Valenzuela and Fernandez, 2011)指出,这种毒品使用序列在南美的国家都适用。

21. 事实上,实施可能导致暴力犯罪的行为的倾向可能会因大麻而减少。

22. 美国的研究通常将酒精和烟草的使用作为第一阶段,而不是将溶剂作为第一阶段。

23. 本节的分析是基于贝克、墨菲和格罗斯曼(Beck, Murphy, and Grossman, 2006)。

24. 这是指管理和征税所需的实际资源。税收本身就是一种转移支付。

25. 同样的模型也适用于其他令人遗憾的问题,如污染。减少污染的一种标准方法是安装昂贵的污染控制设备。当不进行控制时，控制的边际成本为 0，并随着污染的消除而增加。在允许更多污染的情况下，从污染成本中减去污染控制的边际成本，将得到类似于图 20.3 的图。

26. 案例 2 中的 $P^\#$ 也较低，因为在案例 1 中，$D^\# = 0$，这意味着 $P^\#$ 是无限大的。

27. 对案例 3 的讨论直接来自贝克尔、墨菲和格罗斯曼（2006）。

28. 贿赂地方官员的情况与案例 1 和案例 2 的结果一致。公共部门的腐败本身可能会导致其他犯罪问题。

29. 随着图 20.4 中外部性的增大，$D-E$ 曲线会向下移动，这导致三角形 α 的面积增加，θ 的面积减小，这使得定罪的决定如预期的那样更具吸引力。

30. 即使没有重大的执法努力，刑事定罪本身也会增加生产成本，因为生产者和分销商不能根据民法执行合同，而涉及非法物质的生产过程的投入成本也会增加。

31. 互补品的交叉价格弹性为负，表明这些毒品是一起使用的；如果为正，则表明毒品是替代品。如前文所述，对一些吸毒者来说，毒品可能是互补品；对另一些人来说，毒品可能是替代品。这些对成瘾者之间价格弹性的估计指的是所谓的密集边际，因为所有的消费者都已经是使用者了。本研究未涵盖吸引新成瘾者的潜在价格效应。

21 侧写经济分析

▋简介

作为警察的一种策略，侧写受到了人们的广泛关注。虽然由于篇幅限制，它似乎没有上升到犯罪与执法中其他主题的重要程度，但这里是为了说明经济学家处理执法策略问题的方式。侧写经济学揭示了经济模型和计量经济技术的应用可以给警察政策中的复杂问题带来额外见解。

本章的第一步，也许是最困难的一步是采用侧写的操作定义（an operational definition of profiling）。接下来，回顾已经使用的常用统计测试，特别是非经济学家的统计测试，并确定测试结果中的潜在偏差。在讨论经济学家推荐的替代测试之前，警察与罪犯之间互动的问题被建模为一个类似于第9章中超速驾驶人的博弈。通过对无偏见的警察执法进行建模，有可能设计出区分基于个人特征的侧写和无偏见的执法技术的测试。此外，还讨论了基于搜索率差异和使用命中率的测试机会的测试问题。

最后一节回顾了关于警察拦截、搜索和命中率的各种实证经济研究。关于警方在做什么，我们已经了解了很多情况，但很明显，不同类型的警官在处理方法上有显著的差异。这提供了一个很好的机会，可以将经济学家对建模和统计测试的应用与从不同角度处理同一问题的个人的应用进行对比。

▰侧写与其他警务活动的区别

大多数警察执法活动是对刑事诉讼的回应，其中罪犯的特征和犯罪地点将刑事侦查集中在具有特定特征的个人身上。在没有这些信息的情况下，辨别罪犯的特征是侦查的首要任务。因此，当警察"搜查"罪犯或证人和受害者时，他们通常会描述个人特征，包括种族、性别、年龄、民族等。当警察有选择地拦截并询问那些特征与受害者或证人先前的描述相符的人时，则不属于侧写。

侧写是指没有具体犯罪或投诉，任何公众都可能是罪犯的警务活动。为了应对这种普遍的犯罪可能性，执法当局有时会设立一个程序来审查公众，如机场安检或道路上的交通拦截。或者警察可以对选定的因轻微违规而被拦截的个人样本进行广泛的搜查，旨在发现武器、毒品等。

在这一点上，公众对警方侧写的关注似乎集中在种族和民族上，而不是年龄或性别。在美国，一系列诉讼已经被提起，声称警方将驾驶人或乘客的种族作为停车和做出搜查决定的依据。这推动了"2011年结束种族侧写法案"的提出，该法案以如下方式定义了这个问题：

> 执法人员或机构在任何程度上依靠种族、民族、国籍或宗教来选择接受例行或临时调查活动的个人，或在最初的调查程序后决定执法活动的范围和性质的做法，除非有与地点和时间相关的可靠信息，将特定种族、民族、国籍或宗教的人与犯罪事件或计划联系起来。[1]

该法案还建议，政府部门应该采取措施，确保不发生种族侧写。立法提案中缺乏的是关于地点、原告、被告、法院或其他任何人如何测试侧写定性的具体指导。在这一点上似乎存在实质性的分歧，因此，可能会针对这类立法进行一段时间的重大辩论。

■基于搜索率差异的侧写检验

可以建立一个简单的统计模型来确定要"搜索"哪些人的过程,并说明进行侧写测试的难度。警察观察到一个人的许多特征,包括其种族,并必须决定是否对其车辆或其他财产进行搜查。搜索决定可用以下方程来描述[2]:

$$S_i = \alpha + \beta M_i + \theta X_i + \pi U_i + \varepsilon_i \quad (21.1)$$

式中,S_i 是一个二元变量,如果搜索到个体 i,则等于 1,否则等于 0;M_i 是表征个体少数民族身份的指标;X_i 是可用于测试的易于测量和记录的个体特征矩阵;U_i 是不可测量的个体特征或行为矩阵;α、β、θ 和 π 是要估计的参数;ε 是误差项。有些观察者建议使用 OLS 对 β 的估计来检测歧视,即如果 β 是正值且显著,则可判定为基于少数族裔身份的侧写。

在进行基于少数族裔身份的侧写测试时,研究者会收集有关 S、M 和 X 的数据,但无法获得可靠的 U 测量值。研究人员没有气馁,他们列出了以下方程:

$$S_i = \alpha' + \beta' M_i + \theta' X'_i + v_i \quad (21.2)$$

基于第 10 章对遗漏变量偏差的讨论,很明显,β' 的估计值将存在偏差并且不等于真正的 β。原因是式(21.2)的误差项是式(21.1)的误差项加上省略的 U 变量的影响之和,即 $v_i = \pi U_i + \varepsilon_i$。此外,假设少数族裔身份与未观察到的特征有关,并且 U 对 M 的回归中估计系数为 ρ。[3] 然后,在依据式(21.2)进行的测试中获得 β' 的估计值:$\beta' = \beta + \rho\pi$。显然,如果 π 和 ρ 具有相同的符号,那么 $\rho\pi > 0$ 且 β' 将向上倾斜,并在不存在时给出侧写的假阳性指示。相反,如果 π 和 ρ 的符号相反,β' 会向下倾斜,如果存在,会给出侧写的假阴性指示。如果使用式(21.2)的 OLS 估计值来"测试"侧写,那么对于 π 和 ρ 具有相同符号的任何群体子集,几乎肯定会找到阳性结果。

换句话说，假设 U 中的特征与犯罪呈正相关关系。然后，警察将被期望直接用 U 的值来提高搜索的概率，这在逻辑上意味着 π 应该是正的。因此，任何与犯罪和少数族裔身份正相关的未观察到的特征都会导致侧写测试中产生正偏差。这表明，使用式（21.2）等回归方程，根据少数族裔和非少数族裔搜索比例的差异进行侧写测试，可能会产生少数族裔分析的假阳性指示。此外，估算式（21.2）要求警察收集和保留所有未被搜查的个人的特征信息。在关于对侧写的实证文献的讨论中，缺乏那些未搜索的信息往往是统计分析的主要障碍，并且使用居住在该地区的少数族裔比例的基准假设被用来衡量搜索到的比例。[4]

也有人担心所谓的"统计"歧视或"统计"侧写，即当警察没有真正观察到 U' 时，使用少数族裔身份作为替代品。识别统计歧视尤其困难，但本章后面提出的一些测试方法已经被设计出来，这些方法是用自然实验设计的。

■基于命中率差异的侧写检验

"命中率"一词是指在进行搜索时发现搜索对象的情况的比例。在许多情况下，这是通过逮捕率或传唤率来衡量的，假设发现武器、毒品等，在逻辑上会导致对某些罪行的逮捕或传唤。诺尔斯、佩尔西科和托德（Knowles，Persico，and Todd，2001）开发了一个模型来分析一个公正的警务部门搜查部分公众的行为。这项研究的核心发现是，非歧视性警务活动对少数族裔和非少数族裔的命中率相同。

这一结果的基础可以通过调整第 9 章中所述的执法博弈方法来说明。想象一下，一个大毒贩想在两个城市之间运输毒品，他需要雇用"骡子"来运送毒品。有几种不同类型的"骡子"，记作 i，他们在这两个城市之间往来，可以携带毒品或不携带毒品，这取决于他们是否被毒贩雇用。"骡子"的类型是基于警察在停车时可以观察到的特征，但与式（21.1）中的

变量 U 一样，可能无法记录并可用于统计分析。警察可以在观察所有车辆的站点搜查或不搜查潜在的"骡子"。如果他们进行搜查，他们将支付 s_i 的费用，这将为足够、彻底的搜查提供资金，以便他们肯定能找到毒品，并收取 f_i 的罚款，罚款由毒贩支付。如果"骡子"成功地将毒品运送到目的地，警察就会承担 e 的费用。毒贩在原产地以 V_0 的价格购买了一批毒品，并可以在目的地以 V_D 的价格出售。最后，i 类型的"骡子"运输毒品的工资是 w_i。毒贩和警察都知道这个工资。如果搜查了"骡子"，肯定会找到毒品，毒贩就会失去货物的价值和工资，他们必须支付罚款，以确保"骡子"保持沉默。这个博弈的收益矩阵如图21.1所示。

	毒贩的选择 使用"骡子"	无毒品
警察的选择 搜查	f_i-s_i, $w_i-f_i-V_0$	$-s_i$, 0
警察的选择 不搜查	$-e_i$, $V_D-w_i-V_0$	0, 0

图21.1 搜查骡子博弈

博弈中的两名玩家分别是毒贩和警察。"骡子"是被动的，因为不管任务是否完成，他都能得到报酬，而且所有的罚款和损失的毒品费用都是由毒贩支付的。合作均衡不是搜查，也不是运输，只要 $V_D - V_0 - w_i - e < 0$。事实上，这是定罪的基础，因为它意味着毒品对目的地使用者的价值小于原产地成本、运输成本和与吸毒相关的外部性的总和。

为了使博弈有意义，还须满足其他条件：第一，成功交付毒品给毒贩的收益必须是正的，即 $V_D - V_0 - w_i > 0$；第二，罚款加上外部性必须超过搜查成本，即 $f_i + e_i - s_i > 0$。与第9章中类似的执法博弈一样，纯策略中不存在纳什均衡。混合策略均衡的解可以按照图21.2中的步骤找到。该解按方案依赖于两种无套利均衡条件：第一，使用"骡子"对毒贩的预期收益必须与不运输毒品相当；第二，警察从搜查中得到的预期收益必须等于从不搜查中得到的收益。当警察使用非歧视性执法策略时，在这种混合策略均衡下搜查的概率是 $\pi_i = (V_D - V_0 - w_i)/(f_i + V_D)$。这种执法策略是非歧视性的，因为警察根据明确的可观察的回报结构来对待任何类型的"骡子"，而不考虑"骡子"的类型。毒贩对雇用哪种类型的"骡子"漠不关心，因为无论他雇用什么类型的"骡子"，运输毒品的预期收益都等于 0。[5] 混合策略均衡进一步意味着"骡子"以 $\sigma_i = s_i/(f_i + e)$ 的比率犯罪。此处 σ_i 是 i 类型骡子犯罪的概率，或者警察在随机搜查 i 类型骡子时的"命中率"。犯罪行为随着搜查成本的增加而增加，随着警察从搜查中获得的罚款和运送毒品的外部收益的减少而减少。

σ_i = 携带毒品概率，π_i = 搜查概率

搜查的预期回报 = 不搜查的预期回报

$\sigma_i(f_i - s_i) + (1-\sigma_i) - s_i = \sigma_i(-e_i) + (1-\sigma_i)(0)$

$\sigma_i(f_i + e_i) = s_i$

$\sigma_i = s_i/(f_i - e_i)$

携带毒品的预期回报 = 不携带毒品的预期回报

$\pi_i(-f_i - w_i - V_0) + (1-\pi_i)(V_D - w_i - V_0) = 0$

$-\pi_i(f_i + V_D) + (V_D - w_i - V_0) = 0$

$\pi_i = (V_D - w_i - V_0)/(f_i + V_D)$

图 21.2　搜查骡子博弈的混合策略均衡求解

如果司法系统没有歧视，那么对于所有 i，$f_i = f$，并且对"骡子"的制裁是不变的。此外，假设所有类型"骡子"的搜查成本相同，因此对于所有 i 来说，$s_i = s$。由此可见，携带毒品的"骡子"与其他类型"骡子"的均衡比例相等，对于所有 i 来说，$\sigma_i = s/(f + e)$，并且搜查的均衡率与雇用 i 类型"骡子"的成本成反比，因为 $\pi_i = (V_D - V_0 - w_i)/(f_i + V_D)$。任何犯罪成本低的群体，即低 w_i 将被更密集地搜查。但是，对于所有类型的骡子来说，发现毒品的命中率应该是相等的，因为 s_i 对所有的 i 都相等。[6] 这一结果是基于预期的制裁和搜查成本相等。预期制裁的差异来自司法系统，是警务之外的程序，搜查费用的差异可能很小。

这个执法博弈展示了基于人口群体搜查率差异来测试警察歧视性搜查行为的问题，以及基于不同人口群体命中率差异进行测试的潜力。此外，它直接表明，如果监管提高了对特定人口群体的搜查成本，该群体的犯罪率将会上升。

虽然这里展示的博弈传达了文献中的基本结果，但与佩西科和托德（Persico and Todd，2006）的研究相比，它是极其简单的。然而，结论是相似的，因为他们发现，基于结果的命中率检测，即使存在未观察到的警察和罪犯的异质性，也会发现歧视。下一节将讨论使用堪萨斯州威奇托市警察局的数据进行该测试的情况。

■侧写的实证检验

检验侧写的最简单方法是将搜查到的少数族裔人数占总搜查人数的比例（搜查的少数族裔比例）与某个基准进行比较，比如生活在该地区的少数族裔或观察到的在道路上行驶的少数族裔的比例等。显然，这种混合了遗漏偏差和因变量的测试存在大量测量误差。这些测试不仅没有考虑到式（21.1）中的变量 U，而且省略了变量 X！

复杂性的下一步是估计式（21.1），忽略遗漏变量偏差的问题。诺尔斯、佩尔西科和托德（Knowles, Persico, and Todd，2001）以及后来的佩尔皮斯科和托德（Persico and Todd，2006）证明，当根据逮捕率的测试表明命中率相同且没有歧视时，这种方法会产生分析的假阳性问题。

在其他情况下，研究人员估计了式（21.1），认识到遗漏变量偏差的问题，并加入了对少数族裔和非少数族裔逮捕率差异的度量，而不是真正的变量 X 和 U。目前还不清楚一个地区少数族裔和非少数族裔的历史逮捕率如何作为在街道或交通站点遇到的变量 X 和 U 的替代指标。因此，这些研究发现了侧写的积极意义也就不足为奇了。[7]

一些研究人员通过比较少数族裔和非少数族裔警察的命中率，对命中率测试进行了分类。安东诺维克斯和奈特（Antonovics and Knight，2009）、安瓦尔和方（Anwar and Fang，2006）分别根据波士顿与佛罗里达的数据对命中率效应进行了分类。这两项研究都发现，警察的种族影响了少数族裔人群的相对搜查率。与其他种族的警察相比，特定种族的警察对自己种族的相对搜查率往往较低。此外，搜查的绝对速率和命中率往往因警察种族的不同而不同。这表明，搜查方程（21.1）的所有参数都可能因警察的种族而不同，或者描述警察和被拦截人员相互作用的许多遗漏变量可能有所不同。[8] 安东诺维克斯和奈特还认为，如果实行统计歧视，警察的特征就不会影响搜查率。

安瓦尔和方（2006）报告了按警察的级别和性别分列的逮捕率和命中率。总的来说，警察的几乎任何特征，包括级别，都对少数族裔和非少数族裔的绝对及相对拦截率、命中率有影响。这一发现可能有以下几个原因：第一，根据警察的特点，可能会以不同的形式进行侧写；第二，警察可能对他们在停靠站收到的信息进行不同的处理，因此式（21.1）因警察而异，但这些差异并非基于侧写；第三，这个方程式可能没有得到详细的说明，例如，没有理由认为这个方程必须是线性的，或者每个警察的函数形式必须是相同的；第四，变量 X 和 U 的分布可能因警察而有所不同，因为这些变量经常由警察记录；第五，被警察检查的人与警察之间的互动可能会因警察的特征而有所不同，例如，如果一个被拦下的人试图逃跑、说明显的谎言或拔枪，他很可能被搜查并在随后被逮捕。如果不采取可疑的行动，搜查率可能会很低。如果被拦下的个人的行为随警察的特征而不同，那么在式（21.1）中引入警察的特征就加剧了由于未包括可疑行为而遗漏的变量偏差问题。在这种情况下，公式中包括了警官的特征，而由这些特征引起的行为则被忽略了。也就是说，在搜查率方程测度中省略了变量 U，而同时加入了导致这些变量 U 的警察的人口统计特征。

一种可以使少数族裔群体与非少数族裔群体的停车率差异用于侧写检验甚至检测统计歧视的测试方法，是使用夜幕降临时得到的自然实验。格罗格和里奇威（Grogger and Ridgeway，2006）认为，一旦天色变得足够黑暗，根据乘客的特征来选择停车的车辆是非常困难的。这允许差异设计中的差异，在该设计中，将一天的时间以及识别车辆乘客种族的能力作为处理方法，并比较白天和黑夜停止车辆的少数族裔的差异。与许多关于搜查率或命中率差异的测试相比，这个测试涉及停止车辆的初始决定，从而减少了警察用于做出选择的变量的数量。这项在加州奥克兰进行的测试没有发现侧写在统计意义上显著的证据。事实上，黑人驾驶人在夜晚的停车率比白天高出3%。通过一年多的分析，允许天黑的时间发生变化，这可能会减轻违反交通法规的驾驶人的组成因黑暗程度而变化的可能性。[9]

> **拟定侧写测试的限制**
>
> 经济学家已经认识到，被警察拦截的个人的待遇取决于一些试图测试歧视的计量经济学家无法观察到的因素。因此，他们提出了测试问题，询问是否有一种测试可以识别警察出于偏见而采取的行为，从而认识到存在缺失信息。基于差异命中率的测试似乎有望成为基于偏好的歧视的指标。
>
> 然而，布洛克等（Brock et al, 2012）认为，即使是命中率测试模型也包含了关于拦截和搜查个人成本的性质以及成本可能因警察而异的隐含假设。计量经济学家可能不知道这些成本的性质，因为它们取决于关于环境产生主体的一些无法观察到的因素。最后，命中率标准似乎只在对搜查过程有严格的事先假设的模型中检测到个别警察的歧视。设计对搜查成本和嫌疑人供应变化的不同假设具有稳健性的侧写测试似乎确实很困难。这可能是依赖自然实验来评估侧写的性质和存在性的另一个论点。

佩尔西科和托德（2006）强化了这样一种观点，即命中率为警察的表现提供了非常精确的绩效指标。例如，他们将警察执法分为白天和夜间，发现夜间命中率较高，这清楚地反映了在搜查成本较高时期犯罪的潜在动机，因为夜间提供了一种隐藏措施。然后，他们按性别和种族/民族对命中率进行分类，即男性和女性以及黑人、白人和西班牙裔，经对比发现，尽管堪萨斯州威奇托市的样本量适中，但命中率非常相似，没有统计上的显著差异。按年龄和种族/民族的分类得到了类似的结果。

额外监督对警察绩效的影响

本章中的执法博弈预测，减少警务工作或提高搜查成本将提高受这些变化影响的任何类型的罪犯的比例。石（Shi，2009）使用与俄亥俄州辛辛那提市发生的一场骚乱和随后的诉讼相关的变化来检验了这些预测。与骚乱前和诉讼期间相比，被捕人数大幅度减少，特别是在少数族裔居民所占比例较高的社区。财产犯罪增加了20%，暴力犯罪增加了32%。普伦德加斯特（Prendergast，2001）报告称，在类似事件发生后，人们对洛杉矶警方的额外监督也有类似的反应。他向外部监督者提出了一种官僚反应理论，该理论预测警方会通过减少努力和逮捕来应对对其拦截行为的审查。

在这些极端情况下，警察的做法因指控发生了重大变化，在许多人看来，这也是侧写的现实情况。然而，一个结果是，少数族裔居民所占比例较高的地区的犯罪率显著提升。

回到刑法和执行刑法的机构的基本原理，第1章确立了刑事定罪可以通过最大限度地减少民法无法解决的外部性净损失来提高福利。在关于侧写的争论中有些令人感到遗憾的事实是，基于石（2009）和普伦德加斯特（2001）的研究结果，一些执法实践可能会产生大量的外部性。许多人反对在没有合理理由的情况下被拦截，因为美国宪法第四修正案规定了对人权的保护，以防止不合理的搜查和扣押，并要求搜查令必须基于可靠的理由。当他们被搜查和审讯时，他们会被冒犯，尽管他们是无辜的。如果当事人认为被拦截是根据他们的人口统计特征而没有合理的理由，他们会变得更加不安。因此，当前的执法程序可能会产生外部性。但执法的动机是试图通过发现违规行为和识别罪犯来减少外部性。如果该程序既为公众创造了外部性，又减少了外部性，那么就更有理由进行细致的成本效益分析。曼斯基（Manski，2006）在这种背景下对侧写策略的选择进行建模，发现其相当复杂。

本章回顾

侧写的法律定义表明，截停、搜查、审讯等决定不应该基于种族/民族、性别、宗教等，除非有有关犯罪和罪犯特征的可靠信息。与此同时，对于如何测试和量化侧写也没有任何指导或协议。地方执法机构试图实施相关政策以防止侧写，他们正在努力收集和分析数据，但对于要收集什么数据或如何分析数据尚未达成共识。

执法博弈可以实施从事拦截和搜查程序但不进行侧写的警察行为。结论是，不同人群的搜查率有所不同，但命中率应该是一致的。因此，经济理论似乎建议基于命中率进行测试，尽管这可能不会检测到统计歧视。

实证分析表明，与警察特征相关的搜查率和命中率存在很大的差异。然而，测试表明，整个警队的最终命中率可以在不同的人口群体中显示出显著的一致性。警方对侧写指控的反应可能会导致逮捕人数的显著减少和犯罪率的增加。警察的拦截和搜查程序应接受细致的成本效益分析，包括公众反对的可能性。一种可能是使用更正式的标准来决定拦截谁和搜查时间。

问题和练习

1. 考虑一个犯罪分析市场，其中有两种类型的罪犯面临相同的制裁和预期的定罪概率，找到犯罪的均衡模式和犯罪水平。现在假设有一种犯罪被定罪的概率降低了，你在市场上观察到了什么反应？

2. 在搜查"骡子"的游戏中，在毒贩总是使用"骡子"的纯策略中，需要怎样的收益改变来产生纳什均衡？有什么改变会产生一个从不使用"骡子"的纯策略？哪种类型的"骡子"可以满足这两个条件？

3. 研究表明，夜间的命中率高于白天的命中率。这对全天警察工作的有效分配意味着什么？使用"搜查骡子"游戏来回答。

4. 假设有两个人口群体可以提供一种特定类型的犯罪行为，它们无须具有相同的供应曲线。如果两组面临相同的制裁和相同的定罪概率，找出将会发生犯罪的市场均衡模式。现在假设侧写导致一组的定罪概率增加，另一组的定罪概率减少。犯罪市场对犯罪模式的预测是什么？这可以用作侧写分析的测试吗？

注 释

1. 涉及的警察活动包括面谈、交通拦截、行人拦截、搜身、使用任何形式的公共或私人交通工具对个人进行搜查、数据收集和分析、对进入美国的人进行比通常更广泛的检查和面谈等。
2. 与本书一样，式（21.1）采用了高度简化的形式。第一，将参数的向量和变量的矩阵分别写为参数和向量；第二，为了便于标注，使用了线性概率模型的线性函数形式和隐含使用。式（21.1）的实际版本很可能是极度非线性的，应使用对数或检验技术进行估计。
3. 这里的符号被写得好像有一个变量 U 一样。如果有几个未被观察到的变量 U，那么 π 和 ρ 都是向量，U 是一个观测矩阵。
4. 如果数据集只包含关于被拦截和搜查的个人信息，则 S_i 只有在统一时才会被观察到。基准测试技术使用的是被搜查的少数族裔所占的百分比的汇总数据，与该地区或在道路上观察到的少数族裔居民的比例等相比。
5. 毒贩的预期收益可以标准化为高于 0 的值，但这会在不影响分析的情况下添加到符号中。
6. 存在一个隐含的参与约束。如果一种"骡子"有足够高的犯罪机会成本，这种潜在罪犯可能会被排除在市场之外，在纯策略中将存在纳什均衡，毒贩从来不让该群体携带毒品。相反，在纯策略中也可能存在一个纳什均衡，其中一个具有非常低的 w_i 的组总是携带毒品，但这意味着该群体的统一命中率。
7. 例如，盖尔曼、费根和基斯（Gelman, Fagan, and Kiss, 2007）。
8. 例如，被拦下的人逃跑或掏出武器的决定可能会导致其被逮捕或被搜查，但在这些研究中，这种行为往往是未被观察到的变量。
9. 该方法假设，违反交通规则而引发停车的驾驶人的组成不会随着黑暗程度的不同而变化。此外，在白天可能会有无法观察到驾驶人特征的情况。相反，在晚上，驾驶人可能会在警察采取行动停止车辆之前被看到。

22　威慑与死刑

■简介

死刑对犯罪的影响一直是重要的研究对象,许多学术出版物都涉及处决和谋杀之间关系的计量经济学模型。经济学家被难以推断这种制裁对犯罪的影响所吸引,而其他人可能是由于处决凶手而不是监禁他们的决定的严重性而被吸引。

本章第一节将死刑作为一种制裁,与第5章和第6章所述的犯罪经济学理论联系起来。将不同类型的惩罚合并为一种单一的预期制裁措施的具体困难与犯罪经济学中的许多问题有关,在此进行了详细的讨论。接下来,利用第10章提出的论点,对使用逮捕、定罪和死刑的多方程模型来估计死刑影响的结构模型进行了批判性的回顾。

本章还回顾了一些文献,这些文献检验了死刑的存在加强了检察官的讨价还价地位的可能性,并导致了更多关于延长刑期的辩诉。最后,本章还讨论了一篇涉及采用谋杀儿童条款的自然实验的独特论文。

■死刑对预期制裁的影响的衡量

在本书中，预期制裁写为 $p_c s$，其中 p_c 是定罪概率，s 是定罪条件下的预期制裁。理论上，s 的增加可以减少犯罪行为，除了在风险寻求者的某些范围内。因此，与其他制裁对犯罪的影响的理论和实证结果一致，如果死刑比它所取代的替代制裁更令罪犯反感，犯罪行为肯定会减少，并且随着死刑与替代制裁的无效性差异的增加，犯罪行为减少的幅度应该更大。这一观点是直截了当的，并且在逻辑上与犯罪经济学的研究一致。

然而，前几章中提出的预期制裁的例子要么涉及罚款，要么涉及同质监禁。实施这种有限范围的制裁的原因是使制裁的线性聚合更加合理。一般来说，罪犯和经济学家对其行为建模只能观察到平均定罪概率和平均刑期。只有当定罪概率与刑期的长度无关时，这两个平均值的乘积才等于预期刑期的真实值。相反，如果导致严厉制裁的定罪概率与轻微制裁的定罪概率不同，那么平均定罪概率和平均刑期的乘积并不等于预期制裁。到目前为止，假设定罪概率和制裁类型的独立性假设所产生的任何误差都被忽略了，这种假设的误差可能不会大于犯罪经济分析中的其他测量误差。

当制裁包括罚款和监禁时会发生什么？在罚款和监禁之间的一些转换可以通过估算服刑时间来实现。[1] 当制裁（罚款与监禁）的性质非常不同时，难以证明定罪概率和制裁类型相互独立的假设。可以对不同类型拘留所和监狱的综合制裁做出类似的评论。到目前为止，相关文献普遍忽视了这些问题。

几乎找不到将罚款和监禁时间结合起来构成单一措施预期制裁的研究，或者仔细而明确地将在最小和最大安全设施上花费的时间相加用于估计犯罪结构模型的研究。然而，当涉及死刑时，总的问题要严重得多。将监禁和处决合并为单一的"制裁力度"指数的正式计划是极具挑战性的。例如，考虑比较州 α 的难度，其中对特定犯罪定罪和处以 10 年监禁的概率为10%，处以40年刑期的概率为20%，执行死刑的概率为1%（制裁的总概率为31%）；在β州中，处以10年刑期的概率为19%，40年刑期的概率为10%，执行死刑的概率为2%（制裁的总概率也为31%）。在β州被执行死刑的概率是在α州的2倍，但预计的监禁时间少于6年，即在α州监禁的9年的64%。哪个州的预期制裁更有力？答案取决于监禁和处决之间的权衡，这可能取决于在监狱中被定罪的杀人犯的待遇。

更复杂的是，从判决的时间到最终执行死刑，可能要经过几年甚至几十年的时间，所以很难将任何一年的处决数量转换成预期今天处决的概率。文献中对这个问题的一般答案是使用特定年份的处决数与6年前谋杀数的比率来衡量预期的处决率。[2]

对死刑的评估还涉及另一个总量问题。研究的目的是将处决与谋杀罪联系起来，但谋杀是一种非常异质的罪行。首先，在大多数地方，谋杀罪是根据意图和其他因素按程度分类的。一级谋杀必须是有预谋的，并以故意杀人为中心目的。手段残忍往往也会提高谋杀的级别。二级谋杀是故意的，但不是有预谋的或残忍的。它可能是由袭击或抢劫升级为谋杀造成的。三级谋杀不是有预谋的，也不是完全故意的，而是故意行为的结果。事实上，某些形式的刑事杀人被归类为过失杀人或疏忽杀人。毒品或酒精的影响可能会改变谋杀的级别，从一级谋杀到二级谋杀或从二级谋杀到三级谋杀，因为当人们对现实的感知发生改变时，更难确定意图和预谋。谋杀级别可能会受到凶手精神状态的影响。激情犯罪和业余杀人罪比职业谋杀罪的程度要低。级别很重要，因为死刑通常仅限于那些被判一级谋杀的人，因此通常称其为死刑谋杀。

一级谋杀的定义在全世界各不相同。美国各州之间，甚至各州与联邦政府之间都存在显著差异。一级谋杀取决于受害者的情况。例如，在胎儿死亡的情况下，罪犯受到的处置区别很大。美国的一些州将任何年龄的胎儿都视为自然人，一些州规定满27周的胎儿为胎儿谋杀的对象，还有一些州则没有胎儿谋杀法规，罪犯会被指控攻击母亲。有些地区对受害者是警察、法官、法庭官员和/或重罪案件中的证人（因犯罪类型而不同）的凶杀案给予特殊对待。儿童属于一个特例，因为他们可能成为涵盖因虐待或忽视而死亡的谋杀法规的对象。

假设有这样一个州，杀害警察属于一级谋杀，检察官总是寻求对这一罪行判处死刑；但在抢劫中杀害职员是二级谋杀，检察官从未寻求对此判处死刑。在这个州，无论有多少人因杀害警察或其他一级谋杀而被处决，这些处决都不应该影响抢劫犯枪杀商店职员的决定。换句话说，并非所有的谋杀都是等同的。死刑的存在只能威慑可能导致一级谋杀指控的犯罪行为，检察官通常对其判处死刑。在另一个州，杀害警察或商店职员都被列为一级谋杀，死刑的存在和频率应该是对抢劫犯的一种威慑，因为他可能被控死刑谋杀。使问题变得进一步复杂的是，在任何特定地区确定谋杀级别的标准会随着时间的推移而变化，并且如上所述，检察官或任何法律官员酌情决定对被告提出的最严重的指控可能会有所不同。

> **死刑和有组织犯罪**
>
> 　　有组织犯罪似乎是适用死刑的主要罪行。然而，自1997年美国联邦最高法院恢复死刑后，没有任何黑手党成员被处决。虽然他们中的许多被判谋杀罪和终身监禁不得假释，但陪审团似乎不愿意对其判处死刑。
>
> 　　这种不情愿导致了对文森特·巴西亚诺（Vincent Basciano）的审判的奇怪结果，他被判谋杀了伦道夫·皮佐洛（Randolph Pizzolo）。检察官要求对其判处死刑，因为巴西亚诺已经因之前的谋杀案而被判终身监禁。他显然在监狱中通过电话安排了皮佐洛的死亡（显然，监禁对犯罪的影响并不适用于那些继续在监狱里犯罪的有组织犯罪的头目）。陪审团驳回了死刑而改为终身监禁，不得假释。
>
> 　　我们能用经济学来解释这个问题吗？也许陪审团的理由是，让一名黑手党首领下令杀害同一组织的另一名高级成员，并不会对公众产生外部性。事实上，皮佐洛的死亡可以被视为降低了未来犯罪的可能性。或者陪审团可能是受非经济因素动机的影响。陪审团对死刑的适用应该成为补充研究的对象。

如前文所述，谋杀犯罪和谋杀定罪之间通常相隔很长时间。这使得利用任何给定年份谋杀定罪与谋杀案的比率作为定罪概率的衡量标准存在问题。[3] 因为谋杀定罪和执行死刑之间又间隔了数年。在经验模型中，在谋杀指控被定罪的情况下，被处决的概率通常计算为 t 年处决的数量与 $t-x$ 年谋杀定罪的数量，其中 x 的常用数字是 6，即允许定罪与执行之间有 6 年的延迟。谋杀和定罪相隔的时间通常为 1 年。显然，用于估计谋杀定罪和/或谋杀定罪后执行死刑的概率的变量存在很大的测量误差。这些测量误差会使定罪和处决的影响的估计值趋于零，并会降低发现任何一个变量对谋杀率的统计显著影响的可能性。

死刑威慑作用的结构模型估计

以谋杀率为因变量的联立方程的偏差问题早已被认识到，相关文献中的结构模型通常涉及工具变量对三个或更多方程组的估计，其中谋杀率、逮捕率或定罪概率以及执法力度为共同确定的变量。这种结构方程系统的一个例子如下：

$$M_{it} = \alpha + \alpha_A A_{it-1} + \alpha_p P_{it-1} + \alpha_E E_{it-x} + \alpha_x X_{M,it} + \varepsilon_{it} \quad (22.1)$$

$$A_{it} = \beta + \beta_M M_{it-1} + \beta_p P_{it-1} + \beta_x X_{A,it} + \upsilon_{it} \quad (22.2)$$

$$P_{it} = \theta + \theta_A A_{it-1} + \theta_M M_{it-1} + \theta_x X_{P,it} + \omega_{it} \quad (22.3)$$

式中，M_{it} 是第 t 年州或郡 i 的谋杀率与该地区人口的比率；A 是谋杀罪的逮捕率或定罪率，以前一年谋杀罪判决与谋杀罪的比率衡量；P 是执法力度的衡量标准；E 是第 t 年处决与第 $t-x$ 年被判谋杀罪的比率[4]；X_M、X_A 和 X_P 是表征第 t 年某州或郡的观测值矩阵（通常袭击率和抢劫率都包括在 X_M 中）；α、β 和 θ 是要估计的参数；ω、υ 和 ε 是误差项。X 的结构使得可以使用工具变量估计量。死刑对谋杀的直接影响是基于对 α_E 的估计。

数十篇论文报告了由式（22.1）～式（22.3）表示的模型的不同版本的数百个估计值，以及 α_E 的许多替代估计值。[5] 由于与谋杀的数量相比，处决的数量非常少，因此可以对处决对谋杀的影响进行估计。德兹巴克什、鲁宾和谢泼德（Dezhbakhsh, Rubin, and Shepherd, 2003）报告称，额外的死刑减少了18起谋杀案，95%的置信区间为10～28。德兹巴克什和鲁宾（Dezhbakhsh and Rubin, 2011）重申了这些结果的稳健性。为了显示可能的分歧范围，杜劳夫、傅和纳瓦罗（Durlauf, Fu, and Navarro, 2012）使用相同的数据报告称，需要选择常系数和线性方程来产生威慑效果，并且模型的一些替代规范中执行的估计效果一般并不重要。使用相同数据的研究中出现的这种分歧表明，第9章中提到的总体结构模型的问题适合确定死刑的威慑作用。

摩肯和吉廷斯（Mocan and Gittings, 2003）在辩论中补充指出，经济理论意味着罪犯应该对个人出于任何原因从死囚牢房被移出的比率做出反应，包括减刑、监禁、逮捕和定罪率。此外，经济学理论表明，这些不同比率所产生的效应的大小之间存在逻辑关系。减刑和处决应具有同等而相反的效果。预计驱逐的影响较小，因为这些案件往往不太可能是执行死刑，或者需要特别考虑囚犯的合作。凶杀案的逮捕率应该会有很大的影响。莫肯和吉廷斯（Mocan and Gittings, 2003）对谋杀率模型的估计表明，每次死刑使谋杀行为减少5，每次减刑使谋杀行为增加5，每次撤销使谋杀行为增加1，谋杀逮捕率具有很大的负面影响。鉴于这里提到的所有结构模型的问题，这些估计的整体逻辑一致性及其与理论的一致性是显著的。[6]

死刑对辩诉交易影响的测试

根据第9章回顾的囚徒困境博弈，死刑效果的一种理论可能是，利用对死刑谋杀的审判和可能判决死刑的威胁来确保被捕者合作。被告的动机是基于最高刑罚和作为合作奖励而减少的指控之间存在很大的差距。在谋杀案中，检察官很难给予非常宽大的惩罚，因此，如果要给予合作者以重大奖励，最高制裁的规模显然是很重要的。

> **利用死刑提取证词**
>
> 一起著名的利用死刑来提取证词的案件是萨尔瓦托雷·格拉瓦诺（又名"公牛萨米"，Salvatore Gravano）案。
>
> 格拉瓦诺是一名长期的黑手党成员，他在党派中的地位很高。除了谋杀，他还多次参与抢劫和其他暴力犯罪。他是一名"合同杀手"（contract killer），其目标包括引起高层老板不满的黑手党成员。在其职业生涯的巅峰时期，他是由约翰·戈蒂（John Gotti）领导的强大的甘比诺犯罪家族的黑手党副手。他在戈蒂的指示下犯下了数起谋杀案。
>
> 他正面临着多起谋杀案的审判。格拉瓦诺决定提供不利于甘比诺家族的证词，其中包括戈蒂。他承认犯下了19起谋杀案。于是，作为对他的证词的奖励，他被判五年监禁。随后，他加入了证人保护计划，以免遭到黑手党的报复。然而，在亚利桑那州以新身份参加这个项目后，他再次卷入有组织犯罪，被逮捕、审判和监禁。他为换取减刑而提供的证词对起诉甘比诺家庭成员很有价值，包括1991年对约翰·戈蒂的谋杀罪的定罪。

死刑威胁可以确保合作和作证的证据仅限于选定的历史案件。检察官不太可能对面临处决的谋杀案讨价还价，除非他们的证词对其他严重罪行的定罪至关重要。因此，以此类交易换取证词的案件通常涉及严重暴力的团伙和/或有组织犯罪。

要找到关于死刑对被告在审判前或期间进行辩诉交易意愿的影响的间接证据并不难。自1988年以来，在建议审判的美国联邦死刑案件中，辩诉交易几乎与定罪一样常见。在一项正式的研究设计中，库齐姆科（Kuziemko, 2006）报告了1995年纽约州恢复死刑所创造的一项自然实验。除了明显的前后差异，这种处理只适用于那些在1995年以后被控谋杀的人，因为那些被控犯有其他暴力重罪的人不受这种变化的影响。随着时间的推移，这个控制组的辩诉交易没有改变，但1995年后被指控谋杀的人的辩诉交易有所增加。1995年以后，认罪的概率增加了26%。此外，认罪者中获得减刑的比例有所下降，这表明死刑威胁通常会提高检察官的议价能力，导致认罪人数增加，而获得减刑的认罪比例降低。[7] 库齐姆科（2006）和谢德格（Scheidegger，2009）都对大型城市郡的横断面数据进行了测试，以确定死刑是否增加了导致终身监禁或长期监禁辩诉交易的谋杀案件的比例。谢德格发现，平均而言，有死刑的郡处置了18.9%的认罪和长期监禁的谋杀案件，而没有死刑的郡这一比例为5.0%。[8]

■谋杀儿童资格条款适用效果的自然实验

如上所述，即使在有死刑的州，也只有一小部分谋杀案符合执行死刑的条件。导致一级谋杀指控和定罪的因素包括意图、预谋和残忍。受害者的个人特征可能非常重要，警察和法院官员会给予特别考虑，对胎儿的处置方式的差别非常大。关于可能导致一级谋杀定罪和死刑的刑事杀人类别的政策在被判处死刑的州之间差别很大，而且这些政策往往会随着时间的推移而变化。

在一项研究中，确定了一个自然实验，其中符合死刑谋杀指控的独特类型的凶杀案的分类发生了改变。弗雷克斯和哈定（Frakes and Harding，2009）确定了选定州修改其谋杀儿童资格法案的具体日期。[9] 谋杀儿童往往是儿童被虐待或忽视的结果。这些事件可能从突然摇晃（sudden shaking）到长期拒绝提供食物、医疗护理等。与没有特定谋杀儿童规定但存在死刑的州相比，在有特定谋杀儿童法规的州，检察官更有可能指控被告犯一级谋杀罪并对其判处死刑。由于随着时间的推移，有死刑的州采用了该法规，弗雷克斯和哈定（2009）的自然实验在差异结构上存在完全的差异，各州之间和随着时间的变化以及线性州时间趋势具有固定的影响。作为因变量，儿童谋杀率可以与成人谋杀率区分开来。他们的估量是，采用一项特定的谋杀儿童资格法规使谋杀儿童案减少了20%。正如预期所料，该法规对成人谋杀案没有影响，这是对实验的进一步控制。显然，这些结果表明，由于死刑谋杀扩大到谋杀儿童，谋杀率大幅度下降。

■本章回顾

从理论上讲，制定更严厉的制裁措施应该对罪犯产生威慑作用，除非他们是非常强烈的风险寻求者。在确定了这一基本原则后，在检验死刑的效果时就会出现一些复杂的情况。

（1）为了衡量一种新型制裁的威慑作用，需要汇总制裁。监禁多年的无效性和死刑的无效性相结合的问题在文献中被忽略了。

（2）并非所有的凶杀案都是一样的。根据受害者的详细特征、谋杀意图、预谋、残忍等，一起特定的凶杀案可能适用也可能不适用死刑。确定符合死刑条件的谋杀案的谋杀率是一项尚未解决的挑战。

（3）从谋杀发生之日到随后的逮捕、定罪、判刑和执行等事件之间，可能会经过许多年。这些滞后时间将测量误差引入定罪率和执行率的计算中。

（4）许多调查人员试图将谋杀逮捕率、定罪率和执行率作为自变量对谋杀率方程进行结构估计，但结果喜忧参半。然而，研究发现，死刑率和减刑率对谋杀率有相反的影响，而撤销率的影响较小，这与经济学理论是一致的。

（5）死刑的实施似乎加强了检察官在让被告进行辩诉交易方面的作用，并可能让他们在调查和起诉其他人方面进行合作。

（6）一项在实行死刑州采用谋杀儿童资格的自然实验产生了谋杀儿童率下降20%的惊人估量。

▽ 问题和练习

1. 那些被控谋杀并根据刑法被判无罪的富人，当他们在民事过失致人死亡诉讼中被认定有过错时，往往会面临巨大的经济处罚。为什么这种情况很常见？

2. 对谋杀胎儿的处置方式差别很大。在一些地方，它被归类为谋杀，可能导致死刑；而在另一些地方，它被视为对母亲的攻击，最高刑期是适度的监禁。这可以为研究死刑的影响提供什么可能性？

3. 对于一个考虑谋杀商业竞争对手、配偶等的个人来说，处决一个杀人狂魔有什么影响？

4. "激情犯罪"通常不受死刑法规的约束。就犯罪经济学而言，这种豁免如何合理化？

5. 一些人提议将死刑作为给被判处无期徒刑或刑期太长以至于实际上是终身监禁的人的一种选择。向囚犯提供这一选择将如何影响犯罪？为什么？

6. 在有单独的少年司法系统的地方，被定罪的少年往往不能因任何罪行被监禁超过21岁，即使是谋杀。因此，对被判谋杀罪的少年的最高刑期是21岁减去该少年目前的年龄。与此同时，被判谋杀罪的成年人可以被判终身监禁。最后，当少年年满18岁时，青少年的身份就终止了。绘制谋杀犯的年龄和谋杀罪的最高预期刑罚之间的关系图（假设青少年凶手是在青少年时期受审的）。年龄和最高制裁之间有什么关系？

| 注　释 |

1. 在一些犯罪中，如刑事诈骗，常见的判决是监禁和罚款的结合。在这种情况下，民事诉讼也可能导致经济处罚。目前尚不清楚相关文献中是否已经确定了将这两种制裁相加的方法。芬兰、瑞典、澳大利亚、加拿大和新西兰的按日罚款制度实践将工资率和工作时间与罚款金额联系起来。在某些情况下，个人被雇用为他人服刑，但学术文献还没有报道这些潜在的自然实验。

2. 各地对杀害胎儿案件的处置方式差别很大。在某些情况下，杀害胎儿适用于任何年龄，并导致相当于杀人的惩罚。其他州适用被杀害胎儿的年龄在特定年龄之后，通常是27周。在另一种极端情况下，一些州缺乏谋杀胎儿法案，检察官以攻击母亲的罪名来起诉罪犯。这种变化可能为研究死刑制裁的影响提供什么前景？

3. 在许多情况下，无法获得定罪数据，在实证工作中使用了刑期数量。因此，任何一年的谋杀数量都是基于那一年的谋杀指控（未来可能会变成谋杀以外的指控），而定罪数量是根据当年因谋杀而被判刑的数量确定的。注意：谋杀率、逮捕率和处决率的滞后值被用作方程式右侧的自变量。

4. 由于定罪和处决之间有一定的滞后性，定罪后执行死刑的可能性要求当前处决与允许这些定罪发生的谋杀定罪之间存在一定的滞后。

5. 由于缺乏关于方程形式的理论指导，论文报告了涉及对模型的许多不同规格的估计的稳健测试。

6. 计量经济学方法的最后一点是谋杀率不是协方差平稳的。因此，这些模型应该在一阶差分中估计，但考虑到内生变量的测量误差，这导致了一个非常低的信噪比（signal – to – noise ratio）。一种替代方法是纳拉延和史密斯（Narayan and Smyth, 2006）报告中的类型的自回归分布式滞后估计标准。

7. 库齐姆科（Kuziemko, 2006）还报告了一项三重差异实验的结果，在该实验中，一些检察官宣布他们永远不会宣判死刑。1995 年以后这些郡辩诉特征的差异，提供了 1995 年以后可以观察到被处置和未处置的郡存在三倍差异。三重差异实验的结果与谋杀或较轻重罪前后的双重差异测试结果一致。

8. 该差异在 95% 的置信水平上具有统计显著性。

9. 在有死刑但没有谋杀儿童资格法案的州，检察官仍有可能以一级谋杀罪起诉被告并建议对其判处死刑。检察官必须有充分的证据证明罪犯有预谋、谋杀意图和不寻常的暴行或残忍行为，才能采取这一做法。

词汇表

确定性等价收益：当个人在特定收入和受风险影响的收入之间做出选择时，这是与风险选择的预期收入相等的特定收入金额。对于风险厌恶者，确定性等价收益总是低于风险收入的预期值。另见"风险溢价"。

"窒息"价格：一个足够高的价格，以至于没有人会购买商品或服务，也就是说，价格扼杀了需求。

民法：涉及个人或其他法人实体（如公司）之间纠纷的法律体系。行动是由个人而不是政府提出的。

补偿差异：为了实现替代选择之间的无套利均衡，激励措施应该存在差异或补偿差异。例如，如果对某一类型的犯罪或地点的预期制裁较高，那么制裁的总回报必须更高，以补偿较高的制裁。

合作均衡：在博弈论中，这是一个使所有玩家的总回报最大化的解决方案。这种解决方案在执法博弈中通常是无法实现的，因为它通常需要就如何分享从合作中获得的收益事先达成协议。但合作均衡往往表明了将一项行为定为犯罪的最佳条件。

刑法：公法涉及政府的行为。刑法是公法的一个分支，政府在其中对个人或组织采取行动。在本书中，税法被作为刑法的一个分支。

对犯罪的需求：对于无受害人犯罪，这是为被交换的非法商品或服务支付费用的意愿；在有受害人犯罪的情况下，它是罪犯的努力与犯罪行为的回报之间的关系，它是从不情愿的受害人身上提取的，并不反映支付意愿。

侦查支出：增加罪犯被识别、逮捕和定罪的可能性的私人支出，而无须向潜在罪犯提供其存在的警告。洛杰克（Lojack）就是一个典型的例子。

差异中的差异：一种统计测试的形式，其中有一种实验设计，可以观察处理前后的个人或社会系统，也可以观察一些没有给予处理的情况。这允许比较处理前后以及处理和未处理的效果，从而可以轻松评估处理的效果。

转移支出：当一名潜在受害人的私人行为对罪犯来说是显而易见的，并且只是为了将他们的注意力转移到其他受害人身上时，犯罪已经转移了，但可能不会因私人执法而显著减少。"窗户上的酒吧"往往会取代而不是减少整体犯罪行为。

变量偏差误差：这是在两个变量之间观察到的误差的相关性，因为它们是用误差来测量的，而且误差是相关的。从同一数据源中获取的两个变量可能存在常见的误差。

预期制裁：罪犯在屡次犯罪的情况下预计会受到的制裁，以罚款、监禁、体罚等衡量。它是定罪概率与被定罪者预期制裁的乘积，前提是制裁程度与定罪概率之间没有关系。

预期效用：通过将事件发生时所有可能结果的概率乘以得到的效用计算得出的效用。这些乘积的总和就是预期效用。

博弈论：一种用于模拟个人之间策略互动的数学系统，其中的玩家都意识到自己的选择很可能会以影响其利益的方式改变他人的行为。在执法博弈中，一个玩家通常是罪犯，另一个玩家是相应的刑事司法系统。

包含变量偏差：一个统计问题，与忽略变量偏差相对应，因为统计分析包括一个不相关变量的"清单"，这些变量在没有任何理论基础的情况下被包含在内。包含与相关变量相关的不相关变量往往会使它们看起来不重要。

工具变量（IV）：一种统计技术，当某些"因果"变量也可能由犯罪率引起时，用于估计因变量（如犯罪率）和解释变量之间线性关系的参数。该方法需要执行两次 OLS，并要求研究人员找到可用于识别变量之间因果关系的"工具变量"。

市场失灵：确定了一种情况，在这种情况下，在允许自由交换的市场中，商品和资源分配不太可能按照经济学中建立的福利标准达到有效或最优。经济学家面临的挑战是找到一些可以改善这个市场解决方案的安排。这通常是一项非常艰巨的任务。

纳什均衡：博弈论中的一种解决方案，给定每个玩家的策略选择，其他玩家无法通过改变他们的选择获得更大的收益。在执法博弈中，给定罪犯的选择，警察策略是最优的，同时给定警察的策略，罪犯的选择是最优的。

自然实验：一种可以识别具有明确处理组和对照组的实验设计的情况，尽管并非有意进行随机分配和改变处理水平的正式过程。

无套利均衡：有多种选择的个人处于平衡状态，因为他们无法通过改变选择来做得更好。这通常意味着，他们从每种替代选择中获得的净收益都是相等的。在金融经济学中，这通常被称为套利均衡，因为它是通过套利实现的。

忽略变量偏差：当一个重要的解释变量被排除在分析之外时，两个变量之间关系的统计估计中的错误相关性。当教育和工资被排除在犯罪关系之外时，年龄似乎与犯罪的关联性更强。如果将这些变量包含在统计分析中，随着忽略变量偏差的下降，年龄和犯罪之间关系的显著性就会降低。

机会成本：商品、服务或投入的其他用途的价值。这通常是通过确定该物品的出售或租赁价格来衡量的。在经济学中衡量成本时，它指的是机会成本，而不是历史或会计成本或个人估值。

普通最小二乘法（OLS）：一种统计方法，用于估计因变量（如犯罪率）和各种解释变量之间线性关系的参数。

令人遗憾的支出：为消除不利情况而不是获得或生产商品而产生的成本或支出，如污染控制和监狱。

风险规避：描述一个人不会选择有风险的替代方案的术语，除非提供更高的预期回报。他必须得到"报酬"才会承担更多的风险。

风险中立：个人只关心选择的预期回报，风险差异对他们的选择没有影响。

风险溢价：如果个人有可能获得某些收入，这是他考虑风险替代方案所必须获得的额外预期收入。对于风规避险者，风险溢价为正。例如，由于存在风险，普通股的收益率必须高于美国国债。

风险寻求者：个人会选择一个有风险的替代方案，即使它的预期回报似乎较低。他必须得到"报酬"，才能接受风险较低的替代方案。

学校效应：当许多罪犯积极实施犯罪行为时，当局更难确定对任何特定罪行负有责任的特定个人并将其定罪。这意味着，逮捕率往往会随着犯罪水平的上升而下降。

二级预防犯罪支出：受害人的一些私人支出往往会降低罪犯的收益价值。例如，可以被远程信号禁用而变得无用的电子设备。这些支出直接减少了对犯罪的需求。

选择偏差：这是对处理效果的统计估计中的一个偏差，因为处理组不是随机选择的。在刑事司法系统中，个人根据对其未来可能行为的专业估计而受到不同的对待。例如，那些刑期较短的人是因为他们未来犯罪的威胁较小。

稳定均衡：一种随着时间推移而趋于普遍的情况，因为即使条件有微小的变化，系统往往也会返回相同的状态。稳定均衡可能是"局部稳定"，即系统返回，前提是条件变化不大，或者是"全局稳定"，这意味着从长远来看，即使是大的冲击也不会使系统脱离均衡状态。

策略与策略组合：在博弈论中，策略是个体玩家选择行动的规则，策略组合是所有玩家选择行动的规则集。纯策略中的纳什均衡是一种由每个玩家的单一行动组成的策略组合，任何玩家都没有动力改变其策略选择。

结构模型：一个通过估计犯罪方程的结构供求来解释犯罪程度的模型。这样的模型通常必须包括解释执法水平和制裁的决定因素的方程，这意味着需要估计多个联立方程组。

第三方警务：刑事司法系统鼓励个人和组织参与犯罪预防工作的一种做法，包括转移、二级和侦查支出。

三振出局法案：要求对惯犯实施严厉制裁。最常见的是加州的特定立法，但限制司法自由裁量权的立法并不罕见。

不稳定平衡：一种只有在没有干扰时才趋于持续的状态。如果有任何偏离不稳定平衡的情况，系统就会转换为不同的状态。

无受害人犯罪：为犯罪行为支付报酬的个人（即犯罪的提供者）与为商品或服务支付费用的个人以自愿方式进行互动而不受胁迫的活动。因此，交换是自愿的。这并不意味着没有第三方受到犯罪的伤害，事实上，这种对第三方的伤害构成了犯罪经济学中将交易定为犯罪的基础。

参考文献

[1] Abrams, David (2007). "*More Time, Less Crime? Estimating the Deterrent Effect of Sentencing Using Sentencing Enhancements.*" Law and Economics Working Paper No. 356, August. Chicago: University of Chicago.

[2] Alda, Eric, and Jose Cuesta (2011). "Comprehensive Estimation of Costs of Crime in South Africa and Its Implications for Effective Policy Making." *Journal of International Development*, Vol. 29 (7), pp. 926 – 935.

[3] Ali, Mukhtar M. (1977). "Probability and Utility Estimates for Racetrack Bettors." *Journal of Political Economy*, Vol. 85 (4), pp. 803 – 810.

[4] Allingham, Michael G., and Agnar Sandmo (1972). "Income Tax Evasion: A Theoretical Analysis." *Journal of Public Economics*, Vol. 1, pp. 323 – 338.

[5] Alm, James (2012). "Measuring, Explaining, and Controlling Tax Evasion: Lessons from Theory, Experiments, and Field Studies." *International Tax and Public Finance*, Vol. 19, pp. 54 – 77.

[6] Alm, James (2012). "Explaining Tax Compliance." In *Exploring the Underground Economy*, ed. Susan Pozo, pp. 103 – 128. Kalamazoo, MI: W. E. Upjohn Institute.

[7] Alm, James, and Abel Embaye (2012). "*Using Dynamic Panel Methods to Estimate Shadow Economies Around the World, 1984 – 2006.*" Tulane Economics Working Paper 1303, February. New Orleans: Tulane University. Forthcoming in *International Tax and Public Finance*.

[8] Alm, James, and Benno Torgler (2006). "Cultural Differences and Tax Morale in the United States and in Europe." *Journal of Economic Psychology*, Vol. 27, pp. 224 – 246.

[9] Anderson, D. Mark (2012). "*In School and Out of Trouble? The Minimum Dropout Age and Juvenile Crime.*" Montana State University Working Paper, May. http://pa-

pers. ssrn. com/sol3/papers. cfm? abstract_ id = 1544003.

[10] Anderson, David A. (1999). "The Aggregate Burden of Crime." *Journal of Law and Economics*, Vol. 42, pp. 611 – 642.

[11] Angrist, Joshua D., and Jörn Steffen Pischke (2010). "The Credibility Revolution in Empirical Economics: How Better Research Design is Taking the Con out of Econometrics." *Journal of Economic Perspectives*, Vol. 24 (2), pp. 3 – 30.

[12] Antonovics, Kate, and Brian G. Knight (2009). "A New Look at Racial Profiling: Evidence from the Boston Police Department." *Review of Economics and Statistics*, Vol. 91 (1), pp. 163 – 177.

[13] Anwar, Shamena, and Hanming Fang (2006). "An Alternative Test of Racial Prejudice in Motor Vehicle Searches: Theory and Evidence." *American Economic Review*, Vol. 96 (1), pp. 127 – 151.

[14] Asch, Peter, and Richard E. Quandt (1986). *Racetrack Betting: The Professors' Guide to Strategies*. Dover, MA: Auburn House.

[15] Ayres, Ian, and John J. Donohue III (2009). "Yet Another Refutation of the More Guns Less Crime Hypothesis—With Some Help from Moody and Marvell." *Econ Watch Journal*, Vol. 6 (1), pp. 35 – 59.

[16] Ayres, Ian, and John J. Donohue III (2003). "Shooting Down the More Guns, Less Crime Hypothesis." *Stanford Law Review*, Vol. 55 (4), 1193 – 1312.

[17] Ayres, Ian, and Steven D. Levitt (1998). "Measuring Positive Externalities from Unobservable Victim Precaution: An Empirical Analysis of Lojack." *Quarterly Journal of Economics*, Vol. 113 (1), pp. 43 – 77.

[18] Bac, Mehmet (2010). "The Interaction Between Potential Criminals and Victims Demands for Guns." *Journal of Public Economics*, Vol. 94, pp. 337 – 343.

[19] Balkin, Steven, and John F. McDonald (1981). "The Market for Street Crime: An Economic Analysis of Victim—Offender Interaction." *Journal of Urban Economics*, Vol. 10, pp. 390 – 405.

[20] Baltagi, Badi H. (2006). "Estimating an Economic Model of Crime Using Panel Data from North Carolina." *Journal of Applied Econometrics*, Vol. 21 (4), pp. 543 – 547.

[21] Bar – Ilan, Avner, and Bruce Sacerdote (2004). "The Response of Criminals and Non – Criminals to Fines." *Journal of Law and Economics*, Vol. 47 (1), pp. 1 – 17.

[22] Baumer, Eric P. (2009). "An Empirical Assessment of the Contemporary Crime Trends Puzzle: A Modest Step Toward a More Comprehensive Research Agenda." In *Understanding Crime Trends*, ed. Arthur S. Goldberger and Richard Rosenfeld, pp. 127 – 176. Washington, DC: National Research Council of the National Academies.

[23] Bazart, Cecile, and Michael Pickhardt (2011). "Fighting Income Tax Evasion with Positive Rewards." *Public Finance Review*, Vol. 39 (1), pp. 124 – 149.

[24] Becker, Gary S. (1968). "Crime and Punishment: An Economic Approach." *Journal of Political Economy*, Vol. 76 (2), pp. 169 – 217.

[25] Becker, Gary S., Kevin M. Murphy, and Michael Grossman (2006). "The Market for Illegal Goods: The Case of Drugs." *Journal of Political Economy*, Vol. 114 (1), pp. 38 – 60.

[26] Becker, Gary S., and Kevin M. Murphy (1988). "A Theory of Rational Addiction." *Journal of Political Economy*, Vol. 96 (4), pp. 675 – 700.

[27] Bedard, Kelly, and Eric Helland (2004). "The Location of Women's Prisons and the Deterrence Effect of 'Harder' Time." *International Review of Law and Economics*, Vol. 24 (2), pp. 147 – 167.

[28] Berthelon, Matias E., and Diana I. Kruger (2011). "Risky Behavior Among Youth: Incapacitation Effects of School on Adolescent Motherhood and Crime in Chile." *Journal of Public Economics*, Vol. 95 (1 – 2), pp. 41 – 53.

[29] Bjerk, David (2005). "Making the Crime Fit the Penalty: The Role of Prosecutorial Discretion Under Mandatory Minimum Sentencing." *Journal of Law and Economics*, Vol. 48 (2), pp. 591 – 625.

[30] Black, Dan A., and Daniel S. Nagin (1998). "Do Right to Carry Laws Deter Violent Crime?" *Journal of Legal Studies*, Vol. 27 (1), pp. 209 – 219.

[31] Blake, Garfield (2010). "*Essays on Violent Crime and Economic Growth.*" Phd Dissertation, Bing – hamton University. Binghamton, NY.

[32] Block, Michael K., and Vernon Gerety (1995). "Some Experimental Evidence on Differences Between Student and Prisoner Reactions to Monetary Penalties and Risk." *Journal of Legal Studies*, Vol. 24, pp. 123 – 138.

[33] Blumstein, Alfred, and Daniel Nagin (1977). "The Deterrent Effect of Legal Sanctions on Draft Evasion." *Stanford Law Review*, Vol. 29 (2), pp. 241 – 276.

[34] Bowes, David R., and Keith R. Ihlanfeldt (2001). "Identifying the Impacts of Rail Transit Stationson Residential Property Values." *Journal of Urban Economics*, Vol. 50, pp. 1–25.

[35] Braga, Anthony A., and Brenda J. Bond (2008). "Policing Crime and Disorder Hot Spots: A Randomized Controlled Trial." *Criminology*, Vol. 46 (3), pp. 577–603.

[36] Braga, Anthony A., David L. Weisburd, Elin J. Waring, Lorraine Green Mazerole, William Spelman, and Francis Gajewski (1999). "Problem–Oriented Policing in Violent Crime Places: A Randomized Controlled Experiment." *Criminology*, Vol. 37 (3), pp. 541–580.

[37] Braga, Anthony A., and Glenn L. Pierce (2005). "Disrupting Illegal Firearms Markets in Boston: The Effects of Operation Ceasefire on the Supply of New Handguns to Criminals." *Criminology and Public Policy*, Vol. 4 (4), pp. 201–233.

[38] Bretteville–Jensen, Anne L., Hans O. Melberg, and Andrew M. Jones (2008). "Sequential Patternsof Drug Use Initiation—Can We Believe in the Gateway Theory?" *B. E. Journal of Economic Analysis and Policy: Contributions to Economic Analysis and Policy*, Vol. 8 (2), pp. 1–30.

[39] Brock, William A., Jane Cooley, Steven N. Durlaf, and Salvador Navarro (2012). "On the Observational Implications of Taste–Based Discrimination in Racial Profiling." *Journal of Econometrics*, Vol. 166 (1), pp. 66–78.

[40] Brueckner, Jan K. (2012). "*Urban Squatting with Rent–Seeking Organizers.*" CESifo Working Paper No. 3920. Irvine: University of California, Irvine.

[41] Buehn, Andreas, and Friedrich Schneider (2012). "Shadow Economies Around the World: Novel Insights, Accepted Knowledge, and New Estimates." *International Tax and Public Finance*, Vol. 19, pp. 139–171.

[42] Buerger, Michael E. (1998). "The Politics of Third–Party Policing." *Crime Prevention Studies*, Vol. 9, pp. 89–116.

[43] Buerger, Michael E., and Lorraine G. Mazerolle (2006). "Third–Party Policing: A Theoretical Analysis of an Emerging Trend." *Justice Quarterly*, Vol. 15 (2), pp. 301–327.

[44] Buonanno, Paolo, Francesco Drago, Roberto Galbiati, and Biulo Zanella (2011). "Crime in Europe and the United States: Dissecting the 'Reversal of Misfortunes'."

Economic Policy, pp. 347 – 385.

[45] Buonanno, Paolo, and Giovanni Mastrobuoni (2012). "*Police and Crime: Evidence from Dictated Delays in Centralized Police Hiring.*" IZA Discussion Paper No. 6477, April.

[46] Cameron, Samuel (1988). "The Economics of Crime and Deterrence: A Survey of Theory and Evidence." *Kyklos*, Vol. 41 (2), pp. 301 – 323.

[47] Carrillo, Paul E., Arun S. Malik, and Andrea Lopez (2013). "*Pollution or Crime? The Effect of Driving Restrictions on Criminal Activity.*" GWU Working Paper. George Washington University. Washington DC.

[48] Carrillo, Paul, and Anthony M. Yezer (2012). "*Expectations, Stochastic Process and the Interpretation of Coefficients in Hedonic Regressions.*" GWU Working Paper. George Washington University. Washington DC.

[49] Caruso, Raul (2011). "Crime and Sport Participation: Evidence from the Italian Regions of the Period 1997 – 2003." *Journal of Public Economics*, Vol. 40 (5), pp. 455 – 463.

[50] Clotfelter, Charles T. (1983). "Tax Evasion and Tax Rates: An Analysis of Individual Returns." *Review of Economics and Statistics*, Vol. 65 (3), pp. 363 – 373.

[51] Cohen, Mark A. (1988). "Pain, Suffering, and Jury Awards: A Study of the Cost of Crime to Victims." *Law and Society Review*, Vol. 22, pp. 537 – 555.

[52] Cohen, Mark A., Roland T. Rust, Sara Steen, and Simon T. Tidd (2001). "Willingness to Pay for Crime Control Programs." *Criminology*, Vol. 45, pp. 89 – 109.

[53] Conti, Gabriella, James Heckman, and Sergio Urzua (2010). "The Education – Health Gradient." *American Economic Review: Papers and Proceedings*, Vol. 100, pp. 234 – 238.

[54] Cook, Philip J., and Jens Ludwig (2011). "Economical Crime Control." *National Bureau of Economic Research Conference Report*, pp. 1 – 39, Chicago and London: University of Chicago Press.

[55] Cook, Philip J., and Jens Ludwig (2006). "The Social Costs of Gun Ownership." *Journal of Public Economics*, Vol. 90, pp. 379 – 391.

[56] Cook, Philip J., Jens Ludwig, Sudhir Venkatesh, and Anthony A. Braga (2007). "Underground Gun Markets." *Economic Journal*, Vol. 117 (534), pp. 588 – 618.

[57] Cook, Philip J., and John MacDonald (2010). "*Public Safety Through Private Action:*

An Economic Assessment of BIDs, Locks, and Citizen Cooperation." NBER Working Paper No. 15877, April. Cambridge, MA: National Bureau of Economic Research.

[58] Cordero, Christopher S. (2013). "Corruption and Shadow Economies." Proseminar Paper, George Washington University, Washington DC.

[59] Corman, Hope, and Naci Mocan (2005). "Carrots, Sticks, and Broken Windows." *Journal of Law and Economics*, Vol. 48, pp. 235–266.

[60] Corman, Hope, and Naci Mocan (2000). "A Time Series Analysis of Crime, Deterrence, and Drug Abuse in New York City." *American Economic Review*, Vol. 90 (3), pp. 584–604.

[61] Cornwell, Christopher, and William Treadwell (1994). "Estimating the Economic Model of Crime with Panel Data." *Review of Economics and Statistics*, Vol. 76 (20), pp. 360–366.

[62] Court, Andrew T. (1939). "Hedonic Price Indexes with Automobile Examples." In *The Dynamics of Automobile Demand*, pp. 98–119. New York: General Motors Corporation.

[63] Currie, Janet, and Erdal Tekin (2012). "Understanding the Cycle: Childhood Maltreatment and Future Crime." *Journal of Human Resources*, Vol. 47 (2), pp. 510–547.

[64] Dahl, Gordon, and Stefano DellaVigna (2009). "Does Movie Violence Increase Violent Crime?" *Quarterly Journal of Economics*, Vol. 124 (2), pp. 677–744.

[65] Dell, Melissa (2012). "*Trafficking Networks and the Mexican Drug War.*" Harvard University Working Paper, Cambridge, MA.

[66] Deming, David (2011). "Better Schools, Less Crime?" *Quarterly Journal of Economics*, Vol. 126, pp. 2063–2115.

[67] Desimone, Jeff (2001). "The Effect of Cocaine Prices on Crime." *Economic Inquiry*, Vol. 39 (4), pp. 627–643.

[68] Dezhbakhsh, Hashem, and Paul H. Rubin (2011). "From the 'Econometrics of Capital Punishment' to the 'Capital Punishment' of Econometrics: On the Use and Abuse of Sensitivity Analysis." *Applied Economics*, Vol. 43 (25–27), pp. 355–370.

[69] Dezhbakhsh, Hashem, Paul H. Rubin, and Joanna M. Shepherd (2003). "Does Capital Punishment Have a Deterrent Effect? New Evidence from Postmoratorium Panel

Data." *American Law and Economics Review*, Vol. 5 (2), pp. 344 – 376.

[70] Diamond, Peter A., and Jerry A. Hausman (1994). "Contingent Valuation: Is Some Number Better Than No Number?" *Journal of Economic Perspectives*, Vol. 4 (4), pp. 45 – 64.

[71] Di Tella, Rafael, and Ernesto Schargrodsky (2004). "Do Police Reduce Crime? Estimates Using the Allocation of Police Forces After a Terrorist Attack." *American Economic Review*, Vol. 94 (1), pp. 115 – 132.

[72] Doleac, Jennifer L. (2011). "The Effects of DNA Databases on Crime." Phd Dissertation, Stanford University. Stanford, CA.

[73] Drago, Francesco, and Roberto Galbiati (2012). "Indirect Effects of a Policy Altering Criminal Behavior: Evidence from the Italian Prison Experiment." *American Economic Journal: Applied Economics*, Vol. 4 (2), pp. 199 – 218.

[74] Drago, Francesco, Roberto Galbiati, and Pietro Vertova (2009). "The Deterrent Effect of Prison: Evidence from a Natural Experiment." *Journal of Political Economy*, Vol. 117 (2), pp. 257 – 280.

[75] Duarte, Rosa, Jose – Julian Escario, and Jose – Alberto Molina (2011). "Me, My Classmates, and My Buddies: Analyzing Peer Group Effects on Student Marijuana Consumption." *Education Economics*, Vol. 19 (1), pp. 89 – 105.

[76] Dubourg, Richard, Joe Hamed, and Jamie Thorns (2005). *The Economic and Social Costs of Crime Against Individuals and Households 2003/04*. Home Office Online Report 30/05, June. London: Home Office, Research, Development and Statistics Directorate, Communication Development Unit.

[77] Duggan, Mark (2001). "More Guns, More Crime." *Journal of Political Economy*, Vol. 109 (5), pp. 1086 – 1114.

[78] Duggan, Mark, Randi Hjalmarsson, and Brian A. Jacob (2011). "The Short – Term and Localized Effect of Gun Shows: Evidence from California and Texas." *Review of Economics and Statistics*, Vol. 93 (3), pp. 786 – 799.

[79] Dur, Robert, and BenVollaard (2012). "*The Power of a Bad Example: A Field Experiment in House hold Garbage Disposal.*" TILEC Discussion Paper 2012 – 024. Available at SSRN: http://ssrn.com/abstract = 2100372 or http://dx.doi.org/10.2139/ssrn.2100372.

[80] Durlauf, Steven N., Caho Fu, and Salvador Navarro (2012). "Assumptions Matter: Model Uncertainty and the Deterrent Effect of Capital Punishment." *American Economic Review*, *Papers and Proceedings*, Vol. 102 (3), pp. 487 – 492.

[81] Eck, John, and Edward Maguire (2000). "Have Changes in Policing Reduced Violent Crime? An Assessment of the Evidence." In *The Crime Drop in America*, ed. A. Blumstein and J. Wallman, pp. 207 – 265. New York: Cambridge University Press.

[82] Eedkhout, Jan, Nicola Persico, and Petra E. Todd (2010). "A Theory of Optimal Random Crackdowns." *American Economic Review*, Vol. 100 (3), pp. 1104 – 1135.

[83] Ehrlich, Isaac (1996). "Crime, Punishment, and the Market for Offenses." *Journal of Economic Perspectives*, Vol. 10 (1), pp. 43 – 67.

[84] Ehrlich, Isaac (1973). "Participation in Illegitimate Activities: A Theoretical and Empirical Investigation." *Journal of Political Economy*, Vol. 81 (3), pp. 521 – 565.

[85] Ellen, Ingrid Gould, and Katherine O'Regan (2009). "Crime and U. S. Cities: Recent Patterns and Implications." *Annals of the American Academy of Political and Social Science*, Vol. 626, pp. 22 – 38.

[86] Entorf, Horst, and Peter Winkler (2001). "The Economics of Crime: Investigating the Drugs – Crime Channel: Empirical Evidence from Panel Data of the German States." ZEW Discussion Papers, No. 01 – 37. Würzburg, Germany. Available at http://hdl.handle.net/10419/48480.

[87] Evans, William N., and Emily G. Owens (2007). "COPS and Crime." *Journal of Public Economics*, Vol. 91 (1 – 2), pp. 181 – 201.

[88] Fagan, Jeffrey (2008). "Crime and Neighborhood Change." In *Understanding Crime Trends*, ed. A. Goldberger and R. Rosenfeld, pp. 81 – 126. Washington, D. C. National Academies Press.

[89] Feige, Edward L. (1996). "Overseas Holdings of U. S. Currency and the Underground Economy." In *Exploring the Underground Economy*, ed. Susan Pozo, pp. 5 – 62. Kalamazoo, MI: W. E. Upjohn Institute.

[90] Feige, Edward L. (1989). *The Underground Economies: Tax Evasion and Information Distortion*. New York: Cambridge University Press.

[91] Feinstein, Jonathan S. (1991). "An Econometric Analysis of Income Tax Evasion and

its Detection." *Rand Journal of Economics*, Vol. 22 (1), pp. 14 – 24.

[92] Feldman, Naomi E., and Joel Slemrod (2007). "Estimating Tax Noncompliance with Evidence from Unaudited Tax Returns." *Economic Journal*, Vol. (117), pp. 327 – 352.

[93] Fisher, Franklin, and Daniel Nagin (1978). "On the Feasibility of Identifying the Crime Function in a Simultaneous Model of Crime Rates and Sanction Levels." In *Deterrence and Incapacitation: Estimating the Effects of Criminal Sanctions on Crime Rates*, ed. Alfred Blumstein, Jacqueline Cohen, and Daniel Nagin, pp. 361 – 400. Washington, DC: National Academy of Sciences.

[94] Fisman, Raymond, and Edward Miguel (2008). *Economic Gangsters*. Princeton: Princeton University Press.

[95] Fisman, Raymond, and Edward Miguel (2007). "Corruption, Norms, and Legal Environment: Evidence from Diplomatic Parking Tickets." *Journal of Political Economy*, Vol. 115 (6), pp. 1020 – 1048.

[96] Fisman, Raymond, and Jakob Svensson (2007). "Are Corruption and Taxation Really Harmful to Growth? Firm Level Evidence." *Journal of Development Economics*, Vol. 83 (1), pp. 63 – 75.

[97] Foley, C. Fritz (2011). "Welfare Payments and Crime." *Review of Economics and Statistics*, Vol. 93 (1), pp. 97 – 112.

[98] Foster, James E., Andrew W. Horowitz, and Fabio Mendez (2012). "An Axiomatic Approach to the Measurement of Corruption." *World Bank Economic Review*, Vol. 26 (2), pp. 217 – 235.

[99] Frakes, Michael, and Matthew Harding (2009). "The Deterrent Effect of Death Penalty Eligibility: Evidence from the Adoption of Child Murder Eligibility Factors." *American Law and Economics Review*, Vol. 11 (2), pp. 451 – 497.

[100] Freeman, Scott, Jeffrey Grogger, and Jon Sonstelie (1996). "The Spatial Concentration of Crime." *Journal of Urban Economics*, Vol. 40, pp. 216 – 231.

[101] Funk, Patricia, and Peter Kugler (2003). "Identifying Efficient Crime – Combating Policies by VAR Models: The Example of Switzerland." *Contemporary Economic Policy*, Vol. 21 (4), pp. 525 – 539.

[102] Gautier, Pieter A., Arjen Siegmann, and Aico Vanvurren (2009). "Terrorism and

Attitudes Towards Minorities: The Effect of the Theo Van Gogh Murder on House Prices in Amsterdam. " *Journal of Urban Economics*, Vol. 65, pp. 113 – 126.

[103] Gelman, Andrew, Jeffrey Fagan, and Alex Kiss (2007). "An Analysis of the New York City Police Department's 'Stop and Frisk' Policy in the Context of Claims of Racial Bias. " *Journal of the American Statistical Association*, Vol. 103, pp. 813 – 823.

[104] Gibbons, Steve (2004). "The Costs of Urban Property Crime. " *Economic Journal*, Vol. 114, pp. 441 – 463.

[105] Glaeser, Edward L. (2008). *Cities, Agglomeration, and Spatial Equilibrium*. New York: Oxford University Press.

[106] Glaeser, Edward L., and Raven E. Mulloy (2006). "Corruption in America. " *Journal of Public Economics*, Vol. 90 (6 – 7), pp. 1053 – 1072.

[107] Glaeser, Edward L., and Bruce Sacerdote (1999). "Why is There More Crime in Cities?" *Journal of Political Economy*, Vol. 107 (6), pp. 225 – 258.

[108] Goodman, Allen C. (1998). "Andrew Court and the Invention of Hedonic Price Analysis. " *Journal of Urban Economics*, Vol. 44, pp. 291 – 298.

[109] Gordon, James P. F. (1989). "Individual Morality and Reputation Costs as Deterrents to Tax Evasion. " *European Economic Review*, Vol. 33, pp. 797 – 805.

[110] Gravelle, Jane (2010). Tax Havens: International Tax Avoidance and Evasion. Congressional Research Service Report for Congress No. 7 – 5700. Washington, DC: CRS.

[111] Griliches, Zvi (1977). "Estimating the Returns to Schooling: Some Econometric Problems. " *Econometrica*, Vol. 454 (1), pp. 1 – 26.

[112] Griliches, Zvi (1971). *Price Indexes and Quality Change: Studies in New Measures and Method*. Cambridge, MA: Harvard University Press.

[113] Griliches, Zvi (1961). "Hedonic Price Indexes for Automobiles: An Econometric Analysis of Quality Change. " In *The Price Statistics of the Federal Government*, 1973 – 96. NBER Staff Report No. 3, General Series No. 73. New York: National Bureau of Economic Research.

[114] Grogger, Jeffrey (2002). "The Effects of Civil Gang Injunctions on Reported Violent Crime: Evidence from Los Angeles County. " *Journal of Law and Economics*, Vol. 45, pp. 69 – 90.

[115] Grogger, Jeffrey (1998). "Market Wages and Youth Crime. " *Journal of Labor Eco-

nomics, Vol. 16 (4), pp. 756 – 791.

[116] Grogger, Jeffrey, and Greg Ridgeway (2006). "Testing for Racial Profiling in Traffic Stops from Behind a Veil of Darkness." *Journal of the American Statistical Association*, Vol. 101 (475), pp. 878 – 887.

[117] Grossman, Michael, Frank J. Chaloupka, and Charles C. Brown (1999). "*The Demand for Cocaine by Young Adults: A Rational Addiction Approach.*" NBER Working Paper No. 5713, February. Cambridge, MA: National Bureau of Economic Research.

[118] Grossman, Richard S., and Stephen A. Lee (2008). "May Issue Versus Shall Issue: Explaining the Pattern of Concealed – Carry Handgun Laws, 1960 – 2001." *Contemporary Economic Policy*, Vol. 26 (2), pp. 198 – 206.

[119] Gruber, Jonathan (2001). *Risky Behavior Among Youths: An Economic Analysis.* Chicago: University of Chicago Press.

[120] Gruber, Jonathan, and Dotond Koszegi (2001). "Is Addiction 'Rational?' Theory and Evidence." *Quarterly Journal of Economics*, Vol. 116 (4), pp. 1261 – 1303.

[121] Guerette, Rob T., and Ronald V. Clarke (2003). "Product Life Cycles and Crime: Automated Teller Machines and Robbery." *Security Journal*, Vol. 16, pp. 7 – 18.

[122] Haavelmo, Trygve (1944). "The Probability Approach in Econometrics." *Econometrica*, Vol. 12 (Supplement), pp. 1 – 115.

[123] Hamermesh, Daniel S. (1999). "Crime and the Timing of Work." *Journal of Urban Economics*, Vol. 45, pp. 311 – 330.

[124] Hausman, Jerry A. (2012). "Contingent Valuation: From Dubious to Hopeless." *Journal of Economic Perspectives*, Vol. 26 (4), pp. 43 – 56.

[125] Helland, Eric, and Alexander Tabarrok (2007). "Does Three Strikes Deter? A Nonparametric Estimation." *Journal of Human Resources*, Vol. 42 (2), pp. 309 – 330.

[126] Hjalmarsson, Randi (2009). "Juvenile Jails: A Path to the Straight and Narrow or to Hardened Criminality?" *Journal of Law and Economics*, Vol. 52, pp. 779 – 809.

[127] Hoxby, Caroline M. (2000). "Does Competition Among Public Schools Benefit Students and Taxpayers?" *American Economic Review.* Vol. 90 (5), pp. 1209 – 1238.

[128] Iyengar, Radha (2008). "*I'd Rather be Hanged for a Sheep than a Lamb: The Unintended Consequences of 'Three – Strikes' Laws.*" Harvard University Working Paper,

Cambridge, MA.

[129] Jacob, Brian A., and Lars Lefgren (2003). "Are Idle Hands the Devil's Workshop? Incapacitation, Concentration, and Juvenile Crime." *American Economic Review*, Vol. 93 (5), pp. 1560–1577.

[130] Jofre–Bonet, Mireia, and Nancy M. Petry (2008). "Trading Apples for Oranges: Results of an Experiment on the Effects of Heroin and Cocaine Price Changes on Addicts Polydrug Use." *Journal of Economic Behavior and Organization*, Vol. 66, pp. 281–311.

[131] Jofre–Bonet, Mireia, and Jody L. Sindelar (2002). "*Drug Treatment as a Crime–Fighting Tool.*" NBER Working Paper: No. 9038, Cambridge, MA: National Bureau of Economic Research.

[132] Johansson, Edvard, 2005. "An Estimate of Self–Employment Underreporting in Finland." *Nordic Journal of Political Economy*, Vol. 31 (2), pp. 99–109.

[133] Kagel, John H., Raymond C. Battalio, and Howard Rachlin (1995). *Economic Choice Theory: An Experimental Analysis of Animal Behavior.* Cambridge, UK: Cambridge University Press.

[134] Kagel, John H., Raymond C. Battalio, Howard Rachlin, and Leonard Green (1981). "Demand Curves for Animal Consumers." *Quarterly Journal of Economics*, Vol. 96 (1), pp. 1–16.

[135] Kaufmann, Daniel (2005). "Myths and Realities of Governance and Corruption." In *Global Competitiveness Report 2005–06*, October, pp. 81–98. New York: World Economic Forum.

[136] Keizer, Kees, Siegwart Lindenberg, and Linda Steg (2008). "The Spreading of Disorder." *Science*, Vol. 322 (5908), pp. 1681–1685.

[137] Kerstenetzky, Celia Lessa, and Larissa Santos (2009). "Poverty as Deprivation of Freedom: The Case of Vidigal Shantytown in Rio de Janeiro." *Journal of Human Development and Capabilities*, Vol. 20 (2), pp. 189–211.

[138] Kleven, Hendrik Jacobsen, Martin V. Knudsen, Claus Thustrup Kreiner, Soren Pedersen, and Emmanuel Saez (2011). "Unwilling or Unable to Cheat? Evidence from a Tax Audit Experiment in Denmark." *Econometrica*, Vol. 79 (3), pp. 651–692.

[139] Klick, Jonathan, and Alexander Tabarrok (2005). "Using Terror Alert Levels to Es-

timate the Effect of Police on Crime." *Journal of Law and Economics*, Vol. 48, pp. 267 – 277.

[140] Kline, Patrick (2012). "The Impact of Juvenile Curfew Laws on Arrests of Youth and Adults." *American Law and Economics Review*, Vol. 14 (1), pp. 44 – 67.

[141] Kling, Jeffrey R., Jens Ludwig, and Lawrence F. Katz (2005). "Neighborhood Effects on Crime for Female and Male Youth: Evidence from a Randomized Housing Voucher Experiment." *Quarterly Journal of Economics*, Vol. 120, pp. 87 – 130.

[142] Knight, Brian G. (2011). "*State Gun Policy and Cross – State Externalities: Evidence from Crime Gun Tracing.*" NBER Working Paper: 17469, Cambridge, MA: National Bureau of Economic Research.

[143] Knowles, John, Nicola Persico, and Petra Todd (2001). "Racial Bias in Motor Vehicle Searches: Theory and Evidence." *Journal of Political Economy*, Vol. 109, pp. 203 – 229.

[144] Koskela, Erkki (1983). "A Note on Progression, Penalty Schemes, and Tax Evasion." *Journal of Public Economics*, Vol. 22, pp. 127 – 133.

[145] Kuziemko, Ilyana (2006). "Does the Threat of the Death Penalty Affect Plea Bargaining in Murder Cases? Evidence from New York's 1995 Reinstatement of Capital Punishment." *American Law and Economics Review*, Vol. 8 (1), pp. 116 – 142.

[146] Larson, James E., Kenneth J. Lowry, and Joseph W. Coleman (2003). "The Effect of Proximity to a Registered Sex Offenders' Residence on Single Family House Selling Price." *Appraisal Journal*, Vol. 71, pp. 253 – 275.

[147] Larson, Matthew F. (2011). "*High Bars or Behind Bars? The Effect of Graduation Requirements on Arrest Rates.*" Working Paper, Department of Economics, University of California – Davis.

[148] Leamer, Edward E. (1983). "Let's Take the Con Out of Econometrics." *American Economic Review*, Vol. 73 (1), pp. 31 – 43.

[149] Leung, Ambrose, and Ian Brittain (2009). "An Integrated Rational Choice Framework of Juvenile Delinquency: A Study of Violent Act and Property Crime Participation." In *Handbook of Social Justice*, ed. Augustus Kakanowski and Marijus Narusevich, pp. 149 – 168. New York: Nova Science.

[150] Levitt, Steven D. (2004). "Why Did Crime Fall in the 1990's: Four Factors That

Explain The Decline and Six That Do Not." *Journal of Economic Perspectives*, Vol. 18 (1), pp. 163–190.

[151] Levitt, Steven D. (1998). "Juvenile Crime and Punishment." *Journal of Political Economy*, Vol. 106, pp. 1156–1185.

[152] Levitt, Steven D. (1997). "Using Electoral Cycles in Police Hiring to Estimate the Effect of Police on Crime." *American Economic Review*, Vol. 87 (3), pp. 270–290.

[153] Levitt, Steven D. (1996). "The Effect of Prison Population Size on Crime Rates: Evidence from Prison Overcrowding Litigation." *Quarterly Journal of Economics*, Vol. 111 (2), pp. 319–351.

[154] Levitt, Steven D., and Stephen J. Dubner (2005). *Freakonomics: A Rogue Economist Explains the Hidden Side of Everything*. New York: William Morrow.

[155] Levitt, Steven D., and Lance Lochner (2001). "The Determinants of Juvenile Crime." In *Risky Behavior Among Youths: An Economic Analysis*, ed. Jonathan Gruber. Chicago: University of Chicago Press.

[156] Levitt, Steven D., and Thomas J. Miles (2007). "Empirical Study of Criminal Punishment." In *Hand book of Law and Economics*, Vol. 1, ed. A. Mitchell Polinsky and Steven Shavell, pp. 457–487. Amsterdam: North–Holland.

[157] Levitt, Steven D., and Sudhir Alladi Venkatesh (2000). "An Economic Analysis of a Drug–Selling Gang's Finances." *Quarterly Journal of Economics*, Vol. 115 (3), pp. 755–789.

[158] Linden, Leigh, and Jonah E. Rockoff (2008). "Estimates of the Impact of Crime Risk on Property Values from Megan's Laws." *American Economic Review*, Vol. 92 (3), pp. 1103–1127.

[159] Lipton, Douglas S. (1995). The Effectiveness of Treatment for Drug Abusers under Criminal Justice Supervision. National Institute of Justice Research Report, November. Washington, DC: National Institute of Justice.

[160] Lochner, Lance (2010). "*Education Policy and Crime.*" NBER Working Paper: No. 15894, Cambridge, MA: National Bureau of Economic Research.

[161] Lochner, Lance (2007). "Individual Perceptions of the Criminal Justice System." *American Economic Review*, Vol. 97 (1), pp. 444–460.

[162] Lochner, Lance (2004). "Education, Work, and Crime: A Human Capital Ap-

proach." *International Economic Review*, Vol. 45, pp. 811 – 843.

[163] Lochner, Lance, and Enrico Moretti (2004). "The Effect of Education on Crime: Evidence from Prison Inmates, Arrests, and Self – Reports." *American Economic Review*, Vol. 94 (1), pp. 155 – 189.

[164] Lott, John R. (2000). *More Guns, Less Crime*, 2d ed. Chicago: University of Chicago Press.

[165] Lott, John R. (1998). "The Concealed Handgun Debate." *Journal of Legal Studies*, Vol. 27 (1), pp. 221 – 43.

[166] Lott, John R., and David B. Mustard (1997). "Crime, Deterrence, and the Right to Carry Handguns." *Journal of Legal Studies*, Vol. 26 (1), pp. 1 – 68.

[167] Ludwig, Jens, and Jeffrey R. Kling (2007). "Is Crime Contagious?" *Journal of Law and Economics*, Vol. 50, pp. 491 – 518.

[168] Manning, Matthew (2011). "Establishing an Evidence Base: Program Evaluation." In *Evidence Based Policy and Practice in Youth Justice*, ed. Anna Stewart, Troy Allard, and Susan Dennison. Annandale, New South Wales: Federation Press.

[169] Manski, Charles (2006). "Search Profiling with Partial Knowledge of Deterrence." *Economic Journal*, Vol. 116 (515), pp. 385 – 401.

[170] Manski, Charles, and Daniel Nagin (1998). "Bounding Disagreements About Treatment Effects: A Case Study of Sentencing and Recidivism." *Sociological Methodology*, Vol. 28, pp. 99 – 137.

[171] Markowitz, Sara (2005). "Alcohol, Drugs, and Crime." *International Review of Law and Economics*, Vol. 25 (1), pp. 20 – 44.

[172] Marshall, Alfred (1890). *Principles of Economics*. London: MacMillan and Company, 8th ed. 1920. Marvell, Thomas B., and Carlisle E. Moody Jr. (1994). "Prison Population Growth and Crime Reduction." *Journal of Quantitative Criminology*, Vol. 10 (2), pp. 109 – 140.

[173] Mas, Alex, and Alison D. Morantz (2008). "Does Post – Accident Drug Testing Reduce Injuries? Evidence from a Large Retail Chain." *American Law and Economics Review*, Vol. 10 (2), pp. 246 – 302.

[174] Mazerolle, Lorraine G., and Janet Ransley (2006). *Third Party Policing*. Cambridge, UK: Cambridge University Press.

[175] McCarthy, Bill (2002). "New Economics of Sociological Criminology." *Annual Review of Sociology*, Vol. 28, pp. 417–442.

[176] McCollister, Kathryn E., Michael T. French, and Hal Fang (2010). "The Cost of Crime to Society: New Crime–Specific Estimates for Policy and Program Evaluation." *Drug and Alcohol Dependence*, Vol. 108 (1–2), pp. 98–109.

[177] McCrary, Justin (2002). "Using Electoral Cycles in Police Hiring to Estimate the Effect of Police on Crime: Comment." *American Economic Review*, Vol. 92 (4), pp. 1236–1243.

[178] McMillian, Lance (2012). "Drug Markets, Fringe Markets, and the Lessons of Hamsterdam." *Washington and Lee Law Review*, Vol. 69 (2), pp. 849–892.

[179] Merlo, Antonio, and Kenneth I. Wolpin (2009). "*The Transition from School to Jail: Youth Crime and High School Completion among Black Males.*" Penn Institute for Economic Research Working Paper 09–002. University of Pennsylvania, Philadelphia, PA.

[180] Miceli, Thomas (2009). "*Deterrence and Incapacitation Models of Criminal Punishment: Can the Twain Meet?*" Working Paper No. 2009–25, August. Storrs: University of Connecticut.

[181] Miguel, Edward (2005). "Poverty and Witch Killings." *Review of Economic Studies*, Vol. 72, pp. 1153–1172.

[182] Miron, Jeffrey A. (2005). *Budgetary Implications of Marijuana Prohibition in the United States.* Report, June. Cambridge, MA: Harvard University.

[183] Miron, Jeffrey A., and Katherine Waldock (2010). "*The Budgetary Impact of Ending Drug Prohibition.*" White Paper, September 27. Washington, DC: Cato Institute.

[184] Mocan, H. Naci, and R. Kaj Gittings (2003). "Getting off Death Row: Commuted Sentences and the Deterrent Effect of Capital Punishment." *Journal of Law and Economics*, Vol. 46, pp. 453–478.

[185] Moody, Carlisle E. (2001). "Testing for the Effects of Concealed Weapons Laws: Specification Errors and Robustness." *Journal of Law and Economics*, Vol. 44 (2), pp. 799–813.

[186] Moody, Carlisle E., and Thomas B. Marvell (2008). "The Debate on Shall Issue Laws." *Econ Journal Watch*, Vol. 5 (3), pp. 269–293.

[187] Moody, Carlisle E., and Thomas B. Marvell (2005). "Guns and Crime." *Southern Economic Journal*, Vol. 71 (4), pp. 720–736.

[188] Moorhouse, John C., and Brent Wanner (2006). "Does Gun Control Reduce Crime or Does Crime Increase Gun Control?" *Cato Journal*, Vol. 26 (1), pp. 103–124.

[189] Morran, Christopher (2011). "Man Holds up Bank for $1 and Free Prison Medicare." *Gaston Gazette*, June 21.

[190] Mullin, Wallace P., and Christopher M. Snyder (2010). "Should Firms be Allowed to Indemnify Their Employees for Sanctions?" *Journal of Law, Economics, and Organization*, Vol. 26 (1), pp. 30–53.

[191] Mungan, Murat C., and Jonathan Klick (2012). "*Forfeiture of Illegal Gains and Implied Risk Preferences.*" Institute for Law & Economic Research Paper No. 12–18. Philadelphia: University of Pennsylvania.

[192] Murphy, James J., and Thomas H. Stevens (2004). "Contingent Valuation, Hypothetical Bias, and Experimental Economics." *Agricultural Resource Economics Review*, Vol. 33 (2), pp. 182–192.

[193] Myers, Samuel, Jr. (1983). "Estimating the Economic Model of Crime: Employment Versus Punishment Effects." *Quarterly Journal of Economics*, Vol. 98 (1), pp. 157–166.

[194] Narayan, Paraesh Kumar, and Russell Smyth (2006). "Dead Man Walking: An Empirical Reassessment of the Deterrent Effect of Capital Punishment Using the Bounds Testing Approach to Cointegration." *Applied Economics*, Vol. 38, pp. 1975–1989.

[195] Oka, Tatsushi (2009). "Juvenile Crime and Punishment: Evidence from Japan." *Applied Economics*, Vol. 41, pp. 3103–3115.

[196] Owens, Emily G. (2009). "More Time, Less Crime? Estimating the Incapacitative Effect of Sentence Enhancements." *Journal of Law and Economics*, Vol. 52 (3), pp. 551–579.

[197] Patacchini, Eleonora, and Yves Zenou (2012). "Juvenile Delinquency and Conformism." *Journal of Law Economics and Organization*, Vol. 28 (1), pp. 1–31.

[198] Persaud, Bhagwant N., Richard A. Retting, Craig Lyon, and Anne T. McCartt (2008). "Review of 'The Impact of Red Light Cameras (Photo–Red Enforcement) on Crashes in Virginia.'" Insurance Institute for Highway Safety: Arlington, Virginia.

[199] Persico, Nicola, and Petra Todd (2006). "Generalizing the Hit Rates Test for Racial Bias in Law Enforcement, with an Application to Vehicle Searches in Witchita." *Economic Journal*, Vol. 116, pp. 351–367.

[200] Pettit, Becky (2012). *Invisible Men: Mass Incarceration and the Myth of Black Progress.* New York: Russell Sage Foundation.

[201] Pinotti, Paolo (2012). "*The Economic Costs of Organized Crime: Evidence from Southern Italy.*" Bank of Italy Temi di Discussione Working Paper No. 868.

[202] Pissarides, Christopher A., and Guglielmo Weber (1989). "An Expenditure–Based Estimate of Britain's Black Economy." *Journal of Public Economics*, Vol. 39 (1), pp. 17–32.

[203] Pollack, Harold, Peter Reuter, and Erick L. Sevigny (2011). "*If Drug Treatment Works so Well, Why are so Many Drug Users in Prison?*" NBER Working Paper No. 16731, January. Cambridge, MA: National Bureau of Economic Research.

[204] Pope, Jaren C. (2008). "Fear of Crime and Housing Prices: Household Reactions to Sex Offender Registries." *Journal of Urban Economics*, Vol. 64, pp. 6601–6614.

[205] Prendergast, Canice (2001). "*Selection and Oversight in the Public Sector, with the Los Angeles Police Department as an Example.*" NBER Working Paper No. 8664, December. Cambridge, MA: National Bureau of Economic Research.

[206] Pudney, Stephen (2003). "The Road to Ruin? Sequences of Initiation to Drugs and Crime in Britain." *Economic Journal*, Vol. 113, pp. 182–199.

[207] Ramos, Joao, and Benno Torgler (2010). "*Are Academics Messy? Testing the Broken Windows Theory with a Field Experiment in the Work Environment.*" Working Paper No. 2010.104. Milan: Fondazione Eni Enrico Matti.

[208] Reilly, Barry, Neil Rickman, and Robert Witt (2012). "Robbing Banks: Crime Does Pay—But Not Very Much." *Significance*, Vol. 9 (3), pp. 17–21.

[209] Reuter, Peter, Robert MacCoun, Patrick Murphy, Allen Abrahamse, and B. Simon (1990). *Money from Crime: A Study in the Economics of Drug Dealing in Washington, DC.* Santa Monica, CA: Rand Corporation.

[210] Richards, Kelly (2011). "What Makes Juvenile Offenders Different from Adult Offenders?" Trends and Issues in Crime and Criminal Justice, No. 409, February. Canberra: Australian Institute of Criminology.

[211] Rosen, Sherwin (1974). "Hedonic Prices and Implicit Markets: Product Differentiation in Pure Competition." *Journal of Political Economy*, Vol. 82 (1), pp. 34–55.

[212] Rosenzweig, Mark R., and Kenneth I. Wolpin (2000). "'Natural' Natural Experiments in Economics." *Journal of Economic Literature*, Vol. 38 (4), pp. 827–874.

[213] Saez, Emmanuel, Joel Slemrod, and Seth H. Giertz (2012). "The Elasticity of Taxable Income with Respect to Marginal Tax Rates: A Critical Review." *Journal of Economic Literature*, Vol. 50 (1), pp. 3–50.

[214] Sahm, Claudia R. (2007). "*Stability of Risk Preference.*" Economics Discussion Paper No. 2007–66. Washington, DC: Board of Governors of the Federal Reserve System.

[215] Sandmo, Agnar (2012). "An Evasive Topic: Theorizing about the Hidden Economy." *International Tax and Public Finance*, Vol. 19 (1), pp. 5–24.

[216] Scheidegger, Kent S. (2009). "*The Death Penalty and Plea Bargaining to Life Sentences.*" Working Paper 09–01, Sacramento, CA. Criminal Justice Legal Fund.

[217] Schelling, Thomas C. (1978). *Micromotives and Macrobehavior.* New York: Norton.

[218] Schneider, Friedrich (2007). "Shadow Economies and Corruption all over the World: New Estimates for 145 Countries." *Economics: The Open – Access, Open – Assessment E – Journal* (Kiel Institute for the World Economy), Vol. 1 (9), 1–66.

[219] Schelling, Thomas C. (2005). "Shadow Economies around the World: What do We Really Know?" *European Journal of Political Economy*, Vol. 21 (3), pp. 598–642.

[220] Sekhri, Sheetal, and Adam Storeygard (2011). "*The Impact of Climate Variability on Crimes against Women: Dowry Deaths in India.*" Working paper, March 22. http://people.virginia.edu/ss5mj/crimesdraft_ april2011.pdf.

[221] Shepherd, Joanna (2002). "Fear of the First Strike: The Full Deterrent Effect of California's Two – and Three – Strikes Legislation." *Journal of Legal Studies*, Vol. 31 (1), pp. 159–201.

[222] Shi, Lan (2009). "The Limit of Oversight in Policing: Evidence from the 2001 Cincinnati Riot." *Journal of Public Economics*, Vol. 93, pp. 99–113.

[223] Slemrod, Joel (2007). "Cheating Ourselves: The Economics of Tax Evasion." *Journal of Economic Perspectives*, Vol. 21 (1), pp. 25–48.

[224] Slemrod, Joel, and Caroline Weber (2012). "Evidence of the Invisible: Toward a

Credibility Revolution in the Empirical Analysis of Tax Evasion and the Informal Economy." *International Tax and Public Finance*, Vol. 19 (1), pp. 25–53.

[225] Sobel, Russell, and Brian Osoba (2009). "Youth Gangs as Pseudo-Governments: Implications for Violent Crime." *Southern Economic Journal*, Vol. 96 (4), pp. 996–1018.

[226] Svensson, Jakob (2005). "Eight Questions About Corruption." *Journal of Economic Perspectives*, Vol. 19 (3), pp. 19–42.

[227] Tanzi, Vito (1983). "The Underground Economy in the United States: Estimates and Implications." *International Monetary Fund Staff Papers*, Vol. 30 (2), pp. 283–305.

[228] Tao, Hung-Lin, and, Ling-Chih Kuo (2010). "Deterrence and Incapacitation Effects in a Closed Area: The Case of Auto Theft in Taiwan." *Asian Economic Journal*, Vol. 24 (3), pp. 203–220.

[229] Thaler, Richard (1976). "A Note on the Value of Crime Control: Evidence from the Property Market." *Journal of Urban Economics*, Vol. 5, pp. 137–145.

[230] Thaler, Richard, and Sherwin Rosen (1976). "The Value of Saving a Life: Evidence from the Labor Market." In *Household Production and Consumption*, ed. Nester Terleckyz. New York: National Bureau of Economic Research, Columbia University Press.

[231] Thompson, William C., and Edward L. Shumann (1987). "Interpretation of Statistical Evidence in Criminal Trials: The Prosecutor's Fallacy and the Defense Attorney's Fallacy." *Law and Human Behavior*, Vol. 2 (3), pp. 167–175.

[232] Thornberry, Terrence P., and Marvin D. Krohn (2003). "Comparison of Self-Report and Official Data for Measuring Crime." In *Measurement Problems in Criminal Justice Research*, ed. John V. Pepper and Carol V. Petrie, pp. 43–94. Washington, DC: National Academies Press.

[233] Timmermans, Stefan (2005). "Suicide Determination and the Professional Authority of Medical Examiners." *American Sociological Review*, Vol. 70, pp. 311–333.

[234] Tourangeau, Roger, and Madeline E. McNeeley (2003). "Measuring Crime and Crime Victimization: Methodological Issues." In *Measurement Problems in Criminal Justice Research*, ed. John V. Pepper and Carol V. Petrie, pp. 10–42. Washington, DC: National Academies Press.

[235] Trost, Robert, and Anthony M. Yezer (1985). "Sequential Selection and Selectivity in a Model of the Market for Bail Bond." *Papers and Proceedings of the American Statistical Association*, pp. 38 – 41.

[236] Turnbull, Geoffrey K. (2008). "Squatting, Eviction, and Development." *Regional Science and Urban Economics*, Vol. 38 (1), pp. 1 – 15.

[237] United Nations, Office on Drugs and Crime (2007). *Sweden's Successful Drug Policy: A Review of the Evidence*. Report, February.

[238] United States Government Accountability Office, 2005. "Adult Drug Courts: Evidence Indicates Recidivism Reductions and Mixed Results for other Outcomes," Report GAO – 05 – 219.

[239] Valenzuela, Eduardo, and Matias Fernandez (2011). "The Sequence of Drug Use: Testing the Gateway Hypothesis in Latin America." *Journal of International Drug, Alcohol and Tobacco Research*, Vol. 1 (1), pp. 1 – 8.

[240] Van den Assem, Martjn J., Dennie Van Dolder, and Richard H. Thaler (2012). "Split or Steal: Comparative Behavior When the Stakes Are Large." *Management Science*, Vol. 58 (4), pp. 2 – 20.

[241] Van Ours, Jan C. (2006). "Cannabis, Cocaine, and Jobs." *Journal of Applied Econometrics*, Vol. 21 (7), pp. 897 – 917.

[242] Van Ours, Jan C., and Ben Vollaard (2013). "*The Engine Immobilizer: A Non – Starter for Car Thieves.*" CESifo Working Paper Series: 4092, CESifo Group Munich.

[243] Viscusi, W. Kip (1986). "The Risks and Rewards of Criminal Activity: A Comprehensive Test of Criminal Deterrence." *Journal of Labor Economics*, Vol. 4 (3), pt. 1, pp. 317 – 340.

[244] Wheaton, William C. (2006). "Metropolitan Fragmentation, Law Enforcement Effort, and Urban Crime." *Journal of Urban Economics*, Vol. 60 (1), pp. 1 – 14.

[245] Wilson, James Q., and George L. Kelling (1982). "Broken Windows: The Police and Neighborhood Safety." *Atlantic Monthly*, March, pp. 29 – 38.

[246] Witte, Ann Dryden (1983). "Estimating the Economic Model of Crime." *Quarterly Journal of Economics*, Vol. 97, pp. 167 – 175.

[247] Witte, Ann Dryden (1980). "Estimating the Economic Model of Crime with Individual Data." *Quarterly Journal of Economics*, Vol. 94, pp. 57 – 84.

[248] World Bank (2006). *Crime, Violence, and Economic Development in Brazil: Elements for Effective Public Policy.* Report No. 36525, June. Washington, DC: World Bank, Poverty Reduction and Economic Management Sector Unit, Latin America and the Caribbean Region.

[249] Yaniv, Gideon (2009). "The Allocation of Time to Crime: A Simple Diagrammatic Approach." *Economics Bulletin*, Vol. 29 (1), pp. 457–64.

[250] Yitzhaki, Shlomo (1974). "A Note on Income Tax Evasion: A Theoretical Analysis." *Journal of Public Economics*, Vol. 3, pp. 201–202.

[251] Zimring, Franklin E. (2006). *The Great American Crime Decline.* New York: Oxford University Press.

[252] Zimring, Franklin E., Gordon Hawkins, and Sam Kamin (2001). *Punishment and Democracy: Three Strikes and You're Out in California.* New York: Oxford University Press.

索 引

A

Absolute poverty（绝对贫困），243 – 245，246 注 2

Actions（行动），120

Adult drug courts（成人毒品法庭），265

Africa（非洲），232，244

African Americans（非裔美国人）

 drug violations（毒品违法行为），204 – 205，211 注 1

 effects of incarceration（监禁效应），179

Alaska（阿拉斯加），28

American Latina Crime and Policy Network（美国拉丁裔犯罪与政策网络，AL CAPONE），232

Amity Prison（California）（阿米提监狱，加利福尼亚州），265

Argentina（阿根廷），171 – 172

Arrest data（逮捕数据），34，35 – 36

Australia（澳大利亚），10，170，225

Austria（奥地利），xxif，100

Automobile theft（汽车盗窃），216 – 220

B

Babylonian law（巴比伦法律），3

Bahamas（巴哈马），88

Bail bond（保释保证金），142 – 144，154 注 17

Bank security（银行担保），214

Barbados（巴巴多斯），88

Basciano, Vincent（巴西亚诺、文森特），297

Becker, Gary（加里·贝克尔），xvii. 14，32 及下页，74，81，283 及下页

Belgium（比利时），100

Bermuda（百慕大），88

Blanco, Griselda（布兰科·格里塞尔达），48

Bratton, William（布拉顿·威廉），227

Bribery（贿赂）

 government corruption（政府腐败），233

 victimless crime（无被害人犯罪），55

Broken – windows hypothesis（破窗假说）

 economic models（经济模型），223 – 224

 neighborhood crime（社区犯罪），114

research introduction（研究介绍），222

self-enforcement model（自我执行模型）

 description of（描述），223

 experimental testing of（实验测试），224-226

 illustration of（插图），224 及下页

spatial concentration of crime model（犯罪空间集中模型），223-224

testing of（检验）

 criminal offense causality（刑事因果关系），226

 experimental testing（实验测试）224-226

 local area injunctions（地方禁令），228-229，230 注 7

 location implementation（定位实现），227-228

 randomized controlled experiments（随机对照实验），225

 statistical equation（统计方程），226，227-228，230 注 5

theoretical development（理论发展），223

Business Environment and Enterprise Performance Survey（商业环境与企业绩效调查，BEEPS），235

Business improvement districts（商业改善区，BID），216

Business model（商业模型），205，206-208

C

California（加利福尼亚）

 business improvement districts（商业改善区，BID），216

 drug treatment program（毒品处理项目），265

 gun violence（枪支暴力），252

 profiling tactic（侧写策略），290，291

 three-strikes legislation（三振出局法案），185，187

Canada（加拿大），88

Capital punishment effects（死刑效果）

 child-murder eligibility laws（谋杀儿童资格法案），301，303 注 9

 deterrent effect（威慑效应），298-299

 expected sanctions（预期制裁），295-298

 homicide classification（凶杀案分类），297-298，301

 natural experiments（自然实验），300，301

 organized crime（有组织犯罪），297，300

 plea bargains（辩诉交易），299-300

 prisoner's dilemma game（囚徒困境博弈），299-300

 research introduction（研究介绍），295

 research review（研究综述），301-302

 statistical equation（统计方程），298-299

 study exercises（学习练习），302

Cayman Islands（开曼群岛），88

Central America（中美洲），232-233
Certainty equivalent income（确定性等价收入），77-78
Child-murder eligibility laws（谋杀儿童资格法案），301，303注9
Choke price（窒息价格），17
Civil law（民法）
  art fraud（艺术欺诈），10
  compensatory damages（补偿性损害赔偿），8，22注8
  criminal law interaction（刑法上的相互作用），8-10
  defined（定义），22注1
  fraud（欺诈），10，12-13
  punitive damages（惩罚性损害赔偿），8，22注8
  role of（角色），3-8
  system process（系统过程），3，22注2
Cocaine（可卡因）
  drug gangs（贩毒团伙），207
  drug market（毒品市场），48，268-269，278，279，283注18
  neighborhood gangs（社区帮派），205
Code of Hammurabi（汉谟拉比法典），3
Colombia（哥伦比亚），48
Common law（普通法），3
Community Oriented Policing Services（面向社区的警务服务，COPS），171
Compensating variation（补偿性变化），161-162
Compensatory damages（补偿性损害赔偿），8，22注8
Concealed weapon legislation（隐藏武器法案），249，255及下页
Consumer demand theory（消费需求理论）
  crime with victims（有被害人犯罪），59
  risk preference（风险偏好），75-81
  state preference model（状态偏好模型），87，95
Contingent valuation（条件价值评估），162-163
Control of Corruption Index（World Bank），腐败控制指数（世界银行），233，236-237，239，240-241，246注8
Conviction data（定罪数据），34，35-36
Cooperative equilibrium（合作均衡）
  defined（定义），120
  prisoner's dilemma game（囚徒困境博弈），121，122-224
  reckless driving game（鲁莽驾驶博弈），126，127，132注10
Corrections data（修正数据），34，35-36
Corruption Perception Index（Transparency International），腐败感知指数（透明国际），233-34，236-327
Cost-benefit analysis（收益—成本分析）
  criminal law rationale（刑法原理）
    negligent driving（过失驾驶），5及下页
    reckless driving（鲁莽驾驶），7及下页
    reckless driving example（鲁莽驾驶示

例），4-8

　　statistical equation（统计方程），4-7

drug market（毒品市场），262，272-277，282注6

enforcement decision（执法决策）

　　analytical value（分析价值），30

　　low-cost sanctions（低成本制裁），26

　　optimal reckless driving enforcement（鲁莽驾驶最优执法），25及下页，27及下页

　　reckless driving（鲁莽驾驶），24-29

　　regrettable expenditure（遗憾支出），28-29

　　research introduction（研究介绍），24

　　research review（研究综述），31

　　sanctions impact（制裁影响），29-31

　　statistical equation（统计方程），24-29

　　study exercises（学习练习），31-32

　　technology impact（技术影响），29-31

　　unenforced laws（未被执行的法律），28

Crime data sources（犯罪数据来源），33-38

Crime rate（犯罪率）

　　decrease factors（1990s）（减少因素，20世纪90年代），xxiiit

　　gun violence（枪支暴力），251-252，257注6

　　homicide（凶杀案）（1960—2010），xxf

　　property crime（财产犯罪）

　　　　1960-2010，xx及下页

　　　　1970-2010，xxi及下页

　　robbery（抢劫）（1960—2010），xxf

　　violent crime（暴力犯罪）（1970—2010），xxii及下页

　　See also Europe（也可参见欧洲）

Crime with victims（有被害人犯罪）

　　ATM robberies（自动柜员机抢劫），60

　　choice of offense（犯罪选择）

　　　　expected sanctions（预期制裁），66-69

　　　　no-arbitrage equilibrium（无套利均衡），67-69

　　　　statistical equation（统计方程），66-69

　　consumer demand theory（消费者需求理论），59

　　defined（定义），59-60

　　fraud（欺诈），61

　　larceny（盗窃），60，61-62

　　market demand curve（市场需求曲线），59-62

　　　　pricing impact（价格影响），61

　　　　product vulnerability cycle（产品脆弱性周期），60

　　　　welfare payments correlation（福利支付相关性），62

　　Marshallian cross diagram（马歇尔十字图），59-60

　　multiple-market model（多市场模型），65-70

　　　　choice of offense（犯罪选择），66-69

　　　　multiple offender types（多重犯罪类型），69-70

　　multiple offender types（多重罪犯类型）

索　引　379

expected sanctions（预期制裁），69-70

no-arbitrage equilibrium（无套利均衡），69

statistical equation（统计方程），69-70

supply of offenses（犯罪供应），69，73注11

natural experiments（自然实验），62

property crime（财产犯罪），62

research introduction（研究介绍），59

research review（研究综述），71-72

study exercises（学习练习），72-73

supply and demand（供应与需求）

 expected sanctions（预期制裁），63-64

 fall in demand（需求下降），65及下页

 firm theory（公司理论），62-63

 market equilibrium（市场均衡），63，64，65及下页

 market wage of offenders（犯罪市场工资），64及下页

 statistical equation（统计方程），62-65

 supply of offenses（犯罪供应），62-63，73注6

 technology impact（技术影响），62-63

Criminal law rationale（刑法原理）

 case examples（案例示例），11-14

 civil law（民法）

  art fraud（艺术欺诈），10

  compensatory damages（补偿性损害赔偿），8，22注8

  criminal law interaction（刑法上的相互作用），8-10

  defined（定义），22注1

  fraud（欺诈），10，12-13

  punitive damages（惩罚性损害赔偿），8，22注8

  role of（角色），3-8

  system process（系统过程），3，22注2

 cost-benefit analysis（成本—收益分析），4-8

criminal law（刑法）

 art fraud（艺术欺诈），10

 civil law interaction（民法上的相互作用），8-10

 fraud（欺诈），10，12-13

 role of（角色），3-8

 six areas of（六个区域），3，22注3

financial representation example（财务代表示例），12-13，22注12，23注14

negligent driving example（过失驾驶示例），7-8，10-11

nudity example（裸体示例），11-12，22注11

prostitution example（卖淫示例）13-14，23注15

reckless driving example（鲁莽驾驶示例），4-6，4-8，9，10-11

 cost-benefit negligent driving（过失驾驶成本—收益分析），5及下页

cost-benefit reckless driving（鲁莽驾驶成本—收益分析），7及下页

statistical equation（统计方程），4-7

research introduction（研究介绍），3

research review（研究综述），15-16

study exercises（学习练习），16

summary（小结），10-11

supply and demand（供应与需求）

 market demand curve（市场需求曲线），17-18

 market equilibrium（市场均衡），19-21

 market supply curve（市场供应曲线），18-19

 taxation impact（逃税影响），21-22

 welfare economics（福利经济学），3-8，13，14-15

 See also Drug market（也可参见毒品市场）

Curfew（宵禁），199

Cyprus（塞浦路斯），88

D

Denmark（丹麦）97，100

Dependent variable（因变量），17

Detection expenditures（检测费用）

 criminal effects（刑事后果），215-216

 defined（定义），213

 effects illustration（效果图），215及下页

 Lojack device（洛杰克装置），217-220

 third-party policing（第三方警务），216，219-220

Difference-in-differences test（差异检验）

incarceration effects（监禁效应）

 deterrence of police（警察威慑），171-172

 deterrence testing（威慑检验），174，175及下页

 juvenile crime（青少年犯罪），194，195，198

 natural experiments（自然实验），147-149

Displacement expenditures（转移支出）

 collective action（集体行动），21

 criminal effects（刑事后果），213-15，221注3

 defined（定义），212

 effects illustration（效果图），213及下页

DNA database（DNA数据库），172，182注6

Domestic violence（家庭暴力）244-245

Dominant strategy equilibrium（占优策略均衡）

 defined（定义），120

 prisoner's dilemma game（囚徒困境博弈），121-122，123，124，132注2

 reckless driving game（鲁莽驾驶博弈），126，127，132注9

Draft evasion（征兵草案），9，173-174，182

Driving example（驾驶示例）
  criminal law rationale（刑法原理）
  negligent driving example（过失驾驶示例），7 – 8，10 – 11
  reckless driving example（鲁莽驾驶示例），4 – 6，9，10 – 11
  game theory（博弈论），125 – 131
Drug Abuse Prevention and Control Act (1970)（药物滥用预防与控制法案，1970），262
Drug cartels（贩毒集团），279
Drug Enforcement Administration（缉毒管理局，DEA），263t，267
Drug gangs（贩毒团伙）
  as business model（作为商业模式），205，206 – 208
  cocaine（可卡因），207
  implicit market model（隐形市场模型），207
  neighborhood crime model（社区犯罪模型），206 – 208
  organizational chart（组织结构图），206及下页
  risk – seeking individuals（风险寻求个体），207 – 208
  as tournament model（作为锦标赛模型），207 – 208
Drug market（毒品市场）
  cartels（集团），279
  cocaine（可卡因），48，268 – 269，278，279，283注18
  crime – link test（犯罪联系测试），266 – 269
    cocaine prices（可卡因价格），268 – 269，283注18
    drug – price data（毒品价格数据），267 – 269
    drug – related deaths（与毒品有关的死亡），266 – 267
    macro approach（宏观方法），267 – 268
    micro approach（微观方法），267
    statistical equation（统计方程），266，268
  criminalization criteria（刑事定罪标准），262 – 264
    cost – benefit analysis（成本—收益分析），262，282注6
    international cooperation（国际合作），262 – 263
Drug market（续）
    prescription regulation（处方管制），262，282注7
    substance classification scheme（物质分类方案），262 – 264
  criminalization rationale（刑事定罪理由），261 – 262
  crop subsidies（作物补贴），245，247注15
  demand – reduction strategies（减少需求策略），280
  drug treatment programs（毒品处置项目），264 – 266

索　引　383

adult drug courts（成人毒品法庭），265

Amity Prison（California）（阿米提监狱，加利福尼亚州），265

natural experiments（自然实验），265－266

employee drug test（员工药物测试），269

gateway－drug hypothesis（门户毒品假说），269－271

heroin（海洛因），278

marijuana（大麻），270

methadone（美沙酮），280

policy analysis（政策分析），260－261

price elasticity of demand（需求价格弹性），277－278

price－increase strategies（提高价格策略），278－279

rational addiction model（理性上瘾模型），264

research introduction（研究介绍），259

research review（研究综述），280－281

study exercises（学习练习），281－282

taxation versus criminalization（税收与刑事定罪），271－277

　　cost－benefit analysis（成本—收益分析），272－277

victimless crime（无被害人犯罪），47，48－55

Dubner（杜布纳），S.J.，135

E

Early－release program（提前发布计划），175

Eastern State Penitentiary（Pennsylvania）（东部州立监狱，宾夕法尼亚州），169

Economically developing countries（经济发展中国家）

absolute poverty impact（绝对贫困影响），243－245，246注2

　　domestic violence（家庭暴力），244－245

　　drug crop subsidies（毒品作物补贴），245，247注15

　　squatter settlements（棚户区），245，247注14

crime rate（犯罪率），232－233，246注3

criminal policy network（犯罪政策网络），232

government corruption（政府腐败）

　　bribery（贿赂），233

　　distribution of（分布情况），233－235

　　education impact（教育影响），238

　　instrumental variables（Ⅳ）（工具变量），235

　　international corruption indexes（国际腐败指数），233－234，236－237

　　natural experiments（自然实验），242－243，244

　　ordinary least squares regression（OLS）（普通最小二乘回归），234

　　reduction strategies（减少策略），239，242－243

　　schooling effect（学校效应），234

　　statistical equation（统计方程），234，243，246注9

tax evasion（逃税），231，233

measurement of crime（犯罪测量），232－233，246注5

organized crime（有组织犯罪），244

research introduction（研究介绍），231－232

research review（研究综述），245－246

study exercises（学习练习），246

underground economy（地下经济），235，238－239，240－241

currency demand approach（货币需求方法），238，247注11

defined（定义），235

international corruption indexes（国际腐败指数），239，240－241

international economic estimates（国际经济估计），240－241

measurement of（测量），235，238－239

motivation for（动机），235

multiple indicators multiple causes（MIMIC）model（多指标多原因模型），238－239，247注12

statistical equation（统计方程），238

tax evasion（逃税），235，238，239

Economic Gangsters（经济黑帮）（Fisman and Miguel），243－244

Economics of crime（犯罪经济学）

rational choice model（理性选择模型），xv－xviii

research challenges（研究挑战），xx－xxv

research overview（研究综述），xviii－xix

Edmond, Rayful（瑞富尔·埃德蒙），205

Educational impact（教育影响）

African Americans（非裔美国人），179

government corruption（政府腐败），238

incarceration rate（监禁率），179

juvenile crime（青少年犯罪），198－199

required school attendance（要求上学），199

school choice（学校选择），197

school-day length（上学时长），198－199，203注11

school-leaving age（离校年龄），198

Ehrlich, Isaac（艾萨克·埃里希），58及下页，87，106及下页，153及下页

Embedding problem（嵌入问题），163

Employee drug test（员工药物检测），269

Employee sanctions（员工制裁），125

End Racial Profiling Act（终止种族定性法案，2011），285

Enron（安然公司），13

Equilibrium solution（均衡解），120

Errors in variables bias（变量偏差中的误差），139

Europe（欧洲）

automobile theft（汽车盗窃），219

crime rate trends（犯罪率趋势），xxi－xxii

drug market（毒品市场），264

gun violence（枪支暴力），252，257注9

juvenile crime rate（青少年犯罪率），191

property crime（财产犯罪，1970－2010），

索 引 385

xxi 及下页

tax evasion（逃税），88，100

violent crime（暴力犯罪，1970－2010），

xxii 及下页

See also specific country（可参见特定国家）

Expected sanctions（预期制裁）

 capital punishment effects（死刑效应），295－298

 crime with victims（有被害人的犯罪）

  choice of offense（犯罪选择），66－69

  multiple offender types（多重罪犯类型），69－70

  supply and demand（供应与需求），63－64

 drug transactions（毒品交易）

  victimless crime（无受害人犯罪），50

 incarceration effects（监禁效应）

  deterrence testing（威慑检验），173

  incapacitation testing（失能检验），179

 juvenile crime（青少年犯罪），192－195，203 注 4

 neighborhood crime（社区犯罪），107－108，110

 risk preference（风险偏好）

  consumer demand theory（消费者需求理论），78－81

  criminal justice system implications（刑事司法系统的影响），83

 state preference model（状态偏好模型），90，104 注 4

Expected utility（预期效用），173

Experimental research（实验研究），136－137，147

Exxon Valdez（瓦尔迪兹·埃克森），162

F

Failure to appear（未出现，FTA），142－144，145，154 注 15

Family environment（家庭环境），191，201，202 注 1

Financial markets（金融市场），82－83

Financial representation（财务代表）12－13，22 注 12，23 注 14

Finland（芬兰），100，252

Firm theory（公司理论），62－63

Fisman, R,（费舍曼·R.），243－244

Fourth Amendment rights（第四修正案的权利），292

France（法国）

 art fraud（艺术欺诈），10

 property crime（财产犯罪），1970－2010），xxi 及下页

 tax evasion（逃税），88，99，100

Fraud

 civil law（民法），10，12－13

 crime with victims（有被害人犯罪），61

 criminal law（刑法）10，12－13

  measurement of crime（犯罪测量），35，39，43 注 3，44 注 8

  neighborhood crime（社区犯罪），112

 Freakonomics (Levitt and Dubner)（魔鬼

经济学)(莱维特和杜布纳),135

G

Gambling(赌博),82-83,86注10
Game theory(博弈论)
 actions(行动),120
 concepts(概念),120-121
 cooperative equilibrium(合作均衡)
  defined(定义),120
  prisoner's dilemma game(囚徒困境),121,122-124
  Reckless Driving game(鲁莽驾驶博弈),126,127,132注10
 definitions(定义),119-120
 dominant strategy equilibrium(占优策略均衡)
  defined(定义),120
  prisoner's dilemma game(囚徒困境博弈),121-122,123,124,132注2
  reckless driving game(鲁莽驾驶博弈),126,127,132注9
 employee sanctions(员工制裁),125
 equilibrium solution(均衡解),120
 Nash equilibrium(纳什均衡)
  defined(定义),120-121
  prisoner's dilemma game(囚徒困境博弈),122,123,124
  reckless driving game(鲁莽驾驶博弈),127-130
 one-shot game(一次博弈),120

 payoff(收益),120
 players(玩家),119-120
 prisoner's dilemma game(囚徒困境博弈),121-124,132注1
  cooperative equilibrium(合作均衡),121,122-124
  dominant strategy equilibrium(占优策略均衡),121-122,123,124,132注2
  Nash equilibrium(纳什均衡),122,123,124
  payoff matrix(收益矩阵),122,123,124
  regrettable expenditure(遗憾支出),122
  strategy combination(策略组合),121
 reckless driving game(鲁莽驾驶博弈),125-131
  cooperative equilibrium(纳什均衡),126,127,132注10
  dominant strategy equilibrium(占优策略均衡),126,127,132注9
  mixed-strategy equilibrium(混合策略均衡),128-130
  Nash equilibrium(纳什均衡),127-130
  payoff matrix(收益矩阵),126及下页
 research introduction(研究介绍),119
 research review(研究综述),131
 risk-averse individuals(风险规避

者），125
rules – nature – information – outcome order（规则—自然—信息—结果顺序），120
strategy combination（策略组合）
    defined（定义），120
    prisoner's dilemma game（囚徒困境博弈），121
game theory（博弈论）(continued)
  strategy rule（策略规则），120
  study exercises（学习练习），131–132
Gateway – drug hypothesis（门户毒品假说），269–271
Germany（德国）
  drug market（毒品市场），264
  property crime（财产犯罪）(1970–2010)，xxi 及下页
  tax evasion（逃税），88，99，100
Giuliani, Rudolph（鲁道夫·朱利安尼），227
Gotti, John（约翰·高帝），300
Government corruption（政府腐败）. See Economically developing countries（参见经济发展中国家）
Granger causality test（格兰杰因果检验）
  broken – windows hypothesis（破窗假说），226
  incarceration effects（监禁效应），170
  neighborhood gangs（社区帮派），208–209
  time – series techniques（时间序列技术），149–150，154 注 21
Gravano, Salvatore（萨尔瓦多·格拉瓦诺），300
Guernsey（根西岛），88
Gun violence（枪支暴力）
  concealed weapon legislation（隐藏武器法案），249，255 及下页
  crime rate（犯罪率），251–252，257 注 6
  gun control legislation（枪支控制立法），253–254
  natural experiments（自然实验），252，253–254，255
  problem statement（问题陈述），248–249
  research introduction（研究介绍），248
  research literature（研究文献），251–253
  research review（研究综述），255–256
  sentencing enhancements（量刑强化），248–249，255
  statistical equation（统计方程），249–251
    graphic illustration（图解说明），249 及下页
    market equilibrium（市场均衡），249–250
    ordinary least squares regression（普通最小二乘回归，OLS），250–251，257 注 6
    policy implications（政策影响），251
    supply and demand（供应与需求），249–250，257 注 3
  study exercises（学习练习），256–257

suicide（自杀），252，257 注 11

time - series techniques（时间—序列技术），252 - 53

underground gun markets（地下枪支市场），253

H

Hedonic regression technique（特征回归技术）
  inflation measure（通货膨胀措施），157，165 注 5
  limitations of（限制），160
  ordinary least squares regression（普通最小二乘回归，OLS），156 - 157
  real estate values（房地产价值），157 - 160
  statistical equation（统计方程），156 - 157

Heroin（海洛因），205，278

Homicide（凶杀）
  child - murder eligibility laws（谋杀儿童资格法案），301，303 注 9
  classification system（分类系统），297 - 298，301
  crime rate（犯罪率）（1960 - 2010），xxf

Horizontal addition（水平加法），52 - 55

Hypothetical bias（假定偏差），162 - 163

I

Illinois（伊利诺伊州）
  drug gangs (Chicago)（毒品帮派，芝加哥），206 - 208
  three - strikes legislation（三振出局法案），186，190 注 5

Implicit market model（隐形市场模型）
  characteristics of（特征），156 - 157
  drug gangs（毒品帮派），207
  hedonic regression technique（特征回归技术）
    inflation measure（通货膨胀措施），157，165 注 5
    limitations of（限制），160
    ordinary least squares regression（普通最小二乘回归，OLS），156 - 157
    real estate values（房地产价值），157 - 160
    statistical equation（统计方程），156 - 157
  labor market wage（劳动力市场工资）
    compensating variation（补偿变化），161 - 162
    crime externalities impact（犯罪外部性影响），160 - 161
    offender impact（罪犯影响），161 - 162
    risk - premium individuals（个人风险溢价），162
  real estate values（房地产价值），157 - 160
    hedonic regression technique（特征回归技术），157 - 160
    Megan's Law（梅根法案），159 - 160，165 注 9
    natural experiments（自然实验），159 - 160
  omitted variable bias（遗漏变量偏差），

159-160

 ordinary least squares regression（普通最小二乘回归，OLS），158

 property crime（财产犯罪），158-159

 statistical equation（统计方程），157-160

research introduction（研究介绍），155

research review（研究综述），163-164

revealed preference approach（显示偏好法），155，162

state preference approach（状态偏好模型），155，162-163

 contingent valuation（条件价值评估），162-163

 embedding problem（嵌入问题），163

 hypothetical bias（假设偏见），162-163

 jury awards（陪审团奖励），163

 scope problem（范围问题），163

 study exercises（学习练习），164-165

Incarceration effects（监禁效应）

 deterrence-incapacitation separation（威慑—能力剥夺分离），175-718

 measurement error bias（测量误差偏差），176-77，182注16

 statistical equation（统计方程），176-178，183注17

 deterrence of police（警察威慑），170-172

 difference-in-differences test（差异中的差异测试），171-172

 DNA database（DNA数据库），172，182注6

 instrumental variables（工具变量，IV），171，172

 natural experiments（自然实验），170-172

 ordinary least squares regression（普通最小二乘回归，OLS），171

 simultaneous equation bias（联立方程偏差）171，173-174

 technology impact（技术影响）172

deterrence testing（威慑检验）172-175

 difference-in-differences test（差异中的差异测试），174，175及下页

 draft evasion（逃税草案），173-174，182

 early-release program（早期释放计划），175

 expected sanctions（预期制裁），173

 expected utility（预期效用），173

 female crime rate（女性犯罪率），174-175，182注15

 measurement error bias（测量错误偏差），173-174，182注12

 natural experiments（自然实验），173-175

 ordinary least squares regression（最小普通二乘回归，OLS），173-174

 prison construction effort（监狱建造努力），174-175，182注14

 red-light cameras（闯红灯摄像头），174

 statistical equation（统计方程），173-175

Granger causality test（格兰杰因果检

验），170

incapacitation testing（能力剥夺检验），178-180
 expected sanctions（预期制裁），179
 instrumental variables（工具变量，IV），179-180
 juvenile crime（青少年犯罪），180
 natural experiments（自然实验），178-180
 omitted variable bias（遗漏变量偏差），178
 ordinary least squares regression（普通最小二乘回归，OLS），179-180
minority group achievement（少数群体成就），179
overall crime impact（总体犯罪影响），170
penitentiary movement（感化运动），169
public policy implications（公共政策影响），170
recidivism by age（按年龄再犯），170
rehabilitation effect（康复效果），169
research introduction（研究介绍），169-170
Incarceration effects（监禁效应）（续）
 research review（研究综述），180-181
 study exercises（学习练习），181
Incident report（事件报告），33-34，35
Included variable bias（包含变量偏差），200
Income effect（收入效果），17，18
Independent variable（自变量），17
India（印度），244-245
Instrumental variables（工具变量，IV）
 crime rate determinants（犯罪率决定因素），141-142，144-146
 government corruption（政府腐败），235
 incarceration effects（监禁效应）
  deterrence of police（警察威慑），171，172
  incapacitation testing（监禁检验），179-180
  natural experiments（自然实验），146-147
  three-strikes legislation（三振出局法案），189
Inter-American Development Bank（美洲开发银行），232-233
International Country Risk Guide（国际国家风险指南），233
Invisible Men（Pettit）（隐形人，佩蒂特），179
Ireland（爱尔兰），88，100
Italy（意大利）
 incarceration effects（监禁效应），175
 organized crime（有组织犯罪），244
 police action impact（警察行动影响），171
 property crime（1970—2010），（财产犯罪，1970—2010），xxi 及下页
tax evasion（逃税），88，100

J

Japan（日本），88，191，194
Jersey（泽西），88
Journal of Economic Literature（经济学文献杂志），3

Journal of Economic Perspectives（经济展望杂志），136
Jury awards（陪审团奖励），163
Juvenile crime（青少年犯罪）
 curfew impact（宵禁影响），99
 deterrence effect（威慑效应），192–195
  difference–in–differences test（差异中的差异测试），194，195，198
  expected sanctions（预期制裁），192–195，203注4
  regression discontinuity method（回归不连续法），195
  statistical equation（统计方程），192–193
 economic incentives（经济激励），197–198
 educational impact（教育影响）
  required school attendance（要求上学），199
  school choice（学校选择），197
  school–day length（上学时长），198–199，203注11
  school–leaving age（离开学校年龄），198
Juvenile crime（青少年犯罪）（续）
 family environment impact（家庭环境影响）191，201，202注1
 incarceration effects（监禁效应），180
 individual characteristics（个体特征），199–201
 included variable bias（包含变量偏差），200

omitted variable bias（遗漏变量偏差），200，203注13
vector autoregression（VAR）method（向量自回归方法），200–201
movie violence impact（电影暴力影响），195
natural experiments（自然实验），192，194，195，197，199
neighborhood location（社区位置），196–197
Moving to Opportunity（MTO）program（走向机遇计划），196–197，203注8
peer–group effects（同龄人影响），196
research introduction（研究介绍），191
research review（研究综述），201–202
state preference model（状态偏好模型），197–198
study exercises（学习练习），202

K

Kelling, George（乔治·凯琳），227

L

Labor market wage（劳动力市场工资）
 compensating variation（补偿变量），161–162
 crime externalities impact（犯罪外部性影响），160–161
 offender impact（罪犯影响），161–162

risk-premium individuals（风险溢价者），162

Larceny（盗窃），60，61-62

Latin American and Caribbean Economic Association（LACEA）（拉丁美洲和加勒比经济协会），232

Levitt, S. D.（莱维特），xxiii，135，146，152，176，177

Lojack device（洛杰克装置），216-220，221 注 8

Los Angeles Police Department（洛杉矶警察部门，LAPD），208-209

Luxemborg（卢森堡），88

M

Mafia（黑手党），244，297，300

Marijuana（大麻），205，270

Market demand curve（市场需求曲线）
  choke price（窒息价格），17
  dependent variable（自变量），17
  graphic illustration（图解说明），17 及下页
  income effect（收入效应），17，18
  independent variable（自变量），17
  market equilibrium（市场均衡），19-21
  normal goods（普通商品），18
  substitution effect（替代效应），17，18
  supply and demand（供应与需求），17-18
  see also Supply and demand（另见供应与需求）

Market equilibrium（市场均衡）
  crime with victims（有被害人犯罪），63，64，65
  graphic illustration（图解说明），19，20
  gun violence（枪支暴力），249-250
  Marshallian cross diagram（马歇尔十字图），19-21
  supply and demand（供应与需求），19-21
  taxation impact（征税影响），21-22
  victimless crime（无被害人犯罪），49，51-55

Market supply curve（市场供应曲线）
  graphic illustration（图解说明），18 及下页
  market equilibrium（市场均衡），19-21
  supply and demand（供应与需求），18-19，23 注 17
  see also Supply and demand（另见供应与需求）

Marshall, Alfred（阿尔弗雷德·马歇尔），17

Marshallian cross diagram（马歇尔十字图）
  crime with victims（有被害人犯罪），59-60
  market equilibrium（市场均衡），19-21
  victimless crime（无被害人犯罪），49

Maryland（马里兰），180

Massachusetts（马萨诸塞州），225

Measurement error bias（测量错误偏差）

索　引　393

crime rate determinants（犯罪率决定因素），137－142，144

incarceration effects（监禁效应），176－177，182 注 16

deterrence testing（威慑检验），173－174，182 注 12

Measurement of crime（犯罪测量）

bias（偏差），33，43 注 1

crime data（犯罪数据），33－38

　arrest data（逮捕数据），34，35－36

　conviction data（定罪数据），34，35－36

　corrections data（矫正数据），34，35－36

　incident report（事件报告），33－34，35

　limitations of（限制），36，43 注 5

　self－reported crime（自我报告犯罪），34，37

　underground economy（地下经济），34，37－38

　victimization survey（受害调查），34，36－37，43 注 6

crime－specific costs（特定犯罪成本），39－42

　United Kingdom（英国），40

　United States（美国），41

　United States（美国）（1991/2010），41

economically developing countries（经济发展中国家），232－233，246 注 5

fraud（欺诈），35，39，43 注 3，44 注 8

measurement strategies（测量策略），38－39

parole decision（假释决定），36

plea bargain（辩诉交易），35，43 注 4

pretrial release（审前释放），36

property crime（财产犯罪），35－36

research introduction（研究介绍），33

research review（研究综述），42－43

selection bias（选择偏差），36

study exercises（学习练习），43

victimless crime（无被害人犯罪），37

violent crime（暴力犯罪），35－36

Megan's Law（梅根法案），159－160，165 注 9

Methadone（美沙酮），280

Mexico（墨西哥），279

Microeconomic theory（微观经济学理论）

　market demand curve（市场需求曲线），17－18

　market equilibrium（市场均衡），19－21

　market supply curve（市场需求曲线），18－19

　taxation impact（征税影响），21－22

Miguel，E.（米格尔），243－244

Mixed－strategy equilibrium（混合策略均衡）

　profiling tactic（侧写技术），288

　reckless driving game（鲁莽驾驶博弈），128－130

Mocan，Nacin（纳辛·莫坎），227，299

Monopolies（垄断），48，58 注 5

Movie violence impact（电影暴力影响），195

Moving to Opportunity（MTO）program（走向机遇计划），196 – 197，203 注 8

Multiple indicators multiple causes（MIMIC）model（多指标多原因模型），238 – 39，247 注 12

N

Nash equilibrium（纳什均衡）

 defined（定义），120 – 121

 prisoner's dilemma game（囚徒困境博弈），122，123，124

 profiling tactic（侧写技术），288

 reckless driving game（鲁莽驾驶博弈），127 – 130

National Incident Based Reporting System（NIBRS）（国家事件报告系统），195

National Longitudinal Survey of Youth（全国青年纵向调查），200 – 201

Natural experiments（自然实验）

 capital punishment effects（死刑效应），300，301

 crime with victims（有被害人犯罪），62

 drug treatments programs（毒品处理项目），265 – 266

 government corruption（政府腐败）242 – 243，244

 gun violence（枪支暴力），252，253 – 254，255

 incarceration effects（监禁效应）

  deterrence of police（警察威慑），170 – 172

  deterrence testing（威慑检验），173 – 175

  incapacitation testing（能力剥夺检验），178 – 180

 juvenile crime（青少年犯罪），192，194，195，197，199

 profiling tactic（侧写技术），290

 real estate values（房地产价值），159 – 160

 statistical problems（统计问题），135，146 – 149

  difference – in – differences test（差异中的差异测试），147 – 149

  instrumental variables（工具变量，IV），146 – 147

  ordinary least squares regression（普通最小二乘回归，OLS），144 – 146，149

 statistical equation（统计方程），146 – 149

 victimless crime（无被害人犯罪），55

Natural natural – experiments（自然的自然实验），149

Neighborhood crime（社区犯罪）

 government fragmentation impact（政府分裂的影响），115

 neighborhood crime model（社区犯罪模型），105 – 111

  enforcement impact（执法影响），108 – 110，117 注 5

  expected sanctions（预期制裁），107 – 108，110

model illustration（模型说明），107及下页

neighborhood – watch impact（邻里观察影响），110，118 注 6

no – arbitrage equilibrium 无套利均衡），106 – 107

ordinary least squares regression（普通最小二乘回归，OLS），106

property crime（财产犯罪），105 – 106

schooling effect（学校效应），106 – 107，110，117 注 4

statistical equation（统计方程），107 – 111

street gangs（街头帮派），110 – 111

wage – increase impact（增加工资影响），110

research introduction（研究介绍），105

research review（研究综述），115 – 116

self – enforcement model（自我执行模型），106，111 – 115

　broken – windows hypothesis（破窗假说），114

　fraud（欺诈），112

　model illustration（模型说明），113及下页

　riots（骚乱），112

　statistical equation（统计方程），112 – 114

　surveillance（监视），112

　tax evasion（逃税），112

　temporary police action impact（临时警方行动影响），113 – 114

study exercises（学习练习），116 – 117

X – efficiency gains（X 效率增益），115

Neighborhood gangs（社区帮派）

defined（定义），204

drug gangs（毒品团伙）

　as business model（作为商业模型）205，206 – 208

　Cocaine（可卡因），207

　implicit market model（隐形市场模型），207

　neighborhood crime model（社区犯罪模型），206 – 208

　organizational chart（组织结构图），206 及下页

　risk – seeking individuals（风险寻求者），207 – 208

　as tournament model（作为锦标赛模型），207 – 208

drug violations without gangs（没有帮派的毒品暴力），204 – 206

　cocaine（可卡因），205

　heroin（海洛因），205

　marijuana（大麻），205

as local governments（作为地方政府）

　Granger causality test（格兰杰因果检验），208 – 209

　statistical equation（统计方程），208 – 209

　time – series techniques（时间 – 序列

技术)，208-209

 vector autoregression (VAR) method (向量自回归方法)，208-209

 victimless crime (无被害人犯罪)，208，209

neighborhood crime model (社区犯罪模型)，110-111

 peer group conformity (对等群体一致性)，209

 research introduction (研究介绍)，204

 research review (研究综述)，209-210

 study exercises (学习练习)，210-211

Neighborhood location (社区位置)

 juvenile crime (青少年犯罪)，196-197

 Moving to Opportunity (MTO) program (走向机遇计划)，196-197，203注8

 peer-group effects (同龄人效应)，196

Netherlands (荷兰)

 automobile theft (汽车盗窃)，219

 broken-window hypothesis (破窗假设)，225-226

 drug market (毒品市场)，264

 neighborhood crime (社区犯罪)，114

 property crime (1970—2010) (财产犯罪，1970-2010)，xxi 及下页

 tax evasion (逃税)，88，100

New Jersey (新泽西州)，225

Newsweek (新闻周刊)，48

New York (纽约)

capital punishment (死刑)，300

drug gangs (毒品市场)，205

three-strikes legislation (三振出局法案)，186，190注5

New York Transit Authority (纽约交通局)，227

No-arbitrage equilibrium (无套利均衡)

 crime with victims (有被害人犯罪)

  choice of offense (犯罪选择)，67-69

  multiple offender types (多重罪犯类型)，69

 neighborhood crime (社区犯罪)，106-107

 victimless crime (无被害人犯罪)，52-55

Normal goods (普通商品)，18

Normative economic analysis (规范经济分析)，47

North Carolina (北卡莱罗纳)，197

Norway (挪威)，100，270

Nudity (裸露)，11-12，22注11

O

Ohio (俄亥俄州)，291

Omitted variable bias (遗漏变量偏差)

 crime rate determinants (犯罪率决定因素)，139-142，144

 incarceration effects (监禁效应)，178

 juvenile crime (青少年犯罪)，200，203注13

 profiling tactic (侧写技术)，289-290

real estate values（房地产价值），159 - 160

time - series techniques（时间—序列技术），150

One - shot game（一次博弈），120

Ordinary least squares regression（普通最小二乘回归，OLS）

    automobile theft（汽车盗窃），218

    crime rate determinants（犯罪率决定因素），138 - 146

    gun violence（枪支暴力），250 - 251，257 注 6

    hedonic regression technique（特征回归技术），156 - 157

    incarceration effects（监禁效应）

        deterrence of police（警方威慑），171

        deterrence testing（威慑检验），173 - 174

        incapacitation testing（剥夺能力检验），179 - 180

    natural experiments（自然实验），146 - 144，149

    neighborhood crime（社区犯罪），106

    profiling tactic（侧写技术），285 - 286

    real estate values（房地产价值），158

Organization for Economic Cooperation and Development（OECD）（经济合作与发展组织），232，251 - 252

Organized crime（有组织犯罪），244，297，300

Owens, Emily（艾米丽·欧文斯）147，171，180

P

Parking violations（违章停车），242 - 243

Parole decision（假释决定），36

Payoff（收益），120

Peer - group effects（同龄人效应），196，209

Pettit, B.（佩蒂特），179

Pizzolo, Randolph（兰多夫·皮佐诺），297

Plea bargain（辩诉交易）

    capital punishment effects（死刑效应），299 - 300

    measurement of crime（犯罪测量），35，43 注 4

Police action impact（警方行动影响）

    incarceration effects（监禁效应），170 - 172

    neighborhood crime（社区犯罪），113 - 114

    profiling tactic（侧写技术），291 - 292

    third - party policing（第三方警务），216，219 - 220

Portugal（葡萄牙），100，264

Positive economic analysis（实证经济分析），47，58 注 3

Pretrial release（审前释放），36，142 - 144，153 注 13

Principles of Economics（Marshall）（《经

济学原理》，马歇尔），17

Prisoner's dilemma game（囚徒困境博弈）

  capital punishment effects（死刑效应），299－300

  cooperative equilibrium（合作均衡），121，122－124

  dominant strategy equilibrium（占优策略均衡），121－122，123，124，132注2

  game theory（博弈论），121－124，132注1

  Nash equilibrium（纳什均衡），122，123，124

  payoff matrix（支付矩阵），122及下页，123及下页，124及下页

  regrettable expenditure（遗憾支出），122

  strategy combination（策略混合），121

Private enforcement（私人执法）

  bank security（银行安全），214

  business improvement districts（BIDs）（商业改善地区），216

  collective action（集体行动），216

  criminal effects（刑事后果），213－216

  detection expenditures（侦查支出）

    criminal effects（刑事后果），215－216

    defined（定义），213

    effects illustration（效果图），215及下页

    Lojack device（洛杰克装置），217－220

    third-party policing（第三方警务），216，219－220

  displacement expenditures（转移支出）

    collective action（集体行动），216

    criminal effects（刑事后果），213－215，221注3

    defined（定义），212

    effects illustration（效果图），213及下页

  expenditure categories（支出类别），212－213，221注1

  Lojack device（落杰克装置），216－220，221注8

    criminal effects（刑事后果），217－219，221注9

    instrumental variables（Ⅳ）（工具变量），218

    ordinary least squares regression（OLS）（普通最小二乘回归），218

    theft rate illustration（盗窃率图），217及下页

  research introduction（研究介绍），212

  research review（研究综述），220

  secondary expenditures（二级支出）

    collective action（集体行动），216

    criminal effects（刑事后果），213－215，221注3

    Defined（定义），212－213

索　引　399

effects illustration（效果图），213及下页

third-party policing（第三方警务），216

Somali pirates（索马里海盗），219

study exercises（学习练习），220-221

Product vulnerability cycle（产品脆弱性周期），60

Profiling tactic（侧写技术）

defined（定义），284-285

empirical test（经验测试），289-291

hit-rate test（命中率测试），289-291

limitations of（限制），291

natural experiments（自然实验），290

omitted variable bias（遗漏变量偏差），289-290

Fourth Amendment rights（第四修正案权利），292

hit-rate test（命中率测试），286-289

enforcement game approach（执法博弈分析），287-289

mixed-strategy equilibrium（混合策略均衡），288

Nash equilibrium（纳什均衡），288

police performance oversight（警察绩效监督），291-292

research introduction（研究介绍），284

research review（研究综述），292

search-rate test（搜索率检验），285-286

ordinary least squares regression（OLS）（普通最小二乘回归）285-286

statistical discrimination（统计歧视），286

statistical equation（统计方程），285-286，293注2

study exercises（学习练习），293

Property crime（财产犯罪）

crime rate（犯罪率）

Europe（欧洲）（1970-2010），xxi及下页

1960-2010，xx及下页

1970-2010，xxi及下页

crime with victims（有被害人犯罪），62

measurement of crime（犯罪测量），35-36

neighborhood crime（社区犯罪），105-106

real estate values（房地产价值），158-159

Prostitution（卖淫），13-14，23注15

Public Company Accounting Reform and Investor Protection Act（2002）（上市公司会计改革与投资者保护法案），13

Punitive damages（惩罚性赔偿），8，22注8

R

Rapid Conflict Prevention Support（RCPS）（快速冲突预防支持），244

Rational addiction model（理性上瘾模型），264

Rational choice model（理性选择模型）

altruism（利他主义），xv – xvi，xxx（注2）

economic approach to crime（犯罪经济学分析），xv – xviii

expectations formation（期望形成），xvii

preference formation（偏好形成），xvi – xvii，xxx（注5）

self – interest（自利），xv – xvi

Real estate values（房地产价值）

 hedonic regression technique（特征回归技术），157 – 160

 implicit market model（隐性市场模型），157 – 160

 Megan's Law（梅根法案），159 – 160，165 注9

 natural experiments（自然实验），159 – 160

 omitted variable bias（遗漏变量偏差），159 – 160

 ordinary least squares regression（OLS）（普通最小二乘回归），158

 property crime（财产犯罪），158 – 159

 statistical equation（统计方程），157 – 160

Reckless driving game（鲁莽驾驶博弈）

 cooperative equilibrium（合作均衡），126，127，132 注10

 dominant strategy equilibrium（占优策略均衡），126，127，132 注9

 game theory（博弈论），125 – 131

 mixed – strategy equilibrium（混合策略均衡），128 – 130

 Nash equilibrium（纳什均衡），127 – 130

 payoff matrix（支付矩阵），126 及下页

Red – light cameras（闯红灯摄像头），174

Regression discontinuity method（回归不连续法），195

Regrettable expenditure（遗憾支出）

 cost – benefit of enforcement（执法成本—效益分析），28 – 29

 prisoner's dilemma game（囚徒困境博弈），122

Release on own recognizance（自我确认释放），142，144，154 注14

Revealed preference approach（显示偏好方法），155，162

Reverse causality（反向因果关系），140 – 141

Riots（暴动），112

Risk – averse individuals（风险规避者）

 game theory（博弈论），125

 risk preference（风险偏好）

  consumer demand theory（消费者需求理论），77 – 79

  criminal activity impact（犯罪活动影响），74，75

  criminal justice system implications（刑事司法系统的影响），82 – 84

  state preference model（状态偏好模型），92，93，94，98 – 99，103

Risk – neutral individuals（风险中立者）

索引 401

risk preference（风险偏好）
  consumer demand theory（消费者需求理论），81
  criminal activity impact（犯罪活动影响），74
state preference model（状态偏好模型），90-92，94，103
Risk preference（风险偏好）
  consumer demand theory（消费者需求理论）
    certainty equivalent income（确定等价收入），77-78
    expected sanctions（预期制裁），78-81
    risk-averse individuals（风险规避者），77-79
    risk-neutral individuals（风险中立者），81
    risk-premium individuals（风险溢价者），77-78，81
    risk-seeking individuals（风险寻求者），79-81
    statistical equation（统计方程），75-81
  criminal activity impact（犯罪活动影响）
    enforcement implications（执法影响），75
    risk-averse individuals（风险规避者），74，75
    risk-neutral individuals（风险中立者），74

    risk-premium individuals（风险溢价者），74，75
    risk-seeking individuals（风险寻求者），74-75
  criminal justice system implications（刑事司法系统的影响），81-84
    expected sanctions（预期制裁），83
    financial markets（金融市场），82-83
    gambling（赌博），82-83，86注10
    risk-averse individuals（风险规避者），82-84
    risk-seeking individuals（风险寻求者），82，83
    technology impact（技术影响），82
  research introduction（研究介绍），74
  state preference model（状态偏好模型），88，104注3
Risk-premium individuals（风险溢价者）
  labor market wage（劳动力市场工资），162
  risk preference（风险偏好）
    consumer demand theory（消费者需求理论），77-78，81
    criminal activity impact（犯罪活动影响），74，75
Risk-seeking individuals（风险寻求者）
  drug gangs（毒品团伙），207-208
  risk preference（风险偏好）
    consumer demand theory（消费者需求理论），79-81

criminal activity impact（犯罪活动影响），74-75
criminal justice system implications（刑事司法系统影响），82，83
state preference model（状态偏好模型），92-93，94及下页，99，103
Robbery crime rate（1960—2010）（抢劫犯罪率，1960-2010），xx及下页
Roman law（罗马法），3
Rules-nature-information-outcome order（规则—性质—信息—结果顺序），120

S

Sanction rate（制裁率），49-50，58注7
Sarbanes-Oxley Act（2002）（萨班斯—奥克斯利法案，2002），13
Schooling effect（学校效应）
 government corruption（政府腐败），234
 neighborhood crime（社区犯罪），106-107，110，117注4
Scope problem（范围问题），163
Secondary expenditures（二级支出）
 collective action（集体行动），216
 criminal effects（刑事后果），213-215，221注3
 defined（定义），212-213
 effects illustration（效果图），213及下页
 third-party policing（第三方警务），216
Selection bias（选择偏差）

crime rate determinants（犯罪率决定因素），142，144-146
measurement of crime（犯罪测量），36
Selective Service System（选择性服务系统），173-174
Self-enforcement model（自我执行模型）
 description of（描述），223
 experimental testing of（经验测试），224-226
 illustration of（说明），224及下页
 neighborhood crime（社区犯罪），106，111-115
Self-reported crime（自我报告的犯罪），34，37
Service paradigm（服务范式），100
Sexual offenders（性侵罪犯），159-160，165注9
Simultaneous equation bias（联立方程偏差）
 crime rate determinants（犯罪率决定因素），140-141，144
 incarceration effects（监禁效应），171，173-174
 three-strikes legislation（三振出局法案），189
Sing Sing Penitentiary（New York）（欣欣监狱，纽约），169
Snyder, Christopher（克里斯托佛·斯内德），125，132及下页
Somali pirates（索马里海盗），219
South Africa（南非），39

South America（南美洲），55，232-233

Spain（西班牙），xxi 及下页，100，264

Spatial concentration of crime model（犯罪空间集中模型），223-224

Squatter settlements（棚户区），245，247 注 14

State preference model（状态偏好模型）

  implicit market model（隐形市场模型），155，162-163

    contingent valuation（条件价值估值），162-163

    embedding problem（嵌入问题），163

    hypothetical bias（假定偏差），162-163

    jury awards（陪审团奖励），163

    scope problem（范围问题），163

  juvenile crime（青少年犯罪），197-198

  tax evasion（逃税）

    behavioral implications（行为影响），94-95

    consumer demand theory（消费者需求理论），87，95

    cultural tax morale（文化税务道德），100

    expected sanctions（预期制裁），90，104 注 4

    government audits（政府审计），95-99

    income possibilities frontier（IPF）（收入可能性边界），89 及下页，91 及下页，93，94

    model application（模型应用），87-94

    model implications（模型说明），99-100

    model validation（模型验证），95-99

    research introduction（研究介绍），87

    research review（研究综述），101-102

    risk-averse individuals（风险规避者），92，93 及下页，94，98-99，103

    risk-neutral individuals（风险中立者），90-92，94，103

    risk preference（风险偏好），88，104 注 3

    risk-seeking individuals（风险寻求者），92-93，94 及下页，99，103

    service paradigm（服务范式），100

    statistical equation（统计方程），88-94，102-103

    study exercises（学习练习），102

    tax avoidance（避税），88

    tax compliance rewards（税务合规奖励），99

    trust paradigm（信任范式），100

Statistical discrimination（统计歧视），286

Statistical problems（统计问题）

  crime rate determinants（犯罪率决定因素），137-146

bail bonds（保释金），142 - 144，154 注 17

errors in variables bias（变量偏差中的错误），139

failure to appear（FTA）（未出现），142 - 144，145，154 注 15

instrumental variables（Ⅳ）（工具变量），141 - 142，144 - 146

measurement error bias（测量错误偏差），137 - 142，144

omitted variable bias（遗漏变量偏差），139 - 142，144

ordinary least squares regression（OLS）（普通最小二乘回归），138 - 146

pretrial release system（审前释放系统），142 - 144，153 注 13

release on own recognizance（自我确认释放），142，144，154 注 14

reverse causality（反向因果关系），140 - 141，144

selection bias（选择偏差），142，144 - 146

simultaneous equation bias（联立方程偏差），140 - 141，144

statistical equation（统计方程），137 - 144

structural models（结构模型），141 - 146

experimental research（经验研究），136 - 137，147

natural experiments（自然实验），135，146 - 149

difference - in - differences test（差异中的差异测试），147 - 149

instrumental variables（Ⅳ）（工具变量），146 - 147

ordinary least squares regression（OLS）（普通最小二乘回归），146 - 144，149

statistical equation（统计方程），146 - 149

"natural" natural - experiments（"自然的"自然实验），149

nonexperimental research（非实验研究），136 - 137，152 注 2

research introduction（研究介绍），135

research review（研究综述），150 - 151

statistical inferences（统计推断），136 - 137

study exercises（学习练习），151 - 152

time - series technique（时间—序列技术），135，149 - 150

Granger causality test（格兰杰因果检验）149 - 150，154 注 21

omitted variable bias（遗漏变量偏差），150

statistical equation（统计方程），149 - 150

two - way causality test（双向因果关系测验），150

vector autoregression（VAR）method（向量自回归法），149 - 150

Strategy combination（策略组合）

defined（定义），120

prisoner's dilemma game（囚徒困境博弈），121

Strategy rule（策略规则），120

Structural models（结构模型），141–146

Substitution effect（替代效应），17，18

Suicide（自杀），252，257注11

Supply and demand（供应与需求）

  crime with victims（有被害人犯罪），62–65

  gun violence（枪支暴力），249–250，257注3

  microeconomic theory（微观经济学理论）

    market demand curve（市场需求曲线），17–18

    market equilibrium（市场均衡），19–21

    market supply curve（市场供应曲线），18–19

    taxation impact（征税影响），21–22

  victimless crime（无被害人犯罪），48–55

Surveillance（监视），112

Sweden（瑞典），100，264

Switzerland（瑞士），100，226，252

System to Retrieve Information from Drug Evidence（STRIDE）（从毒品证据中检索信息的系统），267

T

Taiwan（中国台湾），99–100，178

Tanzania（坦桑尼亚），244

Taxation（征税），21–22

Tax evasion（逃税）

  government corruption（政府腐败），231，233

  underground economy（地下经济），235，238，239

  see also State preference model（另见状态偏好模型）

Technology（技术）

  crime with victims（有被害人犯罪），62–63

  incarceration effects（监禁效应），172

  Lojack device（洛杰克装置），216–220，221注8

  risk preference（风险偏好），82

Texas（德克萨斯）

  gun violence（枪支暴力），252

  three-strikes legislation（三振出局法案），186，190注3

Third-party policing（第三方警务），216，219–220

Three-strikes legislation（三振出局法案）

  characteristics of（特征），184–185

  defined（定义），184

  deterrent effect（威慑效应），186–189

  first-strike crimes（第一击犯罪），185，186，187–189

  natural experiments（自然实验），184–185

  offender adjustment to（罪犯适应），186–187

  research introduction（研究介绍），184

research review（研究综述），189

second-strike crimes（第二击犯罪），184，186-187，190注1

sentencing discretion elimination（量刑裁量权消除），188

statistical equation（统计方程），188-189

 instrumental variables（Ⅳ）（工具变量），189

 simultaneous equation bias（联立方程偏差），189

study exercises（学习练习），189-190

third-strike crimes（第三击犯罪），184，185，186-187，190注1

Time-series techniques（时间—序列技术）

 Granger causality test（格兰杰因果检验），149-150，154注21

 gun violence（枪支暴力），252-253

 neighborhood gangs（社区帮派），208-209

 omitted variable bias（遗漏变量偏差），150

 statistical equation（统计方程），149-150

 statistical problems（统计方程），135，149-150

 two-way causality test（双向因果关系检验），150

 vector autoregression（VAR）method（向量自回归法），149-150

Tournament model（锦标赛模型），207-208

Transparency International（透明国际），233-234，236-237

Trust paradigm（信任范式），100

Tyco International（泰科国际），13

U

Uganda（乌干达），235

Underground economy（地下经济）

 economically developing countries（经济发展中国家），235，238-239，240-241

 gun markets（枪支市场），2

 measurement of crime（犯罪测量），34，37-38

Uniform Crime Report（统一犯罪报告），35-36

United Kingdom（英国）

 art fraud（艺术欺诈），10

 crime-specific costs（特定犯罪成本），40

 gateway-drug hypothesis（门户毒品假说），270

 property crime（财产犯罪）（1970-2010），xxif

 tax evasion（逃税），88，100

United Nations Convention Against Illicit Traffic in Narcotic Drugs and Psychotropic Substances（1988）[联合国禁止非法贩运麻醉药品与精神药物公约（1988）]，263

V

Vector autoregression（VAR）method（向

量自回归法）

juvenile crime（青少年犯罪），200 - 201

neighborhood gangs（社区帮派），208 - 209

time - series techniques（时间—序列技术），149 - 150

Vermont（佛蒙特），12

Victimization survey（受害调查），34，36 - 37，43 注 6

Victimless crime（无被害人犯罪）

bribery（受贿），55

defined（定义），47

drug transactions（毒品交易），47，48 - 55

examples of（示例），47

measurement of crime（犯罪测量），37

modeling across markets（跨市场建模）

statistical equation（统计方程），52 - 55

two - markets/different - sanctions（两个市场/不同制裁），54 及下页

two - markets/identical - sanctions（两个市场/相同制裁），53 及下页

natural experiments（自然实验,）55

neighborhood gangs（社区帮派），208, 209

normative economic analysis（规范经济分析），47

positive economic analysis（实证经济分析），47，58 注 3

research introduction（研究介绍），47 - 48

research review（研究综述），56

study exercises（学习练习），56 - 58

supply and demand（供应与需求）

drug addiction（毒品上瘾），48，58 注 6

drug dealer sanctions（毒贩制裁），49 及下页

drug dealer/user sanctions（毒贩/吸毒者制裁），51 及下页

drug transactions（毒品交易），47，48 - 52

expected sanctions（预期制裁），50

horizontal addition（水平加法），52 - 55

market equilibrium（市场均衡），49，51 - 55

Marshallian cross diagram（马歇尔十字图），49

monopolies（垄断），48，58 注 5

no - arbitrage equilibrium（无套利均衡），52 - 55

sanction rate（制裁率），49 - 50，58 注 7

statistical equation（统计方程），49 - 55

welfare economics（福利经济学），47

Violent crime（暴力犯罪）

crime rate（1970—2010）（1970—2010 年犯罪率），xxii 及下页

Europe（1970—2010）（1970—2010 年

欧洲），xxii 及下页

measurement of crime（犯罪测量），35-36

see also Gun violence; Homicide（另见枪支暴力、凶杀）

W

Washington（华盛顿），195

Washington, D. C.（华盛顿特区），204-206，211 注 1

Welfare economics（福利经济学）
criminal law rationale（刑法原理），3-8，13，14-15

victimless crime（无被害人犯罪），47

Welfare payments（福利金），62

World Bank（世界银行），233，235，236-237，240-241

WorldCom（世通），13

X

X-efficiency gains（X 效率提升）115

关于作者

安东尼·M. 耶泽（Anthony M. Yezer），美国乔治·华盛顿大学（George Washington University）经济学教授，经济研究中心主任。他讲授犯罪经济学、区域经济学、城市经济学和微观经济学课程。他是荷默·霍伊特房地产和城市经济高级研究学院（Homer Hoyt School of Advanced Studies in Real Estate and Urban Economics）的研究员，也是几家期刊的编辑委员会成员。他曾在美国国家研究委员会社会科学灾害研究需求小组任职，并在第45届沃纳西西尔系列讲座上演讲。耶泽教授曾在美国联邦贸易委员会就两项贸易监管规则举证，并就一些问题向国会举证。耶泽教授在美国达特茅斯学院（Dartmouth College）获得学士学位，在伦敦政治经济学院（London School of Economics）获得理科硕士学位，在麻省理工学院（MIT）深造并获得博士学位。